企业会计核算实务

主　编　李晓琳　王书果
副主编　李凤英　于云霞
冯述娜　赵春旭

山东人民出版社 · 济南
国家一级出版社 全国百佳图书出版单位

图书在版编目（CIP）数据

企业会计核算实务/李晓琳主编.-- 济南：山东人民出版社，2017.2(2021.3重印)
ISBN 978-7-209-10418-0

Ⅰ. ①企… Ⅱ. ①李… Ⅲ. ①企业管理－会计实务－教材 Ⅳ. ①F275.2

中国版本图书馆CIP数据核字(2017)第031701号

企业会计核算实务
李晓琳　王书果　主编

主管单位　山东出版传媒股份有限公司
出版发行　山东人民出版社
社　　址　济南市英雄山路165号
邮　　编　250002
电　　话　总编室（0531）82098914
　　　　　市场部（0531）82098027
网　　址　http://www.sd-book.com.cn
印　　装　日照报业印刷有限公司
经　　销　新华书店

规　　格　16开（184mm×260mm）
印　　张　24.5
字　　数　510千字
版　　次　2017年2月第1版
印　　次　2021年3月第3次
印　　数　4501－6500
ISBN 978-7-209-10418-0
定　　价　45.00元

前　言

《企业会计核算实务》教材是在“岗位导向、能力递进”的教学模式下，按照会计专业新课程体系的要求，在分析企业会计核算岗位的典型工作任务和职业能力需要的基础上，由本课程组老师与企业实践专家一起，共同开发编写的一本岗位教材。

本教材按企业资金运动过程和账务处理程序，将企业发生的经济交易或事项的会计处理分成10个项目和43个任务。每个项目通过引入企业实际发生的经济业务将项目内容展示出来，给学生以感性认识；学习任务按照“任务导入—理论认知—任务处理—能力拓展—职业能力训练”的思路编写，职业能力训练包括职业判断能力训练和职业操作能力训练。

本教材内容丰富，在教学内容的安排上，坚持理论与实践相统一的原则，强调实用性优先于系统性、实务优先于理论、能力优先于知识。本教材的特色如下：

(1)创新性。本书将会计基本理论和会计实务融为一体，打破传统财务会计类教材按照学科理论体系编写的模式，按照企业生产经营的顺序构建教材体系，依据企业会计核算的工作过程安排学习任务，以具体的工作任务组织学习内容，具有突出的创新性。

(2)可操作性。本书在具体编写手法上采用任务驱动的方法，通过任务的导入引出企业发生的交易或事项，通过任务处理、职业能力训练等环节将“教、学、做”融为一体，让学习者在做中学、学中做，具有较强的可操作性。

(3)实用性。教材内容紧扣企业经济的发展变化，将企业当前最主要的会计工作任务反映到教材中，并将企业真实的财务资料引入教学案例，避免了教学内容与实际业务的脱节。

本教材自2013年首次出版后，由于营改增导致增值税的会计处理发生了较大变化，本教材于2017年3月进行修订并再次出版。本教材以最新颁布的会计法规、会计准则为依据，介绍会计理论和会计处理方法，满足了财务会计教学的需要，取得了良好的社会效益。为了更好的服务于广大读者，我们决定再次修订教材。

一、修订的主要原因

1. 多项准则发生变化。2017年3月至2019年5月,财政部相继修订了四项与金融工具相关的准则和政府补助、收入、租赁等准则,还发布了《企业会计准则第42号——持有待售的非流动资产、处置组和终止经营》一项新准则。《企业会计核算实务》教材需要反映会计处理的新变化。

2. 财务报表格式发生变化。财政部于2019年4月30日发布了《关于修订印发2019年度一般企业财务报表格式的通知》对一般企业财务报表格式进行了修订。《企业会计核算实务》教材需要反映财务报表格式的变化。

3. 增值税税率发生变化。

财政部、国家税务总局、海关总署于2019年3月22日联合发布《关于深化增值税改革有关政策的公告》规定:(1)增值税一般纳税人发生增值税应税销售行为或者进口货物原使用16%税率的税率调整为13%。原使用10%税率的调整为9%。(2)纳税人取得不动产或者不动产在建工程的进项税额不再分两年抵扣,这些调整至2019年4月1日起执行。教材需要反映增值税的相关变化。

二、修订的具体内容

与2017年修订的教材相比,本次修订的基本结构没有变化。修订的具体内容如下:

1. 使用了最新的增值税规定。

2. 按收入的"五步法模型"修订了收入的确认和计量原则以及相关的会计处理。

3. 按财政部的新要求对财务报表格式和财务报表项目的填列方法进行了修订。

本书由李晓琳、王书果任主编,李凤英、于云霞、冯述娜、赵春旭任副主编。项目一由王书果编写,项目二和项目九由李凤英编写,项目三由赵春旭编写,项目四和项目五由冯述娜编写,项目六、项目七和项目十由于云霞编写,项目八由李晓琳编写。李晓琳负责全书的审订总纂和修改补充工作。

由于编者的知识有限,书中难免存在不当或错漏之处,恳请读者批评指正。

编　者

2021年1月

目　录

CHAPTER 1 项目一

认知企业会计

【学习目标】

通过理解会计的概念和内容，了解企业会计的工作任务和会计组织机构，掌握企业会计准则的基本内容。

【重点难点】

1. 企业会计的内容。

2. 企业会计准则的基本内容。

任务一　解析企业会计的内容

【任务目标】

通过学习，能够阐述会计核算的内容，能够理解会计要素之间的关系。

【任务导入】

金胜文大学毕业后，在烟台好利来果胶有限公司从事统计工作，他的工作单位性质为工业企业。现因工作需要，公司领导安排他负责会计核算工作。为了尽快地胜任新的工作，他首先应该了解哪些会计知识？

【知识导航】

一、企业会计的概念

会计是一种经济管理活动。它是在社会生产中产生的，并随着社会生产的发展而不断发展。会计最初的基本含义是日常零星计算和期终总和计算。随着经济的不断发展，会计的管理职能愈加明显，会计逐渐发展成为一项独立的管理活动。

在企业，会计是以货币为主要计量单位，运用会计特有的方法，对企业的生产经营过程和经营成果进行全面的、持续的、系统的、综合的核算和监督，以提高企业经济效益的一种管理活动。它是企业经济管理的重要组成部分，主要反映企业的财务状况、经营成果和现金流量,并对企业的经营活动和财务收支进行监督。

企业是按照经济核算原则,实行独立经营、自负盈亏的从事商业生产经营或提供劳务的组织,担负着为社会提供产品和为投资者提供利润的双重任务。企业要在遵守国家法律、法规的前提下,独立地从事商品生产经营活动,自主经营、自负盈亏、自我约束、自我发展。在经营中,企业的行为要实现合理化和长期化。企业要用尽可能少的资金占用和资产耗费,生产和销售尽可能多的产品,以收抵支,实现更多的利润,提高企业自我积累和自我发展的能力,从而在市场竞争中立于不败之地。要做到这些,必须借助于会计。会计能以货币形式如实反映企业财产物资的增减变动,反映企业财务成本计划的执行情况,对企业过去的经济活动作出正确评价,并且能在掌握会计信息的基础上,按照市场的供求变化,及时监督、指导并调节企业的经营活动。会计还能帮助企业决策者搞清企业资金浪费在哪里,怎样才能杜绝浪费现象、挖掘潜力;企业的资金往哪里投放,开辟哪些生产门路,才能取得最好的经济效益;企业采取何种融资方式才能使资金成本最低;怎样才能做到生产要素的最佳配置等。

在社会主义市场经济体制下,企业作为市场的主体之一,必须及时了解来自市场各方的经济信息,做到知己知彼。同时,企业也必须定期输出自己的经济信息,以满足与企业有利害关系的信息使用者的需要。企业的经济信息主要是会计信息。因此,现代企业会计工作一方面是强化企业内部经营管理的重要活动,另一方面是搜集、整理、加工、储存和输出会计信息的活动。

二、企业会计的内容

企业会计的内容,是指企业会计核算和监督的内容。

企业会计准则规定:"会计核算应当以企业发生的各项经济业务为对象,记录和反映企业本身的各项生产经营活动。"因此,企业的经济业务就是企业会计的内容。企业的经济业务是指企业生产经营活动中发生的能以货币单位进行确认、计量和记录的经济活动。经济业务贯穿于企业的经济活动,反映着经济活动的过程和结果。经济业务的发生必然引起企业资产和权益的增减变动,并且决定企业的经济效益。

企业为了正常地进行生产经营活动,必须拥有一定数量的经济资源,如机器设备、厂房等劳动资料以及各项存货等,这些经济资源在会计上称为资产。资产是工业企业进行产品生产经营的物质基础和前提条件。企业资产的取得和形成来源有两个方面:一是投资者投入资本,在会计上称为投资者权益(或所有者权益);二是企业债权人提供的借款和债务,在会计上称为负债。当企业利用这些经济资源即资产进行生产经营活动时,就要发生材料消耗和机器设备的磨损,并且需要支付工资和其他费用等。在生产过程中,形成在产品和产成品的过程,也是物化劳动价值转移和活劳动创造价值的过程。产成品销售取得的销售收入,在会计上称为收入。在生产经营过程中发生的各项资产耗费,在会计上称为费用。产品销售收入实现后,首先补偿生产经营过程中发生的各项耗费,以维持企业的简单再生产;其剩余部分形成企业盈利,在会计上称为利润。企业生产经营过程中形成的利润，要按照税法规定进行分配。剩余部分（净利润）要按照规定的分配顺序，在弥补企业以前年度亏损、提取公积金后，向投资者分配一定的利润作为投资者的资本收益。以上提到的资产、负债、所有者权益、收入、费用和利润统称为会计对象要素（简称会计要素）。

总之，企业的经济活动虽然错综复杂，但从会计角度分析，不外乎六个会计要素所反映的内容。这些要素都是企业生产经营活动中价值运动的具体表现，六个会计要素构成了会计所要核算和监督的具体内容。

企业的会计要素是企业会计核算内容的具体化。企业会计核算从取得原始凭证到登记账簿、编制财务报告等的会计处理过程，就是对会计要素进行确认、计量、记录和报告的过程，企业会计要素包括以下内容：

（一）资产

资产是指由企业的过去交易或事项形成的、由企业拥有或控制的、预期会给企业带来经济利益的资源，它包括各种财产、债券和其他权利。企业的资产按其流动性质，分为流动资产和非流动资产。流动资产包括库存现金及各种存款、交易性金融资产、应收及预付款项、存货等。非流动资产包括长期股权投资、固定资产、无形资产和长期待摊费用等。

将一项资源确认为资产，需要符合资产的定义，还应同时满足以下两个条件：一是与该资源有关的经济利益很可能流入企业，二是该资源的成本或者价值能够可靠地计量。

（二）负债

负债是指由企业的过去交易或事项形成的、预期会导致经济利益流出企业的现时义务。工业企业的负债按期限的长短，可以分为流动负债和非流动负债。流动负债包括短期借款、应付票据、应付账款、预收货款、应付职工薪酬、应交税费、应付利润、其他应付款等。非流动负债包括长期借款、应付债券和长期应付款等。

将一项现时义务确认为负债，需要符合负债的定义，还应同时满足以下两个条件：一是与该义务有关的经济利益很可能流出企业，二是未来流出的经济利益能够可靠地计量。

（三）所有者权益

所有者权益是指企业资产扣除负债后，由所有者享有的剩余权益。公司的所有者权益又称为股东权益。所有者权益的来源包括所有者投入的资本、直接计入所有者权益的利得和损失、留存收益等，一般由实收资本（或股本）、资本公积（含股本溢价或资本溢价、其他资本公积）、其他综合收益、盈余公积和未分配利润构成。

所有者权益体现的是所有者在企业中的剩余权益，因此所有者权益的确认主要依赖于其他会计要素，尤其是资产和负债的确认；所有者权益金额的确定也主要取决于资产和负债的计量。

（四）收入

收入是指企业在日常活动中形成的、会导致所有者权益增加、与所有者投入资本无关的经济利益的总流入。

收入的来源渠道如下：一是对外销售商品；二是提供劳务；三是让渡资产的使用权，主要表现为对外出租等。按其在日常活动中所处的地位，企业收入还可以分为主营业务收入、其他业务收入。

收入的确认除了应当符合定义，也应当满足严格的条件，即收入只有在经济利益很可能流入从而导致企业资产增加或者负债减少、经济利益的流入额能够可靠计量时才能予以确认。收入的确认至少应当符合以下条件：一是与收入相关的经济利益很可能流入企业；二是经济利益流入企业会导致资产的增加或者负债的减少；三是经济利益的流入额能够可靠计量。

（五）费用

费用是指企业在日常活动中形成的、会导致所有者权益减少、与所有者分配利润无关的经济利益的总流出。因日常活动所产生的费用通常包括销售成本（营业成本）、职工薪酬、折旧费、无形资产摊销等。费用的确认除了应当符合定义，也应当满足严格的条件，即费用只有在经济利益很可能流出从而导致企业资产减少或者负债增加、经济利益的流出额能够可靠计量时才能予以确认。因此，费用的确认至少应当符合以下条件：一是与费用相关的经济利益很可能流出企业；二是经济利益流出企业会导致资产的减少或者负债的增加；三是经济利益的流出额能够可靠计量。

（六）利润

利润是指企业在一定会计期间的经营成果，它是一定时期企业的收入超过费用和损失的余额。利润包括收入减去费用后的净额、直接计入当期利润的利得和损失等。

利润反映的是收入减去费用、利得减去损失后的净额。因此，利润的确认主要依赖于收入和费用以及利得和损失的确认，其金额的确定也主要取决于收入、费用、利得、损失金额的计量。

企业的一切经济业务都发生在资产、负债、所有者权益、收入、费用和利润六个会计要素之间。六个会计要素之间的关系构成了两个会计平衡式。

首先，资产、负债和所有者权益三个会计要素构成的第一个会计平衡式（也称会计等式）：

$$资产 = 负债 + 所有者权益$$

会计等式的左边表示企业拥有的资产及其构成，体现了企业独立经营的法人地位；会计等式的右边表示对企业资产的要求，反映投资人和债权人的权益。这一会计等式是会计用以建立账户体系和资产负债表的依据。

其次,收入、费用和利润三个会计要素构成的第二个会计平衡式如下:

$$收入 - 费用 = 利润$$

这一会计平衡式是会计用以建立利润表的主要依据。

依照“收入由产权(所有者)享有,费用由产权(所有者)负担”的道理,企业在生产经营过程中,收入与费用的发生必然会影响企业资产和所有者权益的变动。当收入超过费用,产生利润时,会使资产和所有者权益同时增加;反之,当费用超过收入,产生亏损时,会使资产和所有者权益同时减少。因此,我们可以把第一个会计平衡式扩展如下:

$$资产 = 负债 + 所有者权益 + (收入 - 费用)$$

会计平衡式揭示了各个会计要素之间的相互关系,反映了企业的经济活动和经营成果。第一个会计平衡式包括了第二个会计平衡式的内容,第二个会计平衡式是对第一个会计平衡式的必要补充。

综上所述,企业依据会计的固有职能,利用会计平衡式所包含的要素来表明企业的财产状况,反映企业的经济活动。会计一要如实反映企业的资产、负债和所有者权益及其变动,二要如实反映生产经营过程中的收入、费用和利润形成的情况。

三、企业会计的任务

会计是企业经营管理的重要组成部分。它的任务决定于企业的生产目的和管理的客观要求,同时也受企业会计内容的制约。据此,企业会计的任务,主要有以下几方面:

(一)如实反映企业的经济活动和财产收支情况,为经济管理提供会计信息

在社会主义市场经济条件下,企业为了做好经济管理工作,提高经济效益以求得发展,都要求会计如实反映企业的经济活动和财产收支情况,为经营管理提供会计信息。为此,企业必须建立搜集、加工、整理、传递和储存会计信息的制度,认真编制和审核凭证,如实登记账簿,编制财务报告。同时,还要加强调查研究,整理经济活动中有关经济效益的资料,及时、正确地提供会计信息,以便企业管理者和各职能部门做到心中有数,及时发现经营管理和财务收支方面的问题,采取措施,加强企业资金管理。

另外,会计工作还必须根据企业会计信息,编制对外财务报告,并逐级汇总,以满足国家宏观经济管理的需要,满足有关各方了解企业财务状况和经营成果的需要。

(二)分析、考核企业财务和成本计划执行情况,参与企业决策,提高经济效益

提高经济效益,增加企业盈利,是企业经营管理的根本目标。为了提高经济效益,要求严格、准确地计算生产经营活动中的成果和消耗、投入和产出,力求以尽可能少的活劳动耗费、物化劳动耗费和资金占用取得尽可能大的经济效益,以尽可能少的投入取得尽可能大的产出;要求企业以自己的收入抵偿支出,并取得盈利。

为了不断地提高经济效益,必须对企业的各种收入、支出、费用、成本和利润进行分

析、考核。通过分析、考核,查明企业在生产经营活动中耗费了多少人力、物力;占用了多少资金;取得了多少销售收入;收入与支出相抵以后,取得了多少利润,或发生了多少亏损;资金占用与经营成果相比,资金的使用效果是提高了还是降低了。同时,还要在财务、成本计划的执行过程中,分析、预测财务、成本计划的完成趋势,掌握影响财务、成本计划完成的主客观因素。通过这样的分析、考核,从中总结经验,找出问题,参与企业决策,寻求提高经济效益的途径,并采取措施进行控制,以便进一步挖掘增收节支的潜力,增加收入,减少支出,提高经济效益。

(三)实行会计监督,维护社会主义市场经济的正常秩序

实行会计监督,维护社会主义市场经济的正常秩序是企业会计的一项重要任务。为此,要做好以下两方面的工作:

首先,要监督企业认真执行党和国家的经济政策及财经法规,正确处理企业与各方面的经济关系。为了维护社会主义市场经济的正常秩序,保证国家经济的健康发展,党和国家制定了一系列政策和财经法规。企业只有认真执行党和国家的经济政策和法规,才能正确处理自身与各方面的经济关系,才能维护社会主义市场经济的正常秩序,才能使自身正常发展。在与国家的关系上,企业必须按照国家规定,保证国有资产(如果国家在企业有投资)的保全与增值,按照税法规定缴纳税金,遵守国家有关成本开支范围和费用开支标准的规定,遵守市场管理的法令等。在与其他企业、单位的关系上,企业应信守合同,遵守结算纪律,及时做好各项款项的结算工作。在与各投资者的关系上,企业必须按照国家法规规定,保全投资者的投资,正确计算分配利润,保护投资者的正当权益。在与职工的关系上,企业应当认真贯彻执行国家有关工资福利保险的政策规定等。与此同时,财会人员还应通过自己的工作,积极宣传遵守财经法规、制度和财经纪律的意义,依靠群众和有关部门,严格执行会计监督。

其次,要维护财经法规,保护企业财产的安全、完整。企业拥有的财产物资是企业进行生产经营活动的物质基础,也是实现投资人和债权人权益的物质保证。实行会计监督,维护财经法规,保护企业财产,管好、用好财产物资,并充分发挥它们的作用,是管理社会主义市场经济的一项基本要求。

为了管好、用好企业的财产物资,要教育广大职工严格遵守财产物资管理制度,养成爱护企业物资的良好习惯。企业会计要充分利用以货币形式连续、系统、全面地记录和反映企业货币资金和财产物资增减变动和结存情况的有利条件,对企业一切货币资金的收支和财产物资的进出、移动,都要据实填写凭证,经过认真审核无误后,据以登记账簿。对于未经批准,擅自变卖、转让、拆除、外借、赠送企业财产物资的,要严加制止;对于财产物资保管不当、损坏丢失、霉烂变质的现象,应采取措施加以纠正;对于贪污盗窃、违法乱纪行为,应当履行职责,坚决制止,并报请有关领导处理。

为了充分发挥财产物资的使用效能,应定期进行清查盘点,做到财产物资家底清楚、责任明确。另外,要建立健全财产物资的管理制度,促使企业合理使用、妥善保管财产物资，防止挤压、浪费、损坏、丢失的现象发生，确保企业财产的安全、完整。

【任务处理】

为了尽快地胜任会计工作，金胜文应当熟悉会计核算的内容和会计工作的任务。

任务二 概览企业会计工作的组织

【任务目标】

通过学习，了解企业的工作组织，明确会计人员的岗位权限，并能够根据企业的具体情况设置会计岗位。

【任务导入】

在明确了会计工作的任务后，为了保质保量地完成任务，金胜文还需要了解新的工作环境。

请问：会计工作的组织包括哪些呢？

【知识导航】

合理组织会计工作，是充分发挥会计工作作用，保证完成会计工作任务的重要条件。工业企业会计工作的组织主要包括会计机构、会计人员和会计法规等。

一、会计机构

会计机构是企业的职能部门，负责企业的财务会计工作，统管企业财务、会计业务，提供经济管理的信息。一个企业如果没有一个强有力的、高效率的会计机构，就不可能有条不紊地完成会计工作的各项任务，企业的管理者也就在经济管理方面失去了一个有力的助手和参谋。因此，为了充分发挥会计工作的作用，每个工业企业都必须根据《中华人民共和国会计法》（以下简称《会计法》）和《会计基础工作规范》的规定，设置会计机构。不具备单独设置会计机构条件的，应当配备专职会计人员。设置会计机构的，应当配备会计机构负责人；不单独设置会计机构的，应当在专职会计人员中指定会计主管人员。配备的会计机构负责人和指定的会计主管人员应当符合《会计基础工作规范》规定的基本条件。会计机构负责人和会计主管人员的任免，应当符合《会计法》和有关法律的规定，企业管理者不得随意任免。大中型企业还应当根据法律和国家有关规定设置总会计师，主管本企业的财务会计工作。

会计机构的主要职责如下：按照《会计法》和《会计基础工作规范》的规定进行会计核算和实行会计监督；建立健全企业内部会计管理制度；参与拟定经济计划、业务计划，考核分析预算、财务计划的执行情况等。

会计机构的设置，应根据企业规模的大小、会计业务的繁简来确定。在实际工作中，通常有两种情况：一种是在一些规模不大的企业里，全部会计工作都集中在厂部进行。在这种情况下，只需要在厂部设置会计机构或者配置专职会计人员。另一种情况是在一些规模较大的企业里，由于会计业务量大而且比较复杂，全厂的会计工作不是集中在厂部进行，而是由厂部和车间（包括有关业务部门）分工负责的。在这种情况下，不仅厂部要设置会计机构，而且在各个车间（部门）中也要设置会计机构或者配备专职会计人员。

企业的会计工作是十分细致而复杂的。为了把这项工作科学地组织起来，会计机构内部必须有合理的分工与协作，并在明确分工的基础上建立会计工作岗位责任制。在会计机构内部和会计人员中建立会计工作岗位责任制，定人员、定岗位，明确分工，各司其职，有利于会计工作程序化、规范化，有利于落实责任，有利于提高工作效率和工作质量。企业应当根据会计业务的繁简和各项业务之间的联系来设置会计工作岗位。在一般企业里，可以设置如下会计工作岗位：

（一）会计机构负责人（或会计主管人员）

会计机构负责人（或会计主管人员）是企业负责会计工作的中层领导人员，对企业的会计工作起组织、管理作用，全面负责会计工作。

（二）出纳

主要工作包括办理现金收支业务和银行结算业务，登记现金和银行存款日记账，保管库存现金和各种有价证券等。

（三）材料核算

主要工作包括会同有关部门制订材料目录，参与制订材料消耗定额，审查汇编材料采购用款计划，监督材料的收发结存情况并进行相应的账务处理，组织与办理材料明细核算，参加材料的清查盘点并办理有关的账务处理，考核分析储备资金定额的执行情况等。

（四）工资核算

主要工作包括监督工资基金的使用，计算（或审核）应付的工资、津贴、奖金等并组织发放，负责工资的分配及相应的明细核算，计提职工福利费、工会经费、职工教育经费，负责社会保险费、住房公积金的核算等。

（五）固定资产核算

主要工作包括会同有关部门编制固定资产目录，参与核定固定资产需用量，参与编制固定资产更新改造和大修计划，监督固定资产的增减变动情况，并进行相应的账务处理，进行固定资产的明细核算，计提固定资产折旧，进行在建工程及工程物资的核算，组织固定资产的清查盘点并进行有关的账务处理，分析、考核固定资产的使用效果等。

（六）成本费用核算

主要工作包括编制费用预算和产品成本计划并监督其执行情况，进行费用归集、分配和产品成本的核算，指导厂内各部门、车间做好有关费用和产品成本的核算工作，参加组织在产品的清查盘点并进行有关的账务处理，进行费用和产品成本的分析、考核、预测和控制等。

（七）销售和利润核算

主要工作包括参与编制销售计划，编制利润及其分配计划，办理销售货款的结算，进行销售、税金、利润及其分配的账务处理和相应的明细核算，进行产成品的明细核算，参加产成品的清查盘点并进行有关的账务处理，进行销售利润的分析、考核、预测和控制等。

（八）资金核算

主要工作包括处理投入资本和资本公积金等所有者权益，进行长期借款、应付债券等长期负债的核算，进行短期借款、应付票据等流动负债的核算等。

（九）总账报表

主要工作包括进行全部总分类核算，编制财务报告，分析、考核财务的执行情况，预测企业的财务状况等。

（十）稽核、档案管理

主要工作包括复核会计凭证，管理会计档案等。

（十一）其他

负责其他不属于以上工作岗位的会计工作，如无形资产的核算、对外投资的核算、备用金的核算等。

由于各企业的具体情况不同，以上各个会计工作岗位的设置也是不一样的。例如，小型企业的业务量较小，则应适当合并以减少会计岗位设置，可设出纳、成本、会计等岗位。出纳人员核算货币资金，成本人员核算成本费用，会计人员核算其他所有的账务。

企业在建立会计工作岗位责任制时，可以实行一人一岗、一人多岗和一岗多人，但应当符合内部牵制制度的要求。出纳人员不得监管稽核、会计档案保管和收入、费用、债权债务账目的登记工作。另外，为了促进会计人员全面熟悉会计业务，不断提高业务素质，其工作岗位应当有计划地进行轮换。

会计机构在确定了内部岗位分工后，还要注意相互配合，做到既有分工又有合作，使会计人员都能按照一定的工作秩序，同心协力地做好本职工作，更好地发挥会计工作的积极作用。

二、会计人员

会计工作是会计人员完成的。在企业里，配备足够数量的能胜任工作的会计人员，是做好会计工作的基础。因此，任何一个企业都必须按照《会计法》和《会计基础工作规范》的规定配备会计人员，并不断提高他们的政治素质和业务技术水平，充分调动他们的积极性和主动性，以保证会计工作任务的全面完成。

(一)会计人员应具备的条件

按照《会计法》和《会计基础工作规范》的规定，企业配备的会计人员，应当具备必要的专业知识和专业技能，熟悉国家有关法律、法规、规章和国家统一会计制度，遵守职业道德。为此，会计人员应当按照国家规定参加会计业务培训。企业应当合理安排会计人员的培训，保证会计人员每年有一定时间用于学习和参加培训。

另外，企业聘用会计人员时应当实行回避制度。

(二)会计人员的职责和权限

为了充分发挥会计人员的积极性，必须明确他们的职责，赋予他们必要的工作权限。会计人员的工作职责和工作权限是密切联系、不可分割的。没有工作职责，就不可能有工作权限；没有工作权限，就不可能履行工作职责，也就不可能充分发挥会计人员的作用，完成会计工作的各项任务。

1. 会计人员的职责

按照《会计法》和《会计基础工作规范》的规定，会计人员的主要职责如下：

(1)按照《会计法》和《会计基础工作规范》的规定进行会计核算。

(2)按照《会计法》和《会计基础工作规范》的规定进行会计监督。

(3)建立健全企业内部会计管理制度。主要有内部会计管理体系、会计人员岗位责任制度、原始记录管理制度、定额管理制度、计量验收制度、财产清查制度、财产收支审批制度、成本核算制度和财务会计分析制度等。

(4)参与拟定经济计划、业务计划，考核分析预算、财务计划的执行情况等。

2. 会计人员的权限

会计人员的权限主要是《会计法》赋予的监督职权，即会计人员有权依法对本单位的经济活动实行会计监督。会计监督既是会计人员的工作职责，又是会计人员的工作权限。按照《会计法》和《会计基础工作规范》的规定，会计人员的主要工作权限如下：

(1)有权对原始凭证进行审核监督。会计人员对不真实、不合法的原始凭证，不予受理。对弄虚作假、严重违法的原始凭证，在不予受理的同时，应当予以扣留，并及时向单位领导人报告，请求查明原因，追究当事人的责任。对记载不准确、不完整的原始凭证,应当予以退回,要求经办人员更正、补充。

(2)有权对会计账簿进行监督。会计人员对伪造、变造、故意毁灭会计账簿或者账外设账的行为,有权制止和纠正;制止和纠正无效的,应当向上级主管单位报告,请求作出处理。

(3)有权对实物、款项进行监督。会计人员有权对企业的财产物资和各种款项进行监督,督促建立并严格执行财产清查制度。发现账簿记录与实物、款项不符时,应当按照国家有关规定进行处理;超出会计机构、会计人员职权范围的,应当立即向本单位领导报告,请求查明原因,作出处理。

(4)有权对财务报告进行监督。会计人员有权对指示、强令编造、篡改财务报告的行为进行制止和纠正;制止和纠正无效的,应当向上级主管单位报告,请求处理。

(5)有权对财务收支进行监督。会计人员在对企业的财务收支进行监督方面,有如下权限和责任:

①对审批手续不全的财务收支,应当退回,要求补充、更正。

②对违反规定不纳入单位统一会计核算的财务收支,应当制止和纠正。

③对违反国家统一的财政、财务、会计制度规定的财务收支,不予办理。

④对认为是违反国家统一的财政、财务、会计制度规定的财务收支,应当制止和纠正;制止和纠正无效的,应当向单位领导人提出书面意见,请求处理。单位领导人应当自接到书面意见起十日内做出书面决定,并对决定承担责任。

⑤对违反国家统一的财政、财务、会计制度规定的财务收支,不予制止和纠正,又不向单位领导人提出书面意见的,也应当承担责任。

⑥对严重违反国家利益和社会公众利益的财务收支,应当向主管单位或者财政、审计、税务机关报告。

(6)有权参与编制计划、制定定额、签订经济合同,有权参与有关生产、经营管理的会议。

(7)有权监督检查企业内部会计管理制度的执行情况。对违反单位内部会计管理制度的经济活动,应当制止和纠正;制止和纠正无效的,应当向单位领导报告,请求处理。

(8)有权要求本单位有关部门和人员认真执行本单位按国家规定制定的预算、财务计划等。

由于在《会计法》和《基础会计工作规范》中明确规定了会计人员的职责和权限,因此会计人员的职责在法律上就有了充分的保障。会计人员应当认真履行职责,正确行使法律赋予的权利。

根据《会计法》和《总会计师条例》的规定,大中型企业经批准可以设置总会计师。总会计师由具有会计师以上专业技术任职资格的人员担任。总会计师是企业的行政领导成员和会计工作的主管人员,直接对企业主要行政领导人负责。总会计师履行《总会计师条例》规定的职责并行使相应权利。

（三）会计人员的职业道德

会计人员在会计工作中应遵守职业道德，树立良好的职业品质、严谨的工作作风，严守纪律，努力提高工作效率和工作质量。《会计基础工作规范》专门对会计人员的职业道德问题作出了规定，主要包括以下六个方面：

1. 敬业爱岗。即会计人员应当热爱本职工作，努力钻研业务，使自己的知识和技能适应所从事工作的要求。

2. 熟悉法规。即会计人员应当熟悉财经法律、法规和国家统一会计制度，并结合会计工作进行广泛宣传。

3. 依法办事。即会计人员应当按照会计法律、法规、规章、规定的程序和要求开展会计工作，保证所提供的会计信息合法、真实、准确、及时、完整。

4. 客观公正。即会计人员办理会计事务时应当实事求是、客观公正。

5. 搞好服务。即会计人员应当熟悉本单位的生产经营和业务管理情况，运用所掌握的会计信息和会计方法，为改善单位内部管理、提高经济效益服务。

6. 保守秘密。即会计人员应当保守本单位的商业机密，除法律、规定和单位领导人同意外，不能私自向外界提供或者泄露单位的会计信息。

财政部门、业务主管部门和各单位应当定期检查会计人员遵守职业道德的情况，并将其作为会计人员晋升、晋级、聘任专业职务、表彰奖励的重要考核依据。会计人员违反职业道德的，由所在单位进行处罚；情节严重的，由会计证发证机关吊销其会计证。

三、会计法规体系

会计机构和会计人员是会计工作系统运行的必要条件，而会计法规是保证会计工作系统正常运行的必要的约束机制。我国会计法规建设基本形成了以《会计法》为中心、以国家统一的会计制度为基础的相对完善的法规体系。该体系包括三个层次，即《会计法》、会计行政法规和会计制度。

（一）《会计法》

《中华人民共和国会计法》于 1985 年 1 月 21 日在第六届全国人民代表大会常务委员会第九次会议上通过，自 1985 年 5 月 1 日起施行。1993 年 12 月 29 日，第八届全国人民代表大会常务委员会第五次会议通过了《关于修改〈中华人民共和国会计法〉的决定》，自公布之日起施行。1999 年 10 月 31 日，第九届全国人民代表大会常务委员会第十二次会议再次对《会计法》进行了修订，自 2000 年 7 月 1 日起施行。

《会计法》是我国会计工作的根本大法，是从事会计工作，制定其他各种会计法规的依据。它规定了会计工作的基本目的、会计管理权限、会计责任主体、会计核算和会计监督的基本要求、会计人员和会计机构的职责权限，并对会计法律责任作出了详细规定。

(二)会计行政法规

会计行政法规是指国务院规定的有关会计工作的法规条例等,主要有《总会计师条例》《会计专业职务试行条例》等。会计行政法规由国家最高行政机关即国务院制定,用于调整经济生活中的会计关系。

会计行政法规制定的依据是《会计法》,会计行政法规的效力仅次于会计基本法,如国务院发布的《总会计师条例》《企业财务会计报告条例》。会计行政法规通常以条例、办法、规定等具体名称出现。

(三)会计制度

会计制度是指国务院财政部门根据《会计法》制定的关于会计核算、会计监督、会计机构、会计人员以及会计工作的管理制度。会计制度在企业会计法规体系中处于十分重要的地位,包括两部分,即部门规章和规范性文件。部门规章由国务院主管部门以部长令公布,规范性文件由国务院主管部门以部门文件形式印发。我国自 2007 年 1 月 1 日起施行的会计制度主要是指企业会计准则体系,即基本准则、具体准则、应用指南。其中,基本准则属于部门规章,是由财政部部长签署公布的;具体准则及应用指南属于规范性文件,是由财政部以财会文件印发的。

【任务处理】

金胜文需要了解企业会计工作的组织,它主要包括会计机构、会计人员和会计制度三项内容。企业应根据自己规模的大小、会计业务的繁简来设置会计机构,明确会计工作岗位。企业在建立会计工作岗位责任制时,可以实行一人一岗、一人多岗和一岗多人。作为一名会计人员,应当按照《会计法》和《会计基础工作规范》的规定,认真履行职责,正确行使法律赋予的权利。

任务三 认知企业会计准则的基本内容

【任务目标】

通过学习,能够简述企业会计准则的基本内容,会依据会计基础判断企业的收入和费用。

【任务导入】

请问:金胜文在了解了自己的工作环境、明确了会计人员的权限后,在进行会计核算时,应遵循哪些核算要求?

【知识导航】

一、企业会计准则

随着企业公司制的建立和所有权、经营权的分离以及资本市场的发展,企业会计逐步演化为两大分支:一是服务于企业内部管理信息及其决策需要的管理会计(对内报告会计),二是服务于企业外部信息使用者信息及其决策需要的财务会计(对外报告会计)。财务会计需要服务于外部信息使用者,在保护投资者及社会公众利益、维护市场经济秩序及其稳定方面扮演着越来越重要的角色,因此,它在社会经济生活中的地位日显突出,迫切需要一套社会公认的统一的会计原则来规范其行为。在这种情况下,《企业会计准则》应运而生。其核心是通过规范企业财务会计确认、计量和报告内容,提高会计信息质量,降低资金成本,提高资源配置效率。

多年来我国一直重视会计准则的建设。1992 年,我国发布了第一部会计准则,即《企业会计准则》,随之又先后发布了包括关联方关系及其交易的披露、现金流量表、非货币性交易、投资、收入或有事项、资产负债表日后事项、会计政策、会计估计变更和会计差错更正、借款费用、债务重组、固定资产、无形资产、存货、中期财务报告在内的 16 项具体准则。

为适应我国市场经济发展和经济全球化的需要,按照立足国情、国际趋同、涵盖广泛、独立实施的原则,财政部对上述准则做了系统性的修改,并制定了一系列新的准则,于 2006 年 2 月 15 日发布了包括《企业会计准则——基本准则》(以下简称基本准则)和 38 项具体准则在内的"企业会计准则体系",2006 年 10 月 30 日又发布了《企业会计准则——应用指南》,从而实现了我国会计准则与国际财务报告准则的实质性趋同。

我国"企业会计准则体系"由基本准则、具体准则、会计准则应用指南和解释公告等组成。其中,基本准则在整个企业会计准则体系中扮演着概念框架的角色,起着统驭作用;具体准则是在基本准则的基础上,对具体交易或者事项会计处理的规范;应用指南是对具体准则的一些重点、难点问题做出的操作性规定;解释公告是随着企业会计准则的贯彻实施,就实务中遇到的实施问题而对准则做出的具体解释。

在我国现行"企业会计准则体系"中,基本准则规范了包括财务报告目标、会计基本假设、会计信息质量要求、会计要素的定义及其确认和计量原则、财务报告等在内的基本问题,是会计准则制定的出发点,是制定具体准则的基础。

二、企业会计准则的基本内容

(一)财务报告目标

财务报告目标在整个财务会计系统和企业会计准则体系中具有十分重要的地位,是构建会计要素确认、计量和报告原则并制定各项准则的基本出发点。

我国企业财务报告的目标,是向财务报告使用者提供与企业财务状况、经营成果和现金流量等有关的会计信息,反映企业管理层受托责任履行情况,有助于财务报告使用者进行经济决策。财务报告使用者主要包括投资者、债权人、政府及其有关部门和社会公众等。

(二)会计基本假设

会计基本假设是企业会计确认、计量和报告的前提,是对会计核算所处时间、空间环境等所作的合理设定。会计基本假设包括会计主体、持续经营、会计分期和货币计量。

会计主体规定了会计确认、计量和报告的空间范围,明确了会计人员站在谁的立场上,以多大的空间范围的交易或事项为核算内容,为谁核算、核算谁的业务。根据这一假设,在会计工作中,只有那些影响企业本身经济利益的各项交易或事项才能加以确认、计量和报告,那些不影响企业本身经济利益的各项交易或事项则不能加以确认、计量和报告。例如,企业所有者的经济交易或者事项是属于企业所有者主体所发生的,不应纳入企业会计核算的范围,但是企业所有者投入企业的资本或者企业向所有者分配的利润,则属于企业主体所发生的交易或者事项,应当纳入企业会计核算的范围。

会计主体不同于法律主体。一般来说,法律主体必然是会计主体。例如,一个企业作为一个法律主体,应当建立财务会计系统,独立反映其财务状况、经营成果和现金流量。但是,会计主体不一定是法律主体,如企业集团编制合并报表所依据的便是合并主体而非法律主体。

持续经营规定了会计核算的时间范围。在可以预见的将来,企业将会按当前的规模和状态继续经营下去,不会停业,也不会大规模削减业务。在持续经营前提下,会计确认、计量和报告应当以企业持续、正常的生产经营活动为前提。

如果一个企业在不能持续经营时还假定企业能够持续经营,并仍按持续经营的基本假设选择会计确认、计量和报告的原则与方法,就不能客观地反映企业的财务状况、经营成果和现金流量,会误导会计信息使用者的经济决策。

会计分期规定了财务报告的时间,是指将一个企业持续经营的生产经营活动划分为一个个连续的、长短相同的期间。会计分期的目的,在于通过会计期间的划分,将持续经营的生产经营活动划分成连续、相等的期间,据以结算盈亏,按期编报财务报告,从而及时向财务报告使用者提供有关企业财务状况、经营成果和现金流量的信息。

在会计分期假设下,企业应当划分会计期间,分期结算账目和编制财务报告。会计期间通常分为年度和中期。中期是指短于一个完整的会计年度的报告期间。

根据持续经营假设,一个企业将按当前的规模和状态持续经营下去。但是,无论是企业的生产经营决策还是投资者、债权人等的决策都需要及时的信息,都需要将企业持续的生产经营活动划分为一个个连续的、长短相同的期间,分期确认、计量和报告企业的财务状况、经营成果和现金流量。明确会计分期假设意义重大。由于会计分期,才产生了当期与以前期间、以后期间的差别。会计分期还使不同类型的会计主体有了记账的基准,进而出现了折旧、摊销等会计处理方法。

货币计量是指会计主体在财务会计确认、计量和报告时以货币计量反映会计主体的生产经营活动。

在会计的确认、计量和报告过程中,之所以选择货币为基础进行计量,是由货币的本身属性决定的。货币是商品的一般等价物,是衡量一般商品价值的共同尺度,具有价值尺度、流通手段、贮藏手段和支付手段等职能。其他计量标准,如数量、重量、长度、容积等,只能从一个侧面反映企业的生产经营情况,无法在量上进行汇总和比较,不便于会计计量和经营管理。只有选择货币尺度进行计量,才能充分反映企业的生产经营情况。所以,基本准则规定,会计确认、计量和报告选择货币作为计量标准。

在有些情况下,统一采用货币计量也有缺陷。某些影响企业财务状况和经营成果的因素,如企业经营战略、研发能力、市场竞争力等,往往难以用货币来计量,但这些信息对于使用者决策来讲也很重要。企业可以通过在财务报告中补充、披露有关非财务信息来弥补上述缺陷。

(三)会计基础

企业会计的确认、计量和报告应当以权责发生制为基础。权责发生制要求,凡是当期已经实现的收入和已经发生或应当负担的费用,无论款项是否收付,都应当作为当期的收入和费用,计入利润表;凡是不属于当期的收入和费用,即使款项已在当期收付,也不应当作为当期的收入和费用。

在实务中,企业交易或者事项的发生时间与相关货币收支时间有时并不完全一致。例如,款项已经收到,但销售并未实现;或者款项已经支付,但并不是为本期生产经营活动而发生的。为了更加真实、公允地反映特定会计期间的财务状况和经营成果,基本准则明确规定,企业在会计确认、计量和报告中应当以权责发生制为基础。

收付实现制是与权责发生制相对应的一种会计基础,它是以收到或支付的现金作为确认收入和费用等的依据。目前,我国的行政单位会计采用收付实现制;事业单位会计除经营业务可以采用权责发生制,其他大部分业务采用收付实现制。

(四)会计信息质量要求

会计信息质量要求是对企业财务报告中所提供的会计信息质量的基本要求,是让财务报告中所提供的会计信息对使用者决策有用应具备的基本特征。它主要包括可靠性、相关性、可理解性、可比性、实质重于形式、重要性、谨慎性和及时性等。

1. 可靠性。可靠性要求企业应当以实际发生的交易或者事项为依据进行确认、计量和报告,如实反映符合确认和计量要求的各项会计要素及其他相关信息,保证会计信息真实可靠、内容完整。

2. 相关性。相关性要求企业提供会计信息时应当与投资者等财务报告使用者的经济决策需要相关,有助于投资者等财务报告使用者对企业过去、现在或者未来的情况进行评价或者预测。

会计信息质量的相关性要求，需要企业在确认、计量和报告会计信息的过程中，充分考虑使用者的决策模式和信息需要。但是，相关性是以可靠性为基础的，两者并不矛盾，不应将两者对立起来。也就是说，会计信息在可靠性前提下，尽可能地做到相关性，以满足投资者等财务报告使用者的决策需要。

3. 可理解性。可理解性要求企业提供的会计信息清晰明了，便于投资者等财务报告使用者理解和使用。

企业编制财务报告、提供会计信息的目的在于使用。为了让使用者有效使用会计信息，财务报告所提供的会计信息应当清晰明了、易于理解。只有这样，才能提高会计信息的有用性，实现财务报告的目标，满足投资者等财务报告使用者对于决策有用信息的要求。

4. 可比性。可比性要求企业提供的会计信息应当相互可比。这主要包括以下两层含义：

(1)同一企业不同时期可比。为了便于投资者等财务报告使用者了解企业财务状况、经营成果和现金流量的变化趋势，比较企业在不同时期的财务报告信息，全面、客观地评价过去、预测未来，会计信息质量的可比性要求同一企业对不同时期的相同或者相似的交易或者事项，应当采用一致的会计政策，不得随意变更。但是，满足会计信息的可比性要求，并非表明企业不得变更会计政策。如果按照规定或者在会计政策变更后可以提供更可靠、更相关的会计信息，则可以变更会计政策。有关会计政策变更的情况，应当在附注中予以说明。

(2)不同企业相同会计期间可比。为了便于投资者等财务报告使用者评价不同企业的财务状况、经营成果和现金流量及其变动情况，会计信息质量的可比性要求不同企业对同一会计期间发生的相同或者相似的交易或者事项，应当采用规定的会计政策，确保会计信息口径一致、相互可比，以使不同企业按照一致的确认、计量和报告要求提供有关会计信息。

5. 实质重于形式。实质重于形式要求企业应当按照交易或事项的经济实质进行会计确认、计量和报告，不应仅以交易或事项的法律形式为依据。如果企业仅仅以交易或者事项的法律形式为依据进行会计确认、计量和报告，那么就容易导致会计信息失真，无法如实反映经济现实。

在实务中，交易或事项的法律形式并不总能完全真实地反映其实质内容。所以，会计信息要想反映交易或事项，就必须根据交易或事项的实质和经济现实来进行判断，而不能仅仅根据它们的法律形式。

6. 重要性。重要性要求企业提供的会计信息应当反映与企业财务状况、经营成果和现金流量有关的所有重要交易或者事项。

如果财务报告中提供的会计信息的省略或者错报会影响投资者等使用者据此进行决策，则该信息具有重要性。重要性的应用需要依赖职业判断。企业应当根据其所处的环境和实际情况，从项目的性质和金额大小两方面加以判断。

7. 谨慎性。谨慎性要求企业对交易或者事项进行会计确认、计量和报告时保持应有的谨慎,不应高估资产或者收益,低估负债或者费用。

在市场经济环境下,企业的生产经营活动面临着许多风险和不确定性,如应收款项的可收回性、固定资产的使用寿命、无形资产的使用寿命、售出存货可能发生的退货或者返修等。会计信息质量的谨慎性要求,需要企业在面临不确定因素的情况下做出职业判断时,保持应有的谨慎性,充分估计到各种风险和损失,既不高估资产或者收益,也不低估负债或者费用。例如,企业对售出商品所提供的产品质量保证确认一项预计负债,就体现了会计信息质量的谨慎性要求。

8. 及时性。及时性要求企业对于已经发生的交易或者事项,应当及时进行会计确认、计量和报告,不得提前或者延后。

会计信息的价值在于帮助使用者进行经济决策,因此具有时效性。即使是可靠、相关的会计信息,如果不及时提供,也会失去时效性,对于使用者的效用就大大降低,甚至不再具有任何意义。在会计确认、计量和报告过程中贯彻及时性,一是要求及时收集会计信息,即在经济交易或者事项发生后,及时收集整理各种原始单据或者凭证;二是要求及时处理会计信息,即按照企业会计准则制度的规定,及时对经济交易或者事项进行确认或者计量,并编制财务报告;三是要求及时传递会计信息,即按照国家规定的有关时限,及时地将编制的财务报告传递给财务使用者,便于其及时使用和决策。

(五)会计要素的确认

各会计要素的具体内容及其确认前已述及。

(六)会计要素的计量属性

会计计量是指为了将符合确认条件的会计要素登记入账并列报于财务报表而确定其金额的过程。企业应当按照规定的会计计量属性进行计量,确定相关金额。

计量属性是指所计量的某一要素的特性方面,如桌子的长度、铁矿石的重量、楼房的面积等。从会计角度来说,计量属性反映的是会计要素金额的确定基础,主要包括历史成本、重置成本、可变现净值、现值和公允价值等。

1. 历史成本

历史成本,又称为实际成本,就是取得或制造某项财产物资时所实际支付的现金或其他等价物。在历史成本计量下,资产按照其购置时支付的现金或者现金等价物的金额,或者按照购置资产时所付出的对价的公允价值计量。负债按照其因承担现时义务而实际收到的款项或者资产的金额,或者承担现时义务的合同金额,或者按照日常活动中为偿还负债预期需要支付的现金或者现金等价物的金额计量。

2. 重置成本

重置成本,又称现行成本,是指按照当前市场条件,重新取得同样一项资产所需支付的现金或现金等价物的金额。在重置成本计量下,资产按照现在购买相同或者相似资产所需支付的现金或者现金等价物的金额计量。负债按照现在偿付该项债务所需支付的现金或者现金等价物的金额计量。在实务中,重置成本多应用于盘盈固定资产的计量等。

3. 可变现净值

可变现净值,是指在正常生产经营过程中,以预计售价减去进一步加工成本和预计销售费用以及相关税费后的净值。在可变现净值计量下,资产按照其正常对外销售所能收到现金或者现金等价物的金额扣减该资产至完工时估计将要发生的成本、估计的销售费用以及相关税费后的金额计量。可变现净值通常应用于存货资产减值情况下的后续计量。

4. 现值

现值是指对未来现金流量以恰当的折现率进行折现后的价值,是考虑货币时间价值的一种计量属性。在现值计量下,资产按照预计从其持续使用和最终处置中所产生的未来净现金流入量的折现金额计量。负债按照预计期限内需要偿还的未来净现金流出量的折现金额计量。现值通常用于非流动资产可收回金额和以摊余成本计量的金融资产价值的确定等。例如,在确定固定资产、无形资产等可收回金额时,通常需要计算资产预计未来现金流量的现值;对于持有至到期投资、贷款等以摊余成本计量的金融资产,通常需要使用实际利率法将这些资产在预期存续期间或是适用的更短期间内的未来现金流量折现,再通过相应地调整确定其摊余成本。

5. 公允价值

公允价值,是指在公平交易中,熟悉情况的交易双方自愿进行资产交换或者债务清偿的金额。公允价值主要应用于交易性金融资产、可供出售金融资产的计量等。

在各种会计要素计量属性中,历史成本通常反映的是资产或者负债过去的价值,而重置成本、可变现净值、现值以及公允价值通常反映的是资产或者负债的现时成本或者现时价值,是与历史成本相对应的计量属性。但这种关系并不是绝对的。如公允价值相对于历史成本而言,具有很强的时间观念,即当前环境下某项资产或负债的历史成本可能是过去环境下该项资产或负债的公允价值,而当前环境下某项资产或负债的公允价值可能是未来环境下该项资产或负债的历史成本。

企业在对会计要素进行计量时,一般应当采用历史成本、重置成本、可变现净值、现值、公允价值计量,应当保证所确定的会计要素金额能够取得并可靠计量。

【任务处理】

在反映企业的经济交易或事项时,金胜文应当按照企业会计准则的规定进行核算,以正确反映企业的财务状况和财务成果。

【项目小结】

本项目主要介绍了会计的定义、内容、会计工作组织、会计人员具备的基本理论、基本知识等内容。

会计是一种经济管理活动。它是在社会生产中产生的,并随着社会生产的发展而不断发展。企业会计核算和监督的内容是会计要素,六个会计要素之间的关系构成了两个会计平衡式。

企业会计工作的组织主要包括会计机构、会计人员和会计法规三项内容。企业应当根据会计业务的繁简和各项业务之间的联系来设置会计工作岗位。会计人员应具有良好的职业道德，应当按照《会计法》和《会计基础工作规范》的规定认真履行职责，正确行使法律赋予的权利。

我国企业会计准则体系由基本准则、具体准则、会计准则应用指南和解释公告等组成。基本准则规范了包括财务报告目标、会计基本假设、会计信息质量要求、会计要素的定义及其确认和计量原则、财务报告等在内的基本问题，是会计准则制定的出发点，是制定具体准则的基础。

【能力拓展】

一、《小企业会计准则》

2011 年 10 月，财政部制定颁布了《小企业会计准则》，要求自 2013 年 1 月 1 日起在全国小企业范围内施行，鼓励有条件的小企业提前执行。该准则旨在规范小企业通常发生的交易或事项的会计处理原则，为小企业处理会计实务问题提供具体而统一的标准。

(一)《小企业会计准则》的适用范围

《小企业会计准则》适用于在中华人民共和国境内依法设立的、符合《中小企业划型标准规定》所规定的小型企业标准的企业，不包括股票或债券在市场上公开交易的小企业、金融机构或其他具有金融性质的小企业、企业集团内的母公司和子公司。

符合《小企业会计准则》规定的小企业，可以执行本准则，也可以执行企业会计准则。执行企业会计准则的小企业，不得在执行企业会计准则的同时，选择执行本准则的相关规定；执行本准则的小企业，发生的交易或者事项本准则未做规范的，可以参照企业会计准则中的相关规定进行处理。执行本准则的小企业公开发行股票或债券的，应当转为执行企业会计准则；因经营规模或企业性质变化导致不符合本准则规定而成为大中型企业或金融企业的，应当从次年 1 月 1 日起转为执行企业会计准则。

已执行企业会计准则的上市公司、大中型企业和小企业，不得转为执行本准则。

(二)《小企业会计准则》的基本内容

《小企业会计准则》分总则、资产、负债、所有者权益、收入、费用、利润及利润分配、外币业务、财务报表、附则，自 2013 年 1 月 1 日起施行。财政部 2004 年发布的《小企业会计制度》(财会〔2004〕2 号)同时予以废止。

二、中小企业划型标准

中小企业可划分为中型、小型、微型三种类型，具体标准根据企业从业人员、营业收入、资产总额等指标，结合行业特点制定。具体内容如下：

（一）农、林、牧、渔业

营业收入20 000万元以下的为中小微型企业。其中，营业收入500万元及以上的为中型企业，营业收入50万元及以上的为小型企业，营业收入50万元以下的为微型企业。

（二）工业

从业人员1 000人以下或营业收入40 000万元以下的为中小微型企业。其中，从业人员300人及以上，且营业收入2 000万元及以上的为中型企业；从业人员20人及以上，且营业收入300万元及以上的为小型企业；从业人员20人以下或营业收入300万元以下的为微型企业。

（三）建筑业

营业收入80 000万元以下或资产总额80 000万元以下的为中小微型企业。其中，营业收入6 000万元及以上，且资产总额5 000万元及以上的为中型企业；营业收入300万元及以上，且资产总额300万元及以上的为小型企业；营业收入300万元以下或资产总额300万元以下的为微型企业。

（四）批发业

从业人员200人以下或营业收入40 000万元以下的为中小微型企业。其中，从业人员20人及以上，且营业收入5 000万元及以上的为中型企业；从业人员5人及以上，且营业收入1 000万元及以上的为小型企业；从业人员5人以下或营业收入1 000万元以下的为微型企业。

（五）零售业

从业人员300人以下或营业收入20 000万元以下的为中小微型企业。其中，从业人员50人及以上，且营业收入500万元及以上的为中型企业；从业人员10人及以上，且营业收入100万元及以上的为小型企业；从业人员10人以下或营业收入100万元以下的为微型企业。

（六）交通运输业

从业人员1 000人以下或营业收入30 000万元以下的为中小微型企业。其中，从业人员300人及以上，且营业收入3 000万元及以上的为中型企业；从业人员20人及以上，且营业收入200万元及以上的为小型企业；从业人员20人以下或营业收入200万元以下的为微型企业。

（七）仓储业

从业人员 200 人以下或营业收入 30 000 万元以下的为中小微型企业。其中，从业人员 100 人及以上，且营业收入 1 000 万元及以上的为中型企业；从业人员 20 人及以上，且营业收入 100 万元及以上的为小型企业；从业人员 20 人以下或营业收入 100 万元以下的为微型企业。

（八）邮政业

从业人员 1 000 人以下或营业收入 30 000 万元以下的为中小微型企业。其中，从业人员 300 人及以上，且营业收入 2 000 万元及以上的为中型企业；从业人员 20 人及以上，且营业收入 100 万元及以上的为小型企业；从业人员 20 人以下或营业收入 100 万元以下的为微型企业。

（九）住宿业

从业人员 300 人以下或营业收入 10 000 万元以下的为中小微型企业。其中，从业人员 100 人及以上，且营业收入 2 000 万元及以上的为中型企业；从业人员 10 人及以上，且营业收入 100 万元及以上的为小型企业；从业人员 10 人以下或营业收入 100 万元以下的为微型企业。

（十）餐饮业

从业人员 300 人以下或营业收入 10 000 万元以下的为中小微型企业。其中，从业人员 100 人及以上，且营业收入 2 000 万元及以上的为中型企业；从业人员 10 人及以上，且营业收入 100 万元及以上的为小型企业；从业人员 10 人以下或营业收入 100 万元以下的为微型企业。

（十一）信息传输业

从业人员 2 000 人以下或营业收入 100 000 万元以下的为中小微型企业。其中，从业人员 100 人及以上，且营业收入 1 000 万元及以上的为中型企业；从业人员 10 人及以上，且营业收入 100 万元及以上的为小型企业；从业人员 10 人以下或营业收入 100 万元以下的为微型企业。

（十二）软件和信息技术服务业

从业人员 300 人以下或营业收入 10 000 万元以下的为中小微型企业。其中，从业人员 100 人及以上，且营业收入 1 000 万元及以上的为中型企业；从业人员 10 人及以上，且营业收入 50 万元及以上的为小型企业；从业人员 10 人以下或营业收入 50 万元以下的为微型企业。

（十三）房地产开发经营

营业收入 200 000 万元以下或资产总额 10 000 万元以下的为中小微型企业。其中，营业收入 1 000 万元及以上，且资产总额 5 000 万元及以上的为中型企业；营业收入 100 万元及以上，且资产总额 2 000 万元及以上的为小型企业；营业收入 100 万元以下或资产总额 2 000 万元以下的为微型企业。

（十四）物业管理

从业人员 1 000 人以下或营业收入 5 000 万元以下的为中小微型企业。其中，从业人员 300 人及以上，且营业收入 1 000 万元及以上的为中型企业；从业人员 100 人及以上，且营业收入 500 万元及以上的为小型企业；从业人员 100 人以下或营业收入 500 万元以下的为微型企业。

（十五）租赁和商务服务业

从业人员 300 人以下或资产总额 120 000 万元以下的为中小微型企业。其中，从业人员 100 人及以上，且资产总额 8 000 万元及以上的为中型企业；从业人员 10 人及以上，且资产总额 100 万元及以上的为小型企业；从业人员 10 人以下或资产总额 100 万元以下的为微型企业。

（十六）其他未列明行业

从业人员 300 人以下的为中小微型企业。其中，从业人员 100 人及以上的为中型企业，从业人员 10 人及以上的为小型企业，从业人员 10 人以下的为微型企业。

在实际操作中，企业类型的划分以统计部门的统计数据为依据。该标准适用于在中华人民共和国境内依法设立的各类所有制和各种组织形式的企业。个体工商户和本规定以外的行业，参照本规定进行划型。中型企业标准上限即大型企业标准的下限，国家统计部门据此制定大中小微型企业的统计分类。

【技能训练】

一、职业判断能力训练

1. 确立会计核算空间范围所依据的会计基本假设是（　　）。
   A. 会计主体　　B. 持续经营　　C. 会计分期　　D. 货币计量
2. 下列各项中，会导致留存收益总额发生增减变动的是（　　）。
   A. 资本公积转增资本　　B. 盈余公积补亏
   C. 盈余公积转增资本　　D. 以当年净利润弥补以前年度亏损
3. 下列各项，不会引起所有者权益总额发生增减变动的有（　　）。（多选题）
   A. 宣告发放股票股利　　B. 资本公积转增资本

C. 盈余公积转增资本　　D. 接受投资者追加投资

4. 下列各项中，符合资产定义的有(　　)。(多选题)

A. 委托加工物资　　B. 尚待加工的半成品

C. 受托代销商品　　D. 融资租入的固定资产

5. 下列各项中，能引起资产与负债同减的有(　　)。(多选题)

A. 支付现金股利　　B. 取得短期借款

C. 盈余公积补亏　　D. 以现金支付职工工资

6. 企业发生的各项利得或损失，均应计入当期损益。(　　)(判断题)

二、职业实践能力训练

1. 2016年年初，某集团公司财务部拟在本系统开展会计职业道德培训。为了使培训工作更具针对性，公司财会部就会计职业道德概念、会计职业道德与法律制度的关系、会计职业道德规范的内容、会计职业道德教育以及组织实施等问题，分别与会计人员王晴、周雯、姚萍、范涛四人进行了座谈。现就四人回答的主要观点摘录如下：

(1)关于会计职业道德概念问题，王晴认为，会计职业道德是会计人员在社会交往和公共生活中应当遵循的行为准则，涵盖了人与人、人与社会、人与自然之间的关系。

(2)关于会计职业道德与会计法律制度的关系问题，周雯认为，会计职业道德与会计法律制度两者在性质、实现形式上都一样。

(3)关于会计职业道德规范的内容，姚萍认为，会计职业道德规范的全部内容归纳起来就是两条：一是廉洁自律。会计职业是一项极为特殊的职业，整天与钱、财、物打交道。如果爱贪爱占，很容易走上犯罪的道路。会计职业的特殊性决定了会计人员必须做到"常在河边走，就是不湿鞋"。二是强化服务。会计人员的根本任务就是为单位负责人提供服务，应当无条件服从领导，不折不扣地贯彻领导意图。

(4)关于会计职业道德教育问题，范涛认为，开展会计职业道德教育的唯一途径就是依靠学历教育。只有这样，才能培养会计职业道德观念，强化会计道德情操。

要求：从会计职业道德角度，分别分析判断王晴、周雯、姚萍、范涛四人的观点是否正确。如不正确，请阐述正确的观点。

2. A公司是一家小型制造企业，专门生产路牙石模具、护坡模具等。从业人员35人，营业收入500万元。该公司采用总经理负责制，设有一个会计科室。会计科长负责财务科的全面工作，设有一岗负责公司的业务结算、会计稽核、会计核算等业务，并设有出纳岗位、筹资岗位、销售岗位、成本核算岗位、固定资产核算岗位等。

要求：请指出该企业会计机构的设置存在哪些问题，该企业设置什么会计岗位比较合适。

CHAPTER 2 项目二

筹集资金的核算

【学习目标】

通过学习，了解企业资金的来源，熟悉筹资活动涉及的原始凭证，掌握企业股权资金增减变动和债务资金的核算。

【重点难点】

1. 资本金增加、减少的核算。

2. 短期借款、长期借款的核算。

3. 应付债券的核算。

任务一　认知资金

【任务目标】

通过本任务的学习，学生能够了解企业筹集资金的渠道和方式，熟悉企业的组织形式，能够区分负债和所有者权益。

【任务导入】

王涵是一位参加工作不久的应届毕业生，准备和两位同学成立一家公司，想了解企业资金的来源有哪些渠道。

【知识导航】

资金是企业的血液，是企业成立、生存和发展的物质基础，是企业开展生产经营活动的基本前提。筹资活动是获得资金的重要手段，是企业资金运动的起点。目前，企业筹资的渠道主要有以下几个方面：一个是投资者对企业的投资，包括国家投资、法人投资、个人投资和外商投资；二是按照有关规定向银行等金融机构借入的资金以及通过发行企业债券筹集的资金。对企业而言，前者即所有者权益，后者即负债。

一、负债

负债是指企业过去的交易或事项形成的、预期会导致经济利益流出企业的现时义务。它与法律上的负债相比,意义更广泛,内容更丰富。它不仅包括企业必须履行的各种法律概念上的债务,如应偿还的借款、应缴纳的税费等,还包括一些不具有法律约束力的内容,如预计负债等。负债具有以下几个方面的特征:

(一)负债是企业承担的现时义务

负债必须是企业承担的现时义务,这是负债的一个基本特征。其中,现时义务是指企业在现行条件下已承担的义务。未来发生的交易或者事项形成的义务,不属于现时义务,不应当确认为负债。

(二)负债预期会导致经济利益流出企业

预期会导致经济利益流出企业也是负债的一个本质特征。只有企业在履行义务时会导致经济利益流出企业的才符合负债的定义。在履行现时义务清偿负债时,导致经济利益流出企业的形式多种多样,例如用现金偿还或以实物资产形式偿还,以提供劳务形式偿还,以部分转移资产、部分提供劳务形式偿还,将负债转为资本等。

(三)负债是由企业过去的交易或者事项形成的

负债应当由企业过去的交易或者事项所形成。换句话说,只有过去的交易或者事项才形成负债。企业将在未来发生的承诺、签订的合同等交易或者事项,不形成负债。

二、所有者权益概述

所有者权益是指资产扣除负债后由所有者享有的剩余利益。所有者权益在数量上等于企业全部资产减去全部负债后的余额。公司所有者权益又称股东权益。

(一)企业的组织形式

由于企业的组织形式不同,受到的相关法律约束不同,其所有者权益的表现形式、权益和责任也有所不同。我国几种主要的企业组织形式如下:

1. 独资企业

独资企业是一个自然人投资并兴办的企业。其业主享有全部的经营所得,同时对债务负有完全责任。所有者权益表现为直接的业主权益。当企业的财产不足以清偿其债务时,业主必须将个人的财产用来清偿企业的债务,即企业的所有者要对企业的债务负无限清偿责任。

2. 合伙企业

合伙企业是由两个以上的自然人订立合伙协议,共同出资、合伙经营、共享收益、共担风险,并对合伙企业债务承担无限连带责任的营利性组织。所有者权益表现为合伙人权益。

3. 公司企业

公司是指以盈利为目的,由许多投资者共同出资组建,股东以其投资额为限对公司负责,公司以其全部财产对外承担民事责任的企业法人。所有者权益表现为股东权益。

公司的两种主要形式是有限责任公司和股份有限公司。有限责任公司股东以其出资额为限对公司承担责任,公司以其全部资产对公司的债务承担责任。股份有限公司是指全部资本由等额股份构成并通过发行股票筹集资本,股东以其认购的股份为限对公司承担责任,公司以其全部财产对公司债务承担责任的企业法人。股份有限公司注册资本的最低限额为 500 万元。

所有股东投入的资本一律不得抽回;注册资本非经法定程序,不得随意增减。

(二)所有者权益的构成

所有者权益虽然在不同企业中的表现形式不尽相同,但从内容来看主要包括实收资本、资本公积、其他综合收益、盈余公积和未分配利润四部分内容。其中,盈余公积和未分配利润统称为留存收益。

1. 实收资本,是指投资者实际投入企业经营活动的各种财产物资,是所有者权益构成的主体,如投入货币资金、材料、固定资产、无形资产等。按投资主体不同可分为国家投入资本、法人投入资本、个人投入资本和外商投入资本。

2. 资本公积,是指归所有者所共有的、非收益转化而形成的资本,一般与企业正常的生产经营活动不存在直接联系。主要包括资本溢价(或股本溢价)和直接计入所有者权益的利得和损失等。

3. 盈余公积,是按国家有关规定从税后净利润中提取的、具有特定用途的资金,包括法定盈余公积和任意盈余公积。

4. 未分配利润,是企业留待以后年度分配或待分配的利润,即净利润中未指定用途的部分。

5. 其他综合收益,是指企业根据企业会计准则规定未在当期损益中确认的各项利得和损失。

三、所有者权益与负债的区别

所有者权益和负债虽然都是企业的权益,是形成资产的来源,但两者之间存在着显著的区别。

(一)性质不同

负债是债权人对企业资产的要求权,是由公司承担的债务。所有者权益是投资人对企业资产扣除负债后的净资产的要求权,是由投资人出资形成的企业自有资产。

(二)权利不同

所有者有权参与企业的经营管理,也可以参与收益分配。而债权人往往无权参与企业的经营管理。两者要求偿债的权利不同,即债权优先于所有权。在企业清算时,所有者对资产的要求权在债权人之后。

(三)偿还期限不同

负债要求企业按规定的时间和利率支付利息、偿还本金,有时间约束。而对于所有者来说,除非企业终止或停止营业,一般无须归还。

(四)风险和收益不同

债权人不能参与企业的利润分配,只能按规定的条件得到相对固定的本金和利息收入,因此负债风险小,收益一般也要小些。投资者可按投资比例以股利或利润的形式参与企业的利润分配,可分得的利润数额取决于企业经营状况,不是固定的。所有者权益风险大,收益可能较高。

【任务处理】

企业筹集资金的渠道主要有投资者对企业的投资、按照有关规定向银行等金融机构借入的资金以及通过发行企业债券筹集的资金。其中,前者称为所有者权益,后者称为负债。

任务二　资本金的核算

【任务目标】

通过对资本金核算的学习,熟悉实收资本增加的途径,明确资本公积金的用途,熟练进行不同公司制形式下实收资本增减变动的核算及资本公积的核算。

【任务导入】

2020 年 12 月 31 日,甲宏电子有限公司、烟台乙润科技有限公司、丙德机械有限公司(以下简称甲、乙、丙)共同出资设立山东新欣食品有限公司,公司注册资本为 8 000 000 元,甲、乙、丙持股比例分别为 50%、25% 和 25%。其中:甲以货币出资 4 000 000 元;乙以商标权出资,取得增值税专用发票中注明的价款 1 886 792.45 元,增值税税额113 207.55元;丙以原材料出资,增值税专用发票中注明的价款 1 769 911.50 元,增值税 230 088.50 元。各位股东的出资已全部到位,有关法律手续已经办妥,部分原始凭证见表 2-1、表 2-2。

2021 年度山东新欣食品有限公司实现净利润 600 000 元,2021 年 12 月吸收丁股东加入本公司,将注册资本 8 000 000 元增加到 10 000 000 元。2021 年 12 月 31 日,收到丁股东货币出资 2 200 000 元,占增资后注册资本的 20%。

请问:山东新欣食品有限公司应如何进行账务处理?

表 2－1　山东增值税专用发票

抵扣联

开票日期　2020 年 12 月 28 日

购买方	名　　　称:山东新欣食品有限公司 纳税人识别号:913700370602165022732A 地址、电话:芝罘区大马路 213 号 6223421 开户行及账号:工行区支行账号 140602006754			密码区	略		
货物或应税劳务名称	规格型号	单位	数量	单价	金额	税率	税额
商标权		项	1	1 886 792.45	1 886 792.45	6%	113 207.55
合计					￥1 886 792.45		￥113 207.55
价税合计(大写)	⊗ 贰佰万圆整				(小写) ￥2 000 000.00		
销售方	名　　　称:烟台乙润科技有限公司 纳税人识别号:91370602195013992N 地址、电话:烟台市机场路 888 号 6918825 开户行及账号:工行黄务支行 140602009768			备注	烟台乙润科技有限公司 370602195013992 发票专用章		

第二联：抵扣联　购买方扣税凭证

收款人:辛云　　复核:　　开票人:杜松　　销货单位:(章)

表 2－2　山东增值税专用发票

发票联

开票日期　2020 年 12 月 28 日

购买方	名　　　称:山东新欣食品有限公司 纳税人识别号:913700370602165022732A 地址、电话:芝罘区大马路 213 号 6223421 开户行及账号:工行区支行账号 140602006754			密码区	略		
货物或应税劳务名称	规格型号	单位	数量	单价	金额	税率	税额
商标权		项	1	1 886 792.45	1 886 792.45	6%	113 207.55
合计					￥1 886 792.45		￥113 207.55
价税合计(大写)	⊗ 贰佰万圆整				(小写) ￥2 000 000.00		
销售方	名　　　称:烟台乙润科技有限公司 纳税人识别号:91370602195013992N 地址、电话:烟台市机场路 888 号 6918825 开户行及账号:工行黄务支行 140602009768			备注	烟台乙润科技有限公司 370602195013992 发票专用章		

第三联：发票联　购买方记账凭证

收款人:辛云　　复核:　　开票人:杜松　　销货单位:(章)

【知识导航】

一、实收资本的核算

(一)实收资本概述

实收资本是指企业按照章程规定或合同、协议约定,接受投资者投入企业的资本。它是企业注册登记的法定资本总额,表明所有者对企业的基本产权关系。

按照《中华人民共和国公司法》规定,股东可以用货币出资,也可以用实物、知识产权、土地使用权等可以用货币估价并可以依法转让的非货币财产作价出资,但是法律、行政法规规定不得作为出资的财产除外。企业应当对作为出资的非货币财产评估作价,核实财产,不得高估或者低估作价。法律、行政法规对评估作价有规定的,从其规定。

实收资本的构成比例,即投资者的出资比例或股东的股份比例,通常是确定所有者在企业所有者权益中所占的份额和参与企业财务经营决策的基础,也是企业进行利润分配或股利分配的依据,同时还是企业清算时确定所有者对净资产要求权的依据。

(二)实收资本增加的核算

企业收到所有者投入的资本后,应根据有关原始凭证(如投资清单、银行通知单等),分别按不同的出资方式进行会计处理。

1. 有限责任公司投入资本的核算

为了反映投资者投入的资本,除股份有限公司对股东投入的资本设置"股本"科目外,其他类型的企业应设置"实收资本"科目进行相关核算。该科目的贷方登记投资者投入的资本,借方登记依法减少的注册资本,期末贷方余额表示企业实有的实收资本金额。该科目按投资者设置明细账,进行明细分类核算。

(1)接受现金资产投资。企业收到投资者以现金资产投入的资本时,应以实际收到或存入企业开户银行的金额为实收资本入账,借记"库存现金""银行存款"等科目,贷记"实收资本"科目。对于不同投资者投入的货币资金,企业应分别设置明细账进行明细核算。

【例2-1】甲、乙、丙共同出资设立M有限责任公司,公司注册资本为20 000 000元,甲、乙、丙的持股比例分别为50%、30%和20%。M公司如期收到各投资者一次性缴足的款项。M公司应做以下账务处理:

借:银行存款	20 000 000	
贷:实收资本——甲		10 000 000
——乙		6 000 000
——丙		4 000 000

外商投资企业接受外币投资时,按收到外币资产当日的汇率折合为记账本位币金

额,借记“银行存款”等资产科目,贷记“实收资本”科目。

【例2-2】2021年1月31日,信泰公司接受外商投入资本1 000 000美元,款项已存入银行,当日汇率6.687 2。

借:银行存款——美元户　　6 687 200

　　贷:实收资本　　6 687 200

(2)接受非现金资产投资。企业接受非现金资产投资的,应按合同或协议约定的价值(但投资合同或协议约定价值不公允的除外),确认非现金资产的价值,借记有关资产科目;按在注册资本中应享有的份额,确认实收资本的价值,其差额贷记“资本公积”科目。涉及允许抵扣的增值税进项税额的,还应考虑相关税费。

①接受投入材料物资。企业接受投资者作价投入的材料物资时,应按投资合同或协议约定价值(但投资合同或协议约定价值不公允的除外),借记“原材料”科目;按增值税专用发票上注明的增值税额,借记“应交税费——应交增值税(进项税额)”科目;按在注册资本中应享有的份额,贷记“实收资本”科目,其差额贷记“资本公积”科目。

【例2-3】华夏公司收到汇通公司投入的原材料一批,该批原材料在投资合同中约定的价值为50 000元(与公允价值相符),增值税进项税额为6 500元。汇通公司已经开具了增值税专用发票。华夏公司应编制会计分录如下:

借:原材料　　50 000

　　应交税费——应交增值税(进项税额)　　6 500

　　贷:实收资本——汇通公司　　56 500

②接受固定资产投资。企业接受投资者以房屋、建筑物、机器设备等固定资产投入的资本时,一般应按投资合同或协议约定价值(但投资合同或协议约定价值不公允的除外),借记“固定资产” 科目;按在注册资本中应享有的份额,贷记“实收资本”科目,其差额贷记“资本公积”科目。对于允许抵扣进项税额的生产用机器、设备等,还应考虑相关税费。

【例2-4】2020年2月1日,东方公司收到大华公司作为资本投入的不需要安装的生产用设备一台,增值税专用发票注明的金额为105 000元,增值税13 650元,其在注册资本中所占份额为100 000元,编制如下会计分录:

借:固定资产　　105 000

　　应交税费——应交增值税(进项税额)　　13 650

　　贷:实收资本——大华公司　　100 000

　　　　资本公积——资本溢价　　18 650

③接受无形资产投资。企业在收到以无形资产方式投入的资本时,应按投资合同或协议约定价值(但投资合同或协议约定的价值不公允的除外),借记“无形资产”科目,其差额贷记“资本公积”科目。

【例2-5】2021年2月8日,东方企业收到甲企业投入的一项商标权,投资合同约定价值为100 000元(与公允价值相符),增值税6 000元,超过其在注册资本中所占份额的部分为16 000元。编制会计分录如下：

借:无形资产　　100 000
　应交税费——应交增值税(进项税额)　　6 000
　贷:实收资本——甲公司　　90 000
　　资本公积——资本溢价　　16 000

2. 股份有限公司投入资本的核算

股份有限公司与其他企业相比,最显著的特点就是将企业的全部资本划分为等额股份,并通过发行股票的方式来筹集资本。股东以其所认购股份对公司承担有限责任。

"股本"科目核算股东投入股份有限公司的股本,企业应将核定的股本总额、股份总数、每股面值在股本账户中作备查记录。为提供企业股份的构成情况,企业可在"股本"科目下按股东单位或姓名设置明细账。在采用溢价发行股票的情况下,企业应将相当于股票面值的部分记入"股本"科目,其余部分在扣除发行手续费、佣金等发行费用后记入"资本公积——股本溢价"科目。

【例2-6】A股份有限公司发行普通股50 000 000股,每股面值为1元,发行价格为8元。股款400 000 000元已经全部收到,发行过程中发生交易费用120 000元,取得增值税专用发票,增值税为7 200元。A股份有限公司账务处理如下:

借:银行存款　　400 000 000
　贷:股本　　50 000 000
　　资本公积——股本溢价　　350 000 000

发行过程中发生交易费用,冲减"资本公积"。

借:资本公积——股本溢价　　120 000
　应交税费——应交增值税(进项税额)　　7 200
　贷:银行存款　　127 200

A股份有限公司计入股本的金额 = 50 000 000 × 1 = 50 000 000(元)

计入资本公积的金额 = (8 - 1) × 50 000 000 - 120 000 = 349 880 000(元)

(三)实收资本(或股本)增减变动的核算

我国采用的是注册资本金制度,要求企业收到的投资者投入的实收资本与其注册资本相一致(除国家另行规定外)。当企业实收资本比原注册资本数额增减超过20%时,应持资金使用证明或验资证明,向原登记主管机关申请变更登记。如擅自改变注册资金数额或抽逃资金等,要受到工商行政管理部门的处罚。

1. 实收资本(或股本)的增加

企业增加资本的途径一般有三种:一是接受投资者追加投资,二是将资本公积转为实收资本或者股本,三是将盈余公积转为实收资本。需要注意的是,资本公积和盈余公积均属所有者权益,转为实收资本或者股本时,企业如为独资企业的,核算比较简单,直接结转即可。如为股份有限公司或有限责任公司的，应按原投资者所持股份同比例增加各股东的股权。如企业将法定公积金转为资本，所留存的该项公积金不得少于转增前企业注册资本的25%。

(1)投资者追加投资

企业接受投资者追加投资，借记“银行存款”“固定资产”“无形资产”“长期股权投资”等账户，贷记“实收资本”或“股本”等账户。

【例2-7】甲、乙、丙三人共同出资设立明珠有限责任公司，原公司注册资本为20 000 000元，甲、乙、丙持股比例分别为50%、30%和20%。为扩大经营规模，经批准明珠公司注册资本扩大为60 000 000元，明珠公司如期收到甲、乙、丙追加的现金投资。明珠公司会计分录如下：

借：银行存款	40 000 000	
贷：实收资本——甲		20 000 000
——乙		12 000 000
——丙		8 000 000

(2)资本公积转增资本

企业将资本公积转增资本，应借记“资本公积”账户，贷记“实收资本”或“股本”账户。

【例2-8】A有限责任公司由甲、乙二人共同投资设立，原注册资本为20 000 000元，甲、乙出资分别为15 000 000元和5 000 000元。为了扩大经营规模，经批准，A公司按照原出资比例将资本公积5 000 000元转增资本。

根据上述资料，A公司应做以下账务处理：

借：资本公积	5 000 000	
贷：实收资本——甲		3 750 000
——乙		1 250 000

(3)盈余公积转增资本

企业经批准用盈余公积转增资本时，应借记“盈余公积”账户，贷记“实收资本”或“股本”账户。

【例2-9】C公司经批准，以盈余公积200 000元转增资本。编制会计分录如下：

借：盈余公积	200 000	
贷：实收资本(或股本)		200 000

(4)股份有限公司发放股票股利

股份有限公司采用发放股票股利实现增资的，在发放股票股利时，按照股东原来持有的股数进行分配，收到股票股利方不需要做账务处理。

2. 实收资本的减少

企业减少实收资本的，应按法定程序报经批准，办理相关事项。公司减资后的注册资本不得低于法定的最低限额。

(1)股份有限公司股本的减少

"库存股"科目核算企业收购的尚未转让或注销的本公司股份金额。本科目期末借方余额,反映企业持有尚未转让或注销的本公司股份金额。

股份有限公司因减少注册资本而回购本公司股份的,应按实际支付的金额,借记"库存股"科目,贷记"银行存款"等科目。注销库存股时,应按股票面值和注销股数计算的股票面值总额,借记"股本"科目;按注销库存股的账面余额,贷记"库存股"科目;按其差额,冲减股票发行时原记入资本公积的溢价部分,借记"资本公积——股本溢价"科目;回购价格超过上述冲减"股本"及"资本公积——股本溢价"科目的部分,应依次冲减"盈余公积""利润分配——未分配利润"等科目。如回购价格低于回购股份所对应的股本,应将所注销库存股的账面余额与所冲减股本的差额作为增加股本溢价处理,按回购股份所对应的股本面值,借记"股本"科目;按注销库存股的账面余额,贷记"库存股"科目;按其差额,贷记"资本公积——股本溢价"科目。

【例2-10】B股份有限公司截至2020年12月31日共发行股票30 000 000股,股票面值为1元,资本公积(股本溢价)6 000 000元,盈余公积4 000 000元。经股东大会批准,B公司以现金回购本公司股票3 000 000股并注销。假定B公司按照每股0.9元回购股票,不考虑其他因素,B公司的会计处理如下:

库存股的成本 = 3 000 000 × 0.9 = 2 700 000(元)

借:库存股　　2 700 000
　　贷:银行存款　　2 700 000
借:股本　　3 000 000
　　贷:库存股　　2 700 000
　　　　资本公积——股本溢价　　300 000

【例2-11】沿用【例2-10】,如果回购价为每股4元,其他条件不变。B公司的会计处理如下:

库存股的成本 = 3 000 000 × 4 = 12 000 000(元)

借:库存股　　12 000 000
　　贷:银行存款　　12 000 000
借:股本　　3 000 000
　　资本公积——股本溢价　　6 000 000
　　盈余公积　　3 000 000
　　贷:库存股　　12 000 000

(2)其他企业实收资本的减少

其他企业按法定程序报经批准减少注册资本的,按返还投资的数额,借记"实收资本"科目,贷记"库存现金""银行存款"等科目。

【例2-12】M公司发生巨额亏损,按法定程序报经批准减少注册资本400 000元,款项已支付。

借:实收资本　　　　　　　　　　　　　400 000

　贷:银行存款　　　　　　　　　　　　　　400 000

二、资本公积的核算

(一)资本公积概述

资本公积是企业收到投资者的超出其在企业注册资本(或股本)中所占份额的部分,以及直接计入所有者权益的利得和损失。

资本溢价(或股本溢价)是企业收到投资者的超出其在企业注册资本(或股本)中所占份额的投资。形成资本溢价(或股本溢价)的原因有溢价发行股票、投资者超额缴入资本等。

其他资本公积包括除净损益、其他综合收益和利润分配以外所有者权益的其他变动。如长期股权投资采用权益法核算时,因被投资单位除净损益、其他综合收益和利润分配以外所有者权益的其他变动,投资企业按照应享有的份额而增加或减少的资本公积。当处置采用权益法核算的长期股权投资时,应当将原记入资本公积的相关金额转入投资收益。

此外,企业根据国家有关规定实行股权激励时,如果在等待期内取消了授予的权益工具,企业应当进行权益工具加速行权处理,将剩余等待期内应确认的金额立即计入当期损益,并同时确认资本公积。

(二)资本公积的会计处理

为了核算企业资本公积的增减变动及结存情况,保护所有者的合法权益,企业应设置“资本公积”科目。该科目属于所有者权益类科目,贷方核算企业资本公积增加数额,借方核算企业资本公积减少数额,期末贷方余额表示资本公积的结存数额。该科目分别按“资本溢价(股本溢价)”“其他资本公积”进行明细核算。

资本公积的核算包括资本溢价(或股本溢价)的核算、其他资本公积的核算和资本公积转增资本的核算。

1. 资本溢价或股本溢价

(1)资本溢价。除股份有限公司外的其他类型企业,在企业设立时,出资者认缴的出资额与注册资本一致,一般不会产生资本溢价。但是,在企业重组并有新的投资者加入时,为了维护原有投资者的权益,新加入的投资者的出资额并不一定全部作为实收资本处理。其主要原因是补偿原投资者在企业资本公积和留存收益中享有的权益,补偿企业未确认的自创商誉等。因此,新投资者需付出比原始投资者获取该投资比例时所投入的资本更多的出资,投资者多缴的部分就形成了资本溢价。

【例 2 - 13】华夏公司由 A、B、C 三位股东各自出资 100 万元设立。设立时,实收资本为 300 万元。经过三年的努力,公司留存收益为 165 万元。这时甲公司有意投资该公司,并愿出资155万元,占公司股份的25%。三位股东表示同意。

甲出资后,公司注册资本为400万元。其中,甲占25%的份额。所以,应将甲公司投入资金中的100万元计入"实收资本"账户,其余的55万元应计入"资本公积"账户。编制会计分录如下:

借:银行存款　　1 550 000
　贷:实收资本　　1 000 000
　　资本公积——资本溢价　　550 000

(2)股本溢价。股份有限公司以发行股票的方式筹集股本,股票可按面值发行,也可按溢价发行,我国目前不准折价发行。根据国家有关规定,股份有限公司的股本总额应与注册资本相等。在采用面值发行股票时,企业发行股票取得的收入,应全部作为股本记入"股本"科目。在采用溢价发行股票的情况下,企业发行股票取得的收入等于股票面值的部分,应作为股本处理;超出股票面值的溢价收入应作为股本溢价,记入"资本公积"科目。

需要注意的是,对于委托证券商代理发行股票而支付的手续费、佣金等,如果是溢价发行股票,应从溢价发行收入中扣除;无溢价发行股票或溢价金额不足抵扣的,应将不足抵扣的部分冲减盈余公积和未分配利润。

【例2-14】明珠公司委托P证券公司代理发行普通股2 000 000股,每股面值1元,按每股2元的价格发行。公司与受托单位约定,按发行收入的3%收取手续费,从发行收入中扣除。假设收到的股款已存入银行,取得了P证券公司开具的增值税专用发票,增值税额7 200元。

根据上述资料,W公司应做以下会计处理:

公司收到受托发行单位交来的现金 $= 2\ 000\ 000 \times 2 \times (1 - 3\%) - 7200$
$= 3\ 872\ 800$(元)

应记入"资本公积"账户的金额=溢价收入-发行手续费
$= 2\ 000\ 000 \times (2 - 1) - 2\ 000\ 000 \times 2 \times 3\%$
$= 1\ 880\ 000$(元)

借:银行存款　　3 872 800
　应交税费——应交增值税(进项税额)　　7 200
　贷:股本　　2 000 000
　　资本公积——股本溢价　　1 880 000

2.其他资本公积

其他资本公积是指除净损益、其他综合收益和利润分配以外所有者权益的其他变动。其账务处理参见项目九中任务三和任务四。

3.资本公积转增资本

按照《公司法》的规定,法定公积金转为资本时,所留存的该项公积金不得少于转增前公司注册资本的25%。经股东大会或类似机构决议,用资本公积转增资本时,应冲减资本公积；同时按照转增前的实收资本（或股本）的结构或比例，将转增的金额记入“实收资本”（或“股本”）科目下各所有者的明细分类账。

【任务处理】

新欣有限责任公司的会计人员，根据银行收账通知等原始凭证进行如下账务处理：

（1）2020 年 12 月 31 日，公司收到投资人投入资本时：

借：银行存款	4 000 000	
贷：实收资本——甲		4 000 000
借：无形资产——商标权	1 886 792.45	
应交税费——应交增值税（进项税额）	113 207.55	
贷：实收资本——乙		2 000 000
借：原材料	1 769 911.50	
应交税费——应交增值税（进项税额）	230 088.50	
贷：实收资本——丙		2 000 000

（2）2021 年 12 月 31 日，编制会计分录如下：

借：银行存款	2 200 000	
贷：实收资本——丁		2 000 000
资本公积——资本溢价		200 000

任务三　借款的核算

【任务目标】

通过本任务的学习，了解借款的种类及利息的计算方法，能够学会妥善保管借款合同等原始凭证，准确计算借款利息，熟练进行借款的取得、计息及偿还的核算；能够进行面值发行债券的核算。

【任务导入】

烟台好利来果胶食品有限公司属增值税一般纳税人，纳税人登记号为37060219505928，法人代表为张俊杰，财务部长为李辉，出纳员为尹伟娜，制单员为王丽萍。开户银行为工商银行莱山支行，开户行地址为烟台市莱山区海港路 987 号，账号为 140602007698。

2021 年 1 月 1 日，该公司为建造厂房从建设银行借入 2 年期借款 6 000 000 元，年利率为 7.2%，每年付息一次（不计复利），到期一次还本。款项借入后，用于厂房工程。该厂房于 2021 年 12 月 31 日完工，达到预定可使用状态（假设借款费用满足资本化条件）。部分原始凭证见表 2－3。

作为烟台好利来果胶食品有限公司的会计，请写出与此相关的所有会计分录。

表 2-3　中国建设银行借款合同

借款人(全称):烟台好利来果胶食品有限公司

营业执照号码:370602609769563

法定代表人(主要负责人):张俊杰

住所(地址):莱山区海港路 987 号

专用存款账户开户行及账号:中国建设银行高新区支行 20337066768798

联系电话及传真:0535-6709867

贷款方(全称):中国建设银行高新区支行

法定代表人(主要负责人):柳东

住所(地址):芝罘区祥贞路 169 号

联系电话及传真:0535-6206358

借款人向银行申请借款,贷款人同意向借款人发放贷款。根据国家有关法律、法规及规章的规定,借贷双方在平等自愿、协商一致的基础上订立本合同,以约束双方共同信守。

第一条　借款种类

本合同项下的借款为:基本建设贷款。

第二条　借款用途

本合同项下的借款用途为建设厂房。未经贷款人书面同意,借款人不得改变本合同约定的借款用途。

第三条　借款金额

本合同项下的借款金额为人民币(大写)陆佰万圆整(小写 RMB 6 000 000.00)。

第四条　借款期限

本合同项下的借款期限为 24 个月,自 2021 年 1 月 1 日起,至 2022 年 12 月 31 日。本合同项下的借款起始日与借贷双方办理的借款凭证不一致时,以第一次提款时借款凭证上记载的日期为准。本合同项下的借款凭证的借款到期日不得超过本合同约定的借款到期日。借款凭证是本合同的组成部分,与本合同具有同种法律效力。

第五条　借款利率、罚息利率和计息、结息

5.1　本合同项下的借款利率为 7.2%。

5.2　本合同项下的借款利率,遇中国人民银行基准贷款利率调整时,自实际提款日起按季(月/季/6 个月/年)调整,分段计息。按月调整时间为每月 21 日,按季调整时间为每季首月 21 日,按 6 个月调整时间为每年 1 月 21 日和 7 月 21 日,按年调整时间为每年 1 月 21 日。

5.3　本合同项下借款的罚息利率为年利率,包括:

5.3.1　逾期借款的罚息利率,为在本合同约定的借款利率基础上加收 50%。

5.3.2　未按本合同约定的用途使用借款的罚息利率,为在本合同约定的借款利率基础上加收 100%。

5.4　计息和结息

5.4.1　本合同项下的借款自实际提款日起计息,按实际用款天数和合同约定的借款利率计算利息。

5.4.2　在本合同约定的借款期限内,对借款人不能按期支付的利息,计收复利。计收复利的按照本合同约定的借款利率执行。

5.4.3　本合同项下的借款逾期或未按本合同约定使用用途使用借款时,对借款人不能按期支付的利息,按照本合同约定的罚息利率计收复利。

5.4.4　本合同项下的借款按年计息,结息日为 12 月 21 日。

……

借款方:烟台好利来果胶食品有限公司　　贷款方:中国建设银行高新区支行

签约日期:2021 年 1 月 1 日

【知识导航】

债务筹资是指公司以负债方式筹集的资金。负债资金按使用时间长短可分为长期负债筹资和短期负债筹资。其中,长期负债筹资主要有长期借款和应付债券,短期负债筹资主要有商业信用和短期借款。本项目不涉及商业信用筹资的内容。

一、短期借款的核算

短期借款是企业向银行或其他金融机构借入的期限在一年以内(含一年)的各种借款,其主要目的是补充正常生产经营需要的资金,包括生产周转借款、临时借款、结算借款等。

为了核算短期借款的取得和偿还情况,企业应设置"短期借款"科目。该科目属于负债类科目,借方登记偿还借款的本金数额,贷方登记取得借款的本金数额;期末余额在贷方,表示尚未归还的短期借款。该科目可按借款种类、贷款人和币种设置明细账。

短期借款的核算包括三个方面:一是取得借款的核算,二是借款利息的核算,三是借款归还的核算。

企业从银行或其他金融机构取得短期借款时,借记"银行存款"科目,贷记"短期借款"科目。

短期借款的利息支出是一项筹资费用,应计入财务费用。在会计实务中,如果短期借款的利息按月支付,或按期支付但金额较小,可于实际支付时直接计入财务费用,借记"财务费用"科目,贷记"银行存款"科目。如果短期借款的利息按期支付(如按季),或利息是在借款到期归还本金时一并支付,且数额较大,可以采用预提的办法,按月预提计入当期损益,借记"财务费用"科目,贷记"应付利息"科目。实际支付利息时,根据已预提的利息,借记"应付利息"科目;根据应计利息,借记"财务费用"科目;根据应付利息总额,贷记"银行存款"科目。

企业短期借款到期偿还本金时,借记"短期借款"科目,贷记"银行存款"科目。

【例2-15】3月1日,通惠公司从建设银行借入一笔生产经营用短期借款,共计120 000元,期限为2个月,年利率为10%,到期一次还本付息。编制会计分录如下:

(1)3月1日借入时:

借:银行存款　　　　120 000

　贷:短期借款　　　　120 000

(2)3月31日确认利息费用(120 000×10%÷12=1 000)时:

借:财务费用　　　　1 000

　贷:应付利息　　　　1 000

(3)4月30日做同样的分录。

(4)5月1日,借款到期,归还本息时:

借:短期借款　　　　120 000

应付利息　　2 000
贷：银行存款　　122 000

二、长期借款的核算

长期借款是指企业从银行或者其他金融机构借入的期限在一年以上(不含一年)的各种借款,一般用于固定资产的购建、改扩建工程、大修理工程、对外投资以及为了保持长期经营能力等。它是企业长期负债的重要组成部分,必须加强管理与核算。

为了核算长期借款的借入、应计利息及归还的情况,应设置"长期借款"科目。该科目属于负债类科目,贷方登记借入的本金及应计利息,借方登记偿还本息的金额;余额在贷方,表示尚未偿还的长期借款。该科目按贷款单位和贷款种类设置明细账,分别"本金""利息调整""应计利息"等明细科目进行明细核算。

企业借入各种长期借款时,按实际收到的款项,借记"银行存款"科目,贷记"长期借款——本金";按借贷双方之间的差额,借记"长期借款——利息调整"。

长期借款利息费用应当在资产负债表日按照实际利率法确定。实际利率与合同利率差异较小的,也可以采用合同利率确定计算利息费用。长期借款按合同利率计算确定的应付未付利息,如果属于分期付息的,记入"应付利息"科目,如果属于到期一次还本付息的,记入"长期借款——应计利息"科目,借记"在建工程""制造费用""财务费用""研发支出"等科目,贷记"应付利息"或"长期借款——应计利息"科目。

企业归还长期借款的本金时,应按归还的金额,借记"长期借款——本金"科目,贷记"银行存款"科目;按归还的利息,借记"应付利息"或"长期借款——应计利息"科目,贷记"银行存款"科目。

【例2-16】通惠公司为建造厂房于2021年1月1日从建设银行借入长期借款600万元,借款期限为2年,年利率为12%。每年付息一次,单利计算,到期一次还本。款项借入后,用于工程。该厂房一年后完工并交付使用。有关会计处理如下:

(1)2020年1月1日,取得借款时:

借:银行存款　　6 000 000
　贷:长期借款——本金　　6 000 000

(2)2020年12月31日,计提利息时:

借:在建工程　　720 000
　贷:应付利息　　720 000

(3)2020年12月31日,支付利息时:

借:应付利息　　720 000
　贷:银行存款　　720 000

(4)2021年12月31日,计提利息时:

借:财务费用　　720 000
　贷:应付利息　　720 000

(5)2021 年 12 月 31 日,支付利息时:

借:应付利息　　　　720 000

　　贷:银行存款　　　　720 000

(6)2022 年 1 月 1 日,到期归还本金时:

借:长期借款——本金　　　　6 000 000

　　贷:银行存款　　　　6 000 000

三、应付债券核算

(一)应付债券概述

应付债券是指企业为筹集长期资金而对外发行的期限在 1 年以上的借款性质的书面证明,是约定在一定期限内还本付息的一种书面承诺。它是企业筹集长期资金的一种重要方式。

企业可以按照法定程序,以对外发行债券的形式筹集资金。债券是企业为筹集长期使用资金,依照法定程序发行的、约定在一定期限内还本付息的一种有价证券。其特点是发行债券所筹集的资金使用期限较长,筹资金额巨大,资金使用相对自由。但债券发行成本较高,发行周期较长,没有信贷融资迅速便捷。

企业发行的债券必须载明的事项有以下几点:第一,偿还期限,即发行债券企业允诺还清本息的未来某一定日期;第二,债券面值,即在债券上注明的本期举债企业应偿还给持券人的本金数额; 第三,债券票面利率,即债券年度利息与债券面值之比,也是债券购买者年度得益率;第四,付息期,即举债企业按期付息的时间,如半年付息一次,或到期一次付息等。

(二)应付债券的发行价格

由于债券票面利率和发行时的同期市场利率存在差别,债券的发行会出现三种情况:一是当债券的票面利率与同期市场利率相同时,债券按面值发行;二是当债券的票面利率低于同期市场利率时,债券按折价发行;三是当债券的票面利率高于同期市场利率时,债券按溢价发行。债券的溢价和折价不是出售债券的收益或损失,而是发行债券企业在债券存续期内对利息费用的一种调整。溢价是企业以后各期多付利息而事先得到的补偿,折价是企业以后各期少付利息而预先做出的让步。

(三)应付债券的核算

企业发行的债券通常分为到期一次还本付息或一次还本、分期付息两种。

为了总括反映长期债券发行和收回的情况,企业应设置“应付债券”科目核算。该科目属于负债类科目,贷方登记发行债券实际筹集的金额和利息,借方登记偿还的债券本金和利息;期末余额在贷方,表示尚未偿还的长期债券的摊余成本。在“应付债券”科目下需设置"面值""利息调整""应计利息"三个明细科目,并按债券种类进行明细核算。如果企业发行的是一次还本、分期付息的债券,则每期计提利息时,应通过"应付利息"科目核算。

企业发行债券时,无论是按面值发行,还是溢价或折价发行,均按债券面值记入"应付债券"科目的"面值"明细科目;实际收到的价款与面值的差额,记入"利息调整"明细科目。

1. 发行债券的核算

企业按面值发行债券时,应按实际收到的金额,借记"银行存款"科目,贷记"应付债券——面值"科目;存在差额的,还应借记或贷记"应付债券——利息调整"科目。

【例 2-17】2020 年 7 月 1 日,东方股份有限公司发行 3 年期、到期一次还本付息、票面利率 6%(不计复利)、面值总额 10 000 000 元的债券。该债券按面值发行,所筹资金全部用于建造固定资产。工程项目于 2021 年 6 月 30 日达到预定可使用状态。(假设每年计息一次)部分原始凭证见表 2-4:

表 2-4 代理发行企业债券协议书

发行债权单位:东方股份有限公司(甲方)		
代理发行债券单位:市信托投资公司(乙方)		
为解决甲方自有资金不足的困难,保证企业生产经营的正常进行,经证券监督委员会核准,发行企业债券 1 000 万元,单位面值 100 元,发行 100 000 张,期限为三年,年利率为 6%,委托乙方采用代销方式代理发行。为明确责任,经双方协商,达成如下协议:		
1. 甲方为企业债券的债务人,承担债券的全部风险和经济、法律责任。债券的设计、印刷、广告宣传费用由甲方负责,乙方协助办理。		
2. 乙方为甲方债券发行的代理人,负责债券的保管、发行、兑现、销毁工作,但不负担债券到期不能按时兑付本息的经济责任和法律责任。		
3. 在债券发行完毕后,甲方向乙方按实际发行额的 1% 支付代理发行对付手续费。债券发行完毕后 5 日内,乙方将全部所销债券资金划到甲方账户上。		
4. 债券到期 7 日内,甲方将全部债权本息划到乙方账户。甲方的发行担保单位是东方明珠有限公司。债券到期后,甲方不能如期还本付息时,担保方必须向乙方提供全部资金,确保债券按期还本付息。债券到期后,由乙方一次兑付本金和利息。		
5. 发行债券筹集的资金,甲方只能按人民银行批准的项目用于生产性固定资产——数控车床的构建,不得挪作他用,债券不可转让。		
6. 本协议一式五份,甲乙双方各执一份,担保方一份,报送人民银行两份,协议自人民银行批准后生效。		
7. 甲方应将申请发行企业债券的全部资料各一份,作为协议的附件报送乙方。		
发行债券单位:	代理发行单位:	发行担保单位:
(甲方)印章	(乙方)印章	印章
法人代表章:张民	法人代表:王海璐	法人代表章:李长权

2016 年 7 月 1 日，东方股份有限公司发行债券时做会计处理如下：

借：银行存款　　10 000 000

　贷：应付债券——面值　　10 000 000

2. 债券利息的核算

企业发行的债券，应按期根据债券的面值和票面利率计算当期应计提的利息，并确认实际利息费用。

对于按照面值发行的债券，在每期计算利息时，按照票面利率计算确定的应付未付利息。如果属于分期付息的，记入“应付利息”科目；如果属于到期一次还本付息的，记入“长期借款——应计利息”科目。借记“在建工程”“制造费用”“财务费用”“研发支出”等科目，贷记“应付利息”或“应付债券——应计利息”科目。

【例 2－18】接上例，东方股份有限公司每期计提债券利息，分别计入不同账户。

(1)2020 年 12 月 31 日，计提债券利息：

2020 年应计提利息：10 000 000 ×6% ÷2 =300 000 元

借：在建工程　　300 000

　贷：应付债券——应计利息　　300 000

(2)2021 年 6 月 30 日，计提债券利息 300 000 元计入工程成本：

借：在建工程　　300 000

　贷：应付债券——应计利息　　300 000

(3)2021 年 12 月 31 日，计提债券利息 300 000 元计入当期损益：

借：财务费用　　300 000

　贷：应付债券——应计利息　　300 000

(4)2022 年 12 月 31 日，计提债券利息 600 000 元计入当期损益：

借：财务费用　　600 000

　贷：应付债券——应计利息　　600 000

(5)2023 年 6 月 30 日，计提债券利息 300 000 元计入当期损益：

借：财务费用　　300 000

　贷：应付债券——应计利息　　300 000

3. 债券到期偿还的核算

采用一次还本付息方式的，企业应于债券到期支付债券本息时，借记“应付债券——面值、应计利息”科目，贷记“银行存款”科目。采用一次还本、分期付息方式的，在每期支付利息时，借记“应付利息”科目，贷记“银行存款”科目；债券到期后偿还本金并支付最后一期利息时，借记“应付债券——面值”“在建工程”“财务费用”“制造费用”等科目，贷记“银行存款”科目。

【例 2－19】2022 年 7 月 1 日，债券到期后还本付息，东方股份有限公司账务进行会计处理如下：

借:应付债券——面值　　10 000 000
　　——应计利息　　1 800 000
　贷:银行存款　　11 800 000

【任务处理】

烟台好利来果胶食品有限公司进行有关会计处理如下:

(1)2021 年 1 月 1 日,取得借款:

借:银行存款　　6 000 000
　贷:长期借款——本金　　6 000 000

(2)2021 年 12 月 21 日,收到利息清单(见表 2-5)支付利息:

表 2-5 (中长期贷款)利息清单

币别:人民币　　2021 年 12 月 21 日　　流水号:2349866929

账号:20337066768798			户名:东方股份有限公司		
计息项目	起息日	结息日	积数	利率	利息
长期贷款	2021.01.01	2021.12.20	¥2 160 000 000.00	7.20%	432 000.00
合计(大写) 肆拾叁万贰仟圆整			合计(小写) ¥432 000.00		
上列贷款利息,已从你付息账户付出。			银行盖章 建设银行 解放路分理处 2021.12.21 转讫		

客户回单

会计主管:　　授权:　　复核:王强　　录入:明霞

借:在建工程　　432 000
　贷:银行存款　　432 000

(3)2022 年 12 月 21 日,收到利息清单支付利息:

借:财务费用　　432 000
　贷:银行存款　　432 000

(4)2023 年 1 月 1 日,到期归还本金:

借:长期借款——本金　　6 000 000
　贷:银行存款　　6 000 000

【项目小结】

要建立一个企业,首先必须筹集一定数量的资金,它是企业进行经营活动的前提。企业筹资的渠道主要有投资者对企业的投资和向银行等金融机构借入的资金等,分别称作所有者权益和负债。本项目主要业务核算如下:

1. 资本金的核算

业务内容		会计分录
实收资本增加的核算	接受现金资产投资	(1)股份公司发行股份时： 借:银行存款 贷:股本 资本公积——股本溢价 (2)非股份公司接受现金投资时： 借:银行存款 贷:实收资本等账户
	接受非现金资产投资	借:原材料等账户 应交税费——应交增值税(进项税额) 贷:实收资本(股本)等账户
	资本金转增资本	借:资本公积 贷:实收资本(股本) 借:盈余公积 贷:实收资本(股本)
实收资本减少的核算	股份公司回购本公司股份	(1)回购公司股份时： 借:库存股 贷:银行存款 (2)回购股份转销时： 如果回购价格低于回购股份所对应的股本 借:股本 贷:库存股 资本公积——股本溢价 如果回购价格高于回购股份所对应的股本 借:股本 资本公积——股本溢价 盈余公积 利润分配——未分配利润 贷:库存股
	其他企业减少实收资本	借:实收资本 贷:银行存款等科目

2. 企业借款的核算

业务内容		会计分录
短期借款的核算	借入款项	借:银行存款 贷:短期借款
	按期计算利息	借:财务费用 贷:银行存款(或应付利息)
	借款到期归还本息	借:短期借款 财务费用 应付利息 贷:银行存款

（续表）

业务内容		会计分录
长期借款的核算	借入款项	借:银行存款 贷:长期借款——本金
	按期计算利息	(1)到期一次还本付息方式下,计算利息时: 借:财务费用（或在建工程） 贷:长期借款——应计利息 (2)到期还本、分期付息方式下,计算利息时: 借:财务费用（或在建工程） 贷:应付利息
	借款到期	借:长期借款 财务费用等科目 贷:银行存款

3. 应付债券的核算

业务内容		会计分录
应付债券核算	发行企业债券	借:银行存款 贷:应付债券——面值 ——利息调整(或借记)
	按期计算利息	(1)到期一次还本付息方式下,计算利息时: 借:财务费用（或在建工程） 贷:应付债券——利息调整 (2)到期还本、分期付息方式下,计算利息时: 借:财务费用（或在建工程） 贷:应付利息
	借款到期	借:应付债券 财务费用等科目 贷:银行存款

【能力拓展】

一、回购本公司股份的法律规定

《公司法》第 142 条规定,公司不得收购本公司股份。但是,有下列情形之一的除外:

(一)减少公司注册资本;

(二)与持有本公司股份的其他公司合并;

(三)将股份奖励给本公司职工;

(四)股东因对股东大会作出的公司合并、分立决议持异议,要求公司收购其股份的。

公司因前三种原因收购本公司股份的,应当经股东大会决议。公司依照前款规定收购本公司股份后,属于第(一)种情形的,应当自收购之日起10日内注销;属于第(二)和(四)情形的,应当在6个月内转让或者注销;公司按照第(三)项规定收购的本公司股份,不得超过本公司已发行股份总额的5%;用于收购的资金应当从公司的税后利润中支出;所收购的股份应当在一年内转让给职工。

二、其他综合收益的确认

《企业会计准则第30号——财务报表列报》第三十二条规定,其他综合收益,是指企业根据其他会计准则规定未在当期损益中确认的各项利得和损失,包括以后会计期间不能重分类进损益的其他综合收益和以后会计期间满足规定条件时将重分类进损益的其他综合收益两类。

(一)以后会计期间不能重分类进损益的其他综合收益项目,如重新计量设定收益计划净负债或净资产导致的变动等;

(二)以后会计期间满足规定条件时将重分类进损益的其他综合收益项目,主要包括按照权益法核算的在被投资单位以后会计期间在满足规定条件时将重分类进损益的其他综合收益中所享有的份额、可供出售金融资产公允价值变动形成的利得或损失、持有至到期投资重分类为可供出售金融资产形成的利得或损失等。

三、盈余公积的核算

(一)盈余公积的有关规定

盈余公积是指企业按照规定从净利润中提取的各种积累资金。公司制企业的盈余公积分为法定盈余公积和任意盈余公积。

根据《公司法》有关规定,公司制企业按照净利润(扣除弥补以前年度亏损,下同)的10%提取法定盈余公积。非公司制企业法定盈余公积的提取比例可超过净利润的10%。法定盈余公积累计额达到企业注册资本的50%时,可以不再提取。需要注意的是,在计算提取法定盈余公积的基数时,不应包括企业年初未分配利润。

公司制企业提取法定公积金后,可以根据股东大会的决议提取任意盈余公积。非公司制企业经类似权力机构批准也可提取任意盈余公积。法定盈余公积和任意盈余公积的区别就在于其各自计提的依据不同,前者以国家的法律或行政规章为依据,后者则由企业自行决定。

(二)盈余公积的作用

企业提取的盈余公积主要可以用于以下几个方面:

1. 弥补亏损

企业发生亏损时,由公司董事会提议并经股东大会批准,企业可以用提取的盈余公积弥补亏损。

2. 转增资本

企业将盈余公积转增资本时,必须经股东大会决议批准。在实际将盈余公积转增资本时,要按股东原有持股比例结转,并不引起所有者权益总额的变动。

3. 扩大企业生产经营

企业盈余公积的结存数,实际只表现为企业所有者权益的组成部分,表明企业生产经营资金的一个来源而已。其形成的资金可能表现为一定的货币资金,也可能表现为一定的实物资产,如存货和固定资产等,随同企业的其他来源所形成的资金进行循环周转,用于企业的生产经营。

(三)盈余公积的会计处理

为了反映盈余公积的形成及使用情况,企业应设置"盈余公积"账户,贷方登记企业提取盈余公积的金额,借方登记企业盈余公积减少的金额,期末余额在贷方,表示盈余公积的实有数额。企业应当分别"法定盈余公积""任意盈余公积"进行明细核算。外商投资企业还应分别"储备基金""企业发展基金"进行明细核算。

1. 提取盈余公积

企业提取盈余公积时,借记"利润分配——提取法定盈余公积""利润分配——提取任意盈余公积"账户,贷记"盈余公积——法定盈余公积""盈余公积—任意盈余公积"账户。

外商投资企业按规定提取的储备基金、企业发展基金、职工奖励及福利基金,借记"利润分配——提取储备基金""利润分配——提取企业发展基金""利润分配——提取职工奖励及福利基金"账户,贷记"盈余公积——储备基金""盈余公积——企业发展基金""应付职工薪酬"账户。

【例1】某股份有限公司的注册资本额为20 000 000元,法定盈余公积已达8 000 000元。当年实现的税后利润为2 000 000元,该公司按10%的比例提取法定盈余公积,按董事会决议,在提取法定盈余公积和发放优先股利后,提取5%的任意盈余公积。

根据上述资料,该公司应提取的法定盈余公积金为200 000(即2 000 000×10%)元,任意盈余公积金为100 000(2 000 000×5%)元。编制会计分录如下:

借:利润分配——提取法定盈余公积　　200 000
　　　　　　——提取任意盈余公积　　100 000
　贷:盈余公积——法定盈余公积　　　　200 000
　　　　　　——任意盈余公积　　　　100 000

2. 盈余公积弥补亏损

企业发生的亏损经股东大会或类似机构决议,用盈余公积弥补亏损时,应借记"盈余公积"账户,贷记"利润分配——盈余公积补亏"账户。

【例2】2021年12月31日,某企业决定用盈余公积50 000元弥补亏损,应编制会计分录如下：

借：盈余公积　　　　　　　　　　　　　　　　　　50 000

　　贷：利润分配——盈余公积补亏　　　　　　　　　　　50 000

3. 盈余公积转增资本

企业用盈余公积转增资本时，借记“盈余公积”，贷记“实收资本”或“股本”账户。

有关会计处理，参见【例 2 - 9】的有关内容。

4. 盈余公积发放现金股利或利润

经股东大会决议，用盈余公积派送新股，按派送新股计算的金额，借记“盈余公积”账户，按股票面值和派送新股总数计算的股票面值总额，贷记“股本”账户。

【例 3】大华公司 2021 年 12 月 31 日经股东大会批准用盈余公积 500 000 元派送新股。按股东投资比例增加的股份分别派送给 A 股东 200 000 元，B 股东和 C 股东各 150 000 元，增资手续办理完毕时，应编制会计分录如下：

借：盈余公积　　　　　　　　　　　　　　　　　　500 000

　　贷：股本——A 股东　　　　　　　　　　　　　　　200 000

　　　　　——B 股东　　　　　　　　　　　　　　　150 000

　　　　　——C 股东　　　　　　　　　　　　　　　150 000

四、借款费用的范围

借款费用是企业因借入资金所付出的代价，包括借款利息、折价或者溢价的摊销、辅助费用以及因外币借款而发生的汇兑差额等。对于企业发生的权益性融资费用，不应包括在借款费用中。

（一）因借款而发生的利息

因借款而发生的利息，包括企业向银行或者其他金融机构等借入资金发生的利息、发行公司债券发生的利息，以及为购建或者生产符合资本化条件的资产而发生的带息债务所承担的利息等。

（二）因借款而发生的折价或溢价的摊销

因借款而发生的折价或者溢价主要是指发行债券等所发生的折价或者溢价。发行债券中的折价或者溢价的实质是对债券票面利息的调整（即将债券票面利率调整为实际利率），属于借款费用的范畴。

（三）因外币借款而发生的汇兑差额

因外币借款而发生的汇兑差额，是指由于汇率变动导致市场汇率与账面汇率出现差异，从而对外币借款本金及其利息的记账本位币金额所产生的影响金额。由于汇率的变化往往和利率的变化相联动，它是企业外币借款所需承担的风险，因此因外币借款相关汇率变化所导致的汇兑差额属于借款费用的组成部分。

(四)因借款而发生的辅助费用

因借款而发生的辅助费用,是指企业在借款过程中发生的诸如手续费、佣金、印刷费等费用。这些费用由于是安排借款而发生的,也属于借入资金所付出的代价,是借款费用的组成部分。

五、溢价发行债券的核算

(一)发行债券的核算

企业溢价发行债券时,按照实际收到的价款,借记"银行存款"账户;按债券面值,贷记"应付债券——面值"账户;按实际收到的价款与面值的差额,贷记"应付债券——利息调整"账户。

(二)债券利息调整的核算

企业发行的债券,应按期根据债券的面值和票面利率计算当期应计提的利息,并确认实际利息费用。按面值发行的债券,各期应计利息与实际利息费用相等;溢价发行的债券在各期计提利息的同时,还要摊销溢价。溢价实质上是对债券在存续期内发行债券利息的一种调整,即债券溢价应逐期冲减利息费用。

利息调整应在债券存续期间内采用实际利率法进行摊销。实际利率法是指按照应付债券的实际利率计算其摊余成本及各期利息费用的方法;实际利率是指将应付债券在债券存续期间的未来现金流量,折现为该债券当前账面价值所使用的利率。

在资产负债表日,对于分期付息、一次还本的债券,企业应按应付债券的摊余成本和实际利率计算确定的债券利息费用,借记"在建工程""制造费用""财务费用"等账户;按票面利率计算确定的应付未付利息,贷记"应付利息"账户;按其差额,借记或贷记"应付债券——利息调整"账户。

对于一次还本付息的债券,应于资产负债表日按摊余成本和实际利率计算确定的债券利息费用,借记"在建工程""制造费用""财务费用"等账户;按票面利率计算确定的应付未付利息,贷记"应付债券——应计利息"账户;按其差额,借记或贷记"应付债券——利息调整"账户。债券溢价发行是发行企业对未来多付利息的预先补偿,各期摊销的溢价金额应调减各期的实际利息费用。债券到期,溢价金额分摊完毕,应付债券的账面价值与其面值相等。实际利率法的有关计算公式如下:

债券票面利息费用 = 面值 × 票面利率 × 计息期

债券实际利息费用 = 债券期初摊余成本 × 实际利率 × 计息期

每期摊销的利息调整 = 债券票面利息费用 - 债券实际利息费用

债券期末摊余成本 = 债券期初摊余成本 + 该期折价摊销额 - 该期溢价摊销额

（三）债券到期偿还的核算

采用一次还本付息方式的，企业应于债券到期支付债券本息时，借记“应付债券——面值”“应计利息”账户，贷记“银行存款”账户。采用一次还本、分期付息方式的，在每期支付利息时，借记“应付利息”账户，贷记“银行存款”账户。债券到期偿还本金并支付最后一期利息时，借记“应付债券——面值”“在建工程”“财务费用”“制造费用”等账户，贷记“银行存款”账户；按借贷双方之间的差额，借记或贷记“应付债券——利息调整”账户。

【例4】C公司2019年12月31日经批准发行5年期、一次还本、分期付息的公司债券，面值1 000万元，票面利率为6%，每年年末付息，发行价格1 043.27万元。假定债券发行时的市场利率为5%。

C公司根据上述资料，采用实际利率法计算确定的利息费用，如表2-6所示：

表2-6 利息费用一览表 单位：元

付息日期	支付利息	利息费用	摊销的利息调整	债券摊余成本
2019年12月31日				10 432 700.00
2020年12月31日	600 000	521 635.00	78 365.00	10 354 335.00
2021年12月31日	600 000	517 716.75	82 283.25	10 272 051.75
2022年12月31日	600 000	513 602.59	86 397.41	10 185 654.34
2023年12月31日	600 000	509 282.72	90 717.28	10 094 937.06
2024年12月31日	600 000	505 062.94*	94 937.06	10 000 000.00

*系尾数调整。

C公司的账务处理如下：

（1）2019年12月31日发行债券：

借：银行存款　　10 432 700

　贷：应付债券——面值　　10 000 000

　　　　　　——利息调整　　432 700

（2）2020年12月31日计算利息费用：

借：财务费用　　521 635

　应付债券——利息调整　　78 365

　贷：应付利息　　600 000

（3）2020年12月31日支付利息：

借：应付利息　　600 000

　贷：银行存款　　600 000

2021—2023 年确认利息费用及支付利息的会计处理参照 2020 年。

(4)2024 年 12 月 31 日计算利息费用：

借：财务费用　　505 062.94

　应付债券——利息调整　　94 937.06

　贷：应付利息　　600 000

(5)2024 年 12 月 31 日债券到期，公司支付本金和最后一期利息费用：

借：应付债券——面值　　10 000 000

　　　　——利息调整　　94937.06

　财务费用　　505 062.94

　贷：银行存款　　10 600 000

【关键名词】

资本金　实收资本　资本公积　短期借款　长期借款　应付债券

【想一想】

1. 企业筹集资金的渠道主要有哪几种？
2. 所有者权益与负债有何异同？
3. 企业增加资本的途径主要有哪些？如何进行核算？
4. 债券发行价格有哪几种？
5. 如何对长期借款利息进行会计处理？

【技能训练】

一、职业判断能力训练

(一)单项选择题

1. 有限责任公司在增资扩股时，如有新投资者介入，新介入的投资者缴纳的出资额大于其按约定比例计算的在注册资本中所占份额部分的差额，应计入(　　)。

A. 盈余公积　　B. 资本公积

C. 未分配利润　　D. 营业外收入

2. 下面各项经济业务，能够引起企业所有者权益增加的是(　　)。

A. 增发新股　　B. 以资本公积转增资本

C. 提取盈余公积　　D. 税前利润补亏

3. 下列各项中，会引起留存收益总额发生增减变动的是(　　)。

A. 盈余公积转增资本　　B. 盈余公积补亏

C. 资本公积转增资本　　D. 用税后利润补亏

4. 在下列事项中，不涉及留存收益总额发生变化的是(　　)。

A. 将盈余公积转增资本　　B. 分配现金股利

C. 以盈余公积弥补亏损　　D. 分配股票股利

5. 企业在资产负债表日，按合同利率计提短期借款利息费用时的会计处理为(　　)。

A. 借记“短期借款”科目，贷记“应付利息”科目

B. 借记“财务费用”科目，贷记“短期借款”科目

C. 借记“财务费用”科目，贷记“应付利息”科目

D. 借记“应付利息”科目，贷记“财务费用”科目

6. 某企业于 2019 年 7 月 1 日按面值发行五年期、到期一次还本付息的公司债券。该债券面值总额为 8 000 万元，票面利率为 4%，自发行日起计息。假定票面利率与实际利率一致，不考虑相关税费，2020 年 12 月 31 日，该应付债券的账面余额为(　　)万元。

A. 8 000　　B. 8 160　　C. 8 320　　D. 8 480

(二) 多项选择题

1. 下列事项中，会引起所有者权益减少的有(　　)。

A. 以资本公积金转增股本　　B. 以盈余公积金弥补亏损

C. 减资　　D. 发放股票股利

E. 分配现金股利

2. 企业弥补亏损的渠道主要有(　　)。

A. 用以后年度税前利润弥补　　B. 用以后年度税后利润弥补

C. 用盈余公积弥补　　D. 用政府补助弥补

3. 在下列事项中，引起实收资本或股本发生增减变动的是(　　)。

A. 将资本公积转增资本　　B. 将盈余公积转增资本

C. 投资者投入资本　　D. 实际发放股票股利

E. 注销库存股

4. 盈余公积的主要用途是(　)。

A. 分派现金股利　　B. 派送新股

C. 转增资本　　D. 弥补亏损

E. 分配股票股利

5. 下列各项中，不会引起资本公积账面余额发生变化的有(　　)。

A. 接受捐赠固定资产　　B. 处置接受捐赠的无形资产

C. 应付账款获得债权人豁免　　D. 对外捐赠材料

E. 可供出售金融资产公允价值变动

6. 长期借款所发生的利息支出，可能借记的科目有(　　)。

A. 在建工程　　B. 销售费用

C. 管理费用　　D. 财务费用

7. 企业在生产经营期间按照面值发行债券，按期计提利息时，可能涉及的会计科目有(　　)。

A. 在建工程　　　　B. 财务费用
C. 应付债券　　　　D. 长期待摊费用

8. 下列对长期借款利息费用的会计处理,正确的有(　　)。
A. 筹建期间的借款利息计入管理费用
B. 筹建期间的借款利息计入长期待摊费用
C. 日常生产经营活动的借款利息计入财务费用
D. 符合资本化条件的借款利息计入相关资产成本

(三)判断题

1. 由于所有者权益和负债都是对企业资产的要求权,因此它们的性质是一样的。(　　)

2. 对于企业接受的原材料投资,其增值额不能计入实收资本。(　　)

3. 当企业投资者的投入资本高于其注册资本时,应将高出部分计入营业外收入。(　　)

4. 短期借款利息在预提或实际支付时均通过"短期借款"科目核算。(　　)

5. 股份公司回购本公司股份时,如回购价格低于回购股份所对应的股本,应将所注销库存股的账面余额与所冲减股本的差额作为增加股本溢价处理。(　　)

二、职业操作能力训练

(一)长期借款的技能训练

2020 年 1 月 1 日,某企业向银行借入一笔三年期、年利率为 7.8%、本金为 6 000 000 元的借款,全部用于固定资产的建造。该借款按单利计算,每年末付息一次。该项固定资产于 2020 年底完工,达到预定可使用状态。2023 年 1 月 1 日,到期归还本金。

要求:做出与该企业相关的账务处理。

(二)应付债券的技能训练

海伦公司于 2020 年 7 月 1 日发行两年期、面值为 2 000 000 元、利率为 6.6%、每年末计息一次、到期还本付息的债券。该债券按面值发行,所筹资金用于生产经营。

要求:根据上述情况,分别做出企业发行债券、计提利息和债券到期的相关账务处理。

(三)实收资本增加的技能训练

某公司 2020 年发生经济业务如下:

1. 收到亿龙公司投入的资金 20 万元,已存入银行。

2. 收到美佳公司投入的不需要安装的机器一台,双方确认价值为 120 000 元,取得增值税专用发票。

3. 收到大同公司投入的原材料一批，不含税价值为 200 000 元，增值税专用发票列明的税额为 26 000 元。

要求：根据上述经济业务编制会计分录。

（四）股本减少的技能训练

A 公司 2020 年 12 月 31 日的股东权益为股本 20 000 万元（面值为 1 元），资本公积（股本溢价）6 000 万元，盈余公积 1 500 万元，未分配利润 4 000 万元。经股东大会批准，回购本公司股票并注销。2017 年发生业务如下：

1. 以每股 0.9 元的价格回购本公司股票 3 000 万股。

2. 以每股 4 元的价格回购本公司股票 2 000 万股。

要求：编制回购本公司股票、注销的会计分录。

项目三 CHAPTER 3 固定资产的核算

【学习目标】

通过学习，了解固定资产的定义及确认条件，熟悉固定资产核算的原始凭证，理解不同方式下取得固定资产的成本构成内容和确定方法，理解固定资产折旧的范围和影响折旧的因素，掌握固定资产折旧的计算方法，掌握固定资产取得、后续支出、折旧、处置和清查的会计处理。

【重点难点】

1. 取得固定资产的成本构成内容和确定方法。
2. 取得固定资产的会计处理。
3. 固定资产折旧的计算和会计处理。
4. 固定资产后续支出的会计处理。
5. 固定资产处置的会计处理。

任务一 认知固定资产

【任务目标】

通过对固定资产的定义、特征、确认条件及分类的学习，能够准确判断企业拥有或控制的哪些资产属于固定资产，能够对企业拥有或控制的固定资产进行科学、合理的分类。

【任务导入】

烟台好利来果胶食品有限公司属增值税一般纳税人，纳税人登记号为37060219505928，法人代表为张俊杰，财务部长为李辉，出纳员为尹伟娜，制单员为王丽萍。开户银行为工商银行莱山支行，开户行地址为烟台市莱山区海港路987号，账号为140602007698。

烟台好利来果胶食品有限公司成立于1998年，致力于专业食品配料的生产与销售，同时拥有苹果果胶、柑橘果胶、梨果脯、桃子浓缩果汁等产品。目前，公司已步入规模化、产业化、国际化的发展轨道，在山东、陕西、江苏、辽宁建成了6处现代化浓缩果汁加工基地，拥有9条具有世界先进水平的加工生产线。投资总额达15亿元，设计能力年加工果品10 000吨、年产浓缩果汁1 000吨、苹果和柑橘果胶5 000吨、梨果脯500吨。

该公司拥有办公楼、厂房、仓库、果胶提取设备、膜浓缩提取设备、真空浓缩设备、沉析设备、干燥包装机设备、汽车、氨水、酒精、工作服、苹果、柑橘、包装盒、纸袋、塑料筐、办公桌椅、电脑、打印机、复印机、饮水机等资产。

请问：该公司应将上述哪些资产作为固定资产管理与核算？

【知识导航】

一、固定资产的定义和确认条件

（一）固定资产的定义

固定资产，是指同时具有下列特征的有形资产：为生产商品、提供劳务、出租或经营管理而持有，使用寿命超过一个会计年度。

从固定资产的定义看，固定资产具有以下三个特征：

1. 为生产商品、提供劳务、出租或经营管理而持有

企业持有固定资产的目的是生产商品，提供劳务、出租或经营管理，即企业持有的固定资产是企业的劳动工具或手段，不是用于出售的产品。其中出租的固定资产，是指企业以经营租赁方式出租的机器设备类固定资产，不包括以经营租赁方式出租的建筑物。后者属于企业的投资性房地产，不属于固定资产。

2. 使用寿命超过一个会计年度

固定资产的使用寿命，是指企业使用固定资产的预计期间，或者该固定资产所能生产产品或提供劳务的数量。通常情况下，固定资产的使用寿命可以根据其在企业生产产品或提供劳务等过程中使用的会计年度来确定。例如，对于企业自用的厂房，可以根据它的建筑质量以及该厂房被使用的程度等，预先估计一个比较合理的使用年限，这个预计的使用年限就是该厂房的使用寿命。此外，对于某项固定资产的使用寿命，也可以按照该固定资产所能生产产品或提供劳务的数量来确定。例如，对于一辆汽车，按其预计的行驶里程估计使用寿命。但不论采用什么方法对固定资产的使用寿命进行预计，其预计使用期限都应超过一个会计年度。这一特征决定了花费在固定资产上的支出应随着其使用分期进行摊销，而不是一次性地转化为某一期间的成本或费用。

3. 固定资产是有形资产

固定资产具有实物特征，这一特征将固定资产与无形资产区别开来。有些无形资产可能同时符合固定资产的其他特征。如无形资产为生产商品、提供劳务而持有，使用寿命超过一个会计年度，但由于其没有实物形态，所以不属于固定资产。

（二）固定资产的确认条件

固定资产在符合定义的前提下，应当同时满足以下两个条件，才能加以确认：

1. 与该固定资产有关的经济利益很可能流入企业

资产最重要的特征是预期会给企业带来经济利益。企业在确认固定资产时，需要判断与该项固定资产有关的经济利益是否很可能流入企业。如果与该项固定资产有关的经济利益很可能流入企业，并同时满足固定资产确认的其他条件，企业应将其确认为固定资产，否则，不应将其确认为固定资产。

2. 该固定资产的成本能够可靠地计量

企业在确定固定资产成本时必须取得确凿证据，但是有时需要根据所获得的最新资料，对固定资产的成本进行合理的估计。比如，企业对于已达到预定可使用状态但尚未办理竣工决算的固定资产，需要根据工程预算、工程造价或者工程实际发生的成本等资料，按估计价值确定其成本；办理竣工决算后，再按照实际成本调整原来的暂估价值。

二、固定资产分类

企业的固定资产数量和品种很多，规格不一，用途和使用情况也有诸多差别。为了有效地管理固定资产，正确组织固定资产的核算，有必要对固定资产进行科学、合理的分类。

（一）按固定资产的经济用途分类

固定资产按经济用途可以划分为以下两类：

1. 生产经营用固定资产，是指直接服务于企业生产、经营过程的各种固定资产，如生产经营用的房屋、建筑物、机器、设备、器具等。

2. 非生产经营用固定资产，是指不直接服务于生产、经营过程的各种固定资产，如职工宿舍、食堂、俱乐部等使用的房屋、设备等。

固定资产按经济用途分类，有利于分析企业固定资产的使用范围，全面评价固定资产的整体结构状况，促使企业合理地配备固定资产，充分发挥其效用。

（二）按固定资产的使用情况分类

固定资产按使用情况可以划分为以下三类：

1. 使用中的固定资产，是指正在使用中的生产经营用和非生产经营用固定资产。由于季节性经营或大修理等原因，暂时停止使用的固定资产仍属于企业使用中的固定资产；出租给其他单位使用的固定资产以及内部替换使用的固定资产，也属于使用中的固定资产。

2. 未使用的固定资产，是指已完工或已购建的尚未交付使用的新增固定资产及因进行改建、扩建等原因暂停使用的固定资产。

3. 不需用的固定资产，是指本企业多余或不适用的固定资产。

固定资产按使用情况分类，有利于掌握固定资产的使用情况，便于分析固定资产的利用效率，发掘固定资产的使用潜能，促使企业合理地使用固定资产。

（三）按固定资产的经济用途和使用情况等综合分类

固定资产按经济用途和使用情况等综合分类，可以划分为七大类：

1. 生产经营用固定资产。

2. 非生产经营用固定资产。

3. 租出固定资产，指在经营租赁方式下出租给其他单位使用的机器设备等固定资产。

4. 不需用固定资产。

5. 未使用固定资产。

6. 土地，指过去已经估价单独入账的土地。对于征地补偿费，应计入与土地有关的房屋、建筑物的价值内，不单独作为土地价值入账。对于企业取得的土地使用权，不作为固定资产管理。

7. 融资租入固定资产，指企业以融资租赁方式租入的固定资产。在融资租赁期内，应视同自有固定资产进行管理。

【任务处理】

烟台好利来果胶食品有限公司拥有的办公楼、厂房、仓库、果胶提取设备、膜浓缩提取设备、真空浓缩设备、沉析设备、干燥包装机设备、汽车、电脑、打印机、复印机符合固定资产的特征，满足固定资产的确认条件，应将其作为固定资产管理与核算；工作服、办公桌椅、塑料筐、饮水机作为劳动资料在生产过程中能够多次使用，其价值随着实物形态的磨损逐渐转移到产品成本或费用中去，但价值小，使用期限短，补充替换频繁，应作为低值易耗品管理与核算；包装盒、纸袋是为了包装本企业商品而储备的各种包装盒容器，应作为低值易耗品管理与核算；氨水、酒精、苹果、柑橘应作为原材料管理与核算。

任务二　固定资产增加的核算

【任务目标】

通过学习，理解不同方式取得的固定资产的成本构成内容和确定方法，能够正确地确定固定资产的取得成本，掌握取得固定资产的会计处理方法。

【任务导入】

2019 年 7 月，烟台好利来果胶食品有限公司发生的部分交易或事项如下：

1. 2019 年 7 月 13 日，购入膜浓缩提纯设备 1 台，有关原始凭证如下：

表 3－1　山东增值税专用发票

抵扣联

开票日期　2019 年 7 月 13 日

购货单位	名　　称:好利来果胶食品有限公司 纳税人识别号:37060219505928 地址、电话:烟台市莱山区海港路 987 号 6230355 开户行及账号:工商银行莱山支行 140602007698	密码区	606－＜ ＞6－415306－7＞5＋8 加密版本:01 81－294＋96364/6＋/－＜6＋6 81－664＞310＋/－28＞＜6＜52 3700081140 ＜7028/－41469/79/6＞＞05　02175944

货物或应税劳务名称	规格型号	单位	数量	单价	金额	税率	税额
膜浓缩提纯设备	HC－ZD－32	台	1	85 000.00	85 000.00	13%	11 050.00
合计					¥85 000.00		¥11 050.00
价税合计(大写)	⊗ 玖万陆仟零伍拾圆整				(小写)¥96 050.00		

销货单位	名　　称:荣昌商贸有限公司 纳税人识别号:370602892017309 地址、电话:烟台市芝罘区青年路 28 号 6760369 开户行及账号:中行烟台分行 38090308091009	备注	荣昌商贸有限公司 370602892017309 发票专用章

收款人:　　　　复核:　　　　开票人:张丽　　　　销货单位:(章)

第二联：抵扣联　购货方抵扣凭证

表 3－2　山东增值税专用发票

发票联

开票日期　2019 年 7 月 13 日

购货单位	名　　称:好利来果胶食品有限公司 纳税人识别号:37060219505928 地址、电话:烟台市莱山区海港路 987 号 6230355 开户行及账号:工商银行莱山支行 140602007698	密码区	6*06－＜ ＞6－415306－7＞5＋8 加密版本:01 81－294＋96364/6＋/－＜6＋6 81－664＞310＋/－28＞＜6＜52 3700081140 ＜7028/－41469/79/6＞＞05　02175944

货物或应税劳务名称	规格型号	单位	数量	单价	金额	税率	税额
膜浓缩提纯设备	HC－ZD－32	台	1	85 000.00	85 000.00	13%	11 050.00
合计					¥85 000.00		¥11 050.00
价税合计(大写)	⊗ 玖万陆仟零伍拾圆整				(小写)¥96 050.00		

销货单位	名　　称:荣昌商贸有限公司 纳税人识别号:370602892017309 地址、电话:烟台市芝罘区青年路 28 号 6760369 开户行及账号:中行烟台分行 3809308091009	备注	荣昌商贸有限公司 370602892017309 发票专用章

收款人:　　　　复核:　　　　开票人:张丽　　　　销货单位:(章)

第三联：发票联　购货方记账凭证

表 3－3　山东增值税专用发票

抵扣联

开票日期　2019 年 7 月 13 日

购货方	名　　称：好利来果胶食品有限公司 纳税人识别号：37060219505928 地址、电话：烟台市莱山区海港路 987 号 6230355 开户行及账号：工商银行莱山支行 140602007698			密码区	606－＜ ＞6－415306－7＞5＋8 加密版本：01 81－294＋96364/6＋/－＜6＋6 81－664＞310＋/－28＞＜6＜52 3700081140 ＜ 7028/－41469/79/6＞＞05　02175944		
货物或应税劳务名称	规格型号	单位	数量	单价	金额	税率	税额
设备运输费					1 200.00	9%	108.00
合计					¥1 200.00		¥108.00
价税合计（大写）	⊗ 壹仟叁佰零捌圆整				（小写）¥1 308.00		
销货方	名　　称：悦达运输有限公司 纳税人识别号：37060216886712 地址、电话：烟台市芝罘区环山路 12 号 6060386 开户行及账号：建行烟台分行 9550737308091			备注	悦达运输有限公司 37060216886712 发票专用章		

收款人：　　　　复核：　　　　开票人：王丽华　　　　销货单位：（章）

第二联：抵扣联　购货方抵扣凭证

表 3－4　山东增值税专用发票

发票联

开票日期　2019 年 7 月 13 日

购货方	名　　称：好利来果胶食品有限公司 纳税人识别号：37060219505928 地址、电话：烟台市莱山区海港路 987 号 6230355 开户行及账号：工商银行莱山支行 140602007698			密码区	6＊06－＜ ＞6－415306－7＞5＋8 加密版本：01 81－294＋96364/6＋/－＜6＋6 81－664＞310＋/－28＞＜6＜52 3700081140 ＜ 7028/－41469/79/6＞＞05　02175944		
货物或应税劳务名称	规格型号	单位	数量	单价	金额	税率	税额
设备运输费					1 200.00	9%	108.00
合计					¥1 200.00		¥108.00
价税合计（大写）	⊗ 壹仟叁佰零捌圆整				（小写）¥1 308.00		
销货方	名　　称：悦达运输有限公司 纳税人识别号：37060216886712 地址、电话：烟台市芝罘区环山路 12 号 6060386 开户行及账号：建行烟台分行 9550737308091			备注	悦达运输有限公司 37060216886712 发票专用章		

收款人：　　　　复核：　　　　开票人：王丽华　　　　销货单位：（章）

第三联：发票联　购货方记账凭证

表 3－5

中国工商银行(鲁) 转账支票存根 No. 21756423
附加信息
出票日期　2019 年 7 月 13 日
收款人:荣昌商贸有限公司
金　额:¥96 050.00
用　途:购设备款

单位主管　　　会计

表 3－6

中国工商银行(鲁) 转账支票存根 No. 21756423
附加信息
出票日期 2019 年 7 月 13 日
收款人:悦达运输有限公司
金　额:¥1 308.00
用　途:运输费

单位主管　　　会计

表 3－7　固定资产交付使用单

2019 年 7 月 13 日　　　　　第 1 号

编号	名称	规格型号	计量单位	数量	使用年限(年)	净残值(元)
1026	膜浓缩提纯设备	HC－ZD－32	台	1	10	3 000.00
总价(元)	买价	运杂费	安装费	调试费	其他	合计
	85 000.00	1 200.00				86 200.00
主要技术资料						
验收意见	验收合格				验收人	李明
管理部门	陈良	使用部门	张华		财会部门	王丽芸

2. 2019 年 7 月,以自营建造方式建造仓库,部分交易或事项的原始凭证如下:

表 3-8　山东增值税专用发票

抵扣联

开票日期　2019 年 7 月 16 日

购货单位	名　称:好利来果胶食品有限公司 纳税人识别号:37060219505928 地址、电话:烟台市莱山区海港路 987 号 6230355 开户行及账号:工商银行莱山支行 140602007698			密码区	6 * 06 - < >6 -415306 -7 >5 +8 加密版本:01 81 -294 +96364/6 +/ - <6 +6 81 -664 >310 +/ -28 > <6 <52 3700081140 <028/ -41469/79/6 > >05 02175944		
货物或应税劳务名称	规格型号	单位	数量	单价	金额	税率	税额
水泥		吨	10	1 600.00	16 000.00	13%	2 080.00
合计					¥16 000.00		¥2 080.00
价税合计(大写)	⊗ 壹万捌仟零捌拾圆整　　(小写)¥18 080.00						
销货单位	名　称:金宇建材有限公司 纳税人识别号:370602189210736 地址、电话:烟台市开发区青年路 16 号 6160432 开户行及账号:建设银行开发区支行 140602088652			备注	金宇建材有限公司 370602189210736 发票专用章		

收款人:　　复核:　　开票人:刘坤　　销货单位:(章)

第二联:抵扣联　购货方抵扣凭证

表 3-9　山东增值税专用发票

发票联

开票日期　2019 年 7 月 16 日

购货单位	名　称:好利来果胶食品有限公司 纳税人识别号:37060219505928 地址、电话:烟台市莱山区海港路 987 号 6230355 开户行及账号:工商银行莱山支行 140602007698			密码区	6 * 06 - < >6 -415306 -7 >5 +8 加密版本:01 81 -294 +96364/6 +/ - <6 +6 81 -664 >310 +/ -28 > <6 <52 3700081140 <7028/ -41469/79/6 > >05 02175944		
货物或应税劳务名称	规格型号	单位	数量	单价	金额	税率	税额
水泥		吨	10	1 600	16 000.00	13%	2 080.00
合计					¥16 000.00		¥2 080.00
价税合计(大写)	⊗ 壹万捌仟零捌拾圆整　　(小写)¥18 080.00						
销货单位	名　称:金宇建材有限公司 纳税人识别号:370602189210736 地址、电话:烟台市开发区青年路 16 号 6160432 开户行及账号:建设银行开发区支行 140602088652			备注	金宇建材有限公司 370602189210736 发票专用章		

收款人:　　复核:　　开票人:刘坤　　销货单位:(章)

第三联:发票联　购货方记账凭证

表 3－10

中国工商银行(鲁) 转账支票存根 No. 21756423
附加信息
出票日期 2019 年 7 月 16 日
收款人:金宇建材有限公司
金　额: ¥18 080.00
用　途:购建筑材料款

单位主管　　　　会计

好利来果胶食……
370602……
发票……

表 3－11　入库单

物资类别: 工程物资　　　　2019 年 7 月 16 日　　　　编号:006578

供货单位	材料名称	计量单位	数量		实际成本				验收仓库	入库日期
			应收	实收	买价	运费	其他	合计		
金宇建材	水泥	吨	10	10	16 000			16 000	第一仓库	2019.7.16

记账:　　　　保管部门主管:李坤　　　　验收:姜丹

表 3－12　工程物资领用单

领用部门:仓储保管部门　　　　2019 年 7 月 18 日　　　　仓库:第一仓库

项目		单位	数量		单位成本	金额	备注
编号	名称		请领	实发			
3	水泥	吨	5	5	1 600.00	8 000.00	

仓库负责人:李宝坤　　　　发料:姜丹

表 3－13　固定资产验收单

2019 年 9 月 18 日　　　　编号:15

名称	规格型号	来源	数量(幢)	总价(元)	使用年限	预计残值(元)
仓库		自建	1	319 200.00	20	2 000.00
建造单位			交工日期		附件	
烟台第二建筑公司			2019 年 9 月 18 日		竣工决算书	
验收部门	王华	理管部门	仓储管理部	管理人员	张黎	
备注						

请问:上述不同方式取得的固定资产应如何确定其实际成本？如何进行账务处理？

【知识导航】

企业取得的固定资产应当按照其成本进行初始计量。

固定资产的成本,是指企业为购建某项固定资产达到预定可使用状态前所发生的一切合理的、必要的支出。在实务中,企业取得固定资产的方式是多种多样的,包括外购、自行建造、投资者投入、非货币性资产交换、债务重组、企业合并等。取得的方式不同,其成本构成的具体内容和确定方法也不尽相同。

一、外购固定资产

企业外购固定资产的成本,包括购买价款,相关税费,使固定资产达到预定可使用状态前所发生的可归属于该项资产的运输费、装卸费、安装费和专业人员服务费等。

企业购入的固定资产分为不需要安装的固定资产和需要安装的固定资产两种情形。

(一)外购不需要安装的固定资产

购入不需要安装的固定资产,是指企业购入的固定资产不需要安装就可以直接交付使用。增值税一般纳税人购入不需要安装的固定资产,按应付或实际支付的购买价款、包装费、运杂费、专业人员服务费和相关税费等,借记"固定资产"账户,按取得增值税专用发票注明的增值税额,借记"应交税费——应交增值税(进项税额)"账户,按应付或实际支付的金额贷记"应付账款"或"银行存款"等账户。

【例3－1】华美服饰有限公司属增值税一般纳税人,2019年5月12日购入一台不需要安装的A设备,取得的增值税专用发票上注明设备价款为800 000元,增值税额为104 000元。取得运输业增值税专用发票上注明的运输费为4 000元,增值税额为360元,全部款项以银行存款付清。根据有关凭证编制会计分录如下:

借:固定资产——A设备	804 000	
应交税费——应交增值税(进项税额)	104 360	
贷:银行存款		908 360

(二)外购需要安装的固定资产

购入需要安装的固定资产,是指购入的固定资产需要安装以后才能交付使用。企业购入固定资产支付的购买价款、包装费、运输费以及发生的安装费等均应通过"在建工程"账户核算;待安装完毕并达到预定可使用状态时,再由"在建工程"账户转入"固定资产"账户。增值税一般纳税人购入固定资产时,按应付或实际支付的购买价款、包装费、运杂费、专业人员服务费和相关税费等,借记"固定资产"账户,按取得增值税专用发票注明的增值税额,借记"应交税费——应交增值税(进项税额)"账户,按应付或实际支付的金额贷记"应付账款"或"银行存款"等账户。发生的安装费用等,借记"在建工程"账户,贷记"银行存款"等账户;安装完毕并达到预定可使用状态时,按其实际成本借记"固定资产"账户,贷记"在建工程"账户。

【例3-2】2019年6月2日,华美服饰有限公司购入一台需要安装的D设备,取得增值税专用发票上注明的设备价款为650 000元,增值税额为84 500元。取得运输业增值税专用发票上注明的运输费为3 500元,增值税额为315元。全部款项以银行存款支付。安装设备时,以银行存款支付安装费6 500元。根据有关凭证编制会计分录如下:

(1)购入设备时:

借:在建工程——D设备　　653 500

　应交税费——应交增值税(进项税额)　　84 815

　贷:银行存款　　738 315

(2)支付安装费时:

借:在建工程——D设备　　6 500

　贷:银行存款　　6 500

(3)设备安装完毕并达到预定可使用状态时:

借:固定资产——D设备　　660 000

　贷:在建工程——D设备　　660 000

(三)外购固定资产的特殊考虑

企业基于产品价格等因素的考虑,可能以一笔款项同时购入多项没有单独标价的资产。如果这些资产均符合固定资产的定义,并满足固定资产的确认条件,则应将各项资产单独确认为固定资产,并按各项固定资产公允价值的比例对总成本进行分配,分别确定各项固定资产的成本。

【例3-3】2019年7月10日,华美服饰有限公司为降低采购成本,一次购进了3套不同型号且具有不同生产能力的设备A、B和C。增值税专用发票注明货款2 000 000元,增值税额为260 000元,运输费为12 000元,增值税额为1 080元,全部款项以银行存款支付。假定设备A、B和C均满足固定资产的定义及其确认条件,公允价值分别为600 000元、750 000元、650 000元。根据有关凭证编制会计分录如下:

(1)确定计入固定资产成本的金额:

应计入固定资产成本的金额=2 000 000+12 000=2 012 000(元)

(2)确定设备A、B、C的价值分配比例:

A设备应分配的固定资产价值比例=600 000÷(600 000+750 000+650 000)
=30%

B设备应分配的固定资产价值比例=750 000÷(600 000+750 000+650 000)
=37.5%

C设备应分配的固定资产价值比例=650 000÷(600 000+750 000+650 000)
=32.5%

(3)确定设备A、B、C各自的入账价值:

A设备的入账价值 = 2 012 000 × 30% = 603 600（元）

B设备的入账价值 = 2 012 000 × 37.5% = 754 500（元）

C设备的入账价值 = 2 012 000 × 32.5% = 653 900（元）

(4)编制会计分录:

借:固定资产——A	603 600	
——B	754 500	
——C	653 900	
应交税费——应交增值税(进项税额)	261 080	
贷:银行存款		2 273 080

二、自行建造固定资产

自行建造固定资产的成本,由建造该项资产达到预定可使用状态前所发生的必要支出构成,包括工程物资成本、人工成本、交纳的相关税费、应予资本化的借款费用以及应分摊的间接费用等。

企业自行建造固定资产包括自营方式建造和出包方式建造两种。

(一)自营方式建造固定资产

企业以自营方式建造固定资产,意味着企业自行组织工程物资采购,自行组织施工人员进行工程施工。其成本应当按照直接材料、直接人工、直接机械施工费等计量。

企业为建造固定资产准备的各种物资应当按照实际支付的买价、运输费、保险费等作为实际成本,并按照各种专项物资的种类进行明细核算。工程完工后,剩余的工程物资转为本企业存货的,按其实际成本或计划成本进行结转。建设期间发生的工程物资盘亏、报废及毁损,减去残料价值以及保险公司、过失人等赔款后的净损失,计入所建工程项目的成本;盘盈的工程物资或处置净收益,冲减所建工程项目的成本。工程完工后发生的工程物资盘盈、盘亏、报废、毁损,计入营业外收支。

建造固定资产领用工程物资、原材料或库存商品,应按其实际成本转入所建工程成本。自营方式建造固定资产应负担的职工薪酬,辅助生产部门为之提供的水、电、运输等劳务,以及其他必要支出等也应计入所建工程项目的成本。符合资本化条件、应计入所建造固定资产成本的借款费用,应按照借款费用资本化的有关规定处理。

企业以自营方式建造固定资产主要通过设置“工程物资”和“在建工程”等账户进行核算。

“工程物资”账户属于资产类账户,核算用于在建工程的各种物资的实际成本,包括为工程准备的材料、尚未交付安装的需要安装设备的实际成本以及预付的大型设备款等。借方登记企业购入工程物资的实际成本,贷方登记领用工程物资的实际成本,期末借方余额反映工程购入但尚未领用的专用物资的实际成本。该账户可按物资类别分别设置明细账户进行核算。

"在建工程"账户属于资产类账户，核算企业为工程所发生的实际支出，以及改扩建工程等转入的固定资产净值。借方登记企业各项在建工程的实际支出，贷方登记完工工程转出的实际支出，期末余额在借方，反映企业尚未完工的在建工程发生的实际支出。该账户可按工程种类分别设置明细账户进行核算。

企业购入为工程准备的物资时，应按实际成本借记"工程物资——专用材料"账户，按当月已认证的可抵扣增值税额，借记"应交税费——应交增值税（进项税额）"账户，按应付或实际支付的金额贷记"应付账款"或"银行存款"等账户。领用工程材料物资时，借记"在建工程——××工程"账户，贷记"工程物资"账户。在建工程领用本企业原材料时，应按原材料的实际成本借记"在建工程"账户，贷记"原材料"账户。在建工程领用本企业生产的商品时，借记"在建工程"账户，贷记"库存商品""应交税费——应交增值税（销项税额）"。在建工程达到预定可使用状态时，按工程的实际成本，借记"固定资产"账户，贷记"在建工程"账户。

【例3-4】2019年7月13日，华美服饰有限公司采用自营方式建造一幢仓库，购入为工程准备的物资，取得增值税专用发票注明价款为300 000元，增值税额为39 000元，实际领用工程物资280 000元，剩余工程物资转作原材料（不考虑增值税）。另外领用企业生产用原材料一批，实际成本为40 000元（不考虑增值税），应支付基建工程人员工资76 000元。11月20日，工程达到预定可使用状态并交付使用。根据有关凭证编制会计分录如下：

（1）购入工程物资时：

借：工程物资——专用材料	300 000	
应交税费——应交增值税（进项税额）	39 000	
贷：银行存款		339 000

（2）工程领用物资时：

借：在建工程——建筑工程	280 000	
贷：工程物资——专用材料		280 000

（3）工程领用生产用原材料时：

借：在建工程——建筑工程	40 000	
贷：原材料		40 000

（4）结算工程人员工资时：

借：在建工程——建筑工程	76 000	
贷：应付职工薪酬		76 000

（5）工程达到预定可使用状态并交付使用时：

借：固定资产——仓库	396 000	
贷：在建工程——建筑工程		396 000

(6)剩余工程物资转作原材料入库时:

借:原材料　　20 000

　贷:工程物资——专用材料　　20 000

(二)出包方式建造固定资产

出包方式是指企业通过招标方式将工程项目发包给建造承包商,由建造承包商组织工程项目施工。企业以出包方式建造固定资产时,其成本由建造该项固定资产达到预定可使用状态前所发生的必要支出构成,包括发生的建筑工程支出、安装工程支出以及需分摊计入各固定资产价值的待摊支出。

在出包方式下,工程的具体支出主要由建造承包商核算,“在建工程”账户实际成为企业与承包商办理工程价款的结算账户。企业支付给建造承包单位商的工程价款,作为工程成本,通过“在建工程”账户核算。企业应按合理估计的工程进度和合同规定结算的进度款,借记“在建工程——建筑工程(××工程)”“在建工程——安装工程(××工程)”账户,贷记“银行存款”“预付账款”等账户。工程完工时,按合同规定补付的工程款,借记“在建工程”账户,贷记“银行存款”等账户。企业将需安装设备运抵现场安装时,借记“在建工程——在安装设备(××设备)”账户,贷记“工程物资——××设备”账户。

在建工程达到预定可使用状态时,借记“固定资产”账户,贷记“在建工程——建筑工程”“在建工程——安装工程”。

【例3-5】2019年9月18日,华美服饰有限公司将一幢厂房的建造工程出包给S公司承建,按合同规定向S公司预付工程款700 000元;工程项目发生管理费、公证费、监理费共计35 000元,用银行存款支付。工程完工后,收到S公司的有关工程结算单据,补付工程款400 000元。工程完工并达到预定可使用状态,假设不考虑增值税,根据有关凭证编制会计分录如下:

(1)预付工程款时:

借:在建工程——建筑工程(厂房)　　700 000

　贷:银行存款　　700 000

(2)支付管理费、公证费、监理费时:

借:在建工程——建筑工程(厂房)　　35 000

　贷:银行存款　　35 000

(3)补付工程款时:

借:在建工程——建筑工程(厂房)　　400 000

　贷:银行存款　　400 000

(4)工程达到预定可使用状态时:

借:固定资产——厂房　　1 135 000

　贷:在建工程——建筑工程(厂房)　　1 135 000

三、投资者投入固定资产

投资者投入固定资产的成本,应当按照投资合同或协议约定的价值确定,但合同或协议约定价值不公允的除外。在投资合同或协议约定价值不公允的情况下,按照该项固定资产的公允价值作为入账价值。

【例3-6】2019年11月5日,华美服饰有限公司收到甲企业投资转入的一台不需安装的B设备,该设备双方确认的价值为320 000元(假定符合公允价值),增值税为41 600元。根据有关凭证编制会计分录如下:

借:固定资产——B设备　　320 000
　应交税费——应交增值税(进项税额)　　41 600
　贷:实收资本——甲企业　　361 600

【任务处理】

(1)7月13日购买设备,根据原始凭证做账务处理如下:

借:固定资产——膜浓缩提纯设备　　86 200
　应交税费——应交增值税(进项税额)　　11 158
　贷:银行存款　　100 782

(2)7月16日购入工程物资,根据发票、入库单和支票存根做账务处理如下:

借:工程物资——专用材料　　16 000
　应交税费——应交增值税(进项税额)　　2 080
　贷:银行存款　　18 080

(3)7月18日工程领用专用材料,根据工程物资领用单做账务处理如下:

借:在建工程——建筑工程(仓库)　　8 000
　贷:工程物资——专用材料　　8 000

(4)9月18日工程达到预定可使用状态并交付使用,根据固定资产验收单做账务处理如下:

借:固定资产——仓库　　319 200
　贷:在建工程——建筑工程(仓库)　　319 200

任务三　固定资产折旧的核算

【任务目标】

通过对固定资产折旧的学习,能够确定计提折旧固定资产的范围,能够正确地计算固定资产折旧并进行账务处理。

【任务导入】

表 3－14 固定资产折旧计算表

2019 年 10 月 单位:元

使用部门	上月折旧额	上月增加固定资产		上月减少固定资产		本月折旧额
		原 值	折旧额	原 值	折旧额	
一车间	12 000					
二车间	15 000	200 000	2 100			
行政管理部门	6 500			60 000	1 000	
合计	33 500	200 000	2 100	60 000	1 000	

请问:

1. 好利来果胶食品有限公司应如何计算 2019 年 10 月的固定资产折旧额?

2. 好利来果胶食品有限公司应根据固定资产折旧计算表做怎样的会计处理?

【知识导航】

固定资产的后续计量主要包括固定资产折旧的计提、减值损失的确定以及后续支出的计量。

一、固定资产折旧的定义

固定资产折旧是指在固定资产使用寿命内,按照确定的方法对应计折旧额进行的系统分摊。应计折旧额,是指应当计提折旧的固定资产的原价扣除其预计净残值后的金额。如果已对固定资产计提减值准备,还应当扣除已计提的固定资产减值准备累计金额。

二、固定资产折旧范围

固定资产折旧范围是指对企业所拥有的哪些固定资产计提折旧。企业应当对所有的固定资产计提折旧,但是已提足折旧仍继续使用的固定资产和单独计价入账的土地除外。在确定计提折旧的范围时还应注意以下几点:

第一,固定资产应当按月计提折旧,并根据用途计入相关资产的成本或者当期损益。当月增加的固定资产,当月不计提折旧,从下月起计提折旧;当月减少的固定资产,当月仍计提折旧,从下月起不计提折旧。

第二,已达到预定可使用状态但尚未办理竣工决算的固定资产,应当按照估计价值确定其成本,并计提折旧;待办理竣工决算后再按实际成本调整原来的暂估价值,但不需要调整原已计提的折旧额。

第三,固定资产提足折旧后,不论能否继续使用,均不再计提折旧;提前报废的固定资产也不再补提折旧。

三、影响固定资产折旧的因素

（一）固定资产原价

固定资产原价是指固定资产的成本。计提固定资产折旧的基数一般为应计提折旧的固定资产的原始价值扣除预计净残值后的余额。如果固定资产已计提减值准备，还应当扣除已计提的固定资产减值准备累计金额。

（二）固定资产的使用寿命

固定资产的使用寿命是指企业使用固定资产的预计期间，或者该固定资产所能生产产品或提供劳务的数量。固定资产使用寿命的长短直接影响各期应提的折旧额。在确定固定资产的使用年限时，应当考虑固定资产的有形损耗和无形损耗，从而使其所提取的折旧额更合理，更能反映固定资产的损耗程度。固定资产的有形损耗，是指固定资产在其使用过程中，由于使用和自然力作用而逐渐丧失其物理性能；固定资产的无形损耗，是指由于劳动生产率提高和科学技术进步所引起的固定资产价值损耗。

（三）固定资产的预计净残值

固定资产的预计净残值是指假定固定资产预计使用寿命已满并处于使用寿命终了时的预期状态，企业目前从该项资产处置中获得的扣除预计处置费用后的金额。

（四）固定资产减值准备

固定资产减值准备是指已计提的固定资产减值准备累计金额。固定资产计提减值准备后，应当在剩余使用寿命内根据调整后的固定资产账面价值（固定资产账面余额扣减累计折旧和累计减值准备后的金额）和预计净残值重新计算确定折旧率和折旧额。

四、固定资产折旧方法

企业应当根据与固定资产有关的经济利益的预期实现方式，合理选择固定资产折旧方法。可选用的折旧方法包括年限平均法、工作量法、双倍余额递减法和年数总和法等。固定资产的折旧方法一经确定，不得随意变更。

（一）年限平均法

年限平均法又称直线法，是将固定资产的应提折旧额在固定资产的预计使用年限内平均分摊的一种方法。采用这种方法计算的每期折旧额均是等额的。其计算公式如下：

年折旧额 =（固定资产原价 − 预计净残值）÷ 预计使用年限

月折旧额 = 年折旧额 ÷ 12

在实际工作中，企业一般采用折旧率计算固定资产折旧额：

年折旧率＝(1－预计净残值率)÷预计使用年限

月折旧率＝年折旧率÷12

月折旧额＝固定资产原价×月折旧率

【例3－7】华美服饰有限公司有一台机器设备,原价1 000 000元,预计使用20年。报废时的预计净残值率为4%。该设备的折旧率和折旧额计算如下:

年折旧率＝(1－4%)÷20＝4.8%

月折旧率＝4.8%÷12＝0.4%

月折旧额＝1 000 000×0.4%＝4 000(元)

采用年限平均法计算的折旧额,在每一个会计期间是相等的,故也称直线法,它是实际工作中应用较为广泛的一种方法。其优点是比较简单,容易理解,但它也存在着一些明显的局限性。这种方法只注重固定资产的使用寿命,而忽视了固定资产的实际使用状况。因此,当固定资产各期负荷程度相同时,各期应分摊相同的折旧费,这时采用年限平均法计算折旧是合理的。但是,如果固定资产各期负荷程度不同,采用年限平均法计算折旧则显得不够合理。

(二)工作量法

工作量法是根据实际工作量计算每期应提折旧额的一种方法。其计算公式如下:

单位工作量折旧额＝固定资产原价×(1－净残值率)÷预计总工作量

某项固定资产月折旧额＝该项固定资产当月工作量×单位工作量折旧额

【例3－8】华美服饰有限公司有货车一辆,原价180 000元,预计总行驶里程600 000公里。报废时的净残值率为5%,本月行驶里程5 000公里。该货车本月折旧额计算如下:

每公里折旧额＝180 000×(1－5%)÷600 000＝0.285(元/公里)

本月折旧额＝5 000×0.285＝1 425(元)

采用工作量法计算的各期折旧额是不相等的,但可以使各期折旧额的分摊趋于合理。其优点是比较简单,容易理解;弥补了年限平均法只注重固定资产使用寿命,不考虑实际使用情况的缺点。但是,年限平均法和工作量法都将固定资产的有形损耗看成是引起固定资产价值损耗的唯一因素。事实上,由于无形损耗的存在,固定资产的价值即使不使用也会发生损耗。例如,由于技术进步、消费者偏好等原因,固定资产的使用寿命会缩短。

(三)双倍余额递减法

双倍余额递减法是指在不考虑固定资产预计净残值的情况下,根据每期期初固定资产原价减去累计折旧后的余额和双倍的直线法折旧率计算固定资产折旧的一种方法。计算公式如下:

$$年折旧率=\frac{2}{预计使用年限}\times 100\%$$

$$月折旧率=\frac{年折旧率}{12}$$

$$月折旧额=固定资产账面净值\times 月折旧率$$

采用双倍余额递减法计提折旧时，由于每年年初固定资产净值没有扣除预计净残值，所以在固定资产使用年限到期时，其账面净值与预计净残值可能存在着一定的差距。因此，应当在固定资产使用年限到期前两年内，将固定资产净值扣除预计净残值后的净额采取直线法平均摊销。

【例3-9】华美服饰有限公司的某项固定资产原值20 000元，预计使用5年，预计净残值500元。年折旧率计算如下：

$$年折旧率=\frac{2}{5}\times 100\% =40\%$$

5年内固定资产折旧的计算情况如表3-15所示：

表3-15　固定资产折旧计算表　　单位：元

使用年份	折旧率(%)	年折旧额	累计折旧额	年末账面净值
0				20 000
1	40	8 000	8 000	12 000
2	40	4 800	12 800	7 200
3	40	2 880	15 680	4 320
4		1 910	17 590	2 410
5		1 910	19 500	500

注：表3-15中第四、五年的折旧额1 910元是根据第三年末固定产净值4 320元减去预计净残值500以后的净额平均计算的。

（四）年数总和法

年数总和法又称合计年限法，是指将固定资产的原价减去预计净残值后的净额乘以一个逐年递减的分数计算每年的折旧额。这个分数的分子代表固定资产尚可使用年限，分母代表使用年数的逐年数字总和。计算公式如下：

$$年折旧率=\frac{尚可使用寿命}{预计使用寿命的年数总和}\times 100\%$$

$$月折旧额=(固定资产原价-预计净残值)\times 月折旧率$$

【例3-10】承【例3-9】，假如该项固定资产采用年数总和法计提折旧，其折旧计算如下：

$$第一年折旧率=\frac{5}{5\times(5+1)\div 2}=\frac{5}{15}$$

$$第二年折旧率=\frac{5-1}{5\times(5+1)\div 2}=\frac{4}{15}$$

$$第五年折旧率=\frac{5-4}{5\times(5+1)\div 2}=\frac{1}{15}$$

5 年内固定资产折旧额的计算情况如表 3－16 所示：

表 3－16　年数总和法折旧计算表

单位:元

使用年份	尚可使用年限	计提折旧基数	年折旧率	年折旧额	累计折旧	年末账面净值
0						20 000
1	5	19 500	5/15	6 500	6 500	13 500
2	4	19 500	4/15	5 200	11 700	8 300
3	3	19 500	3/15	3 900	15 600	4 400
4	2	19 500	2/15	2 600	18 200	1 800
5	1	19 500	1/15	1 300	19 500	500

双倍余额递减法和年数总和法都属于加速折旧方法。其特点是在固定资产使用的早期计提较多折旧,后期计提较少折旧。其递减的速度逐年加快,从而相对加快折旧的速度,目的是使固定资产成本在估计使用寿命期内加快得到补偿。

五、固定资产折旧的会计处理

在我国会计实务中,企业计提折旧的工作一般是通过编制“固定资产折旧计算表”来完成的。企业可以在上月计提折旧的基础上,对上月固定资产的增减情况进行调整后计算当月应计提的折旧额。

企业按月计提折旧,计提的折旧应通过“累计折旧”科目核算,并根据用途计入相关资产的成本或者当期损益。

第一,企业基本生产车间所使用的固定资产,其计提的折旧应计入制造费用。

第二,管理部门所使用的固定资产,其计提的折旧应计入管理费用。

第三,销售部门所使用的固定资产,其计提的折旧应计入销售费用。

第四,自行建造固定资产过程中使用的固定资产,其计提的折旧应计入在建工程成本。

第五,经营租出的固定资产,其计提的折旧应计入其他业务成本。

第六,未使用的固定资产,其计提的折旧应计入管理费用。

【任务处理】

1. 企业 2019 年 10 月份的固定资产应计折旧额如表 3－17 所示：

表 3－17　固定资产折旧计算表

2019 年 10 月　　单位:元

使用部门	上月折旧额	上月增加固定资产		上月减少固定资产		本月折旧额
		原 值	折旧额	原 值	折旧额	
一车间	12 000					12 000
二车间	15 000	200 000	2 100			17 100
行政管理部门	6 500			60 000	1 000	5 500
合计	33 500	200 000	2 100	60 000	1 000	34 600

2. 根据固定资产折旧计算表做账务处理如下:

借:制造费用　　29 100
　管理费用　　5 500
　贷:累计折旧　　34 600

任务四　固定资产后续支出的核算

【任务目标】

通过对固定资产后续支出的学习,理解固定资产后续支出的处理原则,掌握固定资产后续支出的会计处理。

【任务导入】

1. 2019 年 6 月 30 日,好利来果胶食品有限公司决定对一栋厂房进行改扩建,有关原始凭证如下:

表 3－18　固定资产改良决议

因生产经营方针调整,我公司决定采用外包方式对厂房进行改扩建,改扩建工程验收合格后支付工程款。

该厂房的账面价值为 169 000 元。其中原值 285 000 元,计提折旧 116 000 元,该设备于当日停止使用,开始改扩建。

好利来果胶食品有限公司

总经理　李东华

2019 年 6 月 30 日

表 3－19　固定资产验收单

2019 年 9 月 23 日　　　　　　　编号:16

名称	规格型号		来源	数量	购(造)价	使用年限	预计残值
厂房			改扩建	1	294 000.00	20	20 000.00
安装费	月折旧率		建造单位		交工日期	附件	
			科力建筑有限公司		2019 年 9 月 23 日	验收报告	
验收部门	基建办公室	验收人员	陈明	管理部门	刘琪	管理人员	张彬
备注	采用直线法计提折旧						

表 3－20　山东增值税专用发票

抵扣联

开票日期　2019 年 9 月 23 日

购货单位	名　　称:好利来果胶食品有限公司 纳税人识别号:37060219505928 地址、电话:烟台市莱山区海港路 987 号 6230355 开户行及账号:工商银行莱山支行 140602007698				密码区	6*06－<　>6－415306－7>5＋8 加密版本:01 81－294＋96364/6＋/－<6＋6 81－664>310＋/－28><6<52 3700081140 <7028/－41469/79/6>>0502175666		
货物或应税劳务名称	规格型号	单位	数量	单价	金额	税率	税额	
建筑服务费					125 000.00	13%	16 250.00	
合计					￥125 000.00		￥16 250.00	
价税合计(大写)	⊗ 壹拾肆万壹仟贰佰伍拾圆整				(小写)￥141 250.00			
销货单位	名　　称:科力建筑有限公司 纳税人识别号:370602435017401 地址、电话:烟台市芝罘区世回路 12 号 6090186 开户行及账号:建设银行烟台分行 40608975432				备注	建筑服务发生地:烟台市芝罘区 项目名称:厂房改造		

第二联:抵扣联　购货方抵扣凭证

收款人:　　　　复核:　　　　开票人:李美　　　　销货单位:(章)

表 3－21 山东增值税专用发票

发票联

开票日期 2019 年 9 月 23 日

购货单位	名　　称:好利来果胶食品有限公司 纳税人识别号:37060219505928 地址、电话:烟台市莱山区海港路 987 号 6230355 开户行及账号:工商银行莱山支行 140602007698			密码区	6＊06－< >6－415306－7>5＋8 加密版本:01 81－294＋96364/6＋/－<6＋6 81－664>310＋/－28><6<523700140 <7028/－41469/79/6>>05021		
货物或应税劳务名称	规格型号	单位	数量	单价	金额	税率	税额
建筑服务费					125 000.00	13%	16 250.00
合计					¥125 000.00		¥16 250.00
价税合计(大写)	⊗ 壹拾肆万壹仟贰佰伍拾圆整　　(小写)¥141 250.00						
销货单位	名　　称:科力建筑有限公司 纳税人识别号:370602435017401 地址、电话:烟台市芝罘区世回路 12 号 6090186 开户行及账号:建设银行烟台分行 40608975432			备注	建筑服务发生地:烟台市芝罘区 项目名称:厂房改造 科力建筑有限公司 370602435017401 发票专用章		

第三联:发票联　购货方记账凭证

收款人:　　　　复核:　　　　开票人:李美　　　　销货单位:(章)

表 3－22

中国工商银行(鲁) 转账支票存根 No. 21756423
附加信息
出票日期 2019 年 9 月 23 日
收款人:科力建筑有限公司
金　额:¥141 250.00
用　途:工程款

单位主管　　　　会计

2. 2019 年 11 月 6 日,支付设备修理费,有关原始凭证如下:

表 3－23　山东增值税专用发票

抵扣联

开票日期　2019 年 11 月 6 日

购货单位	名　　　称:好利来果胶食品有限公司 纳税人识别号:37060219505928 地址、电话:烟台市莱山区海港路 987 号 6230355 开户行及账号:工商银行莱山支行 140602007698			密码区	6＊06－＜　＞6－415306－7＞5＋8 加密版本:01 81－294＋96364/6＋/－＜6＋6 81－664＞310＋/－28＞＜6＜52 81－664＞310＋/－28＞＜6＜523700140 ＜7028/－41469/79/6＞＞05021		
货物或应税劳务名称	规格型号	单位	数量	单价	金额	税率	税额
建筑服务费					20 000.00	13%	2 600.00
合计					¥20 000.00		¥2 600.00
价税合计(大写)	⊗ 贰万贰仟陆佰圆整				(小写) ¥22 600.00		
销货单位	名　　　称:合力服务有限公司 纳税人识别号:370602392013265 地址、电话:烟台市芝罘区机场路 128 号 6160409 开户行及账号:建设银行烟台分行 406020875365			备注	合力服务有限公司 370602392013265 发票专用章		

收款人:　　　　复核:　　　　开票人:苏红　　　　销货单位:(章)

第二联:抵扣联　购货方抵扣凭证

表 3－24　山东增值税专用发票

发票联

开票日期　2019 年 11 月 6 日

购货单位	名　　　称:好利来果胶食品有限公司 纳税人识别号:37060219505928 地址、电话:烟台市莱山区海港路 987 号 6230355 开户行及账号:工商银行莱山支行 140602007698			密码区	6＊06－＜　＞6－415306－7＞5＋8 加密版本:01 81－294＋96364/6＋/－＜6＋6 81－664＞310＋/－28＞＜6＜5237001140 ＜7028/－41469/79/6＞＞05021		
货物或应税劳务名称	规格型号	单位	数量	单价	金额	税率	税额
建筑服务费					20 000.00	13%	2 600.00
合计					¥20 000.00		¥2 600.00
价税合计(大写)	⊗ 贰万贰仟陆佰圆整				(小写) ¥22 600.00		
销货单位	名　　　称:合力服务有限公司 纳税人识别号:370602392013265 地址、电话:烟台市芝罘区机场路 128 号 6160409 开户行及账号:建设银行烟台分行 406020875365			备注	合力服务有限公司 370602392013265 发票专用章		

收款人:　　　　复核:　　　　开票人:苏红　　　　销货单位:(章)

第三联:发票联　购货方记账凭证

表 3－25

中国工商银行(鲁)
转账支票存根
No. 21756423
附加信息

出票日期 2019 年 11 月 6 日
收款人:合力服务有限公司
金　额:¥22 600.00
用　途:设备修理费

单位主管　　　　会计

请问:该公司应如何进行固定资产后续支出的会计处理?

【知识导航】

一、固定资产后续支出的概念

固定资产的后续支出,是指固定资产在使用过程中发生的更新改造、修理等业务发生的支出。

二、固定资产后续支出的处理原则

根据后续支出的性质不同,固定资产的后续支出分为资本化的后续支出和费用化的后续支出。与固定资产有关的更新改造等后续支出,符合固定资产确认条件的,作为资本化的后续支出,应当计入固定资产成本,同时将被替换部分的账面价值扣除;与固定资产有关的修理费用等后续支出,不符合固定资产确认条件的,作为费用化的后续支出,应当计入当期损益。

三、资本化后续支出的核算

固定资产发生可资本化的后续支出时,企业一般应将该固定资产的原价、已计提的累计折旧和减值准备转销,将固定资产的账面价值转入在建工程,并在此基础上重新确定固定资产原价,因其账面价值已转入在建工程,因此停止计提折旧。在固定资产发生的后续支出完工并达到预定可使用状态时,再从在建工程转为固定资产,并按重新确定的固定资产原价、使用寿命、预计净残值和折旧方法计提折旧。固定资产发生的可资本化的后续支出,通过"在建工程"账户核算。

【例 3－11】2019 年 7 月 13 日,华美服饰有限公司因生产经营需要,决定对现有生产线进行改造,以提高其生产能力。该生产线原值 1 100 000 元,已提折旧 625 200 元。假定该生产线未发生减值。改造共发生支出 216 000 元,全部用银行存款支付。3 个月后,改造工程达到预定可使用状态,大大提高了生产能力,预计使用年限延长了 5 年。假设不考虑其他相关税费。根据有关凭证编制会计分录如下：

(1)固定资产转入改扩建时：

借：在建工程——××生产线　　474 800
　　累计折旧　　625 200
　　贷：固定资产　　1 100 000

(2)发生后续支出时：

借：在建工程——××生产线　　216 000
　　贷：银行存款　　216 000

(3)生产线改造达到预定可使用状态时：

借：固定资产　　690 800
　　贷：在建工程——××生产线　　690 800

四、费用化后续支出的核算

固定资产投入使用之后，由于固定资产磨损以及各组成部分的耐用程度不同，可能存在固定资产的局部损坏。为了维护固定资产的正常运转和使用，充分发挥其使用效能，企业就需要对固定资产进行必要的维护。企业发生的固定资产日常修理费用，只是确保固定资产处于正常工作状态，并不导致固定资产性能的改变和固定资产未来经济利益的增加，因此，应在发生时直接计入当期损益。企业生产车间和行政管理部门等发生的固定资产修理费用等后续支出计入管理费用，企业发生的与专设销售机构的固定资产相关的修理费用等后续支出计入销售费用。

【例3-12】华美服饰有限公司于2016年5月6日对生产部门使用的一台机器设备进行日常修理，用银行存款支付修理费用3 500元，增值税455元。根据有关凭证编制会计分录如下：

借：管理费用　　3 500
　　应交税费——应交增值税(进项税额)　　455
　　贷：银行存款　　3 955

【任务处理】

1.(1)6月30日将厂房转入改扩建时，根据固定资产改良决议做如下账务处理：

借：在建工程——××厂房　　169 000
　　累计折旧　　116 000
　　贷：固定资产——××厂房　　285 000

(2)9月23日支付工程款时，根据固定资产验收单、发票、支票存根做账务处理如下：

借：在建工程——××厂房　　125 000
　　应交税费——应交增值税(进项税额)　　16 250
　　贷：银行存款　　141 250

(3)9月23日改扩建完毕并达到预定可使用状态时，根据固定资产验收单做账务处理如下：

借：固定资产——××厂房　　294 000

　贷：在建工程——××厂房　　294 000

2. 11 月 6 日支付设备修理费时，根据发票、支票存根做账务处理如下：

借：管理费用　　20 000

　应交税费——应交增值税（进项税额）　　2 600

　贷：银行存款　　22 600

任务五　固定资产处置的核算

【任务目标】

通过对固定资产处置的学习，掌握固定资产出售、报废等业务的会计处理。

【任务导入】

1. 2019 年 12 月 30 日，好利来果胶食品有限公司将一辆不需用的货运卡车对外出售。有关原始凭证如下：

表 3-26　山东增值税专用发票

记账联

开票日期　2019 年 12 月 30 日

<table>
<tr><td>购货单位</td><td colspan="4">名　　称：恒泰有限公司
纳税人识别号：37060223606512
地址、电话：烟台市芝罘区解放路 12 号 6481235
开户行及账号：建设银行烟台分行 130632107629</td><td>密码区</td><td colspan="4">6 * 06 - <　>6 - 415306 - 7 >5 +8 加密版本:01
81 - 294 +96364/6 +/ - <6 +6
81 - 664 >310 +/ - 28 > <6 <52 3700081140
< 7028/ - 41469/79/6 > >05　02175944</td></tr>
<tr><td colspan="2">货物或应税劳务名称
卡车

合计</td><td>规格型号</td><td>单位
辆</td><td>数量
1</td><td colspan="2">单价
80 000.00</td><td>金额
80 000.00

¥80 000.00</td><td>税率
13%</td><td>税额
10 400.00

¥10 400.00</td></tr>
<tr><td colspan="2">价税合计（大写）</td><td colspan="8">⊗ 玖万零肆佰圆整　　　　（小写）¥90 400.00</td></tr>
<tr><td>销货单位</td><td colspan="5">名　　称：好利来果胶食品有限公司
纳税人识别号：37060219505928
地址、电话：烟台市莱山区海港路 987 号 6230355
开户行及账号：工商银行莱山支行 140602007698</td><td>备注</td><td colspan="3">好利来果胶食品有限公司
37060219505928
发票专用章</td></tr>
</table>

第一联：记账联　销货方记账凭证

收款人：　　复核：　　开票人：林鹏　　销货单位：（章）

表 3－27 固定资产调拨单

2019 年 12 月 30 日

主管部门:				使用单位:运输车间				
固定资产名　称	规格型号	单位	数量	预计使用年限	已使用年限	原始价值	已提折旧	备注
卡车	CAll60P62K1L4E	辆	1	10	5	145 000.00	54 000.00	
建造单位	中国一汽		调拨原因	出售				

（印章：好利来果胶食品有限公司）

表 3－28 中国建设银行进账单(收账通知)

2019 年 12 月 31 日

付款人	全称	恒泰有限公司	收款人	全称	好利来果胶食品有限公司	此给收款人开户行通知收款人账款收
付款人	账号	130632107625	收款人	账号	140602007698	
付款人	开户银行	建设银行烟台支行	收款人	开户银行	工商银行莱山支行	
人民币（大写）	玖万零肆佰圆整					
票据种类	转账支票					
票据张数	1张					
单位主管　会计　复核　记账			收款人开户行盖章			

十	万	千	百	十	元	角	分
	9	0	4	0	0	0	0

（印章：工商银行莱山支行 2019.12.31 转讫）

2.2016 年 12 月 31 日,果胶提取设备损坏,经批准作报废处理。有关原始凭证如下:

表 3－29 固定资产报废单

2019 年 12 月 31 日

固定资产名称	规格型号	单位	数量	预计使用年限	已使用年限	原始价值	已提折旧	备注
果胶提取设备	华联/GQ105	台	1	5	5	35 000.00	34 500.00	
固定资产状况及报废原因	该设备已使用 5 年,不能继续使用。							
处理审批意见	使用部门	技术鉴定部门	固定资产管理部门	主管部门				
	同意报废	同意报废	同意报废	同意报废				

（印章：好利来果胶食品有限公司）

表 3－30　山东增值税专用发票

记账联

开票日期　2019 年 12 月 31 日

<table>
<tr><td>购货单位</td><td colspan="4">名　　称:洁力有限公司
纳税人识别号:37060568706511
地址、电话:烟台市芝罘区白石路 14 号 6471368
开户行及账号:工商银行烟台支行 60632107625</td><td>密码区</td><td colspan="3">6＊06－＜＞6－415306－7＞5＋8 加密版本:01
81－294＋96364/6＋/－＜6＋6
81－664＞310＋/－28＞＜6＜52 3700081140
＜7028/－41469/79/6＞＞05 02175944</td></tr>
<tr><td colspan="2">货物或应税劳务名称
废旧物资

合计</td><td>规格型号</td><td>单位</td><td>数量</td><td>单价</td><td>金额
1 299.15

¥1 299.15</td><td>税率
13%</td><td>税额
168.89

¥168.89</td></tr>
<tr><td colspan="2">价税合计(大写)</td><td colspan="7">⊗ 壹仟肆佰陆拾捌圆零肆分　　(小写)¥1 468.04</td></tr>
<tr><td>销货单位</td><td colspan="4">名　　称:好利来果胶食品有限公司
纳税人识别号:37060219505928
地址、电话:烟台市莱山区海港路 987 号 6230355
开户行及账号:工商银行莱山支行 140602007698</td><td>备注</td><td colspan="3">好利来果胶食品有限公司
37060219505928
发票专用章</td></tr>
</table>

收款人:　　　复核:　　　开票人:林鹏　　　销货单位:(章)

第一联:记账联　销货方记账凭证

表 3－31　中国建设银行进账单(收账通知)

2019 年 12 月 31 日

<table>
<tr><td rowspan="3">付款人</td><td>全称</td><td>洁力有限公司</td><td rowspan="3">收款人</td><td>全称</td><td colspan="8">好利来果胶食品有限公司</td></tr>
<tr><td>账号</td><td>60632107625</td><td>账号</td><td colspan="8">140602007698</td></tr>
<tr><td>开户银行</td><td>工商银行烟台支行</td><td>开户银行</td><td colspan="8">工商银行莱山支行</td></tr>
<tr><td colspan="2" rowspan="2">人民币(大写)</td><td colspan="3" rowspan="2">壹仟肆佰陆拾捌圆零肆分</td><td>十</td><td></td><td></td><td></td><td></td><td></td><td></td><td>分</td></tr>
<tr><td></td><td>¥</td><td>1</td><td>4</td><td>6</td><td>8</td><td>0</td><td>4</td></tr>
<tr><td colspan="2">票据种类</td><td colspan="3">转账支票</td><td colspan="8" rowspan="3">工商银行莱山支行
2019.12.31
转讫
收款人开户行盖章</td></tr>
<tr><td colspan="2">票据张数</td><td colspan="3">1 张</td></tr>
<tr><td colspan="5">单位主管　会计　复核　记账</td></tr>
</table>

此联是收款人开户行给收款人的收账通知

请问:该公司应如何进行上述业务的会计处理?

【知识导航】

一、固定资产终止确认的条件

固定资产满足下列条件之一的,应当予以终止确认:

(一)该固定资产处于处置状态

固定资产处置包括固定资产的出售、转让、报废或毁损、对外投资、非货币性资产交换、债务重组等。处于处置状态的固定资产不再用于生产商品、提供劳务、出租或经营管理,因此不再符合固定资产的定义,应予终止确认。

(二)该固定资产预期通过使用或处置不能产生经济利益

固定资产的确认条件之一是"与该固定资产有关的经济利益很可能流入企业"。如果一项固定资产预期通过使用或处置不能产生经济利益,那么它就不再符合固定资产的定义和确认条件,应予终止确认。

二、固定资产处置核算的步骤

企业因出售、转让、报废或毁损、对外投资、非货币性资产交换、债务重组等处置固定资产时,应当将处置收入扣除账面价值和相关税费后的金额计入当期损益。固定资产处置一般通过"固定资产清理"账户进行核算,其核算一般可以分为以下几个步骤:

第一,固定资产转入清理。将处置的固定资产转入清理时,应按处置固定资产的账面价值,借记"固定资产清理"账户;按已提的折旧,借记"累计折旧"账户;按已计提的减值准备,借记"固定资产减值准备"账户;按固定资产的账面余额,贷记"固定资产"账户。

第二,发生的清理费用。固定资产处置过程中发生的有关费用以及应支付的相关税费,借记"固定资产清理"账户,贷记"银行存款""应交税费"等账户。

第三,出售收入和残料等的处理。企业收回出售固定资产的价款、残料价值和变价收入等时,应冲减清理支出。按实际收到的出售价款及残料变价收入等,借记"银行存款""原材料"等账户,贷记"固定资产清理""应交税费"等账户。

第四,保险赔偿的处理。企业计算或收到的应由保险公司或过失人赔偿的报废、毁损固定资产的损失时,应冲减清理支出,借记"银行存款"或"其他应收款"账户,贷记"固定资产清理"账户。

第五,清理净损益的处理。固定资产清理完成后的净损失,属于生产经营期间正常的处理损失,借记"营业外支出——非流动资产处置损失"账户,贷记"固定资产清理"账户;属于生产经营期间由于自然灾害等非正常原因造成的,借记"营业外支出——非常损失"账户,贷记"固定资产清理"账户;固定资产清理完成后的净收益,借记"固定资产清理"账户,贷记"营业外收入——非流动资产处置利得"账户。

三、固定资产处置的账务处理

(一)固定资产的出售

企业因调整经营方针或考虑技术进步等因素,可以将多余闲置或不再需要的固定资产出售给其他企业。企业出售固定资产时,应填制"固定资产调拨单",经审批签证后,作为双方交接固定资产的凭证,办理固定资产的移交手续。财务部门根据签证的调拨单,进行固定资产调出的账务处理。

【例3-13】2019年6月1日,华美服饰有限公司因调整生产经营方针,将2010年购入的一套生产线对外出售。该生产线原值200 000元,已提折旧70 000元,未计提减值准备。取得出售收入150 000元,增值税19 500元,款项已存入银行。根据有关凭证编制会计分录如下:

(1)固定资产转入清理时:

借:固定资产清理　　130 000
　　累计折旧　　70 000
　　贷:固定资产　　200 000

(2)收取价款时:

借:银行存款　　195 000
　　贷:固定资产清理　　150 000
　　　　应交税费——应交增值税(销项税额)　　19 500

(3)结转清理净损益时:

借:固定资产清理　　20 000
　　贷:资产处置损益——非流动资产处置利得　　20 000

(二)固定资产报废的账务处理

固定资产报废主要是由于使用期满报废或技术进步而发生提前报废等。

【例3-14】华美服饰有限公司有一台设备,因使用期满经批准报废。该设备原值400 000元,已提折旧380 000元,取得残料变价收入18 000元,增值税额为2 340元,用银行存款支付清理费用600元。根据有关凭证编制会计分录如下:

(1)固定资产转入清理时:

借:固定资产清理　　20 000
　　累计折旧　　380 000
　　贷:固定资产　　400 000

(2)取得残料变价收入时:

借:银行存款　　20 340
　　贷:固定资产清理　　18 000
　　　　应交税费——应交增值税(销项税额)　　2 340

(3)支付清理费用时:

借:固定资产清理　　600
　　贷:银行存款　　600

(4)结转清理净损益时:

借:营业外支出——非流动资产处置损失　　2 600
　　贷:固定资产清理　　2 600

(三)固定资产毁损的账务处理

固定资产毁损是指由于自然灾害和责任事故而造成固定资产的毁坏和损失。

【例3-15】华美服饰有限公司一栋仓库因雷雨导致电线短路发生火灾而毁损。该仓库账面原值270 000元,已提折旧125 000元。残料入库,估计价值8 600元。保险公司核定赔偿110 000元。用银行存款支付清理费用6 000元。根据有关凭证编制会计分录如下:

(1)固定资产转入清理时:

借:固定资产清理　　145 000
　　累计折旧　　125 000
　　贷:固定资产　　270 000

(2)残料入库时:

借:原材料　　8 600
　　贷:固定资产清理　　8 600

(3)应收保险公司的赔款时:

借:其他应收款　　110 000
　　贷:固定资产清理　　110 000

(4)支付清理费用时

借:固定资产清理　　6 000
　　贷:银行存款　　6 000

(5)结转清理净损益时:

借:营业外支出——非常损失　　32 400
　　贷:固定资产清理　　32 400

【任务处理】

1.12月30日,将一辆不需要的货运卡车对外出售,根据发票、固定资产调拨单和进账单(收账通知)做账务处理如下:

(1)固定资产转入清理:

借:固定资产清理　　91 000
　　累计折旧　　54 000
　　贷:固定资产——卡车　　145 000

(2)收取价款时:

借:银行存款　　90 400
　　贷:固定资产清理　　80 000
　　　　应交税费——应交增值税(销项税额)　　10 400

(3)结转清理净损失时:

借:资产处置损益——非流动资产处置损失　　11 000

　　贷:固定资产清理　　11 000

2. 12 月 31 日,果胶提取设备损坏,经批准做报废处理。根据发票、固定资产报废单和进账单(收账通知)做账务处理如下:

(1)固定资产转入清理时:

借:固定资产清理　　500

　　累计折旧　　34 500

　　贷:固定资产　　35 000

(2)取得残料变价收入时:

借:银行存款　　1 468.04

　　贷:固定资产清理　　1 299.15

　　　　应交税费——应交增值税(销项税额)　　168.89

(3)结转清理净收益时:

借:固定资产清理　　799.15

　　贷:营业外收入——非流动资产处置利得　　799.15

任务六　固定资产的清查和期末计价

【任务目标】

通过固定资产清查和期末计价的学习,掌握固定资产盘盈、盘亏和计提减值准备的会计处理。

【任务导入】

2019 年 12 月 20 日,好利来果胶食品有限公司对固定资产进行盘点清查,发现盘亏设备一台,填制固定资产盘亏报告表如下:

表 3-32　固定资产盘点盈亏报告表

2019 年 12 月 20 日　　单位:元

固定资产			使用管理部门	盘盈			盘亏、毁损			原因
编号	名称	规格型号		数量	重置价值	估计折旧	数量(台)	原价	已提折旧	
12	打印机		行政办公室				1	1 500.00	1 000.00	丢失
处理意见	保管员保管不当,由其赔偿 500 元。							审批部门		

请问:该公司应如何进行上述业务的会计处理?

【知识导航】

一、固定资产清查

固定资产是一种使用期限较长,价值较高的有形资产。因此,企业应当建立健全固定资产管理制度,定期或至少于每年年末对固定资产进行清查盘点,以保证固定资产核算的真实性和完整性。

(一)固定资产清查的方法

企业每年至少对固定资产进行一次实地盘点。在固定资产清查过程中,如果发现盘盈、盘亏的固定资产,应填制固定资产盘盈、盘亏报告表。对于清查中发现的固定资产盘盈、盘亏,应及时查明原因,在期末结账前处理完毕。固定资产盘点盈亏报告表基本格式如表3-33所示。

表3-33　固定资产盘点盈亏报告表

年　月　日　　单位:元

<table>
<tr><td colspan="3">固定资产</td><td rowspan="2">使用管理部门</td><td colspan="3">盘盈</td><td colspan="3">盘亏、毁损</td><td rowspan="2">原因</td></tr>
<tr><td>编号</td><td>名称</td><td>规格型号</td><td>数量</td><td>重置价值</td><td>估计折旧</td><td>数量</td><td>原价</td><td>已提折旧</td></tr>
<tr><td></td><td></td><td></td><td></td><td></td><td></td><td></td><td></td><td></td><td></td><td></td></tr>
<tr><td rowspan="2">处理意见</td><td colspan="3">使用和管理部门</td><td colspan="4">清查小组</td><td colspan="3">审批部门</td></tr>
<tr><td colspan="3"></td><td colspan="4"></td><td colspan="3"></td></tr>
</table>

(二)固定资产清查的核算

1. 盘盈固定资产的核算

企业在财产清查中盘盈的固定资产,应作为前期会计差错处理,在按管理权限报经批准前应先通过"以前年度损益调整"账户核算。盘盈的固定资产,应按重置成本确定其入账价值,借记"固定资产"账户,贷记"以前年度损益调整"账户。

【例3-16】2019年12月31日,华美服饰有限公司在固定资产清查过程中发现账外设备一台。该设备同类市场价格32 000元,估计折旧12 000元(假定与其计税基础不存在差异)。假定该企业适用的所得税税率为25%,按净利润的10%计提法定盈余公积。根据有关凭证编制会计分录如下:

(1)盘盈固定资产时:

借:固定资产——××设备　　20 000

　贷:以前年度损益调整　　20 000

(2)计算确定应缴所得税时:

借:以前年度损益调整　　5 000

　贷:应交税费——应交所得税　　5 000

(3)结转留存收益时:

借:以前年度损益调整　　15 000

　贷:盈余公积——法定盈余公积　　1 500

　　利润分配——未分配利润　　13 500

2. 盘亏固定资产的核算

企业发生固定资产盘亏时,按盘亏固定资产的账面价值,借记“待处理财产损溢——待处理固定资产损溢”账户;按已计提的折旧,借记“累计折旧”账户;按已计提的减值损失,借记“固定资产减值准备”账户;按固定资产的原价,贷记“固定资产”账户;按管理权限报经批准后处理时,按可收回保险赔偿或过失人赔偿的金额,借记“其他应收款”账户;按盘亏固定资产的净损失,借记“营业外支出——盘亏损失”账户,贷记“待处理财产损溢——待处理固定资产损溢”账户。

【例3-17】2019年12月31日,华美服饰有限公司进行财产清查时,发现丢失一台设备。该设备账面原值45 000元,已提折旧34 500元。经查,该设备丢失的原因是保管员看守不当。经批准,由保管员刘强赔偿2 000元。根据有关凭证编制会计分录如下:

(1)盘亏固定资产时:

借:待处理财产损溢——待处理固定资产损溢　　10 500

　累计折旧　　34 500

　贷:固定资产——××设备　　45 000

(2)报经批准后:

借:营业外支出——盘亏损失　　8 500

　其他应收款——刘强　　2 000

　贷:待处理财产损溢——待处理固定资产损溢　　10 500

二、固定资产期末计价

固定资产的初始入账价值是历史成本,固定资产使用年限较长,以及市场条件和经营环境的变化、科学技术的进步以及企业经营管理不善等,都可能导致固定资产创造未来经济利益的能力下降。因此,固定资产的真实价值可能低于账面价值,必须对固定资产减值损失进行确认。

(一)固定资产减值损失的确认

为了在资产负债表中更合理地反映期末固定资产的价值,企业应当在资产负债表日判断固定资产是否存在可能发生减值的迹象。如果有确凿证据表明固定资产存在减值迹象,应当进行减值测试,估计固定资产的可收回金额。固定资产可收回金额,是指资产的销售净价与预期从该资产的持续使用和处置中形成的现金流量的现值之中的较高者。

企业如果发现固定资产存在下列情况，应当计算固定资产可收回金额，以确定固定资产资产是否已经发生减值：

1. 资产的市价当期大幅度下跌，其跌幅明显高于因时间的推移或者正常使用而预计的下跌。

2. 企业经营所处的经济、技术或者法律等环境以及资产所处的市场在当期或者将在近期发生重大变化，从而对企业产生不利影响。

3. 市场利率或者其他市场投资报酬率在当期已经提高，从而影响企业计算资产预计未来现金流量现值的折现率，导致资产可收回金额大幅度降低。

4. 有证据表明资产已经陈旧过时或者其实体已经损坏。

5. 资产已经或者将被闲置、终止使用或者计划提前处置。

6. 企业内部报告的证据表明资产的经济绩效已经低于或者将低于预期，如资产所创造的净现金流量或者实现的营业利润（或者亏损）远远低于（或者高于）预计金额等。

7. 其他表明资产可能已经发生减值的迹象。

（二）固定资产减值的核算

固定资产的可收回金额低于其账面价值的，应当将固定资产的账面价值减记至可收回金额。减记的金额确认为资产减值损失，计入当期损益，同时计提相应的资产减值准备。资产减值损失一经确认，在以后会计期间不得转回。

为了核算企业期末计提的固定资产减值准备情况，应设置“固定资产减值准备”账户。该账户属于固定资产的备抵账户，贷方登记计提的固定资产减值准备，借方登记转回和冲销的固定资产减值准备。该账户余额在贷方，表示已计提的固定资产减值准备。

企业发生固定资产减值损失时，应按可收回金额低于其账面价值的差额，借记“资产减值损失——计提的固定资产减值准备”账户，贷记“固定资产减值准备”账户。

【例3－18】2019年12月31日，华美服饰有限公司的某生产线存在可能发生减值的迹象。经计算该生产线的可收回金额为1 250 000元，账面价值为1 354 000元，以前年度未对该生产线计提减值准备。根据有关凭证编制会计分录如下：

借：资产减值损失——计提的固定资产减值准备　　104 000

　贷：固定资产减值准备　　　　104 000

三、固定资产使用寿命、预计净残值和折旧方法的复核

由于固定资产的使用寿命长于一年，属于企业的非流动资产，企业至少应当于每年年度终了对固定资产的使用寿命、预计净残值和折旧方法进行复核。

固定资产在使用过程中，其所处的经济环境、技术环境以及其他环境有可能对其使用寿命和预计净残值产生较大影响。例如，固定资产使用强度比正常情况大大加强，致使固定资产实际使用寿命大大缩短；替代该项固定资产的新产品的出现致使其实际使用

寿命缩短，预计净残值减少等。为真实反映固定资产为企业提供经济利益的期间及每期实际的资产消耗，企业至少应当于每年年度终了，对固定资产使用寿命和预计净残值进行复核。如果固定资产使用寿命与原先估计数有差异，应当调整固定资产使用寿命；如果固定资产预计净残值与原先估计数有差异，应当调整预计净残值。

固定资产使用寿命、预计净残值和折旧方法的改变应作为会计估计变更处理。

四、固定资产的明细分类核算

为了加强对固定资产的实物管理，掌握各项固定资产的使用情况，企业除进行总分类核算外，还必须进行固定资产的明细分类核算。固定资产的明细分类核算方法有两种：一是设置“固定资产卡片”，二是设置“固定资产登记簿”。

（一）固定资产卡片

“固定资产卡片”由企业按照每一项独立的固定资产设置，详细记载该项固定资产的各项技术经济资料和有关情况。卡片通常一式两份，一份存于财务部门进行明细分类核算，一份交使用部门作为管理的依据。卡片应装在卡片箱内，并进行适当排列。卡片（正反两面）的基本格式如表 3－34 所示。

表 3－34　固定资产卡片

（正面）

卡片编号：

类别：　　　　　　　　　　　　　　　固定资产项目编号：

<table>
<tr><td colspan="2">固定资产名称</td><td></td><td colspan="2">型号规格或技术特征</td><td colspan="2"></td><td>建设单位或制造厂名称</td><td></td><td colspan="2">取得方式</td><td></td></tr>
<tr><td colspan="2">原价</td><td></td><td colspan="2">其中：安装费</td><td colspan="2"></td><td>预计残值</td><td></td><td colspan="2">预计清理费用</td><td></td></tr>
<tr><td colspan="2">建造日期</td><td></td><td colspan="2">验收日期</td><td colspan="2"></td><td>使用日期</td><td></td><td colspan="2">折旧年限</td><td></td></tr>
<tr><td colspan="2">年折旧额</td><td></td><td colspan="2">年折旧率</td><td colspan="2"></td><td>月折旧额</td><td></td><td colspan="2">月折旧率</td><td></td></tr>
<tr><td colspan="2">投入日期</td><td></td><td colspan="2">投入时已使用年限</td><td colspan="2"></td><td>尚能使用年限</td><td></td><td colspan="2">投入时已提折旧额</td><td></td></tr>
<tr><td colspan="3">使用或保管部门变动情况</td><td colspan="4">原价变动记录</td><td colspan="5">附属设备记录</td></tr>
<tr><td>日期</td><td>凭证</td><td>使用或保管部门</td><td>日期</td><td>凭证</td><td>增加</td><td>减少</td><td>名称</td><td>规格</td><td>单位</td><td>数量</td><td>金额</td></tr>
<tr><td></td><td></td><td></td><td></td><td></td><td></td><td></td><td></td><td></td><td></td><td></td><td></td></tr>
</table>

（背面）

<table>
<tr><td colspan="4">计提折旧</td><td colspan="4">大修理记录</td><td colspan="3">停用复用记录</td></tr>
<tr><td>年度</td><td>本年计提</td><td>累计计提</td><td>净值</td><td>日期</td><td>凭证</td><td>摘要</td><td>金额</td><td>停用日期</td><td>停用原因</td><td>复用日期</td></tr>
<tr><td></td><td></td><td></td><td></td><td></td><td></td><td></td><td></td><td></td><td></td><td></td></tr>
<tr><td>出售记录</td><td colspan="5">出售日期：
批准文号：
购买单位：
原　　价：
安 装 费：
已使用年限：</td><td>报废清理记录</td><td colspan="4">清理原因：
清理日期：
实际使用年限：
批准文号：
清理费用：
变价收入：</td></tr>
<tr><td>备注</td><td colspan="5"></td><td colspan="5">设立卡片日期：
注销卡片日期：
卡片登记</td></tr>
</table>

“固定资产卡片”虽能反映各单项固定资产的详细资料及其变动情况，但由于分散，不能反映出企业各类固定资产的构成情况及其分布状况，因此，企业必须在此基础上设置“固定资产登记簿”进行分类核算。

（二）固定资产登记簿

“固定资产登记簿”属于固定资产二级账，按照固定资产类别开设账页，并按照使用部门开设专栏分别登记。月末，各类固定资产登记簿的余额之和应与固定资产总账账户余额核对相符。“固定资产登记簿”的格式如表 3－35 所示。

表 3－35　固定资产登记簿

类别：

<table>
<tr><td colspan="2">年</td><td rowspan="2">凭证字号</td><td rowspan="2">摘要</td><td colspan="3">使用部门</td><td colspan="3">使用部门</td><td rowspan="2">结存</td></tr>
<tr><td>月</td><td>日</td><td>增加</td><td>减少</td><td>结余</td><td>增加</td><td>减少</td><td>结余</td></tr>
<tr><td></td><td></td><td></td><td></td><td></td><td></td><td></td><td></td><td></td><td></td><td></td></tr>
<tr><td></td><td></td><td></td><td></td><td></td><td></td><td></td><td></td><td></td><td></td><td></td></tr>
<tr><td></td><td></td><td></td><td></td><td></td><td></td><td></td><td></td><td></td><td></td><td></td></tr>
</table>

【任务处理】

12 月 20 日，根据固定资产盘亏报告表做如下账务处理：

（1）盘亏固定资产时：

借：待处理财产损溢——待处理固定资产损溢　　500

　　累计折旧　　1 000

　　贷：固定资产——打印机　　1 500

(2)报经批准后:

借:其他应收款——林磊　　500

　贷:待处理财产损溢——待处理固定资产损溢　　500

【项目小结】

固定资产是企业生产经营过程中的重要劳动资料,是企业非流动资产的重要组成部分。为了确保企业的正常运营与持续发展,必须做好固定资产的管理与核算工作。本项目的主要业务核算见下表:

<table>
<tr><th colspan="4">业务内容</th><th>会计分录</th></tr>
<tr><td rowspan="10">固定资产增加</td><td colspan="3">外购不需安装固定资产</td><td>借:固定资产
应交税费——应交增值税(进项税额)
贷:银行存款等账户</td></tr>
<tr><td rowspan="3">外购需安装固定资产</td><td colspan="2">支付购买价款</td><td>借:在建工程
应交税费——应交增值税(进项税额)
贷:银行存款等账户</td></tr>
<tr><td colspan="2">支付安装费</td><td>借:在建工程
贷:银行存款等账户</td></tr>
<tr><td colspan="2">安装完毕并达到预定可使用状态</td><td>借:固定资产
贷:在建工程</td></tr>
<tr><td rowspan="6">自行建造固定资产</td><td rowspan="4">自营工程</td><td>购买工程物资</td><td>借:工程物资
应交税费——应交增值税(进项税额)
贷:银行存款等账户</td></tr>
<tr><td>工程领用物资</td><td>借:在建工程
贷:工程物资</td></tr>
<tr><td>工程建设期间发生工程人员薪酬</td><td>借:在建工程
贷:应付职工薪酬</td></tr>
<tr><td>工程完工并达到预定可使用状态</td><td>借:固定资产
贷:在建工程</td></tr>
<tr><td rowspan="2">出包工程</td><td>支付工程款</td><td>借:在建工程
贷:银行存款</td></tr>
<tr><td>工程完工并达到预定可使用状态</td><td>借:固定资产
贷:在建工程</td></tr>
<tr><td colspan="4">计提固定资产折旧</td><td>借:制造费用
管理费用
销售费用
贷:累计折旧</td></tr>
</table>

（续表）

<table>
<tr><th colspan="3">业务内容</th><th>会计分录</th></tr>
<tr><td rowspan="4">固定资产后续支出</td><td rowspan="3">固定资产改扩建或改良支出</td><td>将固定资产转入改扩建工程</td><td>借:在建工程
　累计折旧
　贷:固定资产</td></tr>
<tr><td>支付工程款</td><td>借:在建工程
　贷:银行存款</td></tr>
<tr><td>改扩建工程完工并达到预定可使用状态</td><td>借:固定资产
　贷:在建工程</td></tr>
<tr><td colspan="2">固定资产日常维护、维修</td><td>借:管理费用
　销售费用
　贷:银行存款
　　应付职工薪酬等</td></tr>
<tr><td rowspan="4">固定资产处置</td><td colspan="2">将出售、报废固定资产转入清理时</td><td>借:固定资产清理
　累计折旧
　贷:固定资产</td></tr>
<tr><td colspan="2">支付固定资产清理费等</td><td>借:固定资产清理
　应交税费——应交增值税(进项税额)
　贷:银行存款</td></tr>
<tr><td colspan="2">取得固定资产处置收入</td><td>借:银行存款
　贷:固定资产清理
　　应交税费——应交增值税(销项税额)</td></tr>
<tr><td colspan="2">结转处置固定资产净损益</td><td>净损益:
借:固定资产清理
　贷:营业外收入/资产处置损益
净损失:
借:营业外支出/资产处置损益
　贷:固定资产清理</td></tr>
<tr><td rowspan="2">固定资产清查</td><td colspan="2">固定资产盘盈</td><td>借:固定资产
　贷:以前年度损益调整</td></tr>
<tr><td colspan="2">固定资产盘亏</td><td>借:待处理财产损溢
　累计折旧
　贷:固定资产</td></tr>
<tr><td colspan="3">固定资产期末计价</td><td>借:资产减值损失
　贷:固定资产减值准备</td></tr>
</table>

【关键名词】

固定资产　固定资产折旧　资本化后续支出　费用化后续支出

【想一想】

1. 什么是固定资产？固定资产的确认应具备哪些条件？

2. 什么是固定资产折旧？如何确定固定资产计提折旧的范围？

3. 固定资产折旧的计算方法有哪几种？各种方法的优缺点是什么？

4. 如何确定以不同方式取得的固定资产的成本？

5. 如何划分资本化支出和费用化支出？

【能力拓展】

一、应付账款

（一）应付账款概述

应付账款是企业因购买材料、商品和接受劳务供应等而应付给供应单位的款项。应付账款和应付票据不同，它是未结清的债务，是买卖双方在购销活动中由于取得物资与支付货款在时间上不一致而产生的负债。而应付票据是延期付款的证明，以承兑付款的票据为证明。

应付账款的入账时间是以购买物资的所有权转移或接受的劳务已经发生为标志。具体讲，企业取得发票账单时，意味着购买物资的所有权或接受的劳务已经转移。因此，应付账款的入账时间是企业取得发票账单的时间。在实际工作中，如果所购货物和发票账单同时到达，在货物验收入库后，按发票账单所列金额入账，这样可以保证物品的数量、质量、规格品种等符合合同要求。如果所购货物先到发票账单后到，应暂时不做账务处理，待收到发票账单时再入账；若月末还未收到发票账单，应暂估入账。

由于企业购货或接受劳务与付款时间间隔不长，所以应付账款一般按实际应付金额即发票价格入账，而不按到期应付金额的现值入账。如果购入资产的买价中含有现金折扣，其入账金额采用总价法进行核算，即将应付账款按未扣除现金折扣的金额入账。企业在折扣期内支付货款，所享受的折扣应作为理财收益处理。

（二）应付账款的核算

为了总括反映和监督应付账款的形成和偿还情况，企业应设置"应付账款"账户。该账户属于负债类账户，贷方登记企业因购买材料、商品和接受劳务供应等而应付给供应单位的款项，借方登记支付及转销的应付账款；期末余额在贷方，反映尚未支付的应付账款余额。该账户可按债权人设置明细账户，进行明细核算。

【例1】2019 年 10 月 3 日，华美服饰有限公司从通惠有限公司购入一台不需安装的设备，增值税专用发票上列示价款为 60 000 元，增值税为 7 800 元。款项未付，付款条件为 2/10，n/30。设备已交付使用。10 月 10 日企业支付款项。假定计算现金折扣时不考虑增值税。编制会计分录如下：

(1)10月3日购入设备时：

借:固定资产——××设备　　60 000

　应交税费——应交增值税(进项税额)　　7 800

　贷:应付账款——通惠有限公司　　67 800

(2)10月10日支付款项时：

借:应付账款——通惠有限公司　　67 800

　贷:银行存款　　66 600

　　财务费用　　1 200

企业因债权人撤销等原因而无法支付的应付账款,应按其账面余额转入营业外收入,借记“应付账款”账户,贷记“营业外收入”账户。

二、应付票据

(一)应付票据概述

应付票据是指企业购买材料、商品或接受劳务等而开出、承兑的商业汇票。商业汇票按承兑人不同,分为商业承兑汇票和银行承兑汇票。商业汇票按是否计息,可以分为带息商业汇票和不带息商业汇票。

(二)应付票据的核算

为了核算开出、承兑的商业汇票的形成及偿还情况,企业应设置“应付票据”账户。该账户属于负债类账户,贷方登记开出、承兑汇票的面值及带息票据的预提利息,借方登记支付的票款;期末余额在贷方,表示尚未到期的商业汇票的票面金额。该账户可按债权人设置明细账户。

为了便于掌握应付票据的详细情况,企业还应设置“应付票据备查簿”,详细记录每一种票据的种类、号数、签发日期、到期日期、票面金额、交易合同号数等。应付票据到期结清时,应当在备查簿内逐笔注销。

应付票据的核算主要包括签发或承兑商业汇票、支付票款等内容。如果是带息商业汇票,还包括计提票据利息的核算。

1. 不带息应付票据的核算

不带息应付票据,其面值就是票据到期时的应付金额。

(1)签发或承兑商业汇票的核算。企业开出商业汇票抵付货款或应付账款时,应借记“原材料”“应交税费——应交增值税(进项税额)”或“应付账款”等账户,贷记“应付票据”账户。支付银行承兑汇票手续费时,应借记“财务费用”账户,贷记“银行存款”账户。

【例2】2019年2月12日,华美服饰有限公司购入一台不需安装的设备,增值税专用发票上列示价款为50 000元,增值税为6 500元。设备交付使用。同时开具一张期限为2个月,面值为58 500元的不带息商业汇票。编制会计分录如下:

借:固定资产——××设备　　50 000

　应交税费——应交增值税(进项税额)　　6 500

　贷:应付票据　　56 500

【例3】承【例2】,假设上述商业汇票为银行承兑汇票,支付承兑手续费29.25元。编制会计分录如下:

借:财务费用　　29.25

　贷:银行存款　　29.25

(2)应付票据到期的核算。应付票据到期,如数偿付票款时,借记"应付票据"等账户,贷记"银行存款"账户;如果企业不能按期付款,应将其转入"应付账款"或"短期借款"账户。

【例4】承【例1】,2019年4月12日,到期支付票据款项。编制会计分录如下:

借:应付票据　　56 500

　贷:银行存款　　56 500

【例5】承【例1】,假定上述商业汇票为商业承兑汇票,2019年4月12日到期无力支付票据款项:

借:应付票据　　56 500

　贷:应付账款　　56 500

【例6】承【例1】,假设上述商业汇票为银行承兑汇票,到期无力支付票据款项:

借:应付票据　　56 500

　贷:短期借款　　56 500

2.带息应付票据的核算

应付票据如果为带息票据,其面值就是票据现值。带息票据到期时除按面值支付款项外,还应另行支付利息。票据中的应付利息,在会计核算中有两种处理方法。

(1)应付票据利息的核算

①按期预提利息

为了正确计算各期损益,企业应在期末预提应付利息。记入"财务费用"和"应付票据"账户。

【例7】2019年12月1日,华美服饰有限公司开出一张期限为3个月、面值为600 000元、年利率为6%的带息商业承兑汇票以抵付其前欠长江公司的货款,编制会计分录如下:

2019年12月1日开出商业汇票:

借:应付账款——长江公司　　600 000

　贷:应付票据　　600 000

2019年12月31日预提利息:

借:财务费用　　　　　　　　　　　　　　　　　3 000

　　贷:应付票据　　　　　　　　　　　　　　　　　3 000

②实际支付利息时列支

如果票据期限较短,利息金额不大,根据重要性原则,可于到期支付票据利息时,一次记入当期损益。

【例 8】仍以【例 7】为例,2019 年 3 月 1 日到期支付票据利息,编制会计分录如下:

借:财务费用　　　　　　　　　　　　　　　　　9 000

　　贷:银行存款　　　　　　　　　　　　　　　　　9 000

(2)应付票据到期的核算。应付票据到期,如数偿付票款时,按其面值及已预提的利息,借记"应付票据"账户,按其尚未计提的利息,借记"财务费用"账户,按其应付的面值及利息,贷记"银行存款"账户。

【技能训练】

一、职业判断能力训练

(一)单项选择题

1. 某企业于 2019 年 3 月购入并投入使用的设备一台,原值 43 万元,预计使用年限 5 年,预计净残值 0.1 万元,采用双倍余额递减法计提折旧。企业在 2020 年应计提的折旧额为(　　)万元。

A. 17.2　　B. 12.04　　C. 10.32　　D. 12.9

2. 某企业出售一台设备,原价 24 万元,已提折旧 6 万元,出售设备时发生各种清理费用 0.4 万元,出售设备所得价款 22.6 万元(含增值税税额 2.6 万元)。该设备出售净收益为(　　)万元。

A. 2　　B. 1.6　　C. 5.4　　D. 5

3. 企业盘盈的固定资产,应该通过(　　)科目进行核算。

A. 以前年度损益调整　　B. 待处理财产损溢

C. 资本公积　　D. 营业外收入

4. 企业盘亏固定资产的净损失,应计入(　　)。

A. 资本公积　　B. 营业外支出

C. 管理费用　　D. 以前年度损益调整

5. 某企业 2017 年 12 月 31 日购入一台设备,原值为 100 万元,预计使用寿命为 10 年,预计净残值为 2 万元,采用年限平均法计提折旧。2019 年 12 月 31 日,该设备存在减值迹象,经测试预计可收回金额为 80 万元。2019 年 12 月 31 日该设备账面价值应为(　　)万元。

A. 80　　B. 80.4　　C. 100　　D. 82.4

6. 乙企业对一项原值为 500 万元、已提折旧 300 万元的固定资产进行改建,发生改建支出250万元,被替换部分的账面价值为5万元。改建后该项固定资产的入账价值为(　　)万元。

A. 200　　B. 250　　C. 445　　D. 450

7. 企业购入需要安装的固定资产发生的安装费应记入(　　)科目。

A. 固定资产　　B. 营业外支出

C. 管理费用　　D. 在建工程

8. 企业下列固定资产中,按规定不应计提折旧的是(　　)。

A. 未使用的机器设备　　B. 融资租入的设备

C. 经营性租入的设备　　D. 未使用的厂房

9. 甲公司于2016年3月31日采用出包方式对一生产线进行改良。该生产线原值为900.5万元,预计使用寿命为5年,已使用3年,预计净残值为0.5万元,采用年限平均法计提折旧。甲公司支付出包工程款24.2万元。2016年8月31日,改良工程达到预定可使用状态并投入使用,预计尚可使用4年,预计净残值为0.7万元,采用年限平均法计提折旧。2016年度,该生产线应计提的折旧为(　　)万元。

A. 32　　B. 45　　C. 77　　D. 96

10. 某项固定资产的原值为40万元,预计净残值为0.4元,预计使用年限为5年,则在年数总和法下第三年的折旧额为(　　)万元。

A. 10.56　　B. 5.28　　C. 8　　D. 7.92

11. 某企业于2019年5月2日从甲公司购入一批产品并已验收入库。增值税专用发票上注明该批产品的价款为100万元,增值税税额为13万元。合同中规定的现金折扣条件为2/10,1/20,n/30。假定计算现金折扣时不考虑增值税。该企业在2019年5月10日付清货款,企业的付款金额为(　　)万元。

A. 114.66　　B. 116　　C. 194　　D. 111

12. 企业转销无法支付的应付账款时,应该将该应付账款的账面余额计入(　　)。

A. 资本公积　　B. 业务外收入

C. 其他业务收入　　D. 其他应付款

(二)多项选择题

1. 下列各项中,应计入固定资产成本的有(　　)。

A. 固定资产日常修理发生的人工费用

B. 固定资产安装过程中领用的原材料

C. 固定资产达到预定可使用状态后发生的专门借款利息

D. 固定资产安装过程中支付的职工薪酬

2. 下列各项,应通过“固定资产清理”科目核算的有(　　)。

A. 投资转出的固定资产　　B. 改扩建的固定资产

C. 报废的固定资产　　D. 出售的固定资产

3. 下列各项中,会引起固定资产账面价值发生变化的有(　　)。
A. 计提固定资产减值准备　B. 计提固定资产折旧
C. 固定资产改扩建支出　D. 固定资产日常修理支出

4. 下列固定资产中,应计提折旧的有(　　)。
A. 季节性停用的固定资产　B. 融资租赁方式租入的固定资产
C. 经营租赁方式租入的固定资产　D. 未使用的机器设备

5. 下列关于固定资产计提折旧的表述,正确的有(　　)。
A. 提前报废的固定资产不再补提折旧
B. 固定资产折旧方法一经确定不得改变
C. 已提足折旧但仍继续使用的固定资产不再计提折旧
D. 自行建造的固定资产应自办理竣工决算时开始计提折旧

6. 购入的固定资产,其入账价值包括(　　)。
A. 买价　B. 安装成本
C. 运输途中的保险费　D. 进口关税

7. 下列关于固定资产的后续支出表述正确的有(　　)。
A. 固定资产的后续支出不满足资本化条件的计入当期损益
B. 生产车间固定资产的日常修理费用计入制造费用
C. 满足资本化条件的固定资产后续支出金额计入更新改造后的固定资产成本
D. 固定资产发生可资本化的后续支出时应将固定资产的账面价值转入在建工程

8. 下列税金中应计入一般纳税人固定资产入账价值的有(　　)。
A. 印花税　B. 关税
C. 车辆购置税　D. 增值税

9. 下列各项,影响固定资产折旧的因素有(　　)。
A. 原价　B. 预计净残值
C. 已计提的减值准备　D. 预计使用寿命

10. 下列固定资产中,不计提折旧的固定资产有(　　)。
A. 投入更新改造的固定资产　B. 当月减少的固定资产
C. 未提足折旧提前报废的固定资产　D. 当月增加的固定资产

11. 下列各项中,应通过“在建工程”科目核算的有(　　)。
A. 外购需要安装的固定资产　B. 更新改造的固定资产
C. 自行建造的固定资产　D. 日常维修的固定资产

12. 计提折旧固定资产折旧时,始终考虑固定资产净残值的折旧方法有(　　)。
A. 年限平均法　B. 工作量法
C. 双倍余额递减法　D. 年数总和法

(三)判断题

1. 已达到预定可使用状态的固定资产,无论是否交付使用,尚未办理竣工决算的,应当按照估计价值确认为固定资产,并计提折旧;待办理了竣工决算手续后,再按实际成本调整原来的暂估价值,但不需要调整原已计提的折旧额。 ( )

2. 按年数总和法计提的折旧额在任何时期都大于按年限平均法计提的折旧额。 ( )

3. 企业固定资产发生的费用化后续支出,应直接计入当期损益。 ( )

4. 企业应按月计提固定资产折旧,当月增加的固定资产,当月不计提折旧,从下月起计提折旧;当月减少的固定资产,当月仍计提折旧,从下月起不再计提折旧。 ( )

5. 盘盈固定资产通过"待处理财产损溢"科目核算,其净收益计入当期营业外收入。 ( )

6. 固定资产折旧方法的选择只影响资产负债表中资产总额,并不会影响利润表中的净利润。 ( )

7. 企业采用出包方式建造固定资产时按合同规定向建造承包商预付的款项,应在资产负债表中列示为流动资产。 ( )

8. 采用双倍余额递减法计提折旧的固定资产,应在其折旧年限到期前两年内,将固定资产净值扣除预计净残值后的余额平均摊销。 ( )

9. 基本生产车间固定资产日常维护发生的修理费应计入管理费用。 ( )

10. 企业的固定资产计提减值准备后,应当按减值后固定资产的账面价值计提后续期间的折旧。 ( )

11. 企业固定资产计提减值准备后,应当按减值后固定资产的账面价值计提后续期间的折旧。 ( )

12. 银行承兑汇票到期,如果企业无力支付票款,应按应付票据账面余额,借记"应付票据"科目,贷记"应付账款"科目。 ( )

二、职业实践能力训练

1. A公司属于增值税一般纳税人,2019年12月12日,购入一台不需要安装的设备。取得的增值税专用发票上注明的设备价款为119 500元,增值税额为20 315元。取得的运输业增值税专用发票上注明的运输费2 500元,增值税额为275元。全部款项以银行存款付清。该设备于当日投入基本生产车间使用,预计可使用5年,预计净残值2 000元,采用双倍余额递减法计提折旧。假定不考虑固定资产减值因素。

要求:

(1)编制A公司购入设备时的会计分录。

(2)分别计算该设备2020、2021年每年的折旧额。

(3)编制A公司2020年1月份计提折旧的会计分录。

2. 丁公司属于增值税一般纳税人，2019 年 2 月 28 日，购入一台需要安装的设备。取得的增值税专用发票上注明的设备价款为 110 000 元，增值税额为 18 700 元，全部款项以银行存款付清。安装过程中领用原材料 1 000 元，应付安装工人的薪酬为 10 000 元。该设备于 2015 年 3 月 26 日安装完毕并交付基本生产车间使用。预计可使用 5 年，预计净残值 1 000 元，采用年数总和法计提折旧。假定不考虑固定资产减值因素。

要求：

(1) 编制丁公司购入设备时的会计分录。

(2) 分别计算该设备 2015、2016 年每年的折旧额。

3. 甲公司于 2017 年 7 月 25 日对一生产线进行改扩建。该生产线的原价为 450 万元，已提折旧 12 万元，已提减值准备 25 万元。在改扩建过程中领用工程物资 150 万元，领用生产用原材料 29.25 万元。发生改扩建人员工资 40 万元，用银行存款支付其他费用 30.75 万元。该生产线于 2017 年 12 月 12 日达到预定可使用状态。

该企业对改扩建后的固定资产采用年限平均法计提折旧，预计尚可使用年限为 10 年，预计净残值为 25 万元。2019 年 12 月 31 日，该生产线的可收回金额为 345 万元。假定固定资产按年计提折旧，固定资产计提减值准备不影响固定资产的预计使用年限和预计净残值。

要求：

(1) 编制上述与固定资产改扩建有关业务的会计分录。

(2) 分别计算改建后生产线 2018、2019 年的折旧额。

(3) 分析 2019 年 12 月 31 日该生产线是否应计提减值准备，若计提减值准备，编制相关会计分录。

(4) 计算该生产线 2020 年应计提的折旧额。

4. 乙企业为增值税一般纳税人，增值税税率为 13%。2019 年发生的有关固定资产的交易或事项如下：

(1) 6 月 10 日，购入一台不需安装的 A 设备，取得的增值税专用发票上注明的设备价款为 320 万元，增值税额为 54.4 万元，取得的运输业增值税专用发票上注明的运输费 0.3 万元，增值税额为 0.033 万元。设备已验收入库，款项尚未支付。

(2) A 设备经过调试后，于 6 月 10 日投入基本生产车间使用，预计使用 10 年，预计净残值为 2 万元，采用双倍余额递减法计提折旧。

(3) 8 月 29 日，购入一台需要安装的 B 设备，取得的增值税专用发票上注明的设备价款为 300 万元，增值税额为 39 万元，款项以银行存款支付。

(4) 9 月 2 日，将 B 设备投入安装，以银行存款支付安装费 10 万元。B 设备于 9 月 13 日达到预定可使用状态，并投入生产车间使用。

(5) B 设备采用工作量法计提折旧，预计净残值为 2 万元，预计总工时为 2 万小时。10 月，B 设备实际使用工时为 200 小时。

(6) 10 月 11 日，出售一台 C 设备。该设备原值 12 万元，已提折旧 3.5 万元，未计提减值准备。出售时以银行存款支付清理费用0.2万元。出售价格为7万元,增值税额为25 500元,款项收到存入银行。

要求:

(1)编制乙企业2019年6月10日购入A设备的会计分录。

(2)计算乙企业2019年7月份A设备的折旧额并编制会计分录。

(3)编制乙企业2019年8月29日购入B设备的会计分录。

(4)编制乙企业2019年9月安装B设备及其投入使用的会计分录。

(5)计算乙企业2019年10月份B设备的折旧额并编制会计分录。

(6)编制乙企业2019年10月11日出售C设备的会计分录。

CHAPTER 4 项目四

无形资产的核算

【学习目标】

通过学习，使学生了解无形资产的概念和确认条件；掌握无形资产的初始计量及会计处理；掌握无形资产的摊销和期末价量；掌握无形资产处置和报废时的会计处理。

【重点难点】

1. 无形资产的确认条件。
2. 无形资产的初始计量以及取得时的会计处理。
3. 无形资产的摊销。
4. 无形资产的后续计量。
5. 无形资产的处置和报废。

任务一 认知无形资产

【任务目标】

通过对无形资产的概念、确认条件及包括内容的学习，能够准确判断企业持有的哪些资产属于无形资产。

【任务导入】

美国可口可乐公司的负责人曾说过，假如他们所有的工厂一夜之间被大火烧光，他们相信，第二天早上，世界各大银行，都会争先恐后地向可口可乐公司提供贷款。因为可口可乐是当今世界第一名饮，其形象、信誉早已深入人心。烧掉的只是有形资产，而无形资产“可口可乐”的品牌、信誉是烧不掉的。

请问：从此负责人的说法中，您可以总结出无形资产对企业来说有哪些重要性？

【知识导航】

一、知识产权的内容及作用

知识产权是智力劳动产生的成果所有权，它是依照各国法律赋予符合条件的著作者、发明者或成果拥有者在一定期限内享有的独占权利。知识产权包括工业产权和版权（在我国称为著作权）。工业产权包括发明专利、实用新型专利、外观设计专利、商标、服务标记、厂商名称、货源名称或原产地名称等独占权利。版权是指著作权人对其文字作品享有的署名、发表、使用以及许可他人使用和获得报酬等的权利。

知识产权有如下作用：

（一）保护企业的产品

以专利为例，专利产品首先可以排除竞争对手的模仿和复制，提高专利产品在相关产品市场中的市场份额。

（二）防止侵权和被侵权

对企业而言，一方面要保护自己的产品不被侵权，另一方面也要防止自己的产品侵犯他人的权利。知识产权像盾牌一样，能够有效防御其他企业矛的攻击。

（三）增加企业无形资产

企业资产不仅包括看得见、摸得着的有形资产，而且还包括看不见、摸不着的无形资产。无形资产的价值往往比有形资产的价值大得多。如一个技术含量高的专利、一个信誉良好的商标，其蕴含的市场价值是不可估量的。

（四）知识产权是企业创新能力的证明

要想了解一个企业的创新能力，一个简单的方法便是了解企业的知识产权拥有量。知识产权拥有量能够强有力地证明企业的创新能力，可以以此获取客户信任，树立企业品牌。

二、无形资产的概念及特征

无形资产是指企业拥有或者控制的没有实物形态的可辨认非货币性资产。作为企业的资产，除了具有资产的基本特征，即由企业拥有或控制、能够给企业未来带来经济利益，相对于其他资产，无形资产还具有以下特征：

（一）不具有实物形态

无形资产通常表现为企业拥有的某些特殊的权利或获得超额利润的能力，如专利权、非专利技术、商标权、著作权、土地使用权、特许权等。无形资产是不具有实物形态的非货币性资产。

(二)具有可辨认性

资产满足下列条件之一的,符合无形资产定义中的可辨认性标准:

1. 能够从企业中分离或划分出来,并能够单独或者与相关合同、资产或负债一起,用于出售、转移、授予许可、租赁或者交换。对于企业合并中形成的商誉,其存在无法与企业自身分离,由于不具有可辨认性,虽然商誉也是没有实物形态的非货币性资产,但不构成无形资产。

2. 源自合同性权利或其他法定权利,无论这些权利是否可以从企业或其他权利和义务中转移或者分离。

(三)属于非货币性长期资产

无形资产属于非货币性资产且能够在多个会计期间为企业带来经济利益。无形资产的使用年限在一年以上,其价值将在各个受益期间逐渐摊销。

三、无形资产的内容

无形资产主要包括专利权、非专利技术、商标权、著作权、土地使用权、特许权等。

(一)专利权

专利权,是指国家专利主管机关依法授予发明创造专利申请人对其发明创造在法定期限内所享有的专有权利,包括发明专利权、实用新型专利权和外观设计专利权。专利权是一种垄断性的财产权,具有排他性。企业按法定程序取得专利权后,将受到国家法律的保护。任何人想要使用专利,必须事先取得其专利权人的许可,并支付一定的费用,否则将构成侵权行为。

专利受法律保护是有期限的,具有时间性。发明专利权的期限为20年,实用新型专利权和外观设计专利权的期限为10年,均自申请日起计算。期限届满专利权即不复存在,它所保护的发明创造也将成为全社会的财富。

(二)非专利技术

非专利技术,也称专有技术。它是指不为外界所知、在生产经营活动中已采用了的、不享有法律保护的、可以带来经济效益的各种技术和诀窍。非专利技术一般包括工业专有技术、商业贸易专有技术、管理专有技术等。工业专有技术指在生产上已经采用,仅限于少数人知道,不享有专利权或发明权的生产、装配、修理、工艺或加工方法的技术知识,可以用蓝图、配方、技术记录、操作方法的说明等具体资料表现出来,也可以通过卖方派出技术人员进行指导,或接受买方人员进行技术实习等手段实现;商业贸易专有技术,指具有保密性质的市场情报、原材料价格情报以及用户、竞争对象的情况等;管理专有技术，指生产组织的经营方式、管理方法、培训职工方法等保密知识。非专利技术并不是专利法的保护对象，非专利技术是不受法律保护的技术秘密，用自我保密的方式来维持其独占性。它不存在保护期限问题，只要未被他人所知，就可以无限期地受益。一旦失密，任何人都可以取而用之。因此，企业应采取严格的保密措施，确保非专利技术的独占性。

（三）商标权

商标是用来辨认特定的商品或劳务的标记。商标权是指专门在某类指定的商品或产品上使用特定的名称或图案的权利。经商标局核准注册的商标为注册商标。商标注册人享有商标专用权，受法律保护。商标权具有严格的地域性，只在注册的国家和地区有效。注册商标的有效期为 10 年，到期可申请续展，每次续展注册的有效期为 10 年。如果商标注册人到期就续展，则商标权始终存在，从这个意义上讲，商标权具有长期性。

（四）著作权

著作权又称版权，指作者对其创作的文学、科学和艺术作品等依法享有的某些特殊权利。著作权包括两方面的权利，即精神权利（人身权利）和经济权利（财产权利）。前者指作品署名、发表作品、确认作者身份、保护作品的完整性、修改已经发表的作品等各项权利，包括发表权、署名权、修改权和保护作品完整权；后者指以出版、表演、广播、展览、录制唱片、摄制影片等方式使用作品以及因授权他人使用作品而获得经济利益的权利。著作权可以转让、出售或者赠予。著作权的保护期限为作者终生及其死亡后 50 年。

（五）土地使用权

土地使用权是指国家准许某一企业在一定期间内对国有土地享有开发、利用、经营的权利。我国宪法明确规定土地属于国家所有，国家依法实行国有土地使用权有偿出让和转让制度。土地使用权出让是指国家以土地所有者的身份将土地使用权在一定年限内让与土地使用者，并由土地使用者向国家支付土地使用权出让金的行为。依法取得土地使用权的土地使用者，其使用权在规定的使用年限内可以转让、出租或用于其他经济活动，合法权益受国家法律保护。

（六）特许权

特许权，又称经营特许权、专营权，指企业在某一地区经营或销售某种特定商品的权利，或是一家企业接受另一家企业使用其商标、商号、技术秘密等的权利。通常有两种形式，一种是由政府机构授权，准许企业使用或在一定地区享有经营某种业务的特权，如水、电、邮电通信等专营权、烟草专卖权等；另一种指企业间依照签订的合同，有限期或无限期使用另一家企业的某些权利，如连锁店分店使用总店的名称等。特许权业务涉及特许权受让人和让与人两个方面。通常在特许权转让合同中规定了特许权转让的期限、转让人和受让人的权利和义务。

【任务处理】

在知识经济时代,经济全球化进程进一步加剧,无形资产的地位和作用不断提升,市场竞争愈激烈,企业的经营活动愈复杂,无形资产的地位和作用愈趋向于核心,以至于一些高新技术企业面临因丧失无形资产而将要停工和无法销售产品的危险境地。

微观方面,无形资产是企业为生产商品或管理而持有的没有实物形态的非货币性资产。无形资产还是一个单位经济、技术、法律一体化的资产,它必须满足资产的定义并具有自身的特点。首先,从高新技术企业角度看,企业技术含量与日俱增,相应地所形成的无形资产的价值也会为企业带来预期的经济利益。其次,从服务行业的角度看,各种咨询公司、会计师事务所的建立和兴起都很可能与企业其他硬件设备相互关联,高素质的管理队伍会为该企业带来经济利益的流入。但由于无形资产的预期收益性存在着极大的不确定性,所以在具体的操作过程中应考虑到相关因素并结合职业判断来确定。

宏观方面,无形资产是民族的重要资源和国家实力的象征。它不仅是21世纪的入场券,而且还是21世纪国家实力竞争的武器。当今的世界强国无一不是专利大国、商标大国和计算机软件大国,世界上绝大多数的专利权、商标权、软件著作权等无形资产要素被他们所拥有,用以占领市场、积累资本。跨国公司之所以能够跨国,就是因为他们在世界上的其他国家拥有无形资产。即使公司未建立,资金未投入,无形资产权益也可以在世界其他国家获得,并在相应的领域牢牢控制市场。而国内一部分企业由于无形资产意识淡薄,自觉不自觉地放弃了阵地,失去了宝贵的市场。

任务二　无形资产取得的核算

【任务目标】

通过对无形资产取得核算内容的学习,能够明确企业无形资产入账价值该如何确定以及企业取得无形资产该如何进行核算。

【任务导入】

烟台好利来果胶食品有限公司于2019年7月开始自行研究开发一项新产品专利技术。在研究开发过程中发生材料费200万元、人工工资100万元,以及支付的其他费用150万元,共计450万元。其中,符合资本化条件的支出为300万元。假定此专利技术未发生注册费和律师费,2019年末,专利技术获得成功,达到预定用途(见表4-1)。

请问:公司取得的该项专利技术的入账价值应确定为多少?

表4-1　中华人民共和国专利使用证

专利使用权人	烟台好利来果胶食品有限公司
地址	烟台市莱山区海港路987号
纳税人识别号	37060219505928

（续表）

用途	生产新型果胶	取得成本	300 万元
颁发单位	中华人民共和国知识产权局		
颁发日期	2019 年 12 月 22 日	有效使用期限	10 年

【知识导航】

一、无形资产入账价值的确定

无形资产通常按实际成本计价，即以取得无形资产并使之达到预定用途而发生的全部支出作为无形资产的初始成本。对于不同来源取得的无形资产，其初始成本构成也不尽相同。

（一）外购无形资产

外购无形资产的成本，包括购买价款、相关税费以及直接归属于使该项资产达到预定用途所发生的其他支出。其中，如果购入时取得增值税专用发票，则进项税可抵扣，不计入无形资产成本。直接归属于使该项资产达到预定用途所发生的其他支出，是指使无形资产达到预定用途所发生的专业服务费用、测试无形资产是否能够正常发挥作用的费用等。

购买无形资产的价款超过正常信用条件延期支付，实际上具有融资性质的无形资产的初始成本，以购买价款的现值为基础确定。

（二）自行研究开发的无形资产

1. 研究与开发阶段的划分

对于企业自行进行的研究开发项目，应当区分为研究阶段与开发阶段分别进行核算。

（1）研究阶段

研究，是指为获取并理解新的科学或技术知识而进行的独创性的有计划调查。研究阶段是探索性的，是为进一步的开发活动进行资料及相关方面的准备，已经进行的研究活动将来是否会转入开发、开发后是否会形成无形资产等均具有较大的不确定性。在这一阶段不会形成阶段性成果。因此，研究阶段的有关支出，在发生时应当费用化并计入当期损益。

（2）开发阶段

开发，是指在进行商业性生产或使用前，将研究成果或其他知识应用于某项计划或设计，以生产出新的或具有实质性改进的材料、装置、产品等。开发活动的例子包括：生产或使用前的原型和模型的设计、建造和测试；含新技术的工具、夹具和冲模的设计；不具有商业性生产经济规模的试生产设施的设计、建造和运营；新的或经改造的材料、设备、产品、工序、系统或服务的替代品的设计、建造和测试等。

相对于研究阶段而言，开发阶段应当是已完成研究阶段的工作，在很大程度上具备了形成一项新产品或新技术的基本条件。此时，如果企业能够证明开发支出符合无形资产的定义及相关确认条件，则可将其确认为无形资产。

2. 开发阶段相关支出资本化的条件

在开发阶段，可将有关资本化支出计入无形资产的成本，但必须同时满足以下条件：

（1）完成该无形资产以使其能够使用或出售在技术上具有可行性。企业在判断无形资产的开发在技术上是否具有可行性时，应当以目前阶段的成果为基础，并提供相关证据和材料，证明企业进行开发所必需的技术条件等已经具备，不存在技术上的障碍或其他不确定性。例如，企业已经完成了全部计划、设计和测试活动，这些是使资产能够达到设计规划书中的功能、特征和技术所必需的活动，或经过专家鉴定等。

（2）具有完成该无形资产并使用或出售的意图。企业研发项目形成成果以后，是对外出售，还是使用并从使用中获得经济利益，应当由管理者的意图而定。企业的管理者应当能够说明其开发无形资产的目的，并具有完成该项无形资产开发并使其能够使用或出售的可能性。

（3）无形资产产生经济利益的方式，包括能够证明运用该无形资产生产的产品存在市场或无形资产自身存在市场，无形资产将在内部使用的，应当证明其有用性。

很可能为企业带来经济利益是确认一项无形资产最基本的条件。就其能够为企业带来未来经济利益的方式来讲，如果有关的无形资产在形成以后，主要是用于生产新产品，企业应当对运用该无形资产生产的产品的市场情况进行可靠预计，应当能够证明所生产的产品存在市场，并能够带来经济利益的流入；如果有关的无形资产开发以后主要是用于对外出售，则企业应当能够证明市场上存在对该类无形资产的需求，其开发以后存在外在的市场可以出售并能够带来经济利益的流入；如果无形资产开发以后，不是用于生产产品，也不是用于对外出售，而是在企业内部使用，则企业应当能够证明其对企业的有用性。

（4）有足够的技术、财务和其他资源支持，以完成该无形资产的开发，并有能力使用或出售该无形资产。

（5）归属于该无形资产开发阶段的支出能够可靠地计量。企业对于开发活动所发生的支出应当单独核算，例如直接发生的开发人员工资、材料费以及相关设备折旧费等。在企业同时从事多项开发活动的情况下，所发生的支出同时用于支持多项开发活动的，应按照合理的标准在各项开发活动之间进行分配；无法合理分配的，应予费用化计入当期损益，不计入开发活动的成本。

对于无法区分研究阶段和开发阶段的支出，应当在发生时作为管理费用，全部计入当期损益。

3. 自行研究开发的无形资产的计量

内部研发形成的无形资产的成本，由可直接归属于该资产的创造、生产并使该资产能够以管理者预定的方式运作的所有必要支出组成。

可直接归属的成本包括：开发该无形资产时耗费的材料成本、劳务成本、注册费，在开发该无形资产过程中使用的其他专利权和特许权的摊销，以及按照借款费用的处理原则可以资本化的利息支出。

需要说明的是，内部开发无形资产的成本仅包括在满足资本化条件的时点至无形资产达到预定用途前发生的支出总和，对于同一项无形资产，在开发过程中达到资本化条件之前已经费用化计入当期损益的支出不再进行调整。

(三)投资者投入无形资产

投资者投入无形资产的成本，应当按照投资合同或协议约定的价值确定，但合同或协议约定价值不公允的除外。

(四)土地使用权的处理

企业取得的土地使用权，通常应当按照取得时所支付的价款及相关税费确认为无形资产。若取得增值税专用发票，则进项税可抵扣，不计入土地使用权成本。土地使用权用于自行开发建造厂房等地上建筑物时，土地使用权与地上建筑物应分别进行摊销和提取折旧，但下列情况除外：

1. 房地产开发企业取得的土地使用权用于建造对外出售的房屋建筑物的，相关的土地使用权的价值应当计入所建造的房屋建筑物成本。

2. 企业外购房屋建筑物所支付的价款中包括土地使用权以及建筑物的价值的，则应当对实际支付的价款按照合理的方法(例如公允价值相对比例)在土地使用权和地上建筑物之间进行分配；如果确实无法在土地使用权和地上建筑物之间进行合理分配的，应当全部作为固定资产，按照固定资产确认和计量的原则进行处理。

如果企业改变土地使用权用途，将自用土地使用权转用于赚取资金或资本增值时，应将其转为投资性房地产核算。

二、无形资产的核算

为了反映企业持有的无形资产成本，应设置"无形资产"账户。该账户属于资产类账户，借方登记取得无形资产的成本，贷方登记出售无形资产以及转出无形资产的账面余额；期末余额在借方，反映无形资产的成本。该账户应按无形资产的项目设置明细账，进行明细核算。

(一)外购无形资产的核算

企业购入无形资产时，按实际支付的买价，借记"无形资产"账户。增值税如果可以抵扣，借记“应交税费——应交增值税（进项税额）”账户，贷记“银行存款”等账户。

【例4-1】2019年4月2日，东方股份公司以银行存款购入一项商标权，增值税专用发票上注明买价200 000元，进项税额12 000元。购买时，另支付相关费用6 000元。该企业做如下会计分录：

借：无形资产——商标权　　206 000
　　应交税费——应交增值税（进项税额）　　12 000
　　贷：银行存款　　218 000

（二）自行研究开发无形资产的核算

为了反映企业进行研究与开发无形资产过程中发生的各项支出，应设置“研发支出”账户。该账户属于成本类账户，借方登记企业研究开发项目所发生的各项支出，贷方登记研究开发项目达到预定用途形成无形资产时转出的金额或期末费用化支出转入“管理费用”的金额。期末余额在借方，反映企业无形资产研究开发项目过程中满足资本化条件的支出。该账户应分别设置“费用化支出”和“资本化支出”明细账进行明细分类核算。

企业自行开发无形资产发生的研发支出，不能满足资本化条件的，借记“研发支出——费用化支出”账户，满足资本化条件的，借记“研发支出——资本化支出”账户，贷记“原材料”“银行存款”“应付职工薪酬”等账户。期末，应将“研发支出——费用化支出”账户归集的金额转入“管理费用”账户，借记“管理费用”账户，贷记“研发支出——费用化支出”账户。研究开发项目达到预定用途形成无形资产的，应按“研发支出——资本化支出”账户的余额，借记“无形资产”，贷记“研发支出——资本化支出”账户。

【例4-2】2019年7月1日，东方股份公司的董事会批准研发某项新型技术。2019年12月31日，该项研发活动结束，开发出一项非专利技术。东方公司在研究开发过程中发生材料费用6 000 000元、人工费用3 000 000元，以及以银行存款支付的其他费用2 500 000元，总计11 500 000元。其中，符合《企业会计准则第6号——无形资产》规定的开发支出资本化条件支出为5 000 000元。东方公司的账务处理如下：

（1）发生研发支出时：

借：研发支出——费用化支出　　6 500 000
　　　　　　——资本化支出　　5 000 000
　　贷：原材料　　6 000 000
　　　　应付职工薪酬　　3 000 000
　　　　银行存款　　2 500 000

（2）2019年12月31日，该项新型技术已经达到预定用途：

借：管理费用　　6 500 000
　　无形资产　　5 000 000
　　贷：研发支出——费用化支出　　6 500 000
　　　　　　　　——资本化支出　　5 000 000

(三)投资者投入无形资产的核算

投资者投入无形资产,应当按照投资合同或协议约定的价值,借记“无形资产”账户。如果取得增值税专用发票,进项税可抵扣,则还应借记“应交税费——应交增值税(进项税额)”。按确定的资本数额,贷记“实收资本”“股本”等账户,超出资本数额部分,贷记“资本公积——股本溢价”账户。

【例4-3】2019年10月1日,东方股份公司接受天成公司以其商标权进行投资。投资合同约定的价值为600 000元,与公允价值相符。天成公司开出的增值税专用发票上注明成本600 000元,增值税36 000元。确定的资本数额为560 000元,已办妥有关手续。东方公司的账务处理如下:

借:无形资产——商标权	600 000	
应交税费——应交增值税(进项税额)	36 000	
贷:股本		560 000
资本公积——股本溢价		76 000

(四)土地使用权的核算

企业取得的土地使用权,通常应当按照实际支付的价税款,借记“无形资产”账户,进项税可抵扣,计入“应交税费——应交增值税(进项税额)”,贷记“银行存款”账户。

【例4-4】2019年7月1日,东方股份公司购入一块土地的使用权,以银行存款转账支付98 100 000元(含增值税8 100 000元),并在该土地上自行建造厂房等工程,发生工程物资支出100 000 000元、工资费用50 000 000元,其他相关费用100 000 000元等。2019年12月,该工程已经完工并达到预定可使用状态。假定土地使用权的使用年限为50年,该厂房的使用年限为25年,两者都没有净残值,都采用直线法进行摊销和计提折旧。为简化核算,不考虑其他相关税费。

本例中,东方公司购入的土地使用权的使用年限为50年,属于使用寿命确定的无形资产。在该土地上自行建造厂房,应将该土地使用权和地上建筑物分别作为无形资产和固定资产进行核算,并分别摊销和计提折旧。东方公司的账务处理如下:

(1)支付转让价款时:

借:无形资产——土地使用权	90 000 000	
应交税费——应交增值税(进项税额)	8 100 000	
贷:银行存款		98 100 000

(2)在土地上自行建造厂房时:

借:在建工程	250 000 000	
贷:工程物资		100 000 000
应付职工薪酬		50 000 000
银行存款		100 000 000

(3)厂房达到预定可使用状态时：

借:固定资产　　250 000 000
　贷:在建工程　　250 000 000

(4)每年分期摊销土地使用权和对厂房计提折旧时：

借:管理费用　　1 800 000
　制造费用　　10 000 000
　贷:累计摊销　　1 800 000
　　累计折旧　　10 000 000

【任务处理】

由于好利来公司该项专利技术符合资本化条件的支出为300万元,且未发生注册费和律师费,所以该项专利技术的入账价值为300万元。其账务处理如下：

(1)发生研发支出时：

借:研发支出——费用化支出　　1 500 000
　　　——资本化支出　　3 000 000
　贷:原材料　　2 000 000
　　应付职工薪酬　　1 000 000
　　银行存款　　1 500 000

(2)该项专利技术达到预定用途时：

借:管理费用　　1 500 000
　无形资产　　3 000 000
　贷:研发支出——费用化支出　　1 500 000
　　　　——资本化支出　　3 000 000

任务三　无形资产使用的核算

【任务目标】

通过对无形资产摊销内容的学习,能够掌握使用寿命确定的无形资产的摊销方法和使用寿命不确定的无形资产的摊销方法。

【任务导入】

对于好利来果胶食品有限公司2019年末完成的新产品专利技术,法律上规定其有效年限为10年。公司估计其使用年限为12年,并计划采用直线法摊销该项无形资产。

请问:好利来公司应该从何时开始摊销？月摊销额为多少？

【知识导航】

无形资产初始确认和计量后,在使用该项无形资产期间内应以成本减去累计摊销额和累计减值损失后的余额来计量。要确定无形资产的累计摊销额,最主要的就是确定无形资产的使用寿命。

企业应当于取得无形资产时分析、判断其使用寿命。使用寿命有限或确定的无形资产,应当估计该使用寿命的年限或者构成使用寿命的产量等类似计量单位数量;无法预计无形资产为企业带来经济利益期限的,应当视为使用寿命不确定的无形资产。

无形资产的使用寿命包括法定寿命和经济寿命两个方面。有些无形资产的使用寿命受法律、合同的限制,称为法定寿命,如我国法律规定专利权有效期为20年;有些无形资产的使用寿命不受法律、合同的限制,如非专利权等。经济寿命是指无形资产可以为企业带来经济利益的年限。由于受技术进步、市场净增等因素的影响,无形资产的法定寿命往往短于经济寿命,因此在估计无形资产的使用寿命时,应综合考虑相关因素的影响,合理确定无形资产的使用寿命。其中通常应当考虑的因素有:

1. 运用该无形资产生产的产品通常的寿命周期、可获得的类似无形资产使用寿命的信息;
2. 技术、工艺等方面的现阶段情况及对未来发展趋势的估计;
3. 以该资产生产的产品或提供的服务的市场需求情况;
4. 现在或潜在的竞争者预期将采取的行动;
5. 为维持该资产带来经济利益能力的预期维护支出,以及企业预计支付有关支出的能力;
6. 对该资产控制期限的相关法律规定或类似限制,如特许使用期、租赁期等;
7. 与企业持有其他资产使用寿命的关联性等。

一、使用寿命有限的无形资产

(一)确定使用年限

1. 对于合同或法律规定有明确使用年限的,其使用寿命不应超过合同性权利或其他法定权利规定的期限。

2. 如果企业使用资产的预期期限短于合同性权利或其他法定权利规定的期限,则应当按照企业预期使用的期限来确定其使用寿命。例如,对于企业取得的某项实用新型专利权,如果法律规定的保护期限为10年,企业预计运用该项实用新型专利权所生产的产品在未来6年内会为企业带来经济效益,则该项实用新型专利权的预计使用寿命为6年。

3. 如果合同性权利或其他法定权利能够在到期时因续约等延续,则仅当有证据表明企业续约不需要付出大额成本时,续约期才能够包括在使用寿命的估计当中。

4. 没有明确的合同或法律规定无形资产的使用寿命的,企业应当综合各方面情况,例如,聘请相关专家进行论证、与同行业的情况进行比较以及参考历史经验,来确定无形资产为企业带来未来经济利益的期限。

(二)估计无形资产的残值

无形资产的残值一般为零,但下列情况除外:

1. 有第三方承诺在无形资产使用寿命结束时购买该无形资产;

2. 可以根据活跃市场得到预计残值信息，并且该市场在无形资产使用寿命结束时很可能存在。

（三）确定摊销期和摊销方法

无形资产的摊销期自其可供使用（即其达到预定用途）时起至终止确认时止。企业应在无形资产的使用寿命内科学、合理地分摊其应摊销金额。无形资产的摊销方法包括直线法、生产总量法等。企业选择的无形资产摊销方法，应当能够反映与该项无形资产有关的经济利益的预期实现方式，并一致地运用不同会计期间；无法可靠确定其预期实现方式的，应当采用直线法进行摊销。

无形资产的摊销金额一般应当计入当期损益，但如果某项无形资产专门用于生产某种产品或者其他资产，其所包含的经济利益是通过转入到所生产的产品或其他资产中实现的，则无形资产的摊销金额应当计入相关资产的成本。例如，某项专门用于生产过程的无形资产，其摊销金额应构成所生产产品成本的一部分，计入该产品的制造费用。

（四）使用寿命有限的无形资产摊销的核算

为了核算无形资产的摊销，企业应设置“累计摊销”账户。该账户属于“无形资产”的备抵调整账户，核算企业对使用寿命有限的无形资产计提的累计摊销。贷方登记企业计提的无形资产摊销，借方登记处置无形资产转出的累计摊销；期末余额在贷方，反映企业无形资产的累计摊销额。

【例4－5】2020年1月，东方公司从大海股份有限公司购入某项专利权，成本为6 000 000元，增值税为360 000元，估计使用寿命为8年，该项专利用于产品的生产。同时，购入一项商标权，实际成本为8 000 000元，增值税为480 000元，估计使用寿命为10年。假定这两项无形资产的净残值均为零，购买价税款均已以银行存款支付。

本例中，东方公司外购的专利权的估计使用寿命为8年，表明是使用寿命有限的无形资产，且该专利用于产品的生产，因此应将其摊销金额计入相关产品的制造成本。东方公司外购商标权的估计使用寿命为10年，表明是使用寿命有限的无形资产，而商标权的摊销金额通常直接计入当期管理费用。据此，东方公司的账务处理如下：

（1）取得无形资产时：

借：无形资产——专利权	6 000 000	
——商标权	8 000 000	
应交税费——应交增值税（进项税额）	840 000	
贷：银行存款		14 840 000

（2）按年摊销时：

借：制造费用——专利权摊销	750 000	
管理费用——商标权摊销	800 000	
贷：累计摊销		1 550 000

二、使用寿命不确定的无形资产

根据可获得的相关信息判断,如果无法合理估计某项无形资产的使用寿命,应将其作为使用寿命不确定的无形资产。例如,企业通过公开拍卖取得一项出租车运营许可权,按照所在地的规定,以现有出租车运营许可为限,不再授予新的运营许可权,而且在旧的出租车报废以后,有关的运营许可权可用于新的出租车。企业估计在有限的未来,将持续经营出租车行业。对于该运营许可权,由于其能为企业带来未来经济利益的期限从目前情况来看无法可靠估计,因而应将其视为使用寿命不确定的无形资产。

按照《企业会计准则——无形资产》规定,对于使用寿命不确定的无形资产,在持有期间内不需要进行摊销,但应当在每个会计期间进行减值测试。如果经减值测试表明已发生减值,则需要计提相应地减值准备。

【任务处理】

好利来公司应该从2019年12月开始摊销该项专利技术,2019年12月专利的摊销额 $=300\div10\times1/12=2.5$(万元)。

从2020年开始每年无形资产的摊销额 $=300\div10=30$(万元)。

每月摊销的账务处理如下:

借:管理费用　　　　25 000

　　贷:累计摊销　　　　25 000

任务四　无形资产的期末计价和处置

【任务目标】

通过对无形资产的期末计价和处置内容的学习,能够准确地对企业持有存货的期末价值进行计量,能够掌握企业处置无形资产时该如何进行核算。

【任务导入】

2020年12月31日,由于市场发生不利变化,好利来果胶食品有限公司的专利技术发生减值,公司预计其可收回的金额为214万元,假定使用期限未发生变化。2021年4月20日,公司出售该专利权,价款120万元已收到存入银行,相关原始凭证见表4-2、表4-3。

请问:公司出售该项无形资产获得了净收益还是净损失?其净收益额(净损失额)是多少?

表 4-2 中国工商银行 进账单(回单)

2021 年 4 月 20 日

出票人	全称	利华商贸有限公司	收款人	全称	好利来果胶食品有限公司							
	账号	6226785121180401218		账号	140602007698							
	开户银行	建设银行解放路分理处		开户银行	工商银行莱山支行							
金额	人民币（大写）	壹佰贰拾万圆整	亿	千	百	十	万	千	百	十	元	角	分
				¥	1	2	0	0	0	0	0	0	0
票据种类	转账支票		工商银行莱山支行 2021.04.20 转讫 开户行签章									
票据张数	1 张											
复核	记账											

此联是收款人开户行给收款人的回单

表 4-3 中国工商银行 进账单(收账通知)

2021 年 4 月 20 日

出票人	全称	利华商贸有限公司	收款人	全称	好利来果胶食品有限公司							
	账号	6226785121180401218		账号	140602007698							
	开户银行	建设银行解放路分理处		开户银行	工商银行莱山支行							
金额	人民币（大写）	壹佰贰拾万圆整	亿	千	百	十	万	千	百	十	元	角	分
				¥	1	2	0	0	0	0	0	0	0
票据种类	转账支票		工商银行莱山支行 2021.04.20 转讫 开户行签章									
票据张数	1 张											
复核	记账											

此联是收款人开户行给收款人的收账通知

【知识导航】

一、无形资产的期末计价

（一）无形资产使用寿命及摊销方法的复核

企业至少应当于每年年度终了，对无形资产的使用寿命及摊销方法进行复核。如果有证据表明无形资产的使用寿命及摊销方法不同于以前的估计，则对于使用寿命有限的无形资产，应改变其摊销年限及摊销方法，并按照会计估计变更进行处理。例如，企业使用的某项专利权的原预计使用寿命为 10 年，使用至第二年年末时，该企业计划再使用 2 年即不再使用。为此，在第二年年末，企业应当变更该项无形资产的使用寿命，并作为会计估计变更进行处理。

对于使用寿命不确定的无形资产，如果有证据表明其使用寿命是有限的，则应视为会计估计变更，应当估计其使用寿命并按照使用寿命有限的无形资产的处理原则进行处理。

（二）无形资产的减值

对于使用寿命不确定和使用寿命确定的无形资产，均应在资产负债表日进行减值测试。当资产负债表日存在可能发生减值的迹象时，其可收回金额低于账面价值的，企业应当将无形资产的账面价值减记至可收回金额。减记的金额确认为减值损失，计入当期损益。无形资产减值损失一经确认，在以后会计期间不得转回。

为了反映企业计提的无形资产减值准备，应设置“无形资产减值准备”账户。该账户属于资产类账户，是“无形资产”的备抵账户。贷方登记计提的无形资产减值准备，借方登记处置时转销的无形资产减值准备；余额在贷方，反映企业已计提但尚未转销的无形资产减值准备。该账户应按无形资产的项目设置明细账户。

【例4-6】2019年12月31日，东方股份公司发现2018年购入的一项新技术专利权账面价值为230 000元。由于类似的专利技术在市场上已经出现，此项专利权可能减值。经减值测试，该专利权的可收回金额为200 000元。

东方公司2019年应当对该项专利权计提减值准备：230 000－200 000＝30 000（元）

借：资产减值损失——计提的无形资产减值准备　　30 000

　　贷：无形资产减值准备　　30 000

二、无形资产的处置

无形资产的处置，主要是指无形资产出售、对外出租，或者无法为企业带来经济利益时予以转销并终止确认。

（一）无形资产出售

企业出售某项无形资产，表明企业放弃该无形资产的所有权，应将所取得的价款与该无形资产账面价值的差额计入当期损益。

企业出售无形资产时，按取得的转让收入，借记“银行存款”账户；按该项无形资产已计提的减值准备，借记“无形资产减值准备”账户；按已计提的累计摊销，借记“累计摊销”账户；按其账面余额，贷记“无形资产”账户；按应交纳的增值税，贷记“应交税费——应交增值税（销项税额）”账户；按其差额，借记“营业外支出”或贷记“营业外收入”账户。

【例4-7】东方股份公司2019年8月所拥有的某项商标权的成本为5 000 000元，已摊销3 000 000元，已计提的减值准备为500 000元。该公司于当期出售该商标权的所有权，取得出售收入1 908 000元（含增值税108 000元）。东方公司的账务处理如下：

借：银行存款　　1 908 000

　　累计摊销　　3 000 000

无形资产减值准备　　500 000
　贷:无形资产　　5 000 000
　　应交税费——应交增值税(销项税额)　　108 000
　　资产处置损益——非流动资产处置利得　　300 000

(二)无形资产出租

企业出租无形资产时,取得的租金收入确认为“其他业务收入”,摊销的成本及发生的相关费用,确认为“其他业务成本”,应交纳的增值税计入“应交税费——应交增值税(销项税额)”。

【例4-8】2019年10月,东方股份公司向丽泰公司转让某项专利权的使用权。根据合同规定,丽泰公司本月按该专利产品销售额提成支付技术转让费8 480元(含增值税480元),已汇入东方公司银行账户。东方公司为履行合同规定义务,派出技术服务人员,发生费用2 400元,其中,分配职工工资1 500元,以银行存款支付的有关费用900元。该无形资产本月应摊销的金额是600元。

(1)收到转让专利使用权的提成费时:

借:银行存款　　8 480
　贷:其他业务收入　　8 000
　　应交税费——应交增值税(销项税额)　　480

(2)结转专利使用权的成本时:

借:其他业务成本　　3 000
　贷:应付职工薪酬　　1 500
　　银行存款　　900
　　累计摊销　　600

(三)无形资产报废

如果无形资产预期不能为企业带来经济利益,便不再符合无形资产的定义,应将其报废并予转销,将其账面价值转作当期损益。转销时,按已计提的累计摊销,借记“累计摊销”账户;按其账面余额,贷记“无形资产”账户;按其差额,借记“营业外支出”账户。已计提减值准备的,还应同时结转减值准备。

【例4-9】2019年12月31日,东方股份公司某项专利的初始入账价值为6 000 000元。该专利权的摊销期限为10年,采用直线法进行摊销,已摊销5年。该专利权的残值为零,已累计计提减值准备1 600 000元。假定以该专利权生产的产品已没有市场,预期不能再为企业带来经济利益。假定不考虑其他相关因素,东方公司的账务处理如下:

借:累计摊销　　3 000 000
　无形资产减值准备　　1 600 000
　营业外支出——非流动资产处置损失　　1 400 000
　贷:无形资产——专利权　　6 000 000

【任务处理】

好利来公司2020年末无形资产的摊余价值＝300－2.5－30＝267.5(万元)。由于2020年末的可收回金额为214万元,所以公司应提取减值准备53.5万元。此时,该项无形资产还可使用8年零11个月。

2021年前3个月公司无形资产的摊销额＝214÷(8×12＋11)×3＝6(万元)。2021年4月20日,公司出售该专利权,收到价款120万元,已存入银行。好利来公司的账务处理如下:

借:银行存款　　1 272 000
　累计摊销　　385 000
　无形资产减值准备　　535 000
　资产处置损益——非流动资产处置损失　　880 000
　贷:无形资产　　3 000 000
　　应交税费——应交增值税(销项税额)　　72 000

【项目小结】

无形资产是指企业拥有或者控制的没有实物形态的可辨认非货币性资产,是企业的一项重要资产。企业必须做好该项资产的管理与核算工作。本项目的主要业务核算如下表所示:

业务内容	会计分录
外购取得的无形资产	借:无形资产 　应交税费——应交增值税(进项税额) 　贷:银行存款
自行研发的无形资产	借:无形资产 　贷:研发支出——资本化支出
无形资产摊销	借:管理费用 　制造费用 　贷:累计摊销
出售无形资产	借:银行存款 　累计摊销 　无形资产减值准备 　资产处置损益——非流动资产处置损失 　贷:无形资产 　　资产处置损益——非流动资产处置利得 　　应交税费——应交增值税(销项税额)
计提无形资产减值准备	借:资产减值损失——计提的无形资产减值准备 　贷:无形资产减值准备

【能力拓展】

其他资产

其他资产是指除货币资金、交易性金融资产、应收及预付款项、存货、长期股权投资、固定资产、无形资产等以外的资产,如长期待摊费用等。

长期待摊费用是指企业已经发生但应由本期及以后各期负担的分摊期限在一年以上的各项费用,如以经营租赁方式租入的固定资产发生的改良支出等。

【例4－10】2019年7月1日,丙公司对其以经营租赁方式新租入的办公楼进行装修,发生以下有关支出:领用生产用原材料成本500 000元;辅助生产车间为该装修工程提供的劳务支出为160 000元;有关人员工资等职工薪酬为300 000元。2019年11月30日,该办公楼装修完工,达到预定可使用状态并交付使用,并按租赁期10年开始进行摊销。假定不考虑其他因素,丙公司应做如下会计处理:

(1)装修领用原材料时:

借:长期待摊费用　　500 000

　贷:原材料　　500 000

(2)辅助生产车间为装修工程提供劳务时:

借:长期待摊费用　　160 000

　贷:生产成本——辅助生产成本　　160 000

(3)确认工程人员职工薪酬时:

借:长期待摊费用　　300 000

　贷:应付职工薪酬　　300 000

(4)2019年摊销装修支出时:

$(500\ 000+160\ 000+300\ 000)\div 10\div 12=8\ 000$

借:管理费用　　8 000

　贷:长期待摊费用　　8 000

【关键名词】

无形资产　研发支出　累计摊销　专利权　非专利技术　商标权　土地使用权

【想一想】

1. 无形资产的确认条件有哪些?
2. 开发阶段发生的支出是否应全部资本化?为什么?
3. 无形资产与固定资产在会计核算上主要有哪些区别?
4. 估计无形资产的使用寿命应当考虑哪些因素?
5. 对于使用寿命不确定的无形资产,应如何对其进行后续计量?

【技能训练】

一、职业判断能力训练

(一)单项选择题

1. 2019年8月1日,某企业开始研究开发一项新技术,当月共发生研发支出800万元。其中,费用化的金额为650万元,符合资本化条件的金额为150万元。8月末,研发活动尚未完成。该企业2019年8月应计入当期利润总额的研发支出为(　　)万元。

A.0　　B.150　　C.650　　D.800

2.某企业转让一项商标权,与此有关的资料如下:该商标权的初始入账价值为50万元,已摊销20万元,计提资产减值准备5万元,取得转让价税款29.68万元(含增值税1.68万元)。假设不考虑其他因素,该企业应确认的转让无形资产净收益为(　　)万元。

A.－1.32　　B.1.6　　C.3　　D.8

3.2019年6月,某企业以371万元的价格转让一项无形资产(适用的增值税税率6%,即含增值税21万元)。该无形资产初始入账价值450万元,合同规定的受益年限为10年,法律规定的有效使用年限为12年,转让时已使用4年。假定不考虑减值准备及其他相关税费,企业在转让该无形资产时确认的净收益为(　　)万元。

A.32.5　　B.50　　C.62.5　　D.80

4.下列各项关于无形资产会计处理的表述中,正确的是(　　)。

A.内部产生的商誉应确认为无形资产

B.计提的无形资产减值准备在该资产价值恢复时应予转回

C.使用寿命不确定的无形资产账面价值均应按10年平均摊销

D.以支付土地出让金方式取得的自用土地使用权应单独确认为无形资产

5.2020年1月1日,乙公司将某专利权的使用权转让给丙公司,每年收取租金5.3万元(含增值税0.3万元),转让期间乙公司不使用该项专利。该专利权系乙公司于2019年1月1日购入的,初始入账价值为10万元,预计使用年限为5年。假定不考虑其他因素,乙公司2020年度因转让该专利权影响当期利润的金额为(　　)万元。

A.－2　　B.7.5　　C.3　　D.9.5

6.2019年10月,某企业出售一项3年前取得的商标权。该商标权取得时的成本为50万元,按10年摊销。出售时取得的价税合计42.4万元,增值税税率为6%。不考虑城市建设维护税和教育费附加,则出售该项无形资产影响当期的损益为(　　)万元。

A.10　　B.12　　C.3　　D.5

7.2019年9月,甲公司出售所拥有的一项无形资产,取得价税合计318万元,增值税税率为6%。该无形资产取得时的实际成本为400万元,已摊销120万元,已计提减值准备55万元。甲公司出售该项无形资产应计入当期损益的金额为(　　)万元。

A.－100　　B.－20　　C.300　　D.75

8.某企业自行研究开发一项新专利,发生各种研究费用2万元,可资本化的开发费用3万元。开发成功后申请专利权时,发生律师费及注册费等2万元,另发生广告费3万元。该项专利权的入账价值为(　　)万元。

A.5　　B.8　　C.7　　D.10

9.企业出售无形资产发生的净损失应计入(　　)。

A.资产处置损益　　B.其他业务成本

C.主营业务成本　　D.管理费用

10. 企业出租无形资产取得的收入应当计入(　　)。
A. 主营业务收入　　B. 其他业务收入
C. 投资收益　　D. 营业外收入

(二) 多项选择题

1. 下列有关无形资产的会计处理,不正确的有(　　)。
A. 将自创商誉确认为无形资产
B. 将转让使用权的无形资产的摊销价值计入营业外支出
C. 将转让所有权的无形资产的账面价值计入其他业务成本
D. 将预期不能为企业带来经济利益的无形资产的账面价值转销
2. 下列各项中,会引起无形资产账面价值发生增减变动的有(　　)。
A. 对无形资产计提减值准备
B. 企业内部研究开发项目研究阶段的支出
C. 摊销无形资产成本
D. 转让无形资产所有权
3. 对于使用寿命有限的无形资产,下列说法中正确的有(　　)。
A. 其应摊销金额应当在使用寿命内系统合理摊销
B. 其摊销期限应当自无形资产可供使用时起至不再作为无形资产确认时止
C. 其摊销期限应当自无形资产可供使用的下个月时起至不再作为无形资产确认时止
D. 无形资产没有净残值
4. 下列各项中,企业应确认为无形资产的有(　　)。
A. 自行开发并按法律程序申请确定的无形资产
B. 购买土地使用权支付土地出让金,土地用于资本增值
C. 购入的专利权
D. 商誉
5. 关于内部研究开发费用的确认和计量,下列说法中错误的有(　　)。
A. 企业研究阶段的支出应当全部费用化,计入当期损益
B. 企业研究阶段的支出应当全部资本化,计入无形资产成本
C. 企业开发阶段的支出应当全部资本化,计入无形资产成本
D. 企业开发阶段的支出可能资本化,也可能费用化
6. 关于无形资产的后续计量,下列说法中正确的是(　　)。
A. 使用寿命确定的无形资产应该按系统合理的方法摊销
B. 使用寿命不确定的无形资产,其摊销期限应按 10 年摊销
C. 企业无形资产的摊销方法应当反映与该无形资产有关的经济利益的预期实现方式
D. 无形资产的摊销方法只有直线法

7. 企业对使用寿命有限的无形资产进行摊销时，其摊销额应根据不同情况分别计入(　　)。

A. 管理费用　　B. 制造费用　　C. 财务费用　　D. 其他业务成本

8. 关于无形资产的确认，应同时满足的条件有(　　)。

A. 符合无形资产的定义

B. 必须是企业外购的

C. 该无形资产的成本能够可靠计量

D. 与该无形资产有关的经济利益很有可能流入企业

9. 下列说法中，正确的有(　　)。

A. 无形资产的出租收入应当确认为其他业务收入

B. 使用寿命不确定的无形资产在持有期间内不需摊销

C. 无形资产的研究与开发费用应当在发生时计入无形资产的成本

D. 出售无形资产时应当将取得的价税款扣除该无形资产账面价值后的差额计入资产处置损益

10. 关于无形资产的处置，下列说法中正确的有(　　)。

A. 企业出售无形资产，应当将取得的价税款与该无形资产账面价值的差额计入当期损益

B. 企业出售无形资产，应当将取得的价税款与该无形资产账面净值的差额计入当期损益

C. 无形资产预期不能为企业带来经济利益的，应当将无形资产的账面价值予以转销

D. 无形资产预期不能为企业带来经济利益的，也应按原预定方法和使用寿命摊销

(三)判断题

1. 当某项无形资产已被其他新技术等所替代，使其为企业创造经济利益的能力受到重大不利影响时，应当将该项无形资产的账面价值全部转入当期损益。(　　)

2. 企业出租的无形资产，应当按照有关收入确认原则确认所取得的租金收入；同时，确认出租无形资产的相关费用，并同时结转无形资产的摊余价值。(　　)

3. 企业对于通过行政划拨取得且未入账的土地使用权，在土地使用权有偿转让时，应按规定将补交的土地出让价款予以本金化，作为无形资产核算。(　　)

4. 企业自创并依法取得的专利权、商标权等无形资产的成本，应根据依法取得时发生的注册费、聘请律师费以及其他相关支出入账。(　　)

5. 按现行企业会计制度规定，已经计入各期费用的研究与开发费用，在该项无形资产获得成功并依法申请取得权利时，应将原已计入费用的研究与开发费用资本化。

(　　)

6. 无形资产属于企业的长期资产，能在较长的时间里给企业带来效益。因此，企业应将入账的无形资产在一定年限内摊销，其摊销金额计入管理费用，并同时冲减无形资产的账面价值。（　）

7. 对自行开发并按法律程序申请取得的无形资产，按在研究与开发过程中发生的材料费用、直接参与开发人员的工资及福利费、开发过程中发生的租金和借款费用，以及注册费、聘请律师费等费用作为无形资产的实际成本。（　）

8. 企业的长期待摊费用如果不能使以后会计期间受益的，应将其摊余价值全部转入当期损益。（　）

9. 使用寿命不确定的无形资产，不应摊销。（　）

10. 研究开发支出中的开发支出应资本化，计入无形资产成本。（　）

二、职业实践能力训练

1. 新华股份公司2020年发生下列经济业务：

（1）企业用银行存款购入一项商标权，价税合计为318 000元。该商标权用于产品生产，预计使用期限为10年，计算当月摊销额并转账。

（2）企业自行开发成本管理软件，在研究阶段发生材料费100 000元，相应的进项税额13 000元。在开发阶段发生开发人员工资1 000 000元，福利费200 000元，以银行存款支付租金300 000元，开发阶段的支出符合资本化条件。该成本管理软件开发成功并依法申请了专利，以银行存款支付注册费10 000元，律师费25 000元。

（3）甲公司以一项专利权向本企业投资，投资双方确定的价值为68 000元，增值税4 080元，按投资协议规定，甲公司投资后占注册资本600 000元的10%的股份。

（4）将一项专利权出租给乙公司，收取租金31 800元（含增值税1 800元）并存入银行。

（5）企业将拥有的一项商标权出售，取得价税合计424 000元（含增值税24 000元），款项已存入银行。该商标权初始入账价值为700 000元，累计摊销金额为250 000元，已计提的减值准备为30 000元，增值税税率为6%。

要求：根据上述资料编制相应的会计分录。

2. 长江股份公司2019年至2022年某项无形资产业务的有关资料如下：

（1）2019年12月1日，以银行存款318万元（含增值税18万元）购入一项无形资产。该无形资产的预计使用期限为10年，采用直线法摊销该无形资产。

（2）2021年12月31日，对该无形资产进行减值测试时，该无形资产可收回金额是190万元。减值测试后，该资产的使用年限不变。

（3）2022年7月1日，将该项无形资产对外出售，取得价税款212万元（含增值税12万元）存入银行。

要求：

（1）编制购入该无形资产的会计分录；

(2)计算2019年12月31日无形资产摊销金额；

(3)编制2019年12月31日无形资产摊销的会计分录；

(4)计算2021年12月31日该无形资产的账面价值；

(5)计算该无形资产2021年底应计提的无形资产减值准备金额并编制会计分录；

(6)计算该无形资产出售的净损益；

(7)编制该无形资产出售的会计分录。

3. 甲上市公司自行研究开发一项专利技术，与该项专利技术有关的资料如下：

(1)2020年1月，该项研发活动进入开发阶段，以银行存款支付开发费用280万元。其中，满足资本化条件的为150万元。2020年7月1日，开发活动结束，并按法律程序申请取得专利权，供企业行政管理部门使用。

(2)根据法律规定，该项专利权的有效期为5年，采用直线法摊销。

(3)2020年12月1日，该公司将该项专利权转让，实际取得价税款169.6万元(含增值税9.6万元)，款项已存入银行。

要求：

(1)编制甲上市公司发生开发支出的会计分录；

(2)编制甲上市公司结转费用化开发支出的会计分录；

(3)编制甲上市公司形成专利权的会计分录；

(4)计算甲上市公司2020年7月专利权的摊销金额并编制会计分录；

(5)编制甲上市公司转让专利权的会计分录。

CHAPTER 5 项目五

存货的核算

【学习目标】

通过学习,在认知存货的基础上掌握原材料的核算,熟悉周转材料、委托加工物资和库存商品的核算,掌握存货的清查与期末计量。

【重点难点】

1. 原材料的核算。

2. 周转材料摊销的核算。

3. 委托加工物资的核算。

4. 存货的期末计价。

任务一　认知存货

【任务目标】

通过对存货定义及分类的学习,能够准确判断企业持有的哪些资产属于存货。

【任务导入】

烟台好利来果胶食品有限公司属增值税一般纳税人,纳税人登记号37060219505928,法人代表张俊杰,财务部长李辉,出纳员尹伟娜,制单员王丽萍。开户银行:工商银行莱山支行,开户行地址:烟台市莱山区海港路987号,账号140602007698。

烟台好利来果胶食品有限公司建立于1998年,致力于专业食品配料的生产与销售,同时拥有苹果果胶、柑橘果胶、梨果脯、桃子浓缩果汁等产品。目前,公司已步入规模化、产业化、国际化的发展轨道,在山东、陕西、江苏、辽宁建立了6处现代化浓缩果汁加工基地,拥有9条具有世界先进水平的加工生产线,投资总额达15亿多元。设计能力年加工果品10 000吨,年产浓缩果汁1 000吨、苹果和柑橘果胶5 000吨、梨果脯500吨。

2019年6月,烟台好利来果胶食品有限公司发生的部分交易或事项如下:

1. 6月1日,公司收购10吨梨,用于果脯生产。

2.6 月 5 日,公司收购 20 吨桃子,用于浓缩果汁生产。

3.6 月 5 日,公司为修理生产设备采购一批螺丝钉、轴承。

4.6 月 8 日,公司购买 10 吨氨水和 5 吨酒精,用于生产果胶。

5.6 月 12 日,公司购买 30 吨苹果和 30 吨柑橘,用于果胶生产。

6.6 月 15 日,20 吨浓缩果汁、10 吨果脯和 50 吨果胶验收入库。

7.6 月 20 日,公司购入一套技术先进的生产果胶的设备。

8.6 月 22 日,公司为财务科购买 5 套办公桌椅。

9.6 月 23 日,公司购入一项专利。

10.6 月 25 日,公司销售 50 吨浓缩果汁、30 吨果胶。

11.6 月 30 日,生产车间盘点查明有 5 吨浓缩果汁、2 吨果胶尚未完工。

请问:上述交易或事项发生时,会计人员如何对其中的存货进行确认和分类?

【知识导航】

一、存货的定义

存货是指企业在日常活动中持有以备出售的产成品或商品、处在生产过程中的在产品、在生产过程或提供劳务过程中耗用的材料或物料等。通常包括原材料、包装物、低值易耗品、委托加工物资、商品、在产品、半成品、产成品以及委托代销商品等。

存货区别于固定资产等非流动资产的最基本的特征是,企业持有存货的最终目的是出售,不论是可供直接出售,如企业的产成品、商品等,还是需经过进一步加工后才能出售,如原材料等。

存货是企业资产的重要组成部分。它随着企业生产经营活动的进行,不断处于耗用、销售及重置的运动中。随着实物形态的耗用和销售,其价值形态也随之转移并得到补偿,因此,存货是一种流动性很强的资产。正确核算企业的存货,对真实地反映企业的财务状况和盈亏情况,及时有效地为企业决策者提供存货的变动信息具有十分重要的意义。

二、存货的确认

(一)存货的确认

首先要符合存货的定义,其次要满足以下两个条件,才能加以确认:

1. 该存货包含的经济利益很可能流入企业;

2. 该存货的成本能够可靠计量。

(二)存货的确认应注意的问题

1. 所有权与存放地点。确定企业的存货是以所有权的归属为依据的。不同存货的具体存放地点,只要法定所有权属于企业,无论存放在何处,都是企业的存货。反之,即使存放在本企业，只要尚未取得所有权或所有权尚未转移，都不是企业的存货。企业存货所有权的转移不能根据存货的实体所在的空间位置的变化来决定，而是根据企业存货购销的权利和义务来确定。

2. 代销商品的归属。从存货所有权的转移来分析，代销商品在出售以前，所有权属于委托方，代销商品应作为委托方的存货来管理，但为了促使受托方加强对代销商品的管理和核算，现行会计制度也要求受托方将其受托代销商品在资产负债表中作为存货披露，同时，与受托代销商品对应的代销商品款作为一项负债反映。

3. 在途存货。对于销售方按照销售合同、协议的规定已经确认销售（如已经收到货款等），而尚未发运给购货方的存货，应作为购货方的存货而不应再作为销售方的存货；对于购货方已经收到存货但尚未收到销售方结算发票的存货，购货方应将其作为存货处理；对于购货方已经确认为购进（如已经付款等）而尚未到达入库的在途存货，购货方应将其作为存货处理。

三、存货的分类

（一）存货按经济用途分类

存货按经济用途分类，可以分为以下几种：

1. 原材料。指企业在生产过程中经加工改变其形态或性质并构成产品主要实体的各种原料及主要材料、辅助材料、外购半成品（外购件）、修理用备件（备品备件）、燃料等。

2. 在产品。指企业正在制造尚未完工的产品，包括正在各个生产工序加工的产品和已加工完毕但尚未检验或已检验但尚未办理入库手续的产品。

3. 半成品。指经过一定生产过程并已检验合格交付半成品仓库保管，但尚未制造完工成为产成品，仍需进一步加工的中间产品。

4. 产成品。指工业企业已经完成全部生产过程并已验收入库，可以按照合同规定的条件送交订货单位或者可以作为商品对外销售的产品。企业接受来料加工制造的代制品和为外单位加工修理的代修品，制造和修理完成验收入库后，应视同企业的产成品。

5. 商品。指商品流通企业外购或委托加工完成验收入库用于销售的各种商品。

6. 周转材料。指企业能够多次使用、逐渐转移其价值但仍保持原有形态，不确认为固定资产的材料，如包装物和低值易耗品。

7. 委托代销商品。指企业委托其他单位代为销售的商品。

（二）存货按存放地点分类

存货按存放地点分类，可以分为以下三种：

1. 库存存货。是指已运达企业，并已验收入库的各种材料和商品，以及已验收入库的各种自制半成品和产成品。

2. 在途存货。是指货款已付,但尚未验收入库,正在运输途中的各种材料和商品。

3. 委托加工存货。是指委托外单位加工的各种材料和半成品。

上述分类仅是一般分类,各企业可根据具体情况进行分类,特别是按经济用途加以分类,不能一概而论。

(三)存货按取得方式分类

存货按取得方式,可以分为外购存货、自制存货、委托加工存货、投资者投入的存货、接受捐赠取得的存货、通过债务重组取得的存货、非货币性资产交换取得的存货、盘盈的存货等。

【任务处理】

2019年6月,烟台好利来果胶食品有限公司发生的部分交易或事项会对资产中的存货有影响。由于该公司存货内容较多,会计人员应对存货进行分类管理和核算。存货应当划分为原材料、周转材料、库存商品、在产品等内容。具体分类如表5-1所示:

表5-1 存货分类明细表

存货项目	二级项目	三级项目
原材料	原料及主要材料	苹果、桃子、梨、柑橘
	辅助材料	氨水、酒精
	修理用备件	螺丝钉、轴承
周转材料	包装物	
	低值易耗品	办公桌、椅
库存商品	果胶	苹果果胶、柑橘果胶
	浓缩果汁	桃子浓缩果汁
	果脯	梨果脯
在产品	果胶	苹果果胶、柑橘果胶
	浓缩果汁	桃子浓缩果汁
	果脯	

任务二　原材料核算

【任务目标】

通过对实际成本法与计划成本法两种不同核算方法的学习，能够确定企业存货适用的核算方法。

【任务导入】

烟台好利来果胶食品有限公司的原材料下设三个二级明细科目——原料及主要材料、辅助材料和修理用备件，原料及主要材料下设苹果、柑橘、桃子、梨四个三级明细科目，辅助材料下设氨水、酒精两个三级明细科目，修理用备件下设螺丝钉、轴承两个三级明细科目。

为了考核采购部门的工作业绩，公司针对每种原料及主要材料都确定了今年的计划采购单价。例如，苹果计划采购单价4 000元/吨，柑橘6 000元/吨，桃子8 000元/吨，梨6 000元/吨。

2019年10月，好利来果胶食品有限公司发生的部分采购原材料事项如下：

1. 10月3日，从栖霞丰源果品厂购入苹果2 000吨，实际采购单价4 100元/吨，货款8 200 000元，增值税款738 000元（税率9%），销货方代垫运费2 180元（含增值税180元），款项尚未支付。原始凭证见下表：

表5－2　山东增值税专用发票

抵扣联　　开票日期　2019年10月3日

购货单位	名　　称：好利来果胶食品有限公司 纳税人识别号：37060219505928 地址、电话：烟台市莱山区海港路987号6230355 开户行及账号：工商银行莱山支行140602007698			密码区	6*06－<>6－415306－7>5+8 加密版本：01 81－294+96364/6+/－<6+6 81－664>310+/－28><6<52 3700081140 <7028/－41469/79/6>>05　02175944		
货物或应税劳务名称	规格型号	单位	数量	单价	金额	税率	税额
苹果		吨	2 000	4 100.00	8 200 000.00	9%	738 000.00
合计					¥8 200 000.00		¥8 938 000.00
价税合计（大写）	⊗捌佰玖拾叁万捌仟圆整				（小写）¥8 938 000.00		
销货单位	名　　称：丰源果品厂 纳税人识别号：370602892017309 地址、电话：栖霞市长江路78号5760368 开户行及账号：中行栖霞分行380900737308091009			备注	丰源果品厂 370602892017309 发票专用章		

收款人：　　　复核：　　　开票人：王强　　　销货单位：（章）

第二联：抵扣联　购货方抵扣凭证

表 5-3 山东增值税专用发票

发票联 开票日期 2019 年 10 月 3 日

购货单位	名称：好利来果胶食品有限公司 纳税人识别号：37060219505928 地址、电话：烟台市莱山区海港路 987 号 6230355 开户行及账号：工商银行莱山支行 140602007698			密码区	6*06-<>6-415306-7>5+8 加密版本:01 81-294+96364/6+/-<6+6 81-664>310+/-28><6<52 3700081140 <7028/-41469/79/6>>05 02175944		
货物或应税劳务名称	规格型号	单位	数量	单价	金额	税率	税额
苹果		吨	2 000	4 100.00	8 200 000.00	9%	738 000.00
合计					¥8 200 000.00		¥8 938 000.00
价税合计（大写）	⊗ 捌佰玖拾叁万捌仟圆整				（小写）¥8 938 000.00		
销货单位	名称：丰源果品厂 纳税人识别号：370602892017309 地址、电话：栖霞市长江路 78 号 5760368 开户行及账号：中行栖霞分行 380900737308091009			备注	丰源果品厂 370602892017309 发票专用章		

收款人： 复核： 开票人：王强 销货单位：（章）

第三联：发票联 购货方记账凭证

表 5-4 山东增值税专用发票（抵扣联）

山东增值税专用发票

抵扣联 开票日期 2019 年 10 月 3 日

购货单位	名称：好利来果胶食品有限公司 纳税人识别号：37060219505928 地址、电话：烟台市莱山区海港路 987 号 6230355 开户行及账号：工商银行莱山支行 140602007698			密码区	6*06-< >6-415306-7>5+8 加密版本:01 81-294+96364/6+/-<6+6 81-664>310+/-28><6<52 3700081140 < 7028/-41469/79/6>>05 02175944		
货物或应税劳务名称	规格型号	单位	数量	单价	金额	税率	税额
运费		吨	2 000	1.00	2 000.00	9%	180.00
合计					¥2 000.00		¥2 180.00
价税合计（大写）	⊗ 贰仟壹佰捌拾圆整				（小写）¥2 180.00		
销货单位	名称：栖霞市汽车运输公司 纳税人识别号：37060216886712 地址、电话：栖霞市霞飞路 361 号 5945203 开户行及账号：建行栖霞分行 375045328089675229			备注	栖霞市汽车运输公司 37060216886712 发票专用章		

收款人： 复核： 开票人：刘刚 销货单位：（章）

第二联：抵扣联 购货方抵扣凭证

表 5－5 山东增值税专用发票(发票联)

山东增值税专用发票

发票联　　开票日期　2019 年 10 月 3 日

购货单位	名　　称:好利来果胶食品有限公司 纳税人识别号:37060219505928 地址、电话:烟台市莱山区海港路 987 号 6230355 开户行及账号:工商银行莱山支行 140602007698			密码区	6*06－＜ ＞6－415306－7＞5＋8 加密版本:01 81－294＋96364/6＋/－＜6＋6 81－664＞310＋/－28＞＜6＜52 3700081140 ＜7028/－41469/79/6＞＞05 02175944		
货物或应税劳务名称	规格型号	单位	数量	单价	金额	税率	税额
运费		吨	2 000	1.00	2 000.00	9%	180.00
合　　计					¥2 000.00		¥2 180.00
价税合计(大写)	⊗ 贰仟壹佰捌拾圆整				(小写) ¥2 180.00		
销货单位	名　　称:栖霞市汽车运输公司 纳税人识别号:37060216886712 地址、电话:栖霞市霞飞路 361 号 5945203 开户行及账号:建行栖霞分行 375045328089675229			备注	栖霞市汽车运输公司 37060216886712 发票专用章		

第三联：发票联　购货方记账凭证

收款人:　　　复核:　　　开票人:刘刚　　　销货单位:(章)

表 5－6 好利来果胶食品有限公司收料单

1 号库　　　2019 年 10 月 3 日　　　编号:

材料规格及名称	计量单位	数量		实际价格		运费	合计(材料实际成本)
		应收	实收	单价	金额		
苹果	吨	2 000	2 000	4 100.00	8 200 000.00	2 000.00	8 202 000.00
供货单位	丰源果品厂	合同号	略	计划价格		成本差异	
				单价	金额	超支差异	节约差异
				4 000.00	8 000 000.00	202 000.00	

仓库负责人:王涛　　　质量检验员:丽萍　　　仓库验收:王红

2. 10 月 8 日,从安徽霞光果品厂购入柑橘 1 000 吨,实际采购单价 5 800 元/吨,货款 5 800 000 元,增值税款 522 000 元(税率 9%),销货方承担运费,款项采用银行汇票付讫。

3. 10 月 12 日,从福山润生酒精加工厂购入酒精 5 吨,单价 50 000 元/吨,货款250 000 元,增值税款 32 500 元(税率 13%),销货方代垫运费 545 元(含增值税 45 元),已开出转账支票付讫款项。

请问:好利来果胶食品有限公司购入各种原材料的核算适用于计划成本法还是实际成本法?

【知识导航】

一、原材料的内容

原材料是指企业在生产过程中通过加工改变其形态或性质并构成产品主要实体的各种原料、主要材料和外购半成品，以及供生产耗用但不构成产品实体的辅助材料等。

企业在生产经营过程中，所使用的原材料品种、规格繁多，用途各不相同，且收发频繁。为了做好原材料的管理和核算，应对原材料进行科学的分类。企业原材料按其在生产过程中的不同作用，主要分为以下几种：

（一）原料及主要材料

是指经过加工后能够构成产品主要实体的各种原料、主要材料。原料是指没有经过工业加工过的，如纺纱用的原棉、制糖用的蔗糖、炼铁用铁矿石等；主要材料是指经过工业加工的，如织布用的棉纱、机器制造用的钢材等。

（二）外购半成品

是指从外部购入的需要继续加工或装配的各种半成品，如制造汽车用的外购轮胎、轧钢用的外购钢锭等。

（三）辅助材料

是指直接用于生产，在生产中起辅助作用，不构成产品主要实体的各种材料。根据其起的辅助作用的不同，可分为两类：一是有助于产品的形成的，如织布用的浆料、化学反应中的接触剂、催化剂等；二是被劳动工具所消耗，如保养设备用的润滑油、皮带蜡等。

（四）燃料

是指在工艺过程或非工艺技术过程中用来燃烧取得热能的各种材料，如煤炭、汽油、天然气等。

（五）修理用备件

是指为修理本企业的机器设备和运输设备等所专用的各种备件，如轴承、齿轮、阀门等。修理用备件也可属于辅助材料一类，但因其在保证机器设备和运输工具的正常使用方面起着重要作用，而且消耗量也比较大，所以为了便于管理和核算，把它单独列为一类。至于修理用的一般性零件，可作为辅助材料。

二、原材料核算中使用的原始凭证

对于原材料的收发，企业应严格执行材料收发的凭证管理制度，合理地组织凭证的取得、传递和审核工作，以保证材料存货的安全、完整和材料收、发、存成本的真实性。

(一)原材料收入的凭证

由于原材料收入的来源渠道不同,因而反映材料收入的凭证也各不相同。

1. 外购材料的凭证

企业生产所需的各种材料绝大部分是由企业外部购入的。外部材料核算的原始凭证包括从外部取得的“发货票”“运单”“银行结算凭证”和企业自制的“收料单”等。

企业从外部购入材料时,应对收到的材料或有关单据进行严格的审核和检验。经确认无误后承认付款时,由经办人员填制“收料单”,办理入库手续。“收料单”格式如表5－7所示:

表5－7　收料单

供应单位:　　　　　　　　　　　　　　　　收料单编号:

发票编号:　　　　年　月　日　　　　　　　收料仓库:

材料编号	材料名称及规格	计量单位	数量		实际成本				计划成本		成本差异
			应收	实收	买价	运费	其他	合计	单价	金额	

记账:　　　　　　　　收料:　　　　　　　　制单:

“收料单”一般一式三联,一联留仓库,一联交财务部门,另一联由供应部门留存。为了便于分类和汇总,每张“收料单”应只填列一种材料。

2. 自制材料凭证

自制材料加工完成后,应由交料单位填制“材料交库单”,办理入库手续。“材料交库单”一般一式三联,一联由交料单位留存,一联留仓库记账,另一联交财务部门记账。“材料交库单”的格式如表5－8所示:

表5－8　材料交库单

交料单位:　　　　　　　　　　　　　　　　交库单编号:

交料原因:　　　　年　月　日　　　　　　　收料仓库:

材料类别	材料编号	材料名称及规格	计量单位	数量		实际成本		计划成本		成本差异
				交库	实收	单价	金额	单价	金额	

（续表）

材料类别	材料编号	材料名称及规格	计量单位	数量		实际成本		计划成本		成本差异
				交库	实收	单价	金额	单价	金额	

记账：　　　　　　　　　　收料：　　　　　　　　　　制单：

（二）原材料发出的凭证

1. 领料单

“领料单”是由领料单位根据用料计划填制的一种一次使用的领料凭证，适合领用没有消耗定额或临时需要领用的材料。为了便于分类和汇总，“领料单”一般采用“一料一单”制，即每领一次，填制一张，并按用途分别填制。“领料单”由领料单位填写，一般是一式三联，一联由领料单位留存备查；一联留仓库，据以登记库存材料明细账；一联交财务部门，据以进行发出材料的核算。“领料单”的格式如表5－9所示：

表5－9　领料单

领料单位：　　　　　　　　　　　　　　　　　　　　　领料编号：
材料用途：　　　　　　　　年　　月　　日　　　　　　发料仓库：

材料类别	材料编号	材料名称及规格	计量单位	数量		单位成本	金额
				请领	实发		
备注						合计	

记账：　　　　　　发料：　　　　　　领料单位负责人：　　　　　　领料：

2. 限额领料单

“限额领料单”是一种在规定的限额和时间内多次使用的累计领料凭证，适合领用制定有消耗定额并经常领用的各种材料。“限额领料单”应在每月开始时，由财务部门会同生产计划和供应部门根据生产计划和材料消耗定额等资料确定每种材料的月份领用限额，并按每一材料、每一用途分别填制。“限额领料单”一式两联，一联交领料单位，据以领料；一联交仓库，据以发料和登记明细账。“限额领料单”月初启用，月末结算，月内有效。每次领料时,应先将领料数量同时记入两联“限额领料单”,然后结出限额余额,并由仓库保管员和领料人共同签章,以示负责。月末结算出实发数量和金额交财会部门据以记账。“限额领料单”格式如表5-10所示:

表5-10 限额领料单

材料账户: 材料用途:
材料类别: 领料单编号:
领料单位: 年 月 日 发料仓库:

<table>
<tr><td rowspan="2">材料编号</td><td rowspan="2" colspan="2">材料名称</td><td rowspan="2">规格</td><td rowspan="2">计量单位</td><td rowspan="2">领用限额</td><td colspan="3">实际领用</td><td rowspan="2">备注</td></tr>
<tr><td>数量</td><td>单位成本</td><td>金额</td></tr>
<tr><td></td><td colspan="2"></td><td></td><td></td><td></td><td></td><td></td><td></td><td></td></tr>
<tr><td></td><td colspan="2"></td><td></td><td></td><td></td><td></td><td></td><td></td><td></td></tr>
<tr><td rowspan="2">日期</td><td colspan="2">请领</td><td colspan="3">发出</td><td colspan="3">退回</td><td rowspan="2">限额结余</td></tr>
<tr><td>数量</td><td>领料单位负责人签章</td><td>数量</td><td>发料人签章</td><td>领料人签章</td><td>数量</td><td>收料人签章</td><td>退料人签章</td></tr>
<tr><td></td><td></td><td></td><td></td><td></td><td></td><td></td><td></td><td></td><td></td></tr>
<tr><td></td><td></td><td></td><td></td><td></td><td></td><td></td><td></td><td></td><td></td></tr>
<tr><td>合计</td><td></td><td></td><td></td><td></td><td></td><td></td><td></td><td></td><td></td></tr>
</table>

生产计划部门负责人: 供应部门负责人: 仓库负责人:

3. 领料登记表

对于企业在生产中需要经常领用,但价值不高的消耗性材料,可采用“领料登记表”办理领料手续。通常是“一单一料”制。“领料登记表”格式如表5-11所示:

表5-11 领料登记表

材料类别: 领料单位:
材料编号: 发料仓库:
材料名称规格: 计量单位:

<table>
<tr><td rowspan="2">日期</td><td colspan="2">领用数量</td><td rowspan="2">发料人</td><td rowspan="2">领料人</td><td rowspan="2">备注</td></tr>
<tr><td>当日</td><td>累计</td></tr>
<tr><td></td><td></td><td></td><td></td><td></td><td></td></tr>
<tr><td></td><td></td><td></td><td></td><td></td><td></td></tr>
<tr><td colspan="3">材料单价:</td><td colspan="3">合计金额:</td></tr>
</table>

三、原材料按实际成本计价的核算

原材料按实际成本计价核算,是指材料的收入、发出和结存,无论是总分类核算还是明细分类核算,都按实际成本计价。

(一)存货初始成本的确定

企业会计准则规定,企业取得存货应当按照成本进行计量。存货成本包括采购成本、加工成本和其他成本三个组成部分。存货取得方式不同,成本构成也不同。

1. 外购存货的成本

企业外购存货主要包括原材料和商品。外购存货的成本即存货的采购成本,指企业物资从采购到入库前所发生的全部支出,包括购买价款、相关税费、运输费、装卸费、保险费及其他可归属于存货采购成本的费用。

(1)存货的购买价款。是指企业购入的材料或商品的发票账单上列明的价款,但不包括按规定可以抵扣的增值税额。

(2)存货的相关税费。是指企业购买、自制或委托加工存货发生的进口关税、消费税、资源税和不能抵扣的增值税进项税额等。

(3)其他可归属于存货采购成本的费用。是指采购成本中除上述各项以外的可归属于存货采购成本的费用,主要是存货采购过程中发生的运输费、装卸费、保险费、包装费、仓储费、运输途中的合理损耗、入库前的挑选整理费用等。若取得增值税专用发票,其进项税额可抵扣,不计入存货采购成本。

这些费用如果能分清负担对象的,应直接计入存货的采购成本;如果不能分清负担对象的,应选择合理的分配方法,分配计入有关存货的采购成本。分配方法通常包括按所购存货的数量或采购价格比例进行分配。

商品流通企业在采购商品过程中发生的运输费、装卸费、保险费以及其他可归属于存货采购成本的费用等进货费用,应计入所购商品成本。在实务中,企业也可以将发生的运输费、装卸费、保险费以及其他可归属于存货采购成本的费用等进货费用先进行归集,期末再按照所购商品的存销情况进行分摊。已销售商品的进货费用,计入主营业务成本;未销售商品的进货费用,计入期末存货成本。商品流通企业采购商品的进货费用金额较小的,可以在发生时直接计入当期销售费用。

2. 加工取得存货的成本

(1)委托加工物资。委托加工完成的存货,包括加工后的原材料、包装物、低值易耗品、半成品或产成品等,其成本包括实际耗用的原材料或者半成品、加工费、装卸费、保险费、委托加工的往返运输费等费用以及按规定应计入成本的税费。

(2)自制存货。企业自制存货包括自制材料、产成品、半成品。这部分存货的实际成本由制造过程中实际耗用的直接材料、直接人工和制造费用构成。

3. 其他方式取得存货的成本

(1)投资者投入存货的成本。投资者投入存货的成本,应当按照投资合同或协议约定的价值确定,但合同或协议约定价值不公允的除外。在投资合同或协议约定价值不公允的情况下,按照该项存货的公允价值作为其入账价值。

(2)盘盈存货的成本。对于盘盈的存货,应按其重置成本作为入账价值。

下列费用不应当计入存货成本,而应当在其发生时计入当期损益:

①非正常消耗的直接材料、直接人工及制造费用,应计入当期损益,不得计入存货成本。例如企业超定额的废品损失以及由自然灾害而发生的直接材料、直接人工及制造费用,这些费用的发生无助于使该存货达到目前场所和状态,因此不应计入存货成本,而应计入当期损益。

②仓储费用。是指企业在采购入库后发生的储存费用,应计入当期损益。但是,在生产过程中为达到下一个生产阶段所必需的仓储费用则应计入存货成本。例如某种酒类产品生产企业为使生产的酒达到规定的产品质量标准而必须发生的仓储费用,就应计入酒的成本,而不是计入当期损益。

③不能归属于使存货达到目前场所和状态的其他支出,不符合存货的定义和确认条件,应在发生时计入当期损益,不得计入存货成本。

【例5-1】乙工业企业为增值税一般纳税企业。本月购进原材料200公斤,货款为6 000元,增值税为780元;发生的保险费为350元,入库前的挑选整理费用为130元(假设不考虑增值税);验收入库时发现数量短缺10%,经查属于运输途中合理损耗。乙工业企业该批原材料的实际单位成本为每公斤多少元?

原材料实际单位成本 $=(6\,000+350+130)\div[200\times(1-10\%)]=36$(元)

(二)账户设置

"原材料"账户,用以核算各种原料及主要材料、辅助材料、外购半成品、修理用备件和燃料的实际成本。该账户属于资产类账户,借方反映入库材料的实际成本,贷方反映发出材料的实际成本;期末余额在借方,表示库存材料的实际成本。该账户可按材料类别设置"原料及主要材料""辅助材料""外购半成品""修理用备件和燃料"等二级账户,并按材料的品种和规格进行明细核算。

"在途物资"账户,用以核算货款已付或开出承兑商业汇票,尚未验收入库,或正在运输途中各种材料的实际成本。该账户属于资产类账户,借方反映已支付的材料货款及运杂费或开出承兑的商业汇票,贷方反映已验收入库材料的实际成本;期末余额在借方,表示尚未验收入库的在途材料的实际成本。该账户可按供应单位和物资品种进行明细核算。

(三)原材料收入的总分类核算

1.外购材料的核算

企业从外部购入的原材料,由于采购地点和结算方式不同,付款和收料有时是同时完成的,有时却存在着"时间差",因而原材料购入业务一般有三种情况:

(1)料到款已付的采购业务。这项业务中,付款和收料是同时完成的。所以在付款收料时,一方面,按材料实际采购成本借记"原材料"账户,按增值税额借记"应交税费——应交增值税(进项税额)”账户;另一方面,按实际采购成本和增值税额之和贷记“银行存款”或“应付票据”等账户。

【例5-2】2019年7月2日,东方股份公司购进一批甲材料100千克。增值税专用发票注明单价200元,共计货款20 000元,增值税额2 600元。开出转账支票,支付上述款项。材料已验收入库。根据发票、支票存根和收料单编制会计分录如下:

借:原材料——原料及主要材料——甲材料　　20 000
　　应交税费——应交增值税(进项税额)　　2 600
　　贷:银行存款　　22 600

(2)款付料未到的采购业务。企业从外地购入材料时,由于货物运输和货款结算存在着“时间差”,经常出现货款已支付,但材料尚未运达企业的现象。企业付款后,该批材料的所有权已归属企业,形成企业的在途材料,这时应通过“在途物资”账户反映材料的付款和入库情况。付款时应先记入“在途物资”账户,待收到材料后,再转入“原材料”账户。

【例5-3】2019年7月8日,东方股份公司从大华工厂购入乙材料500千克,单价60元。收到银行转来结算凭证,共计货款30 000元,增值税额3 900元,代垫运费1 090元(含增值税90元)。上述款项已通过银行划付,材料尚未收到。根据发票、运单和银行结算凭证,编制会计分录如下:

借:在途物资——大华工厂　　31 000
　　应交税费——应交增值税(进项税额)　　3 990
　　贷:银行存款　　34 990

上述材料已于13日运抵企业并验收入库。根据收料单,编制会计分录如下:

借:原材料——原料及主要材料——乙材料　　31 000
　　贷:在途物资——大华工厂　　31 000

(3)料到款未付的采购业务。企业在材料采购过程中,应严格遵守银行结算制度,在收到供货单位发来的材料后,应立即付款。但由于某些原因,也会出现延付货款的现象,主要有两种情况:

①材料运达企业并验收入库,发票账单已到,企业因银行存款不足而未能付款,形成企业对供货单位的债务。这时应根据有关凭证,一方面,按实际采购成本借记“原材料”账户,按增值税额借记“应交税费——应交增值税(进项税额)”账户;另一方面,按成本和税金之和贷记“应付账款”账户,待支付款项后再冲减“应付账款”账户。

【例5-4】2019年7月10日,东方股份公司从A公司购入丙材料100千克,单价1 000元,共计货款100 000元,增值税额13 000元,代垫运费1 090元(含增值税90元),材料已验收入库。因银行存款不足,款项暂欠。根据发票、运单和收料单,编制会计分录如下:

借:原材料——原料及主要材料——丙材料　　101 000
　　应交税费——应交增值税(进项税额)　　13 090
　　贷:应付账款——A公司　　114 090

上述款项于本月 30 日支付，根据银行结算凭证，编制会计分录如下：

借：应付账款——A 公司　　114 090

　　贷：银行存款　　114 090

②材料已验收入库，由于凭证传递时间多于材料运输时间造成发票账单未到，因而尚未支付货款。在一般情况下，发票账单随后几天就能到达。材料到达时，可先不做账务处理，待月份内收到发票账单付款时，再按料到款已付的业务进行账务处理。如果月末仍未收到发票账单，为了在月份报表中真实地反映企业库存材料物资情况，企业应按合同价暂估入账，借记"原材料"账户，同时贷记"应付账款"账户，下月初做相反的会计分录，冲销该记录。待收到发票账单并付款后，再按料到款已付的业务进行账务处理。

【例 5-5】2019 年 7 月 23 日，东方股份公司收到 A 公司发来的丙材料 200 千克，料已验收入库，发票账单未到，这时暂不进行账务处理。

至月末仍未收到发票账单时，根据合同单价 900 元暂估记账。编制会计分录如下：

借：原材料——原料及主要材料——丙材料　　180 000

　　贷：应付账款——暂估应付款　　180 000

8 月 1 日做相反的会计分录，冲销估价入账的材料成本。编制会计分录如下：

借：应付账款——暂估应付款　　180 000

　　贷：原材料——原料及主要材料——丙材料　　180 000

8 月 5 日，收到上述材料的发票账单，实际价款 200 000 元，增值税额 26 000 元，代垫运费 2 180 元（含增值税 180 元），款由银行付清。根据发票、运单、银行结算凭证和收料单，编制会计分录如下：

借：原材料——原料及主要材料——丙材料　　202 000

　　应交税费——应交增值税（进项税额）　　26 180

　　贷：银行存款　　228 180

对于存货在采购过程中发生的物资毁损、短缺等，除途中合理的损耗应当作为存货的其他可归属于存货采购成本的费用计入采购成本外，应区别不同情况进行会计处理：应从供应单位、外部运输机构等收回的物资短缺或其他赔款，冲减物资的采购成本；意外灾害造成的损失和尚待查明原因的途中损耗，不能增加所购物资的采购成本，应记入"待处理财产损溢"账户，待查明原因后，再作处理。

（4）预付货款的业务。企业可以根据合同规定向供货单位预付货款，然后取得所需材料。

【例 5-6】东方股份公司从华达股份公司购入甲材料一批，按合同规定预付货款 6 000 元。材料运达企业并验收入库，实际成本 5 500 元，增值税额 715 元，所欠余款开出转账支票支付。编制会计分录如下：

①付款时：

借：预付账款——华达股份公司　　6 000

　　贷：银行存款　　6 000

②收料时：

借：原材料——原料及主要材料——甲材料　　5 500

　应交税费——应交增值税(进项税额)　　715

　　贷：预付账款——华达股份公司　　6 215

③补付货款时：

借：预付账款——华达股份公司　　215

　　贷：银行存款　　215

2. 自制材料入库的核算

企业基本生产车间或辅助生产车间自制的材料，在自制过程中发生的各项料、工、费支出，先通过"生产成本——基本生产成本(或辅助生产成本)"账户核算。自制完工并验收入库时，根据"材料交库单"所列的实际成本，借记"原材料"账户，贷记"生产成本——基本生产成本(或辅助生产成本)"账户。

3. 投资者投入原材料的核算

企业接收其他单位以原材料作价投资时，按照投资双方确认的价值借记"原材料"账户(合同或协议约定价值不公允的除外)，按照增值税额借记"应交税费——应交增值税(进项税额)"，贷记"实收资本(股本)"账户。在投资合同或协议约定价值不公允的情况下，按照该项存货的公允价值作为入账价值，其差额借记或贷记"资本公积"账户。

【例5－7】2019年7月26日，利民公司以原材料向东方股份公司投资，双方确认的价值为20 000元(公允价值为20 000元)，增值税2 600元。编制会计分录如下：

借：原材料——××——××　　20 000

　应交税费——应交增值税(进项税额)　　2 600

　　贷：实收资本——利民公司　　22 600

(四)原材料发出的总分类核算

1. 存货发出成本的计价

企业存货价格由于来源、时间、付款条件等因素的不同而不同，因此，存货发出后需要重新认定或计算其单价，以便确定发出存货和期末存货的实际成本。发出存货的计价方法主要有先进先出法、加权平均法、移动加权平均法和个别计价法等。

(1)先进先出法。先进先出法是以先入库的存货先发出为假定前提，每次发出和销售存货的实际成本，按最先入库的那批存货的实际成本计价的一种方法。采用这种方法收入存货时，应在存货明细账逐笔登记收入存货的单价和金额；发出存货时，也应在存货明细账逐笔登记发出的数量和金额，并结出结存的数量和金额。先进先出法的应用举例如表5－12所示：

表 5－12 原材料明细账

材料名称:A 材料　　　　　　　　　　　　　　　　　　　　计量单位：千克

××年		凭证编号	摘要	收入			发出			结存		
月	日			数量	单位成本	总成本	数量	单位成本	总成本	数量	单位成本	总成本
6	1	略	期初余额							400	1.30	520
	3		购入	300	1.20	360				400 300	1.30 1.20	880
	6		发出				200	1.30	260	200 300	1.30 1.20	620
	17		发出				200 200	1.30 1.20	500	100	1.20	120
	21		购入	500	1.40	700				100 500	1.20 1.40	820
	28		发出				100 300	1.20 1.40	540	200	1.40	280
	30		合计	800		1 060	1 000		1 300	200	1.40	280

先进先出法比较接近于实物流动方式,可以随时确定发出存货的成本,保证存货成本计算的及时性,并且期末库存存货的成本接近于市价。但在存货收发业务频繁,单价经常变动时,核算工作繁重。在物价上涨情况下,会造成存货发出成本偏低,净利润偏高,使存货发出成本与市价不符。

(2)月末一次加权平均法。月末一次加权平均法是以数量为权数计算每种存货的实际平均单价,以此作为发出和销售存货的计价依据的一种方法。采用这种方法时,平时只登记发出与结存存货的数量,期末根据期初库存存货实际成本与本期收入存货实际成本之和,除以期初库存存货数量与本期收入存货数量之和,求得存货平均单价,从而求得发出存货的实际成本。其计算公式如下:

$$存货加权平均单价=\frac{期初结存存货实际成本+本期收入存货实际成本}{期初结存存货数量+本期收入存货数量}$$

$$发出存货的实际成本=存货加权平均单价\times发出存货数量$$

月末一次加权平均法的应用举例如表 5－13 所示:

表 5－13　原材料明细账

材料名称:A 材料　　　　计量单位：千克

××年		凭证编号	摘要	收入			发出			结存		
月	日			数量	单位成本	总成本	数量	单位成本	总成本	数量	单位成本	总成本
6	1	略	期初余额							400	1.30	520
	3		购入	300	1.20	360				700		
	6		发出				200			500		
	17		发出				400			100		
	21		购入	500	1.40	700				600		
	28		发出				400			200		
	30		合计	800		1 060	1 000	1.32	1 320	200	1.32	260

(3)移动加权平均法。移动加权平均法是指每收进一次存货就计算一次平均单价，以此作为发出和销售存货的计价依据的一种方法。计算公式如下：

$$存货平均单价=\frac{以前结存存货的实际成本+本批收入存货的实际成本}{以前结存存货的数量+本批收入存货的数量}$$

本批发出存货实际成本＝移动加权平均单价×发出存货数量

移动加权平均法的应用举例如表 5－14 所示：

表 5－14　原材料明细账

材料名称:A 材料　　　　计量单位：千克

××年		凭证编号	摘要	收入			发出			结存		
月	日			数量	单位成本	总成本	数量	单位成本	总成本	数量	单位成本	总成本
6	1	略	期初余额							400	1.30	520
	3		购入	300	1.20	360				700	1.26	880
	6		发出				200	1.26	252	500	1.26	628
	17		发出				400	1.26	504	100	1.26	124
	21		购入	500	1.40	700				600	1.37	824
	28		发出				400	1.37	548	200	1.37	276
	30		合计	800		1 060	1 000		1 304	200	1.37	276

采用移动加权平均法时，计价工作分散在月内进行，使计算工作比较均衡，能随时反

映存货的发出成本和结存成本,克服了加权平均法的缺点。但是,每收进一次存货,就要重新计算一次单价,存货收发频繁时,核算工作比较繁重。

(4)个别计价法。个别计价法的成本计算准确,符合实际情况,但在存货收发频繁的情况下,其发出成本分辨的工作量较大。因此,这种方法适用于一般不能替代使用的存货。

2. 原材料发出的总分类核算

对于发出材料,应根据材料的领用部门和用途,按照"谁受益谁负担"的原则,按实际成本分别记入有关账户。其中,基本生产车间产品生产耗用的,记入"生产成本——基本生产成本"账户;基本生产车间管理一般耗用的,记入"制造费用"账户;企业管理部门一般耗用的,记入"管理费用"账户。

由于企业的领料业务非常频繁,为简化记账工作,平时领料只登记明细分类账,月末,根据月份内签发的领料凭证,按领用部门和用途归类汇总编制"发料凭证汇总表",据以一次登记总分类账。"发料凭证汇总表"的格式如表5-15所示:

表5-15　发料凭证汇总表

2019年7月　　　　单位:元

应贷账户＼应借账户		生产成本		制造费用	管理费用	在建工程	合计
		甲产品	乙产品				
原材料	原料及主要材料	192 200	4 700				196 900
	辅助材料	15 600		6 600			22 200
	外购半成品	108 000					108 000
	修理用备件			3 200			3 200
	燃料		7 680	730	620		9 030
合计		315 800	12 380	10 530	620		339 330

根据表5-15的资料,编制会计分录如下:

借:生产成本——甲产品　　315 800
　　　　　——乙产品　　12 380
　制造费用　　10 530
　管理费用　　620
　贷:原材料——原料及主要材料　　196 900
　　　　　——辅助材料　　22 200
　　　　　——外购半成品　　108 000
　　　　　——修理用备件　　3 200
　　　　　——燃料　　9 030

(五)原材料的明细分类核算

企业的材料品种多,数量大,收发频繁,为加强其日常核算和管理,以便详细反映库存材料和在途材料的情况，需按材料的类别、品种、规格和存放地点设置库存材料明细账，按供应单位设置在途材料明细账，合理地进行明细分类核算。

1. 库存材料的明细分类核算

材料明细分类核算包括数量核算和金额核算两部分。目前，原材料明细账的设置一般采用账卡合一的方法，由材料会计和仓库保管员共同登记账卡合一的数量金额式材料明细账。仓库保管员根据收发料凭证逐日逐笔登记收、发数量，并随时结算出结存数量；会计人员定期到仓库稽核划价，并于月末结算出入库金额、出库金额和库存金额。原材料明细账的格式见表5－12。

2. 在途物资的明细分类核算

在途物资明细账按供应单位设置，一般采用三栏式格式。在实际工作中，为了清晰地反映货款的支付和材料的收入情况，也可采用横线登记式，将购入的某一材料的付款、收料等情况登记在同一行内。如果账簿中付款栏和收料栏都有了记录，说明该项业务已经结束。如果只有付款业务，并无收料记录，则为在途材料。

四、原材料按计划成本计价的核算

原材料采用计划成本核算时，材料的收入、发出和结存，无论是总分类核算还是明细分类核算，全部按计划成本计价。对于材料实际成本与计划成本的差额，应单独通过设置"材料成本差异"账户进行核算。计划成本法的显著特点是可以通过实际成本与计划成本的比较，得出实际成本脱离计划成本的差异，并通过对差异的分析，寻求实际成本脱离计划成本的原因，据以考核采购部门的工作业绩，促使采购部门不断降低采购成本。

存货计划成本的组成内容与该种存货实际成本的组成内容相一致，一般由供应部门、计划部门和财务部门一起根据实际情况测算、确定。计划成本一经确定，无特殊情况，年度内一般不能变动。

企业可以根据实际情况选择使用存货核算的计价方法，但一经选定，就不能随意变更，以保持会计资料的可比性。如有特殊情况需要变动，需说明理由，并报有关部门批准。

（一）账户设置

原材料按计划成本计价核算时，应设置"原材料""材料采购"和"材料成本差异"等账户。对于材料实际成本与计划成本之间的差异，通过"材料成本差异"账户核算。月末，计算本月发出材料应负担的成本差异并进行分摊，根据领用材料的用途计入相关资产的成本或者当期损益，将发出材料的计划成本调整为实际成本。

在按计划成本计价的情况下，"原材料"账户的设置和核算的内容与按实际成本计价相同，所不同的只是各种原材料的收入、发出和结存均按计划成本计价。

"材料采购"账户，属于资产类账户，用以核算企业按计划成本进行材料日常核算购入材料的采购成本。借方登记购入材料支付的材料价款和运杂费等，以及结转实际成本小于计划成本的节约差异；贷方登记已验收入库材料的计划成本，以及结转实际成本大于计划成本的超支差异;期末余额在借方,表示已经支付货款但尚未验收入库的在途材料。本账户可按供应单位和材料品种进行明细核算。

"材料成本差异"账户,属于资产类账户,是"原材料"账户的调整账户,用以核算材料实际成本与计划成本的差异。借方登记购入材料所发生的超支差异额和发出材料所负担的节约差异额,贷方登记购入材料所发生的节约差异额和发出材料所负担的超支差异额;期末余额可能在借方,也可能在贷方,借方余额反映企业库存材料的实际成本大于计划成本的差异(即超支差异),贷方余额反映企业库存材料实际成本小于计划成本的差异(即节约差异)。该账户可按材料类别等进行明细核算设置。

(二)原材料收入的总分类核算

1. 外部购入材料的核算

在按计划成本计价的方式下,由于付款时按实际成本支付,收料时按计划成本入账,所以实际成本与计划成本的差异还要结转。对于一笔完整的购料业务,都要从付款、收料和结转差异三个方面进行核算,以便完整地反映和监督材料采购资金的支出情况,考核材料采购过程的业务成果。

(1)料到款已付的采购业务。对于料到款已付的业务,付款和收料是同时进行的,因此要编制三笔会计分录。

【例5-8】2019年7月3日,东方股份公司从本市立通工厂购入圆钢100千克,实际单价200元,计划单价202元。增值税专用发票注明价款20 000元,增值税额2 600元,材料已验收入库,款项由银行付清。根据发票、银行结算凭证和收料单同时编制如下会计分录:

付款时:

借:材料采购——立通工厂　　20 000
　　应交税费——应交增值税(进项税额)　　2 600
　　贷:银行存款　　22 600

收料时:

借:原材料——原料及主要材料——圆钢　　20 200
　　贷:材料采购——立通工厂　　20 200

结转差异时:

借:材料采购——立通工厂　　200
　　贷:材料成本差异——原材料　　200

(2)款付料未到的采购业务。对于款付料未到的采购业务,付款和收料是分两步进行的。因此,在账务处理上也要分两步进行。第一步,支付货款时,只编制付款时的会计分录;第二步,待材料运达企业并验收入库时,再编制收料和结转差异的会计分录。

【例5-9】2019年7月9日,东方股份公司从振兴公司购入轨钢200千克,专用发票注明单价220元,增值税额5 720元,代垫运费1 090元(含增值税90元),计划单价224元。款项由银行付清,材料尚未运达企业。根据发票、运单和银行结算凭证编制付款时的会计分录如下：

借：材料采购——原材料　　45 000
　应交税费——应交增值税（进项税额）　　5 810
　贷：银行存款　　50 810

上述钢材于17日到达企业，并验收入库。根据收料单编制收料和结转差异的会计分录如下：

借：原材料——原料及主要材料——轨钢　　44 800
　贷：材料采购——原材料　　44 800
借：材料成本差异——原材料　　200
　贷：材料采购——原材料　　200

（3）料到款未付的采购业务

企业收到供货单位发来的材料时，如果发票账单已收到，但因企业存款不足，无力付款时，在收料时，应按材料的实际采购成本借记"材料采购"账户，按增值税额借记"应交税费——应交增值税"账户，按材料实际采购成本与增值税额之和贷记"应付账款"账户；同时，按计划成本借记"原材料"账户，贷记"材料采购"账户，并作结转材料成本差异的账务处理。

【例5－10】2019年7月21日，东方股份公司从兴中工厂购入辅助材料1 000千克，专用发票注明单价10元，增值税额1 300元，代垫运费545元（含增值税45元），计划单价10.20元，材料已验收入库，由于银行存款不足，款项暂欠。根据发票、运单和收料单，编制会计分录如下：

借：材料采购——辅助材料　　10 500
　应交税费——应交增值税（进项税额）　　1 345
　贷：应付账款——兴中工厂　　11 845
借：原材料——辅助材料　　10 200
　贷：材料采购——辅助材料　　10 200
借：材料成本差异——辅助材料　　300
　贷：材料采购——辅助材料　　300

如果材料已到，但发票账单未到，则企业无法确定材料的实际成本，因而无法付款。业务发生后，在月份内可暂不入账。月末，发票账单仍未到时，按计划成本估计入账，借记"原材料"账户，贷记"应付账款——暂估应付款"账户。下月初，做相反的会计分录，冲销原记录，待下月结算凭证到达并付款后，按料到款已付业务进行账务处理。

【例5－11】2019年7月23日，东方股份公司从利丰公司购入生钢100千克，料已验收入库，发票账单未到，因而未付款。这时可暂不进行账务处理。至月末，仍未收到发票账单。根据计划单价205元，暂估入账。编制会计分录如下：

借：原材料——原料及主要材料——生钢　　20 500
　贷：应付账款——暂估应付款　　20 500

下月初做相反的会计分录，冲销估价入账的材料成本。编制会计分录如下：

借：应付账款——暂估应付款　　　　20 500

　　贷：原材料——原料及主要材料——生钢　　　　20 500

下月8日，收到上述材料的发票单据，实际单价200元，增值税额2 600元，代垫运费872元（含增值税72元），款由银行付清。根据结算凭证，编制会计分录如下：

借：材料采购——原材料　　　　20 800

　　应交税费——应交增值税（进项税额）　　　　2 672

　　贷：银行存款　　　　23 472

借：原材料——原料及主要材料——生钢　　　　20 500

　　贷：材料采购——原材料　　　　20 500

借：材料成本差异——原材料　　　　300

　　贷：材料采购——原材料　　　　300

需要说明的是，在实际工作中，材料入库及差异结转的账务处理，不是在每一笔业务发生时就要进行业务处理，而是集中在月末，通过编制"收料凭证汇总表"，一次结转入库材料的计划成本和材料成本差异，以简化材料核算工作。

2. 自制材料

对于企业自制完成并验收入库的原材料，按计划成本借记"原材料"账户，按实际成本贷记"生产成本"账户，按实际成本与计划成本的差异，借记或贷记"材料成本差异"账户。

（三）原材料发出的总分类核算

1. 发出材料应分摊的材料成本差异

在材料按计划成本计价的情况下，各种发料凭证都是按计划成本填制的，但月末必须将发出材料的计划成本调整为实际成本。其有关计算公式如下：

发出材料的实际成本 = 发出材料的计划成本 + 发出材料应分摊的成本差异

发出材料应分摊的成本差异 = 发出材料的计划成本 × 材料成本差异率

$$材料成本差异率=\frac{月初结存材料成本差异+本月收入材料成本差异}{月初结存材料计划成本+本月收入材料计划成本}\times 100\%$$

【例5-12】某企业月初原材料的计划成本161 300元，材料成本差异（超支）2 850元。本月收入原材料38 700元，材料成本差异（超支）1 150元；本月发出材料计划成本100 950元，结存材料计划成本99 050元。

$$材料成本差异率=\frac{2\ 850+1\ 150}{161\ 300+38\ 700}\times 100\%=2\%$$

发出材料应负担的超支成本差异 = 100 950 × 2% = 2 019（元）

库存材料应负担的超支成本差异 = 2 850 + 1 150 − 2 019 = 1 981（元）

2. 原材料发出的总分类核算

按计划成本计价的原材料发出的总分类核算，与按实际成本计价基本相同，也是在月末根据月份内签发的发料凭证，按领料部门和用途汇总，编制"发料凭证汇总表"，并据以进行账务处理。"发料凭证汇总表"的格式如表5－16所示：

表5－16 发料凭证汇总表

2019年7月

应借账户 应贷账户		生产成本		制造费用	管理费用	在建工程	其他业务支出	合计
		甲产品	乙产品					
原材料	原料及主要材料	82 320	3 920					86 240
	辅助材料	35 280		17 600	5 900			58 780
	外购半成品	29 400						29 400
	修理用备件		15 680					15 680
	燃料		13 600	1 050	910			15 560
计划成本合计		147 000	33 200	18 650	6 810			205 660
成本差异（差异率1%）		1 470	332	186.50	68.10			2 056.60
实际成本		148 470	33 532	18 836.5	6 878.10			207 716.6

按计划成本计价的原材料发出的核算，包括结转发出原材料的计划成本和结转发出原材料应负担的成本差异两部分内容。根据表5－16的资料，编制会计分录如下：

借：生产成本——甲产品　　147 000
　　　　　　——乙产品　　33 200
　　制造费用　　18 650
　　管理费用　　6 810
　　贷：原材料——原料及主要材料　　86 240
　　　　　　——辅助材料　　58 780
　　　　　　——外购半成品　　29 400
　　　　　　——修理用配件　　15 680
　　　　　　——燃料　　15 560

借：生产成本——甲产品　　1 470
　　　　　　——乙产品　　332
　　制造费用　　186.50
　　管理费用　　68.10
　　贷：材料成本差异——原材料　　2 056.60

（四）原材料的明细分类核算

1. 库存材料的明细分类核算

在按计划成本计价的方式下，原材料明细账的设置和登记方法与按实际成本计价的原材料明细账基本相同，所不同的只是材料的收发结存都按计划成本反映。由于材料收发按固定的计划成本计价，因此在原材料明细账上，可以只设材料收发数量栏，而不设单价金额栏，平时只反映收入、发出及结存数量，不必逐笔反映金额，只需在月末结账时，根据收入、发出数量的合计数计算出本月收入和发出材料的总金额以及月末结存金额。原材料明细账的格式如表 5－17 所示：

表 5－17　原材料明细账

类别：原料及主要材料　　　　　　　　　　　　　　计量单位：千克
名称：　　　　　　　　　规格：　　　　　　　　　计划单价：200 元

2019 年		凭证号	摘要	收入数量	发出数量	结存	
月	日					数量	金额
7	1		期初结存			300	60 000
	2		领用		100	200	
	4		购入	100		300	
	10		领用		200	100	
	18		购入	300		400	
	24		领用		150	250	
	30		本月合计	400	450	250	50 000

2. 材料采购的明细分类核算

材料采购明细账一般可按供应单位和材料品种设置明细账户。

为了清晰地反映每笔购料业务的结算和入库情况，材料采购明细账一般采用横线登记式。其借方根据购料付款的记账凭证序时逐笔登记，贷方根据有关记账凭证和收料单，将入库材料的计划成本、成本差异和短缺金额，按借方记录的同批材料“对号入座”，登记在同一行内。月末只有借方记录而没有贷方记录的各批材料，即月末在途材料。

材料采购明细账采取分月设置账页，按月结算的方法。每月月末，应将本月在途材料逐笔抄入下月物资采购明细账，作为下月的期初余额，以便下月收到材料时，进行横线登记。材料采购明细账的格式如表 5－18 所示。

3. 材料成本差异的明细分类核算

材料成本差异是指材料实际成本与计划成本之间的差额。实际成本大于计划成本的差额称为超支差异，实际成本小于计划成本的差额称为节约差异。

材料成本差异明细账应按材料的类别设置，即按原材料、周转材料等设置。其格式如表 5－19 所示。

材料成本差异明细账中本月收入和本月发出材料的计划成本分别根据“收料凭证汇总表”和“发料凭证汇总表”填列，收入和发出材料的成本差异应根据有关材料的转账凭证登记，材料成本差异率则根据账内的有关资料计算填列。

表 5-18　材料采购明细账

明细账户:原材料

2019 年		记账凭证号数	发票账单号	供应单位名称	摘要	借方(实际成本)				2019 年		记账凭证号数	收料凭证号数	摘要	贷方			
月	日					买价	运杂费	其他	合计	月	日				计划成本	成本差异	其他	合计
7	3				购料	20 000			20 000	7	3			入库	20 200	-200		20 000
	9				购料	44 000	900		44 900		17			入库	44 800	100		44 900
	21	(略)	(略)	(略)	购料	10 000	450		10 450			(略)	(略)					
	31				本月发生额	74 000	1 350		75 350		31			本月发生额	65 000	-100		64 900
	31				月末余额				10 450									

表 5-19　材料成本差异明细账

明细账户:原材料

2019 年		凭证号	本月收入			差异率(%)	本月支出			月末结存		
月	日		计划成本	借差(超支)	贷差(节约)		计划成本	借差(超支)	贷差(节约)	计划成本	借差(超支)	贷差(节约)
7	1	(略)								856 000	171 200	
		……										
	31		1 985 900		142 781	1	2 098 700	20 987		743 200	7 432	

【任务处理】

好利来果胶食品有限公司的原材料采购业务的账务处理如下：

1. 10 月 3 日，采购苹果的业务，根据发票、运单和收料单做账务处理如下：

(1)采购时：

借：材料采购——原料及主要材料　　8 202 000
　应交税费——应交增值税(进项税额)　　738 180
　贷：应付账款——丰源果品厂　　8 940 180

(2)收料时：

借：原材料——原料及主要材料——苹果　　8 000 000
　贷：材料采购——原料及主要材料　　8 000 000

(3)结转差异时：

借：材料成本差异——原料及主要材料——苹果　　202 000
　贷：材料采购——原材料　　202 000

2. 10 月 8 日，采购柑橘的业务，根据发票、银行结算凭证和收料单做账务处理如下：

(1)采购时：

借：材料采购——原料及主要材料　　5 800 000
　应交税费——应交增值税(进项税额)　　522 000
　贷：其他货币资金——银行汇票　　6 322 000

(2)收料时：

借：原材料——原料及主要材料——柑橘　　6 000 000
　贷：材料采购——原料及主要材料——柑橘　　6 000 000

(3)结转差异时：

借：材料采购——原料及主要材料——柑橘　　200 000
　贷：材料成本差异——原料及主要材料——柑橘　　200 000

3. 10 月 12 日，采购酒精的业务，根据发票、运单和银行结算凭证做账务处理如下：

借：在途物资——润生酒精加工厂　　250 500
　应交税费——应交增值税(进项税额)　　32 545
　贷：银行存款　　283 045

任务三　周转材料的核算

【任务目标】

通过对周转材料核算内容的学习，能够采用正确方法对企业持有的低值易耗品和包装物进行核算摊销。

【任务导入】

2019 年 11 月，烟台好利来果胶食品有限公司发生的部分交易或事项如下：

1. 11 月 8 日，公司生产车间在生产浓缩桃汁过程中，领用外包装纸盒 10 000 个，原始凭证见表 5－20：

表 5－20　周转材料出库单　　　　编号：

领料部门：生产车间　　　　2019 年 11 月 8 日　　　　材料库：3 号库

材料	单位	数量		价格		过账
规格及名称		请领	实领	单价	金额	
外包装纸盒	个	10 000	10 000	2	20 000	
用途	用于包装浓缩桃汁					

第二联　记账联

仓库负责人：李旭刚　　　　发料：陈红　　　　领料：王文彬

2. 11 月 10 日，公司为财务科购买 5 套办公桌椅，原始凭证见表 5－21、表 5－22：

表 5－21

中国工商银行（鲁）
转账支票存根
No. 21756423
附加信息

出票日期 2019 年 11 月 10 日
收款人：烟台东风家具有限公司
金　额：￥10 500.00
用　途：家具费

单位主管　　　会计

表 5－22　周转材料入库单

3 号库　　　　2019 年 11 月 10 日　　　　编号：

材料名称	规格	计量单位	数量		价格		
			应收	实收	单价	金额	备注
办公桌		张	5	5	2 000	10 000	
办公椅		把	10	10	50	500	
合计							
供货单位	东风家具有限公司		合同号		略		

仓库负责人：李旭刚　　　　质量检验员：王明月　　　　仓库验收：肖静

3. 11 月 12 日，公司为生产车间购入 5 台磅秤，原始凭证见表 5－23、表 5－24：

表 5－23

中国工商银行(鲁) 转账支票存根 No. 21756424
附加信息
出票日期 2019 年 11 月 12 日
收款人:泰华衡器厂
金　额:¥5 000.00
用　途:购买磅秤

单位主管　　　　会计

表 5－24　周转材料入库单

3 号库　　　　2019 年 11 月 12 日　　　　编号:

材料名称	规格	计量单位	数量		价格		
			应收	实收	单价	金额	备注
磅秤		台	5	5	1 000	5 000	
合计							
供货单位	泰华衡器厂		合同号		略		

仓库负责人:张悦　　　　质量检验员:王明月　　　　仓库验收:肖静

4. 11 月 20 日,公司销售部门在销售浓缩桃汁和果胶产品时,从仓库领用不单独计价的纸箱各 3 000 个,原始凭证见表 5－25:

表 5－25　周转材料出库单

3 号库　　　　2019 年 11 月 20 日　　　　编号:

周转材料		单位	数量		单位成本	金额	过账
编号	名称		请领	实发			
	纸箱	个	3 000	3 000	5	15 000	
用途	用于包装浓缩桃汁和果胶产品						

第二联

仓库负责人:张悦　　　　发料:孙宁　　　　领料:张文超

5. 11 月 22 日,公司将 500 个崭新的塑料筐出租给胜达公司使用并收取押金 5 000 元,原始凭证见表 5－26:

表 5－26　周转材料出库单

3 号库　　　　2019 年 11 月 22 日　　　　编号:

周转材料		单位	数量		单位成本	金额	过账
编号	名称		请领	实发			
	塑料筐	个	500	500	30	15 000	
用途	用于包装浓缩桃汁和果胶产品						

第二联

仓库负责人:张悦　　　　发料:孙宁　　　　领料:张文超

请问:上述交易或事项发生时,公司财务人员应该怎样进行账务处理?

【知识导航】

一、周转材料的内容

周转材料指企业能够多次使用、逐渐转移其价值但仍保持原有形态,不确认为固定资产的材料,如包装物和低值易耗品。

为了核算企业周转材料的收入、发出和价值摊销情况,应设置"周转材料"账户,该账户属于资产类账户。借方登记验收入库材料的实际成本或计划成本,贷方登记领用、报废、摊销时的实际成本或计划成本,期末余额在借方,反映企业周转材料的实际成本或计划成本,以及在用周转材料的摊余价值。该账户按周转材料的种类,分别设置"在库""在用"和"摊销"明细账进行明细核算。

企业的低值易耗品和包装物的核算,也可以单独设置"低值易耗品"和"包装物"账户进行核算。

二、低值易耗品的核算

(一)低值易耗品概述

低值易耗品是指单位价值较低,使用年限较短,不能作为固定资产核算的各种用具、设备。低值易耗品按用途可分为六大类:

1. 一般工具,指在生产中通用的工具,如刀具、量具、装配工具等。

2. 专用工具,指专门用于制造某一特定产品,或某一特定工序上使用的工具,如专用模具等。

3. 替换设备,指容易磨损或为制造不同产品需要替换使用的各种设备,如轧钢用的钢辊等。

4. 管理用具,指在管理工作中使用的各种家具和办公用具,如桌椅、柜、计算器等。

5. 劳动保护用品,指为了安全生产而发给工人作为劳动保护用的工作服、工作鞋和各种防护用品等。

6. 其他,指不属于上述各类的低值易耗品。

低值易耗品的核算可分为在库和在用两个阶段。在库低值易耗品的核算是指低值易耗品的采购、入库和领发的核算,其核算内容和处理程序与材料的采购、入库、领发的核算基本相同,本节不再赘述。在用低值易耗品的核算,是指低值易耗品从仓库发出交付使用单位到报废以前整个使用过程的核算,在此过程中,低值易耗品一直保持其实物形态,其价值应采用一定的方法摊销计入产品成本和有关费用,并从经营收入中得到补偿。有些低值易耗品在使用过程中需要维护修理,报废时还可收回一定的残值,这些特点与固定资产的核算相类似。本节主要阐述在用低值易耗品的核算。

(二)低值易耗品的摊销方法

低值易耗品磨损价值的摊销方法,视低值易耗品单位价值、使用期限以及领用数额和管理要求的不同而不同。通常采用一次摊销法和五五摊销法。

1. 一次摊销法。是指在领用低值易耗品时,将其全部价值一次计入费用的方法。这种方法适用于单位价值较低、使用期限较短、一次领用数量不大的低值易耗品以及容易破碎的低值易耗品。

2. 五五摊销法。是指在领用低值易耗品时摊销其价值的一半,报废时再摊销其余一半的方法。这种方法适用于每月领用、报废数额比较均衡的低值易耗品。

(三)在用低值易耗品的核算

为了核算企业低值易耗品的收入、发出和价值摊销情况,设置"周转材料——低值易耗品"二级账户,并按"在库""在用"和"摊销"设置明细账户。"在库""在用"明细账户分别反映在库和在用低值易耗品的计划成本或实际成本,"摊销"明细账户则反映在用低值易耗品已磨损的价值。应该指出的是,采用一次摊销法核算时不设置以上三个明细账户,而是根据低值易耗品的种类或品种设置。下面以实际成本计量说明在不同摊销方法下在用低值易耗品的核算。

1. 一次摊销法下在用低值易耗品的核算

在一次摊销法下,低值易耗品在领用时,将其全部账面价值借记"制造费用""管理费用"等相关资产成本或损益类账户,贷记"低值易耗品"账户。

【例5-13】东方股份公司基本生产车间领用工作服一批,实际成本2 000元,管理部门领用计算器一批,实际成本2 000元。编制会计分录如下:

借:制造费用	2 000	
管理费用	2 000	
贷:周转材料——低值易耗品		4 000

2. 五五摊销法下在用低值易耗品的核算

在五五摊销法下,在用低值易耗品的摊销时间是一头一尾,即领用时和报废后。领用时摊销额是成本的一半;报废时摊销额是成本的一半减残值收入。领用时,从"在库"

转入"在用",同时按成本的50%摊销其价值;报废时,摊销另一半价值,登记残料收入,并注销已报废的在用低值易耗品的成本和已提摊销额。

【例5-14】东方股份公司基本生产车间领用专用工具一批,实际成本20 000元。报废时,残料估价500元,已入原材料库。编制会计分录如下:

(1)领用时:

由在库转入在用时:

借:周转材料——低值易耗品——在用　　20 000
　　贷:周转材料——低值易耗品——在库　　20 000

摊销成本的50%时:

借:制造费用　　10 000
　　贷:周转材料——低值易耗品——摊销　　10 000

(2)报废时:

摊销报废低值易耗品的剩余价值(实际成本×50% -500 =9 500)时:

借:制造费用　　9 500
　　贷:周转材料——低值易耗品——摊销　　9 500

登记残料收入,注销已报废低值易耗品的成本和已提摊销时:

借:原材料　　500
　　周转材料——低值易耗品——摊销　　19 500
　　贷:周转材料——低值易耗品——在用　　20 000

三、包装物的核算

(一)包装物概述

包装物是指企业在生产经营活动中为包装本企业产品而储备的各种包装容器,如桶、箱、瓶、坛、袋等。包装物的核算内容包括:

1. 生产过程中用于包装产品作为产品组成部分的包装物;
2. 随同产品出售而不单独计价的包装物;
3. 随同产品出售而单独计价的包装物;
4. 出租或出借给外单位使用的包装物。

下列不属于包装物的核算范围:

1. 企业的各种包装材料,如纸、绳、铁丝、铁皮等,应列入企业的原材料进行核算。

2. 用于储存和保管产品、材料,而不对外出售的包装物,应按其价值的大小和使用年限的长短,分别作为固定资产和低值易耗品进行管理和核算。

3. 单独列为企业产品、商品的自制包装物,应作为库存商品进行核算。

（二）包装物的核算

企业在领用或发出包装物时，也可以采用一次摊销法或五五摊销法。

一次摊销法是指在领用包装物时就将其全部账面价值计入相关资产成本或当期损益的方法。该方法适用于生产领用的包装物和随同商品出售的包装物，数量不多、金额较小，且业务不频繁的出租或出借包装物。

五五摊销法是指在出租、出借包装物时先摊销其价值的一半，在报废时再摊销其成本的另一半。

1. 作为产品组成部分的包装物的核算

生产过程中用于包装产品作为产品组成部分的包装物，其价值是产品成本的组成部分，应计入产品的生产成本。

【例 5 - 15】甲公司对包装物采用计划成本核算，某月生产产品领用包装物的计划成本为 100 000 元，材料成本差异率为 3%。编制会计分录如下：

借：生产成本　　103 000

　贷：周转材料——包装物　　100 000

　　材料成本差异　　3 000

2. 随同产品出售而不单独计价的包装物的核算

随同产品出售而不单独计价的包装物成本应视同企业销售费用的一部分，计入销售费用。

【例 5 - 16】东方股份公司在销售产品过程中领用不单独计价的包装物一批，实际成本 10 000 元。编制会计分录如下：

借：销售费用　　10 000

　贷：周转材料——包装物　　10 000

3. 随同产品出售而单独计价的包装物的核算

随同产品出售而单独计价的包装物，由于要向购货单位收取包装物的价款，因此在账务处理上与材料出售相同。包装物成本记入"其他业务成本"账户，收取的价款记入"其他业务收入"账户，同时计算应交纳的增值税。

【例 5 - 17】乙公司在销售产品过程中领用单独计价的包装物一批，实际成本 7 000 元，包装物随同产品出售，售价为 10 000 元，增值税率为 13%。编制会计分录如下：

（1）出售单独计价的包装物：

借：银行存款　　11 300

　贷：其他业务收入　　10 000

　　　应交税费——应交增值税（销项税额）　　1 300

（2）结转所售单独计价包装物的成本：

借：其他业务成本　　7 000

　贷：周转材料——包装物　　7 000

4. 出租、出借包装物的核算

企业出租和出借的包装物都是周转使用的包装物。出租包装物要向租用单位收取租金,该项租金收入是由企业的租赁业务引起的,视同其他业务收入处理。因此,对于出租包装物的价值损耗,应由租金收入来抵补,作为其他业务成本处理。出借包装物是指由供货单位提供购货单位使用的包装物,是企业为推销产品而采取的一种措施,因此应将包装物发生的价值损耗,列为企业的销售费用。

出租、出借包装物的摊销价值,可以采用五五摊销法计算。即包装物出租、出借时,先摊销其价值的一半,剩余的一半在报废时扣除残料收入再摊销。对于数量不多、金额较小,且业务不频繁的出租或出借包装物,也可以采用一次摊销法结转包装物的成本,但在以后收回使用过的出租和出借包装物时,应加强实物管理,并在备查簿上进行登记。

出租包装物时,应按成本从在库明细账户转入在用明细账户;收取租金时,应作为企业的其他业务收入处理,同时根据规定,计算应交纳的增值税;出租包装物摊销时,其摊销额应作为企业的其他业务成本处理;包装物报废时,摊销另一半价值,登记残料收入,按成本冲减在用包装物,按成本与残值的差额冲减包装物摊销。

出借包装物由于不向使用单位收取费用,对企业来说是有支无收,因而不单独核算盈亏。包装物出借期间的价值损耗等,是为推销产品所发生的,是产品销售过程中的必要耗费,因此应作为销售费用处理,记入"销售费用"账户,由产品销售收入补偿。

下面主要以出租包装物采用五五摊销法的核算为例说明周转使用包装物的核算。

【例5-18】东方股份公司在销售产品过程中出租给前进工厂未用包装物200件,每件实际成本100元,增值税率为13%,收取租金565元。租用期满时,前进工厂退回全部包装物。假定收回的包装物全部报废,收回残料估价200元,已入原材料库。编制会计分录如下:

(1)租出包装物时:

借:周转材料——包装物——在用	20 000	
贷:周转材料——包装物——在库		20 000

(2)包装物摊销时:

借:其他业务成本	10 000	
贷:周转材料——包装物——摊销		10 000

(3)收取租金时:

借:银行存款	565	
贷:其他业务收入		500
应交税费——应交增值税(销项税额)		65

(4)包装物报废时:

摊销包装物的剩余价值时:

借:其他业务成本	9 800	
贷:周转材料——包装物——摊销		9 800

注销报废包装物时：

借：原材料　　200

　周转材料——包装物——摊销　　19 800

　贷：周转材料——包装物——在用　　20 000

5. 包装物押金的核算

企业对于出租和出借的包装物，一般是要求使用单位按时归还企业。为了督促使用单位按期归还，对于提供给购货单位使用的包装物，都要收取押金，将其作为存入保证金，记入"其他应付款"账户，到期收回包装物时，再冲减其他应付款。当包装物逾期未退时，应按规定没收其押金，视同出售包装物，作为其他业务收入处理，同时计算应缴纳的增值税等税金。

【例5－19】东方股份公司在销售产品过程中出租给前进工厂已用包装物200件，收取押金24 000元；出租给大同公司包装物100件，收取押金11 300元，款项已存入银行。租用期满时，前进工厂全部退回，退回收取的押金24 000元；大同公司逾期未退回，没收其押金11 300元。编制会计分录如下：

(1)收取押金时：

借：银行存款　　35 700

　贷：其他应付款——存入保证金　　35 700

(2)退回押金时：

借：其他应付款——存入保证金　　24 000

　贷：银行存款　　24 000

(3)没收押金时：

借：其他应付款——存入保证金　　11 300

　贷：其他业务收入　　10 000

　　应交税费——应交增值税(销项税额)　　1 300

【任务处理】

烟台好利来果胶食品有限公司发生的部分交易或事项的账务处理如下：

1. 生产车间领用的包装物应计入桃汁产品的"生产成本"：

借：生产成本　　20 000

　贷：周转材料——包装物　　20 000

2. 公司为财务科购入的办公桌椅应该在"低值易耗品"账户核算：

借：周转材料——低值易耗品——在库　　10 500

　贷：银行存款　　10 500

3. 公司为生产车间购入的磅秤也应在"低值易耗品"账户核算：

借：周转材料——低值易耗品——在库　　5 000

　贷：银行存款　　5 000

4. 公司销售部门领用的不单独计价的纸箱应计入"销售费用"，采用一次摊销法：

借:销售费用　　15 000
　贷:周转材料——包装物　　15 000

5.公司出租包装物业务的账务处理:

(1)出租包装物时:

借:周转材料——包装物——在用　　15 000
　贷:周转材料——包装物——在库　　15 000

(2)摊销包装物成本的50%时:

借:其他业务成本　　7 500
　贷:周转材料——包装物——摊销　　7 500

(3)收取押金时:

借:银行存款　　5 000
　贷:其他应付款——存入保证金　　5 000

任务四　委托加工物资和库存商品的核算

【任务目标】

通过对委托加工物资和库存商品核算内容的学习,能够准确判断企业持有的哪些存货属于委托加工物资,哪些属于库存商品,以及各自是如何进行核算的。

【任务导入】

2019年12月,烟台好利来果胶食品有限公司发生的部分交易或事项如下:

1.12月8日,公司发出50吨苹果给利丰加工公司,委托其加工苹果果渣用来生产果胶,原始凭证见表5-27:

表5-27　领料单　　编号:

领料部门:生产车间　　2019年12月8日　　材料库:1号库

材料	单位	数量		金额		过账
规格及名称		请领	实发	单价	金额	
苹果	吨	50	50	4 101	205 050	
用途	委托外单位加工果渣					

第二联　记账联

仓库负责人:王涛　　发料:李晨雨　　领料:刑志豪

2.12月15日,100吨浓缩果汁、40吨梨果脯和300吨苹果果胶验收入库,相关原始凭证见下表:

表 5－28　产成品交库单　　　　编号：

交库部门：生产车间　　　　2019 年 12 月 15 日　　　　仓库：2 号库

产品名称及规格	产品编号	计量单位	实收数量	单位成本	实际成本
浓缩果汁		吨	100	20 000	2 000 000
合计					

第二联　记账联

仓库负责人：肖黎明　　质检：王正林　　验收：陈诚　　交库：王志明

表 5－29　产成品交库单　　　　编号：

交库部门：生产车间　　　　2019 年 12 月 15 日　　　　仓库：2 号库

产品名称及规格	产品编号	计量单位	实收数量	单位成本	实际成本
梨果脯		吨	40	30 000	1 200 000
合计					

第二联　记账联

仓库负责人：肖黎明　　质检：王正林　　验收：陈诚　　交库：王志明

表 5－30　产成品交库单　　　　编号：

交库部门：生产车间　　　　2019 年 12 月 15 日　　　　仓库：2 号库

产品名称及规格	产品编号	计量单位	实收数量	单位成本	实际成本
苹果果胶		吨	300	50 000	15 000 000
合计					

第二联　记账联

仓库负责人：肖黎明　　质检：王正林　　验收：陈诚　　交库：王志明

3. 12 月 20 日，公司销售 50 吨浓缩果汁、200 吨苹果果胶，相关原始凭证见表 5－31、表 5－32。

表 5－31　产成品出库单　　　　编号：

用途：销售　　　　2019 年 12 月 20 日　　　　仓库：2 号库

产品名称	产品编号	计量单位	数量	单位成本	实际成本	附注
浓缩果汁		吨	50	20 000	1 000 000	
合计						

第二联　记账联

仓库负责人：肖黎明　　保管：于超　　经办人：王永庆　　提货单位：

表5-32　产成品出库单　　　　编号：

用途：销售　　　　2019年12月20日　　　　仓库：1号库

产品名称	产品编号	计量单位	数量	单位成本	实际成本	附注
苹果果胶		吨	200	50 000	10 000 000	
合计						

第二联　记账联

仓库负责人：肖黎明　　　保管：于超　　　经办人：王永庆　　　提货单位：

请问：上述交易事项，好利来公司的财务人员该如何做账务处理？

【知识导航】

一、委托加工物资的核算

委托加工物资是指企业委托外单位进行加工的各种材料存货。企业在生产过程中，由于本身工艺设备条件等的限制，有时需要把一些材料委托给外单位加工改制成另一种材料（如将木材加工成包装用的木箱等），以满足企业生产经营活动的需要。对于发往外单位加工的材料，所有权仍属企业，但保管地点和责任发生了变化，并且加工完成的材料不仅实物形态和用途有所改变，而且价值也有所增加。因此，对委托加工物资应单独组织核算。

为了总括地反映委托加工物资的增减变动及结存情况，正确计算各种委托加工材料的实际成本，应设置"委托加工物资"账户。该账户属于资产类账户，借方登记发出加工材料的实际成本、加工费及往返运杂费，贷方登记加工后收回验收入库的各种材料的实际成本及余料成本；期末余额在借方，反映委托外单位加工但尚未加工完成材料的实际成本和发出加工材料已发生的加工费及运杂费。该账户可按受托加工单位、加工合同以及加工物资的品种设置明细账进行明细核算。

企业发出材料委托加工时，应按发出加工材料的实际成本借记"委托加工物资"账户，贷记"原材料"等账户。如果发出材料采用计划成本核算，还应同时结转发出材料应负担的材料成本差异；支付的加工费、增值税和往返运杂费，应借记"委托加工物资""应交税费——应交增值税（进项税额）"等账户，贷记"银行存款"等账户；由受托方代收代缴的消费税，如果收回后直接用于销售，应借记"委托加工物资"账户，贷记"银行存款"等账户。如果收回后用于连续生产应税消费品，则借记"应交税费——应交消费税"账户，贷记"银行存款"等账户。

【例5-20】2019年10月东方股份公司委托利达公司加工材料一批，该委托加工材料属于应税消费品。发出委托加工材料实际成本100 000元，用银行存款支付各种税费共计30 208元。其中，加工费20 000元，加工费增值税2 600元，往返运费1 200元，运

费增值税108元,消费税6 300元。材料加工完毕已验收入库。根据以上资料,编制会计分录如下:

1.发出材料委托加工时:

借:委托加工物资　　100 000
　贷:原材料　　100 000

2.支付加工费、往返运费和增值税时:

借:委托加工物资　　21 200
　应交税费——应交增值税(进项税额)　　2 708
　贷:银行存款　　23 908

3.支付消费税时:

若委托加工物资收回后直接用于销售,则应做如下会计分录:

借:委托加工物资　　6 300
　贷:银行存款　　6 300

若委托加工物资收回后用于连续生产应税消费品,则应做如下会计分录:

借:应交税费——应交消费税　　6 300
　贷:银行存款　　6 300

4.材料加工完成验收入库(委托加工物资收回后直接用于销售)时:

借:库存商品　　127 500
　贷:委托加工物资　　127 500

二、库存商品的核算

库存商品是指企业已完成全部生产过程并已验收入库,合乎标准规格和技术条件,可以按照合同规定的条件送交订货单位,或可以作为商品对外销售的产品以及外购或委托加工完成验收入库用于销售的各种商品。库存商品具体包括库存产成品、外购商品、存放在门市部准备出售的商品、发出展览的商品、寄存在外的商品、接受来料加工制造的代制品和为外单位加工修理的代修品等。已完成销售手续但购买单位在月末未提取的产品,不应作为企业的库存商品,而应作为代管商品处理,单独设置代管商品备查簿进行登记。

产品是企业生产活动的成果,是企业财产物资的重要组成部分,企业必须建立健全产品收发保管责任制度,严格履行产品出库和入库手续,认真组织好核算,并定期进行清查,保证账实相符。

(一)库存商品收发的原始凭证

企业收入的产品主要来自生产车间完工交库。生产车间加工完成的产品经检验合格后,由生产车间按照交库数量填制“产品入库单”,送交仓库点收数量,并由仓库和车间共同签章。由于产品随时完工随时入库,而其成本只能待月末通过成本计算得出,所以"产品入库单"上一般只填列数量不填列金额。其格式如表5－33所示：

表5－33 产品入库单

交库单位： 年 月 日 编号：

产品编号	产品名称及规格	计量单位	交验数量	实收数量	备注

车间负责人： 保管： 制单：

"产品入库单"不仅是库存商品核算的原始凭证，同时又是统计产量和计算产品成本的原始依据。"产品入库单"一般应一式三联，一联退回交库车间；一联留仓库，据以登记"库存商品"明细账；另一联交财务部门，据以进行收入产品的核算。

企业发出的库存商品主要用于对外销售。发出产品和收取货款是同一销售业务的两个方面。因此，"销货单"既是据以收取货款的依据，也是据以发出产品的原始凭证。"销货单"一式四联，一联是存根，留填制部门；一联交客户；一联作为销售结算凭证，交财务部门，据以办理结算和记账；一联作为提货人的出库凭证，仓库保管员凭此发货并据以登记"库存商品"明细账。"提货单"的格式如表5－34所示：

表5－34 提货单

购货单位： 年 月 日 编号：

产品编号	产品名称	规格型号	计量单位	数量	金额（元）	备注

销售部门负责人： 发货人： 提货人： 制单：

（二）库存商品的总分类核算

库存商品可以采用实际成本核算，也可以采用计划成本核算，其方法与原材料相似。采用计划成本核算时，对于库存商品实际成本与计划成本的差异，可单独设置"产品成本差异"账户核算。

为了反映和监督库存商品的增减变化及其结存情况，企业应当设置"库存商品"账户。借方登记验收入库的库存商品成本,贷方登记发出的库存商品成本;期末余额在借方,反映各种库存商品的实际成本或计划成本。该账户可按库存商品的种类、品种和规格等设置明细账。

1. 验收入库商品

对于库存商品采用实际成本核算的企业,平时不进行收入库存商品的总分类核算。月末,根据“产品入库单”和成本计算资料编制“完工产品成本汇总表”,然后根据“完工产品成本汇总表”一次结转本月完工入库产品的实际成本,借记“库存商品”账户,贷记“生产成本——基本生产成本”等账户。

【例 5－21】期末,甲公司根据“完工产品成本汇总表”等记载进行结转。本月已验收入库的 A 产品 1 000 件,实际单位成本 200 元 ,计 200 000 元;B 产品 2 000 件,实际单位成本 100 元,计 200 000 元。编制会计分录如下:

借:库存商品——A 产品　　　　200 000
　　　　　　——B 产品　　　　200 000
　贷:生产成本——基本生产成本(A 产品)　　　　200 000
　　　　　　——基本生产成本(B 产品)　　　　200 000

2. 销售商品

企业销售商品,确认收入时,应结转其销售成本,借记“主营业务成本”等账户,贷记“库存商品”等账户。

【例 5－22】期末,甲公司根据“发出商品汇总表”的记载,结转本月已实现销售的 A 产品的销售成本 140 000 元,B 产品的销售成本 80 000 元。编制会计分录如下:

借:主营业务成本——A 产品　　　　140 000
　　　　　　　——B 产品　　　　80 000
　贷:库存商品——A 产品　　　　140 000
　　　　　　——B 产品　　　　80 000

(三)库存商品的明细分类核算

企业为了详细地核算各种产品的收入、发出和结存情况,应按库存商品的品种和规格设置数量金额式明细分类账。由于产品成本的计算在月末进行,平时无法确定产成品的金额,所以库存商品明细账平时只能进行收入、发出和结存的数量核算,月末再根据有关资料确定收入、发出和结存金额。

库存商品明细账的设置一般采用“账卡合一”的方式,由仓库保管员和财会人员共同负责、协作登记。仓库保管员平时根据“产品入库单”和“提货单”逐日逐笔登记入库、出库数量,并结出数量余额;财会人员于月末进行月结,结算出收入、发出金额和期末结存金额。

库存商品产成品明细账的格式与材料明细账的格式基本相同,这里不再列示。

【任务处理】

烟台好利来果胶食品有限公司发生的交易事项的账务处理如下：

1. 12 月 8 日，公司发出 50 吨苹果，委托其他企业加工苹果果渣时：

借：委托加工物资　　205 050

　　贷：原材料——原料及主要材料——苹果　　205 050

2. 12 月 15 日，公司 100 吨浓缩果汁、40 吨梨果脯和 300 吨苹果果胶验收入库时：

借：库存商品——苹果果胶　　15 000 000

　　　　　　——浓缩果汁　　2 000 000

　　　　　　——梨果脯　　1 200 000

　　贷：生产成本——苹果果胶　　15 000 000

　　　　　　　　——浓缩果汁　　2 000 000

　　　　　　　　——梨果脯　　1 200 000

3. 12 月 20 日，公司销售 50 吨浓缩果汁、30 吨果胶，结转销售成本时：

借：主营业务成本——苹果果胶　　10 000 000

　　　　　　　　——浓缩果汁　　1 000 000

　　贷：生产成本——苹果果胶　　10 000 000

　　　　　　　　——浓缩果汁　　1 000 000

任务五　存货的清查和期末计价

【任务目标】

通过对存货清查结果的核算与存货期末计量内容的学习，能够准确进行存货盘盈、盘亏清查结果的账务处理与存货期末发生减值时的账务处理。

【任务导入】

烟台好利来果胶食品有限公司于 2019 年 12 月 31 日对存货进行清查，发现盘盈原材料苹果 50 千克，经查是由收发计量误差引起的；盘亏桃子 50 千克，经查是由冷库保管员管理不善，使桃子受挤压导致的；盘亏酒精 10 千克，经核实是由酒精的自然挥发引起的（见下表）。

好利来公司对存货进行期末计量，由于市场上果脯供过于求，库存的 15 吨果脯的市场价格每吨下跌 2 000 元。

表 5－35　烟台好利来果胶食品有限公司盘存表

2019 年 12 月 31 日　　　　仓库：1 号库

名称及规格	计量单位	盘盈		盘亏		原因
		数量	金额	数量	金额	
苹果	千克	50	200			收发计量误差

（续表）

名称及规格	计量单位	盘盈		盘亏		原因
		数量	金额	数量	金额	
桃子	千克			50	405	受挤压所致
酒精	升			10	501	自然挥发
合计			200		906	

表 5－36　期末存货成本与可变现净值比较表

2019 年 12 月 31 日　　　　仓库：1 号库　　　　单位：元

类别	名称	成本	可变现净值	上涨	下跌	原因
甲类存货	果脯				30 000	供过于求
乙类存货						
合计						

请问：公司财务人员应如何处理存货盘盈、盘亏和减值情况？

【知识导航】

一、存货清查

（一）存货清查的内容和方法

存货清查是如实反映企业各种存货的实存数额，保证存货核算的真实性，监督存货安全、完整的一个重要方法。

企业的存货，如前所述，品种多、数量大、收发频繁，难免在日常收发、计量和计算上出现差错，再加上自然损耗、丢失和毁损变质，往往会造成盘盈、盘亏等账实不符的现象。

存货的清查，就是通过盘点的方法，确定各种存货的实存数，并将实存数与账存数相核对，查明盘盈、盘亏、变质毁损存货以及超储积压和长期闲置的呆滞存货的品种、数量、规格，分析造成这些现象的原因，提出对存货管理和使用的建议，做到加强管理、物尽其用。

对存货的清查，一般采用实地盘存制和永续盘存制两种方法。

实地盘存制又称定期盘存制，是指会计期末通过对全部存货进行实地盘点，以确定期末存货的结存数量，再分别乘以各项存货的单价，计算出期末存货的总金额，将其记入各有关存货账户,倒挤出已耗用或已销售存货的成本。采用这种方法时平常对有关存货账户只记借方,不记贷方;期末通过实际盘点确定存货数量,据以计算期末存货成本,然后计算出当期已耗用或已销售存货的成本,将其记入有关存货账户的贷方。

永续盘存制又称账面盘存制,是指对存货项目设置经常性的库存记录,即分别设置存货明细账,逐笔或逐日登记收入发出的存货,并随时计算出结存数。在永续盘存制下,通过账簿资料,可以完整地反映存货的收入、发出和结存情况。在一般情况下,存货账户的余额应当与实际库存相符。采用永续盘存制并不排除对存货的实物盘点,为了加强对存货的管理,每年至少应对存货进行一次全面盘点,以保证企业存货资产的安全与完整。

盘点前,要做好各项准备工作;盘点时,应对盘点的存货分别采用点数、过磅、测量或技术估计加以测算,确定其实存数;盘点后,应根据盘点结果,编制存货盘点报告表,以反映各种存货的账存数、实存数以及盘盈、盘亏的数量和金额及其原因。

(二)存货清查结果的核算

财务部门应根据"存货盘点报告表",分别不同原因和处理意见,进行账务处理。由于企业不得对盘盈、盘亏存货擅自处理,必须报经有关部门批准后,根据批准的处理意见处理,因此账务处理一般分批准处理前和批准处理后两个过程。在未经批准前,先通过"待处理财产损溢"账户核算。该账户属于资产类账户,借方登记盘亏、毁损的各种财产物资的实际成本,应转出的增值税及经批准转销的财产物资盘盈数,贷方登记盘盈的各种财产物资的实际成本及经批准转销的财产物资盘亏及毁损数;余额在借方,表示尚未处理的财产物资等的净损失,余额在贷方,表示尚未处理的财产物资的净溢余。期末转销后该账户无余额。该账户可按盘盈、盘亏资产的种类和项目进行明细分类核算。

1. 存货盘盈的核算

盘盈的各种存货,主要是由收发计量错误或核算上差错等原因所造成的。对于盘盈的存货,应以同类或类似存货的市场价格为实际成本,根据"存货盘点报告表"及时补记入账,借记有关存货账户,贷记"待处理财产损溢"账户。经有关部门批准后,再冲减管理费用。

【例5-23】东方股份公司期末存货清查时,发现盘盈甲材料一批,市场价格3 000元。经查,系计量错误造成。编制会计分录如下:

(1)发生盘盈时:

借:原材料——甲材料　　3 000

　　贷:待处理财产损溢——待处理流动资产损溢　　3 000

(2)批准核销时:

借:待处理财产损溢——待处理流动资产损溢　　3 000

　　贷:管理费用　　3 000

2. 存货盘亏的核算

对于盘亏和毁损的存货，批准前应先结转到“待处理财产损溢”账户。报经批准后，再根据造成亏损的原因，分别以下情况进行处理：

(1)属于自然损耗造成的定额内的短缺，经审批后计入管理费用；

(2)因管理不善等原因造成的短缺，在扣除残料收入、应由过失人和保险公司负责赔偿的款项后，将其净损失计入管理费用；

(3)由于遭受自然灾害造成的毁损，应将扣除残料收入和保险公司赔偿后的净损失作为营业外支出处理。

【例5-24】东方股份公司期末存货清查时，发现盘亏乙材料一批，其账面成本为2 000元，增值税为13%，经查系管理不善造成。研究决定，由过失人负责赔偿50%，其余转作管理费用。编制会计分录如下：

(1)发生盘亏时：

借：待处理财产损溢——待处理流动资产损溢　　2 000
　　贷：原材料——乙材料　　2 000

(2)批准核销时：

借：管理费用　　1 130
　　其他应收款——××责任人　　1 130
　　贷：待处理财产损溢——待处理流动资产损溢　　2 000
　　　　应交税费——应交增值税(进项税额转出)　　260

盘亏存货时，如果采用计划成本核算，还应同时结转材料成本差异。

对于盘盈或盘亏的存货，应在期末结账前处理完毕。如果在期末结账前尚未批准处理，应在对外提供财务报告时先按上述规定进行处理，并在会计报表附注中作出说明；如果其后批准处理的金额与已处理的金额不一致，应按其差额调整会计报表相关项目的年初数。

二、存货的期末计价

(一)存货期末计量原则

为了在资产负债表中更合理地反映期末存货的价值，企业的存货应当在资产负债表日，按成本与可变现净值孰低法计量，对可变现净值低于存货成本的差额，计提存货跌价准备，计入当期损益。

成本与可变现净值孰低法是指对期末存货按照成本与可变现净值两者之中较低者计价的方法。即当成本低于可变现净值时，期末存货按成本计价；当可变现净值低于成本时，期末存货按可变现净值计价。

这里所讲的“成本”是指存货的实际成本，即按前面所介绍的以历史成本为基础的存货计价方法(如先进先出法等)计算得出的期末存货价值。如果存货的日常核算采用计划成本计价，期末存货的实际成本是指通过差异调整后确定的存货成本。

这里所讲的"可变现净值"是指在日常活动中，存货的估计售价减去至完工时估计将要发生的成本、估计的销售费用以及相关税费后的金额。存货的可变现净值由存货的估计售价、至完工时将要发生的成本、估计的销售费用和估计的相关税费等内容构成。

（二）存货期末计量方法

1. 存货减值迹象的判断

企业应当在期末对存货进行全面检查。如果由于存货毁损、全部或部分陈旧过时或销售价格低于成本等原因，存货可变现净值低于其成本，应按可变现净值低于成本的部分，计提存货跌价准备。

存货存在下列情况之一的，通常表明存货的可变现净值为零：

（1）已霉烂变质的存货；

（2）已过期且无转让价值的存货；

（3）生产中已不再需要，并且已无使用价值和转让价值的存货；

（4）其他足以证明已无使用价值和转让价值的存货。

存货存在下列情况之一的，通常表明存货的可变现净值低于成本：

（1）市价持续下跌，并且在可预见的未来无回升的希望；

（2）企业使用该项原材料生产的产品的成本大于产品的销售价格；

（3）企业因产品更新换代，原有库存原材料已不适应新产品的需要，而该原材料的市场价格又低于其账面成本；

（4）因企业所提供的商品或劳务过时或消费者偏好改变而使市场的需求发生变化，导致市场价格逐渐下跌；

（5）其他足以证明该项存货实质上已经发生减值的情形。

2. 存货跌价准备的计提方法

采用成本与可变现净值孰低法对存货进行期末计价时，期末结存存货的价值通常可以采用以下三种方法确定：

（1）企业通常应当按照单个存货项目计提存货跌价准备。在这种方式下，企业应当将每个存货项目的成本与其可变现净值逐一进行比较，按较低者计量存货，并且按成本高于可变现净值的差额，计提存货跌价准备。

（2）对于数量繁多、单价较低的存货，可以按照存货类别计提存货跌价准备。如果某一类存货的数量繁多并且单价较低，企业可以按存货类别计量成本与可变现净值孰低法，即将存货类别的成本的总额与可变现净值的总额进行比较，每个存货类别均取较低者确定存货期末价值。

（3）与在同一地区生产和销售的产品系列相关、具有相同或类似最终用途或目的、且难以与其他项目分开计量的存货，可以合并计提存货跌价准备。存货具有相同或类似最终用途或目的,并在同一地区生产和销售,意味着存货所处的经济环境、法律环境、市场环境等相同,具有相同的风险和报酬。因此,在这种情况下,可以对该存货进行合并计提存货跌价准备。

【例5-25】东方股份公司有A、B、C、D四种存货,按其性质的不同分为甲、乙两大类。各种存货的成本与可变现净值已经确定,现分别按三种方法确定期末结存存货的价值,如表5-37所示。

由表可见,单项比较法确定的期末存货价值最低,分类比较法次之,总额比较法最高,其原因是单项比较法所确定的均为各项存货的最低价。企业会计准则规定,存货跌价准备应按单个存货项目的成本与可变现净值计量;如果某些存货具有类似用途并与在同一地区生产和销售的产品系列相关,且实际上难以将其与该产品系列的其他项目区别开来进行估价,可以合并计量成本与可变现净值;对于数量繁多、单价较低的存货,可以按存货类别计量成本与可变现净值。

表5-37　期末存货成本与可变现净值比较表　　单位:元

	项目	成本	可变现净值	单项比较法	分类比较法	总额比较法
甲类存货	A存货	1 000	1 400	1 000		
	B存货	2 000	1 900	1 900		
	合计	3 000	3 300		3 000	
乙类存货	C存货	3 000	3 100	3 000		
	D存货	4 000	3 800	3 800		
	合计	7 000	6 900		6 900	
总计		10 000	10 200	9 700	9 900	10 000

3. 存货跌价准备的核算

为了反映企业期末提取的存货跌价准备,应设置"存货跌价准备"账户。该账户属于存货类账户的备抵账户,贷方登记计提的存货跌价准备,借方登记转回和冲销的存货跌价准备;余额在贷方,表示已提取的存货跌价准备。应计提存货跌价准备用公式表示如下:

当期应计提的存货跌价准备=当期可变现净值低于成本的金额-存货跌价准备账户的贷方余额

如果期末存货的成本高于可变现净值,则必须在当期确认存货跌价损失,并进行有关账务处理。具体做法如下:期末,比较成本与可变现净值以计算出应计提的准备数,然后与"存货跌价准备"账户的余额,即已提数进行比较。若应提数大于已提数,应予补提;反之,应冲销部分已提数。提取和补提存货跌价准备时,借记"资产减值损失"账户,贷记"存货跌价准备"账户。若已计提跌价准备的存货的价值以后又得以恢复时,应按恢复增加的数额,借记"存货跌价准备"账户,贷记"资产减值损失"账户,其冲减的跌价准备金额,应以"存货跌价准备"账户的余额冲减至零为限。

【例5-26】东方股份公司对存货采用成本与可变现净值孰低法进行期末计价。假设2016年年末存货的账面成本为100 000元,可变现净值为95 000,应计提的存货跌价准备为5 000元。根据上述资料,做如下会计分录:

借:资产减值损失　　5 000

　贷:存货跌价准备　　5 000

假设2017年年末存货的可变现净值为85 000元,存货的账面成本仍为100 000元(下同),应计提的存货跌价准备为15 000元。由于前期已计提5 000元,应补提存货跌价准备10 000元。

借:资产减值损失　　10 000

　贷:存货跌价准备　　10 000

假设2018年年末存货的可变现净值为94 000元,这时应冲减已计提的存货跌价准备9 000元。

借:存货跌价准备　　9 000

　贷:资产减值损失　　9 000

假设2019年末存货的可变现净值为100 500元,应冲减已计提的存货跌价准备6 000元。

借:存货跌价准备　　6 000

　贷:资产减值损失　　6 000

【任务处理】

公司财务人员处理存货盘盈、盘亏和减值情况如下:

1. 对于盘盈的存货苹果:

发生盘盈时:

借:原材料——原料及主要材料——苹果　　200

　贷:待处理财产损溢——待处理流动资产损溢　　200

批准核销时:

借:待处理财产损溢——待处理流动资产损溢　　200

　贷:管理费用　　200

2. 对于盘亏的桃子:

发生盘亏时:

借:待处理财产损溢——待处理流动资产损溢　　441.45

　贷:原材料——原料及主要材料——桃子　　400

　　应交税费——应交增值税(进项税额转出)　　36.45

　　材料成本差异——原料及主要材料——桃子　　5

经协商,仓库管理员负责赔偿:

借:其他应收款——管理员　　441.45

贷:待处理财产损溢——待处理流动资产损溢　　441.45

3. 对于盘亏的酒精:

发生盘亏时:

借:待处理财产损溢——待处理流动资产损溢　　566.13

贷:原材料——辅助材料——酒精　　501

应交税费——应交增值税(进项税额转出)　　65.13

批准核销时:

借:管理费用　　566.13

贷:处理财产损溢——待处理流动资产损溢　　566.13

4. 对于存货果脯的减值:

借:资产减值损失——计提的存货跌价准备　　30 000

贷:存货跌价准备　　30 000

【项目小结】

存货是企业最大的一项流动资产,经常处于消耗与补充之中。为了保证生产经营的需要,必须管好、用好、核算好存货。本项目的主要业务核算如下:

1. 原材料收发业务核算

业务内容		会计分录
外购原材料 按实际成本计价	料到,款已付	借:原材料 应交税费——应交增值税(进项税额) 贷:银行存款等账户
	料未到,款已付	(1)款已付时: 借:在途物资 应交税费——应交增值税(进项税额) 贷:银行存款等账户 (2)材料验收入库时: 借:原材料 贷:在途物资
	料已到,款未付	料到时暂不入账。 单到付款时按料到,款已付处理。 若月末单据仍未收到,则按合同价暂估入账。 借:原材料 贷:应付账款 下月初用红字冲回: 借:原材料 贷:应付账款 等单据到时在,再进行相应的处理。

（续表）

业务内容		会计分录
外购原材料 按计划成本计价	料到，款已付	（1）采购时： 借：材料采购（按实际成本） 应交税费——应交增值税（进项税额） 贷：银行存款 （2）收料时： 借：原材料（按计划成本） 贷：材料采购（按计划成本） （3）结转差异时：（或相反） 借：材料采购（实际成本与计划成本的差额） 贷：材料成本差异
	料未到，款已付	（1）采购时： 借：材料采购（按实际成本） 应交税费——应交增值税（进项税额） 贷：银行存款 （2）收料时： 借：原材料（按计划成本） 贷：材料采购（按计划成本） （3）结转差异时：（或相反） 借：材料采购（实际成本与计划成本的差额） 贷：材料成本差异
	料已到，款未付	料到时暂不入账。 单到付款时按料到，款已付处理。 若月末单据仍未收到，则按合同价暂估入账。 借：原材料（按计划成本） 贷：应付账款 下月初用红字冲回： 借：原材料（按计划成本） 贷：应付账款 等单据到时在，再进行相应的处理。
自制材料		借：原材料 贷：生产成本
领用材料	实际成本计价	借：生产成本（按实际成本） 制造费用等（按实际成本） 贷：原材料
	计划成本计价	借：生产成本（按计划成本） 制造费用（按计划成本） 贷：原材料 借：生产成本（按差异） 制造费用等 贷：材料成本差异（或相反分录）

2. 周转材料业务核算

<table>
<tr><th colspan="2">业务内容</th><th>会计分录</th></tr>
<tr><td rowspan="2">低值易耗品
摊销核算</td><td>一次摊销法</td><td>借:制造费用、管理费用等(按低值易耗品全部成本)
　贷:周转材料——低值易耗品</td></tr>
<tr><td>五五摊销法</td><td>(1)领用时:
　① 由在库转入在用
　借:周转材料——低值易耗品——在用
　　贷:周转材料——低值易耗品——在库
　② 摊销成本的50%
　借:制造费用、管理费用等
　　贷:周转材料——低值易耗品——摊销
(2)报废时:
　① 摊销报废低值易耗品的剩余价值
　借:制造费用、管理费用等
　　贷:周转材料——低值易耗品——摊销
　② 登记残料收入,注销已报废低值易耗品的成本和已提摊销
　借:银行存款
　　周转材料——低值易耗品——摊销
　　贷:周转材料——低值易耗品——在用(按全部成本)</td></tr>
<tr><td rowspan="5">包装物领用核算</td><td>生产领用包装物</td><td>借:生产成本(按包装物实际成本)
　贷:周转材料——包装物</td></tr>
<tr><td>随同商品出售
不单独计价</td><td>借:销售费用(按包装物实际成本)
　贷:周转材料——包装物</td></tr>
<tr><td>随同商品出
售单独计价</td><td>(1)出售单独计价的包装物:
　借:银行存款
　　贷:其他业务收入(按包装物售价)
　　　应交税费——应交增值税(销项税额)
(2)结转所售单独计价包装物的成本:
　借:其他业务成本(按包装物实际成本)
　　贷:周转材料——包装物</td></tr>
<tr><td>出租包装物</td><td>收租金及结转成本处理同随同出售单独计价包装物
收取押金
借:银行存款等(按收取的押金)
　贷:其他应付款(退还做相反处理)</td></tr>
<tr><td>出借包装物</td><td>与随同商品出售不单独计价同</td></tr>
</table>

3. 委托加工物资业务核算

业务内容	会计分录
发出材料委托加工	借:委托加工物资 　　贷:原材料
支付加工费、往返运杂费和增值税	借:委托加工物资 　　应交税费——应交增值税(进项税额) 　　贷:银行存款
支付消费税	若委托加工物资收回后直接用于销售: 借:委托加工物资 　　贷:银行存款 若委托加工物资收回后用于连续生产应税消费品: 借:应交税费——应交消费税 　　贷:银行存款
委托加工物资加工完成验收入库	借:库存商品、周转材料、原材料等 　　贷:委托加工物资

4. 库存商品业务核算

业务内容		会计分录
出售产成品		借:主营业务成本 　　贷:库存商品
产品完工入库		借:库存商品 　　贷:生产成本
商品流通企业库存商品核算	数量进价金额核算法	借:库存商品(按实际购买成本) 　　应交税费——应交增值税(进项税额) 　　贷:银行存款等
	售价金额核算法	借:库存商品(按售价) 　　应交税费——应交增值税(进项税额) 　　贷:银行存款(按实际支付价款) 　　　　商品进销差价(按差额)

5. 存货期末清查与期末计价的核算

业务内容		会计分录
存货期末清查	盘盈	(1)发现盘盈时: 　　借:原材料 　　　　贷:待处理财产损溢 (2)批准处理时: 　　借:待处理财产损溢 　　　　贷:管理费用

（续表）

业务内容		会计分录
存货期末清查	盘亏	(1)发现盘亏时： 借：待处理财产损益 贷：原材料 (2)批准核销时： 借：其他应收款（过失人或保险公司赔款） 管理费用（收发计量误差） 营业外支出（自然灾害或意外事故） 贷：待处理财产损益 应交税费——应交增值税（进项税额转出） （非正常损失不允许抵扣进项税额）
存货期末计价	计提存货跌价准备	借：资产减值损失（本期应计提的跌价准备） 贷：存货跌价准备
	冲销存货跌价准备	借：存货跌价准备 贷：资产减值损失（本期应计提的跌价准备）

【能力拓展】

商品流通企业销售商品的核算方法

商品流通企业的库存商品还可以采用毛利率法和售价金额核算法进行日常核算。

1. 毛利率法。毛利率法是指根据本期销售净额乘以上期实际（或本期计划）毛利率匡算本期销售毛利，并据以计算发出存货和期末存货成本的一种方法。

计算公式如下：

$$毛利率 = \frac{销售毛利}{销售净额} \times 100\%$$

销售净额 = 商品销售收入 − 销售退回与折让

销售毛利 = 销售净额 × 毛利率

销售成本 = 销售净额 − 销售毛利

期末存货成本 = 期初存货成本 + 本期购货成本 − 本期销售成本

这一方法是商品流通企业，尤其是商业批发企业常用的计算本期商品销售成本和期末库存商品成本的方法。商品流通企业由于经营商品的品种繁多，如果分品种计算商品成本，工作量将大大增加，而且，一般来讲，商品流通企业同类商品的毛利率大致相同，采用这种存货计价方法既能减轻工作量，又能满足对存货管理的需要。

【例1】某商场百货组商品的有关资料如下："库存商品——百货组"账户期初余额为100 000元，本月购进400 000元，本月销售收入380 000元，上季度该类商品毛利率为20%。

根据上述资料，本月已销商品和月末库存商品的成本计算如下：

本月销售收入 = 380 000(元)

销售毛利 = 380 000 × 20% = 76 000(元)

本月销售成本 = 380 000 − 76 000 = 304 000(元)

库存商品成本 = 100 000 + 400 000 − 304 000 = 196 000(元)

编制会计分录如下:

借:主营业务成本　　　　304 000

　贷:库存商品——百货组　　　　304 000

2. 售价金额核算法。售价金额核算法是指平时商品的购入、加工收回、销售均按售价记账,售价与进价的差额通过"商品进销差价"科目核算,期末计算进销差价率和本期已销商品应分摊的进销差价,并据以调整本期销售成本。

计算公式如下:

$$商品进销差价率 = \frac{期初库存商品进销差价 + 本期购入商品进销差价}{期初库存商品售价 + 本期购入商品售价} \times 100\%$$

本期销售商品应分摊的商品进销差价 = 本期商品销售收入 × 商品进销差价率

本期销售商品的成本 = 本期商品销售收入 − 本期已销商品应分摊的商品进销差价

期末库存商品的成本 = 期初库存商品的进价成本 + 本期购进商品的进价成本 − 本期销售商品的成本

商品进销差价率各期之间是比较均衡的,因此也可以采用上期商品进销差价率计算分摊本期的商品进销差价。年度终了,应对商品进销差价进行核实调整。

对于从事商业零售业务的企业(如百货公司、超市等),由于经营的商品种类、品种、规格等繁多,而且要求按商品零售价格标价,采用其他成本计算结转方法均较困难,因此广泛采用这一方法。

采用售价核算时,对于商品售价与进价之间的差额,可通过"商品进销差价"账户核算。月末,分摊已销商品的进销差价,将已销商品的销售成本调整为实际成本,借记"商品进销差价"账户,贷记"主营业务成本"账户。

【例2】某商场2019年12月份百货组期初库存商品的进价成本为88 000元,售价总额为100 000元。本月购进该商品的进价成本为123 200元,售价总额为140 000元,本月销售收入为200 000元(含税)。有关计算如下:

$$商品进销差价率 = \frac{12\ 000}{100\ 000} + \frac{16\ 800}{140\ 000} \times 100\% = 12\%$$

已销商品应分摊的商品进销差价 = 200 000 × 12% = 24 000(元)

本期销售商品的实际成本 = 200 000 − 24 000 = 176 000(元)

期末结存商品的实际成本 = 88 000 + 123 200 − 176 000 = 35 200(元)

编制会计分录如下:

(1)按含税零售价结转销售成本时:

借:主营业务成本——百货组　　　　200 000

贷:库存商品——百货组　　200 000

(2)结转已销商品的进销差价时:

借:商品进销差价——百货组　　24 000

贷:主营业务成本——百货组　　24 000

【关键名词】

存货　原材料　周转材料　委托加工物资　库存商品　材料采购　材料成本差异　存货跌价准备

【想一想】

1. 什么是存货?存货的确认应具备那些条件?

2. 怎样确定各种存货取得时的入账价值?

3. 存货的发出有哪几种计价方法?各自的优缺点是什么?

4. 原材料按实际成本计价时如何进行日常核算?

5. 原材料按计划成本计价时如何进行日常核算?

6. 如何对材料存货进行期末计量?

【技能训练】

一、职业判断能力训练

(一) 单项选择题

1. 下列项目中,不属于存货项目的是(　　)。

A. 库存商品　B. 原材料　C. 在产品　D. 生产设备

2. 物价上涨,使结存的存货价值和企业收益达到较高水平;物价下跌,结果则相反的存货计价方法是(　　)。

A. 先进先出法　B. 加权平均法

C. 后进先出法　D. 个别计价法

3. 对于企业购入的单位价值小或易损坏的小型工具、劳保鞋等,在领用时一般采用(　　)摊销。

A. 累计摊销法　B. 一次摊销法　C. 五五摊销法　D. 分次摊销法

4. 某企业对原材料按实际成本进行日常核算。2019 年 7 月 1 日,结存甲材料 300 公斤,每公斤实际成本为 20 元;7 月 15 日,购入甲材料 280 公斤,每公斤实际成本为 25 元;7 月 31 日,发出甲材料 200 公斤。如按先进先出法计算,7 月份发出的甲材料的实际成本为(　　)元。

A. 400　B. 500　C. 4 000　D. 1 400

5. 甲工业企业为增值税一般纳税人。本期外购原材料一批,购买价格为 10 000 元,增值税为 1 300 元,入库前发生的挑选整理费用为 500 元(假设不考虑增值税)。该批原材料的入账价值为(　　)元。

A. 10 000　　B. 11 700　　C. 10 500　　D. 12 200

6. 2019 年 7 月 31 日，某企业乙存货的实际成本为 100 万元，加工该存货至完工产成品估计还将发生的成本为 20 万元，估计销售费用和相关税费为 2 万元，估计用该存货生产的产成品售价为 110 万元。假定乙存货月初“存货跌价准备”科目余额为 0，2019 年 7 月 31 日应计提的存货跌价准备为(　　)万元。

A. －10　　B. 0　　C. 10　　D. 12

7. 某企业对材料采用计划成本核算。2019 年 12 月 1 日，结存材料的计划成本为 400 万元，材料成本差异贷方余额为 6 万元；本月入库材料的计划成本为 2 000 万元，材料成本差异借方发生额为 12 万元；本月发出材料的计划成本为 1 600 万元。该企业 2019 年 12 月 31 日结存材料的实际成本为(　　)万元。

A. 798　　B. 800　　C. 802　　D. 1 604

8. 某企业为增值税小规模纳税人，2019 年 8 月购入甲材料 2 060 公斤，每公斤单价 40 元，增值税 10 712 元，另外支付运费 3 500 元，增值税 315 元。运输途中发生合理损耗 60 公斤，入库前发生挑选整理费用 620 元。该批材料入库的实际单位成本约为每公斤(　　)元。

A. 50.26　　B. 51.81　　C. 52　　D. 50.46

9. 某企业为增值税一般纳税人，购入材料一批，增值税专用发票上标明的价款为 25 万元，增值税为 3.25 万元，另支付材料的保险费 2 万元，增值税 1 200 元，包装物押金 2 万元。该批材料的采购成本为(　　)万元。

A. 27　　B. 29　　C. 29.25　　D. 31.25

10. 某商场采用售价金额核算法对库存商品进行核算。本月月初库存商品的进价成本总额为 30 万元，售价总额为 46 万元；本月购进商品的进价成本总额为 40 万元，售价总额为 54 万元；本月销售商品的售价总额为 80 万元。假设不考虑相关税费，该商场本月销售商品的实际成本为(　　)万元。

A. 46　　B. 56　　C. 70　　D. 80

（二）多项选择题

1. 一般纳税人委托其他单位加工材料收回后直接对外销售的，其发生的下列支出中，不应计入委托加工材料成本的是(　　)。

A. 发出材料的实际成本　　B. 支付给受托方的加工费

C. 支付给受托方的增值税　　D. 受托方代收代缴的消费税

2. 一般计入外购存货成本的有(　　)。

A. 运输途中的合理损耗　　B. 企业供应部门和仓库经费

C. 市内零星运杂费　　D. 采购人员的差旅费

E. 入库前的整理挑选费用

3. 企业存货发生盘亏，应先计入“待处理财产损溢”账户，查明原因后分别转入(　　)。

A. 管理费用　　B. 营业外支出
C. 销售费用　　D. 财务费用

4. 在我国会计实务中,构成存货历史成本的是(　　)。
A. 小规模纳税企业购入存货支付的增值税
B. 支付的进口货物的关税
C. 购入货物支付价款中包含的资源税
D. 加工货物收回后直接用于销售的由受托方代收代缴的消费税

5. 下列项目中,属于存货的项目包括(　　)。
A. 存放在企业所属门市部准备销售的存货
B. 送交展览会展出的存货
C. 委托其他单位代销的存货
D. 已经发出但尚未办理托收手续的存货
E. 已售出但买方尚未提取的存货

6. 企业对发出存货的实际成本进行确认的方法有(　　)。
A. 个别计价法　　B. 加权平均法
C. 先进先出法　　D. 后进先出法

7. 下列各种物资中,应当作为企业存货核算的有(　　)。
A. 工程物资　　B. 低值易耗品
C. 委托加工物资　　D. 委托代销商品

8. 下列各项中,构成企业委托加工物资成本的有(　　)。
A. 加工中实际耗用物资的成本
B. 支付的加工费用和保险费
C. 收回后直接销售物资的代收代缴消费税
D. 收回后继续加工物资的代收代缴消费税

9. 下列各项中,关于企业存货的表述正确的有(　　)。
A. 存货应按照成本进行初始计量
B. 存货成本包括采购成本、加工成本和其他成本
C. 存货期末计价应按照成本与可变现净值孰低计量
D. 存货采用计划成本核算的,期末应将计划成本调整为实际成本

10. 下列与存货相关会计处理的表述中,正确的有(　　)。
A. 应收保险公司存货损失赔偿款计入其他应收款
B. 资产负债表日存货应按成本与可变现净值孰低计量
C. 按管理权限报经批准的盘盈存货价值冲减管理费用
D. 结转商品销售成本的同时转销其已计提的存货跌价准备

(三)判断题

1. 某企业月初库存材料60件,每件为1 000元。月中又购进两批,一次200件,每件950元;另一次100件,每件1 046元。则月末该材料的加权平均单价为985元。 ( )

2. 商品流通企业在采购商品过程中发生的运输费、装卸费、保险费以及其他可归属于存货采购成本的费用等进货费用,应当计入当期损益。 ( )

3. 某种酒类产品生产企业为使生产的酒达到规定的产品质量标准而必须发生的仓储费用,应计入当期损益。 ( )

4. 企业将不能收回的应收账款确认为坏账损失时,应计入资产减值损失,并冲销相应的应收账款。 ( )

5. 在实际成本法下,物价持续上升时,存货发出成本偏低。 ( )

6. 商品流通企业在采购商品过程中发生的运杂费等进货费用,应当计入存货采购成本。进货费用数额较小的,也可以在发生时直接计入当期费用。 ( )

7. 已完成销售手续但购买方在当月尚未提取的产品,销售方仍应作为本企业库存商品。 ( )

8. 企业采用计划成本对材料进行日常核算时,应按月分摊发出材料应负担的成本差异,不应在季末或年末一次计算分摊。 ( )

9. 对于委托外单位加工的物资,不涉及材料成本差异的问题。 ( )

10. 委托加工物资收回后用于连续生产的,应按已由受托方代收代交的消费税借记"应交税费——应交消费税"科目。 ( )

二、职业实践能力训练

1. 甲股份有限公司为增值税一般纳税企业,增值税税率为13%。原材料按实际成本计价核算,发出材料采用全月一次加权平均法计量,半年末和年度终了按单个存货项目计提存货跌价准备。甲公司于2019年12月初结存A材料400公斤,实际成本36 000元。12月发生的有关A材料的业务如下:

(1)12月1日,从外地购入A材料600公斤,增值税专用发票上注明的价款为48 000元,增值税税额为6 240元,另发生运费588.6元(含增值税48.6元)。各种款项已用银行存款支付,材料已验收入库。

(2)12月8日,从本市购入A材料200公斤,增值税专用发票上注明的价款为15 000元,增值税税额为1 950元。货款未付。

(3)12月15日,接受丙公司投资,收到A材料800公斤,投资各方确认的价值为68 000元。投资方提供了增值税专用发票,增值税为8 840元。按投资协议规定,丙公司投资后占注册资本60万元的10%的股份。

(4)12月31日,汇总本月发出A材料1 700公斤,其中产品生产领用1 500公斤,企业管理部门领用200公斤。

(5)12 月 31 日,A 材料的实际成本为 25 131 元,估计售价为 25 000 元,A 材料用于生产丁商品。假设用 A 材料生产成丁商品的成本为 41 000 元,至完工估计将要发生的成本为 15 869 元,丁商品的估计售价为 40 000 元,估计丁商品的销售费用及相关税金为 120 元。年末计提跌价准备前,A 材料的跌价准备余额为 0。

要求:

(1)请登记 A 材料的明细账。

(2)编制与 A 材料初始计量有关的会计分录。

(3)编制发出 A 材料的会计分录。

(4)编制年末计提 A 材料跌价准备的会计分录。

2. 某企业材料存货采用计划成本记账。2020 年 1 月份,“原材料”科目某类材料的期初余额为 54 000 元,“材料成本差异”科目期初借方余额为 4 500 元,原材料单位计划成本为 12 元。本月 10 日,进货 1 500 公斤,进价为 10 元;20 日,进货 2 000 公斤,进价为 13 元。本月 15 日和 25 日,车间分别领用材料 2 000 公斤。具体资料如下:

(1)1 月 10 日进货,支付材料货款 15 000 元、材料进项税额 1 950 元(材料增值税率为 13%),运输费 545 元(增值税 45 元),进项税额合计 1 995 元。

(2)1 月 11 日,第一批材料验收入库。

(3)1 月 15 日,车间领料 2 000 公斤。

(4)1 月 20 日进货,支付材料货款 26 000 元、材料进项税额 3 380 元。运输费 1 000 元、运输费进项税额合计 90 元。

(5)1 月 22 日,第二批材料验收入库。

(6)1 月 25 日,车间第二次领料 2 000 公斤。

(7)1 月 31 日,计算分摊本月领用材料的成本差异。

要求:请做出以上业务的会计分录并登记该材料的材料明细账。

3. 某工业企业为增值税一般纳税人,材料按计划成本计价核算。甲材料计划单位成本为每公斤 10 元。该企业 2019 年 8 月份的有关资料如下:

(1)“原材料”账户的月初余额为 40 000 元,“材料成本差异”账户的月初借方余额为 500 元 。

(2)8 月 5 日,企业发出 100 公斤甲材料,委托 A 公司加工成新的物资(注:发出材料时应计算确定其实际成本)。

(3)8 月 15 日,从外地 A 公司购入甲材料 6 000 公斤,增值税专用发票注明的材料价款为 61 000 元,增值税税额为 7 930 元。企业已用银行存款支付上述款项,材料尚未到达。

(4)8 月 20 日,从 A 公司购入的甲材料到达,验收入库时发现短缺 20 公斤,经查明为途中定额内自然损耗,按实收数量验收入库。

(5)8 月 30 日,汇总本月发料凭证,本月共发出甲材料 5 100 公斤,其中 5 000 公斤用于产品生产。

要求：

(1)根据上述业务编制相关的会计分录；

(2)计算本月材料成本差异率、本月发出材料应负担的成本差异及月末库存材料的实际成本；

(3)登记甲材料的明细账。

4. 某企业2019年发生以下与包装物有关的业务：

(1)2019年6月，企业生产领用包装物100件，单位价值为100元，直接用于A产品的包装。

(2)2019年7月，企业销售产品，领用不单独计价的包装物50件，领用单独计价的包装物60件，单位价值均为100元，单独计价包装物的单位售价为110元，增值税率为13%。

(3)2019年9月，企业出借一批包装物200件，每件价值100元，取得押金800元。企业采用五五摊销法摊销包装物成本。一周后，借出的包装物回库，企业退回押金。

(4)2019年11月，企业已出借的每件价值100元的100件包装物，由于借用单位损坏实施报废。企业没收已取得的押金500元。企业取得变价收入100元存入银行(含增值税，增值税率为13%)。

要求：请做出以上业务的会计分录。

5. 甲公司于2020年1月委托丁公司加工商品一批(属于应税消费品)，共计100 000件。有关经济业务如下：

(1)1月20日，发出材料一批，计划成本为6 000 000元，材料成本差异率为-3%。

(2)2月20日，支付商品加工费120 000元，增值税15 600元，支付应当交纳的消费税6 600元。该商品收回后用于连续生产，消费税可抵扣。甲公司和丁公司是一般纳税人，适用增值税税率为13%。

(3)3月4日，用银行存款支付往返运费10 000元，增值税900元。

(4)3月5日，上述100 000件商品(每件计划成本为65元)加工完毕，公司已办理验收入库手续。

要求：根据以上业务编制相应的会计分录(应交税费写出明细科目)。

6. 某企业采用成本与可变现净值孰低法进行期末计价，成本与可变现净值按单项存货进行比较。2019年12月31日，甲、乙、丙三种存货的成本与可变现净值分别为：甲存货成本20万元，可变现净值16万元；乙存货成本24万元，可变现净值30万元；丙存货成本36万元，可变现净值30万元。甲、乙、丙三种存货此前未计提存货跌价准备，假定该企业只有这三种存货。

要求：请做出2019年12月31日该企业应计提存货跌价准备的账务处理。

CHAPTER 6 项目六

职工薪酬的核算

【学习目标】

通过学习,明确职工薪酬的范围与内容,熟悉职工薪酬的确认与计量,掌握应付职工薪酬的核算。

【重点难点】

1. 职工薪酬的内容。

2. 职工薪酬的确认与计量。

3. 货币性短期薪酬的核算。

4. 非货币性福利的核算。

任务一 认知职工薪酬

【任务目标】

通过对职工薪酬含义的学习,能够明确职工薪酬的范围与内容,能够进行职工薪酬的确认。

【任务导入】

烟台好利来果胶食品有限公司属增值税一般纳税人,纳税人登记号为37060219505928,法人代表为张俊杰,财务部长为李辉,出纳员为尹伟娜,制单员为王丽萍。开户银行为工商银行莱山支行,开户行地址为烟台市莱山区海港路987号,账号为140602007698。

该公司2019年4月份的“工资结算汇总表”反映应付职工工资总额200万元。其中,基本车间生产工人工资100万元,车间管理人员工资60万元,厂部管理人员工资40万元。假定该公司分别按职工工资总额的7%和6%计提医疗保险费和住房公积金,公司预计2019年应承担的职工福利费义务金额为职工工资总额的2%,职工福利费的受益对象为上述所有人员。公司分别按职工工资总额的2%和1.5%计提工会经费和职工教育经费。以自产产品20万元作为职工福利发放给上述职工,市场价格为23万元。

请问:上述交易或事项中,哪些属于职工薪酬?如何确认职工薪酬?

【知识导航】

一、职工薪酬的内容

职工薪酬,是指企业为获得职工提供的服务而给予各种形式的报酬或补偿,包括短期薪酬、离职后福利、辞退福利和其他长期职工福利。企业提供给职工配偶、子女受赡养人,已故员工遗嘱及其他受益人等的福利,也属于职工薪酬。

具体来说,职工薪酬主要包括以下内容:

(一)短期薪酬

短期薪酬,是指企业在职工提供相关服务的年度报告期间结束后十二个月内需要全部予以支付的职工薪酬,因解除与职工的劳动关系给予的补偿除外。短期薪酬具体包括:

1. 职工工资、奖金、津贴和补贴,是指按照构成工资总额的计时工资、计件工资、支付给职工的超额劳动报酬和增收节支的劳动报酬、为了补偿职工特殊或额外的劳动消耗和因其他特殊原因支付给职工的津贴,以及为了保证职工工资水平不受物价影响支付给职工的物价补贴等。其中,企业按照短期奖金计划向职工发放的奖金属于短期薪酬,企业按照长期奖金计划向职工发放的奖金属于其他长期职工福利。

2. 职工福利费,是指企业为职工提供的生活困难补助、丧葬补助费、抚恤费、职工异地安家费、防暑降温费等职工福利支出。

3. 医疗保险费、工伤保险费等社会保险费,是指企业按照国家规定的基准或比例计算,向社会保险经办机构缴纳的医疗保险费、工伤保险费和生育保险费。

4. 住房公积金,是指企业按照国家规定的基准和比例计算,向住房公积金管理机构缴存的住房公积金。

5. 工会经费和职工教育经费,是指企业为了改善职工文化生活、为职工学习先进技术和提高业务素质,用于开展工会活动、职工教育以及职业技能培训等的相关支出。

6. 短期带薪缺勤,是指职工虽然缺勤但企业仍向其支付报酬的安排,包括年休假、病假、婚假、产假、丧假、探亲假等。长期带薪缺勤属于其他长期职工福利。

7. 短期利润分享计划,是指因职工提供服务而与职工达成的基于利润或其他经营成果提供薪酬的协议。长期利润分享计划属于其他长期职工福利。

8. 非货币性福利,是指企业将自己的产品或外购商品作为福利发放给职工,或让职工无偿使用自己拥有的资产或租赁资产,比如提供给企业高级管理人员汽车、住房,免费为企业职工提供诸如医疗保健的服务,或向职工提供企业支付了一定补贴的商品或服务等,比如以低于成本的价格向职工出售住房等。

9. 其他短期薪酬,是指除上述薪酬以外的其他为获得职工提供的服务而给予的短期薪酬。

(二)离职后福利

离职后福利,是指企业为获得职工提供的服务而在职工退休或与企业解除劳动关系后,提供的各种形式的报酬和福利,短期薪酬和辞退福利除外。

(三)辞退福利

辞退福利,是指企业在职工劳动合同到期之前解除与职工的劳动关系,或者为鼓励职工自愿接受裁减而给予职工的补偿。

(四)其他长期职工福利

其他长期职工福利,是指除短期薪酬、离职后福利、辞退福利之外所有的职工薪酬,包括长期带薪缺勤、长期残疾福利、长期利润分享计划等。

二、职工薪酬的确认

企业应当在职工为其提供服务的会计期间,将应付的职工薪酬确认为负债。除因解除与职工的劳动关系给予的补偿外,应当根据职工提供服务的受益对象,分别下列情况处理:

1. 应由生产产品、提供劳务负担的职工薪酬,计入产品成本或劳务成本。生产产品、提供劳务中的直接生产人员和直接提供劳务人员发生的职工薪酬,根据有关规定,计入存货成本,但非正常消耗的直接生产人员和直接提供劳务人员的职工薪酬,应当在发生时确认为当期损益。

2. 应由在建工程、无形资产负担的职工薪酬,计入固定资产或无形资产成本。对于自行建造固定资产和自行研究开发无形资产过程中发生的职工薪酬,符合规定的,可将其计入固定资产或无形资产的成本。比如,企业自行研究开发无形资产时在研究阶段发生的职工薪酬不能计入自行开发无形资产的成本,而对于在开发阶段发生的职工薪酬,符合资本化条件的,应当计入自行开发无形资产的成本。

3. 上述两项之外的其他职工薪酬,计入当期损益。除直接生产人员、直接提供劳务人员、建造固定资产人员、开发无形资产人员以外的职工,如公司总部管理人员、董事会成员、监事会成员等人员相关的职工薪酬,因难以确定直接对应的受益对象,均应在发生时计入当期损益。

【任务处理】

2019 年 4 月,烟台好利来果胶食品有限公司的职工薪酬包括工资 200 万元,医疗保险费 14 万元,住房公积金 12 万元,职工福利费 4 万元,工会经费 4 万元,职工教育经费 3 万元,非货币性职工薪酬 25.99[23 × (1 + 13%)]万元等。

职工薪酬的确认应遵循“谁受益谁负担”的原则,即应由基本车间生产工人负担的薪酬费用计入生产成本,应由基本车间管理人员负担的薪酬费用计入制造费用,应由行政管理部门人员负担的薪酬费用计入管理费用,应由专设销售机构人员负担的薪酬费用计入销售费用等。

任务二　应付职工薪酬的核算

【任务目标】

通过对应付职工薪酬核算的学习,能够明确应付短期薪酬的计量,能够完成应付短期薪酬的账务处理;能够认知非货币性职工福利的主要内容,能够完成非货币性职工福利的计量与账务处理。

【任务导入】

烟台好利来果胶食品有限公司属增值税一般纳税人。2019 年 5 月,该公司发生的部分交易或事项如下:

1.1 月 10 日,公司开出现金支票,从银行提出现金 508 813 元,用以发放职工工资。工资结算汇总表如表 6 - 1 所示:

表 6 - 1　工资结算汇总表

2019 年 5 月　　单位:元

车间、部门		基本工资	综合奖金	津贴和补贴	扣缺勤工资	应付工资	代扣款项			实发工资
							社会保险	住房公积金	个人所得税	
基本车间	生产工人	469 490	7 010	2 400	100	478 800	20 995	7 809	81	449 915
	管理人员	21 500	720	630	50	22 800	1 314	980	95	20 411
管理部门		42 600	2 640	360		45 600	5 580	1 374	159	38 487
合计		533 590	10 370	3 390	150	547 200	27 889	10 163	335	508 813

2.5 月 20 日,公司按照国家有关规定签发转账支票,向市社会保险事业处缴纳社会保险费 164 623.56 元。其中,单位负担 136 734.56 元,个人负担 27 889 元。

3.5 月 25 日,公司按照国家有关规定签发转账支票,向市住房公积金管理中心缴纳住房公积金 20 326 元,单位与个人各负担一半。

4.5 月 26 日,将自产浓缩果汁作为春节福利发放给 200 名职工。其中,基本车间生产工人 180 名,车间管理人员 7 名,厂部管理人员 13 名。浓缩果汁的单位成本为 20 元,单位售价(不含税)为 30 元。该公司适用的增值税税率为 13%。

5.5 月 28 日,以现金支付职工困难补助 10 000 元。

6.5 月 31 日,分配职工工资 547 200 元。

7.5 月 31 日,按照职工工资总额的 2% 和 1.5%,计提工会经费 10 944 元和职工教育经费 8 208 元,用于工会运作和职工培训。

请问:上述经济业务如何进行账务处理?

【知识导航】

一、应付职工薪酬核算的账户设置

应付职工薪酬是指职工为企业提供服务后,企业应当支付给职工的各种形式的报酬或补偿。它属于企业的一项流动负债,这是因为大多数企业的职工薪酬发放时间与会计分期不一致,而且本期薪酬一般是在下期支付,在尚未支付以前,就形成应付未付职工薪酬。按照权责发生制,企业应该在月末予以反映。

企业应当设置"应付职工薪酬"账户,核算应付职工薪酬的提取、结算、使用等情况。该账户贷方登记已分配计入有关成本费用项目的职工薪酬的数额,借方登记实际发放职工薪酬的数额;该账户的期末贷方余额,反映企业应付未付的职工薪酬。"应付职工薪酬"账户可按照"工资""职工福利费""社会保险费""住房公积金""工会经费""职工教育经费""非货币性福利""带薪缺勤""利润分享计划""设定提存计划""设定受益计划""辞退福利"等职工薪酬项目设置明细账户进行明细核算。外商投资企业按规定从净利润中提取的职工奖励及福利基金,也在本账户核算。

应付职工薪酬的核算主要包括确认和发放两个方面。

二、货币性职工薪酬的核算

(一)货币性职工薪酬的计量

对于货币性短期薪酬,在确定应付职工薪酬和应当计入成本费用的职工薪酬金额时,企业应当区分两种情况:

1. 具有明确计提标准的货币性职工薪酬。对于国务院有关部门、省、自治区、直辖市人民政府或经批准的企业年金计划规定了计提基础和计提比例的职工薪酬项目,企业应当按照规定的计提标准,计量企业承担的职工薪酬义务和计入成本费用的职工薪酬。其中包括以下方面:(1)医疗保险费、工伤保险费和住房公积金。企业应当按照国务院、所在地政府或企业年金计划规定的标准,计量应付职工薪酬义务和应计入成本费用的薪酬金额。(2)工会经费和职工教育经费。企业应当按照财务规则等相关规定,分别按照职工工资总额的2%和8%的计提标准,计量应付职工薪酬(工会经费、职工教育经费)义务金额和应计入成本费用的薪酬金额。按照明确标准计算确定应承担的职工薪酬义务后,再根据受益对象计入相关资产的成本或当期费用。

2. 没有明确计提标准的货币性职工薪酬。对于职工福利费企业应当在实际发生时根据实际发生额计入当期损益或相关资产成本。

（二）货币性职工薪酬的核算

1. 工资的核算

企业应当在职工为其提供服务的会计期间，根据职工提供服务的受益对象，将应确认的职工薪酬计入相关资产成本或当期损益，同时确认为应付职工薪酬。具体分别以下情况进行处理：

（1）生产部门人员的职工薪酬，借记“生产成本”“制造费用”“劳务成本”等账户，贷记“应付职工薪酬”账户。

（2）管理部门人员的职工薪酬，借记“管理费用”账户，贷记“应付职工薪酬”账户。

（3）销售人员的职工薪酬，借记“销售费用”账户，贷记“应付职工薪酬”账户。

（4）应由在建工程、研发支出负担的职工薪酬，借记“在建工程”“研发支出”账户，贷记“应付职工薪酬”账户。

（5）劳务人员的职工薪酬。借记“合同履约成本”账户、贷记“应付职工薪酬”账户。

【例6－1】甲企业按照工资总额的标准分配工资费用。其中，生产工人的工资为1 000 000元，车间管理人员的工资为200 000元，厂部管理人员的工资为200 000元，专设销售机构人员的工资为100 000元，内部开发人员的工资为300 000元（符合资本化条件）。

借：生产成本	1 000 000	
制造费用	200 000	
管理费用	200 000	
销售费用	100 000	
研发支出——资本化支出	300 000	
贷：应付职工薪酬——工资		1 800 000

企业按照有关规定向职工支付工资、奖金、津贴等，借记“应付职工薪酬——工资”账户，贷记“银行存款”“库存现金”等账户；企业从应付职工薪酬中扣除的各种款项（代垫的家属医药费、个人所得税等），借记“应付职工薪酬——工资”账户，贷记“其他应收款”“其他应付款”“应交税费——应交个人所得税”等账户。

【例6－2】甲企业结算本月应付职工工资总额1 800 000元，代垫职工家属医药费30 000元，代扣职工水电费10 000元，代扣个人所得税380 000元，实发工资1 380 000元。编制会计分录如下：

（1）发放工资时：

借：应付职工薪酬——工资	1 380 000	
贷：银行存款		1 380 000

（2）结转代垫代扣款项时：

借：应付职工薪酬——工资	420 000	
贷：其他应收款——代垫医药费		30 000

其他应付款——代扣水电费　　10 000
应交税费——应交个人所得税　　380 000

2. 职工福利费、社会保险费、住房公积金、工会经费、职工教育经费的核算

企业在计量应付职工薪酬时，应当注意国家是否有相关的明确计提标准，并加以区别处理：一般而言，对于企业应向社会保险经办机构（或企业年金基金账户管理人）缴纳的医疗保险费、工伤保险费等社会保险费，应向住房公积金管理中心缴存的住房公积金，以及应向工会部门缴存的工会经费等，国家（或企业年金计划）统一规定了计提基础和计提比例，应按国家规定的标准计提；而对于职工福利费等职工薪酬，国家（或企业年金计划）没有明确规定计提基础和计提比例。企业应当根据实际发生额计入当期损益或相关资产成本。

企业向职工食堂、职工医院、生活困难职工等支付职工福利费时，借记"应付职工薪酬——职工福利费"账户，贷记"银行存款""库存现金"等账户。

【例6－3】乙企业2019年9月的在职职工为200人。其中，生产车间180人，管理部门20人。该企业根据历史经验数据按每月每职工向食堂补贴100元。编制分录如下：

借：生产成本　　18 000
　管理费用　　2 000
　贷：应付职工薪酬——职工福利费　　20 000

【例6－4】承【例6－3】，乙企业于2019年9月共支付20 000元补贴给食堂。编制会计分录如下：

借：应付职工薪酬——职工福利费　　20 000
　贷：库存现金　　20 000

【例6－5】2019年9月，甲企业以现金支付职工张某生活困难补助500元。编制会计分录如下：

借：应付职工薪酬——职工福利费　　500
　贷：库存现金　　500

【例6－6】振华公司于2019年10月分配的职工薪酬费用如表6－2所示：

表6－2　职工薪酬分配表

2019年10月　　单位：元

分配对象		职工工资	工会经费	职工教育经费	社会保险费	住房公积金	合计
基本车间	生产人员	98 450	1 969	1 476.75	30 617.95	5 907	138 420.70
	管理人员	19 050	381	285.75	5 924.55	1 143	26 784.30
行政管理人员		20 700	414	310.50	6 437.70	1 242	29 104.20
合计		138 200	2 764	2 073	42 980.20	8 292	194 309.20

编制会计分录如下：

借：生产成本　　138 420.70

制造费用　　　　　　　　　　　　26 784.30

管理费用　　　　　　　　　　　　29 104.20

贷:应付职工薪酬——工资　　　　　　　　　　138 200

——工会经费　　　　　　　　　　2 764

——职工教育经费　　　　　　　　2 073

——社会保险费　　　　　　　　　42 980.20

——住房公积金　　　　　　　　　8 292

向社会保险经办机构缴纳职工社会保险费等时,借记"应付职工薪酬——社会保险费""其他应付款"等账户,贷记"银行存款"等账户。

【例6-7】承【例6-6】,振华公司以转账支票向烟台市住房公积金管理中心缴纳住房公积金16 584元(单位和个人分别负担8 292元),如表6-3、表6-4所示:

表6-3

中国工商银行(鲁) 转账支票存根 No. 53685689 附加信息
出票日期:2019年11月10日
收款人:烟台市住房公积金管理中心
金　额:¥16 584.00
用　途:住房公积金

单位主管　　　　会计

表6-4　住房公积金汇(补)缴款书

2019年11月10日　　　　附清册　张

单位名称		振华公司		汇缴√　2019年11月			
住房公积金账号		18856068668		补缴　　人　　月份			
汇缴金额人民币(大写)　壹万陆仟伍佰捌拾肆圆整　　小写　¥16 584.00							
上月汇缴		本月增加数		本月减少数		本月汇缴	
人数	金额	人数	金额	人数	金额	人数	金额
82	16 584.00					82	16 584.00
付款方式　转账√　现金	付款行:工商银行海港路分理处			付款账号:3723468589606063869		支票号码 略	

根据表6－3和表6－4，编制会计分录如下：

借：应付职工薪酬——住房公积金　　　　8 292

　　其他应付款——住房公积金　　　　8 292

　　贷：银行存款　　　　　　　　　　　　16 584

三、非货币性职工薪酬的核算

（一）非货币性职工薪酬的计量

非货币性职工薪酬，是指企业以非货币性资产支付给职工的薪酬，主要包括企业将自产的产品或其他有形资产作为福利发放给职工，向职工无偿提供住房等供其使用，以及为职工无偿提供医疗保健服务等。企业向职工提供的非货币性职工薪酬，应当分别以下情况处理：

1. 将自产产品或外购商品作为福利发放给职工。企业将其生产的产品作为非货币性福利提供给职工的，应当按照该产品的公允价值和相关税费，计量应计入成本费用的职工薪酬金额，并确认为主营业务收入，其销售成本的结转和相关税费的处理，与正常商品销售相同。将外购商品作为非货币性福利提供给职工的，应当按照该商品的公允价值和相关税费，计量应计入成本费用的职工薪酬金额。

2. 将拥有的房屋等无偿提供给职工使用或租赁住房等资产供职工无偿使用。企业将拥有的房屋等无偿提供给职工使用的，应当根据受益对象，将该住房每期应计提的折旧计入相关资产成本或当期损益，同时确认应付职工薪酬。租赁住房等供职工无偿使用的，应当根据受益对象，将每期应付的租金计入相关资产成本或当期损益，并确认应付职工薪酬。

难以认定受益对象的非货币性福利，直接计入当期损益和应付职工薪酬。

（二）非货币性职工薪酬的核算

企业向职工提供的非货币性福利，应当分别情况处理：

1. 将自产产品或外购商品作为福利发放给职工

企业将其生产的产品作为非货币性福利提供给职工的，应当根据受益对象，按照该产品的公允价值和相关税费，借记“生产成本”“制造费用”“管理费用”等账户，贷记“应付职工薪酬——非货币性福利”账户。企业将其自产产品实际发放给职工时，确认为主营业务收入，借记“应付职工薪酬——非货币性福利”账户，贷记“主营业务收入”账户，同时结转相关成本。涉及增值税、消费税的，还应进行相应地处理。

企业将外购商品作为非货币性福利提供给职工的，应当根据受益对象，按照该商品的公允价值和相关税费，借记“生产成本”“制造费用”“管理费用”等账户，贷记“应付职工薪酬——非货币性福利”账户。企业购买商品时，按照该商品的公允价值和相关税费，借记“应付职工薪酬——非货币性福利”账户，贷记“银行存款”账户。

应该注意的是,将自产产品或外购商品作为福利发放给职工时,企业在进行账务处理时,应当通过"应付职工薪酬"账户归集非货币性职工薪酬金额,并按照用途对实际发生的非货币性职工薪酬进行分配。难以认定受益对象的非货币性福利,直接计入管理费用。

【例6-8】丁企业为小家电生产企业,共有职工180名。其中,160名为直接参加生产的职工,20名为厂部管理人员。2019年5月,丁企业将其生产的每台成本为1 000元的吸尘器作为节日福利发放给每名职工。该型号的吸尘器的市场价为每台1 200元。编制会计分录如下:

(1)企业决定发放非货币性福利时:

借:生产成本	216 960	
管理费用	27 120	
贷:应付职工薪酬——非货币性福利		244 080

(2)实际发放非货币性福利时:

借:应付职工薪酬——非货币性福利	244 080	
贷:主营业务收入		216 000
应交税费——应交增值税(销项税额)		28 080
借:主营业务成本	180 000	
贷:库存商品——吸尘器		180 000

【例6-9】A企业共有100名职工。其中,80名为直接参加生产的职工,20名为厂部管理人员。2019年9月,该企业将外购的每台不含税价格为300元的电饭煲作为福利发放给职工,并开具了增值税专用发票,增值税税率为13%。编制会计分录如下:

(1)企业决定发放非货币性福利时:

借:生产成本	27 120	
管理费用	6 780	
贷:应付职工薪酬——非货币性福利		33 900

(2)购买电饭煲时:

借:应付职工薪酬——非货币性福利	33 900	
贷:银行存款		33 900

2. 将企业拥有的房屋等无偿提供给职工使用

企业将拥有的房屋等无偿提供给职工使用的,应当根据受益对象,将该住房每期应计提的折旧计入相关资产成本或当期损益,同时确认应付职工薪酬,借记"管理费用""生产成本""制造费用"等账户,贷记"应付职工薪酬——非货币性福利"账户,并且同时借记"应付职工薪酬——非货币性福利"账户,贷记"累计折旧"账户。难以认定受益对象的,直接计入当期损益,并确认应付职工薪酬。

3. 企业租赁住房等资产供职工无偿使用

企业租赁住房等资产供职工无偿使用的,应当根据受益对象,将每期应付的租金计入相关资产成本或当期损益,同时确认应付职工薪酬,借记"管理费用""生产成本""制造费用”等账户，贷记“应付职工薪酬——非货币性福利”账户，并同时借记“应付职工薪酬——非货币性福利”账户，贷记“银行存款”“其他应付款”等账户。难以认定受益对象的，直接计入当期损益，并确认应付职工薪酬。

【例6-10】B公司总部为30名部门经理以上职工每人配备一辆汽车，供其免费使用。假定每辆汽车每月计提折旧1 200元。同时，该公司为8名副总裁以上高级管理人员每人租赁一套面积为180平方米的公寓，每套月租金为6 000元。编制会计分录如下：

借：管理费用	36 000	
贷：应付职工薪酬——非货币性福利		36 000
借：应付职工薪酬——非货币性福利	36 000	
贷：累计折旧		36 000
借：管理费用	48 000	
贷：应付职工薪酬——非货币性福利		48 000
借：应付职工薪酬——非货币性福利	48 000	
贷：其他应付款		48 000

【任务处理】

烟台好利来果胶食品有限公司2019年5月的部分经济业务账务处理如下：

1.(1)5月10日，向银行提取现金508 813元。

借：库存现金	508 813	
贷：银行存款		508 813

(2)5月10日，用现金508 813元发放职工工资。

借：应付职工薪酬——工资	508 813	
贷：库存现金		508 813

(3)5月10日，结转代扣款项38 387元时，应借记“应付职工薪酬——工资”账户；代扣个人的“社会保险费和住房公积金”时，应贷记“其他应付款——社会保险费”账户和“其他应付款——住房公积金”账户；代扣个人的所得税时，应贷记“应交税费——应交个人所得税”账户。

借：应付职工薪酬——工资	38 387	
贷：其他应付款——社会保险费		27 889
——住房公积金		10 163
应交税费——应交个人所得税		335

2.5月20日，缴纳社会保险费164 623.56元，应借记“应付职工薪酬——社会保险费”账户(单位负担部分)、“其他应付款——社会保险费”账户(个人负担部分)，贷记“银行存款”账户。

借：应付职工薪酬——社会保险费	136 734.56	
其他应付款——社会保险费	27 889	

贷:银行存款　　164 623.56

3.5月25日,缴纳住房公积金20 326元,应借记"应付职工薪酬——住房公积金"账户(单位负担部分)、"其他应付款——住房公积金"账户(个人负担部分),贷记"银行存款"账户。

借:应付职工薪酬——住房公积金　　10 163
　其他应付款——住房公积金　　10 163
　贷:银行存款　　20 326

4.5月26日,将自产产品作为福利发放给员工,共计7 020元。

(1)决定发放时,按照"谁受益谁负担"的原则,计入有关的成本费用账户,同时确认应付职工薪酬。应确认的应付职工薪酬为30×200×(1+13%)=6 780(元)。其中,应记入"生产成本"账户的金额为30×180×1.13=6 102(元),应记入"制造费用"账户的金额为30×7×1.13=237.30(元),应记入"管理费用"账户的金额为30×13×1.13=440.70(元)。

借:生产成本　　6 102
　制造费用　　237.30
　管理费用　　440.70
　贷:应付职工薪酬——非货币性福利　　6 780

(2)实际发放时,应视同销售,确认的主营业务收入为30×200=6 000(元),确认的增值税销项税额为30×200×13%=780(元),同时应结转的销售成本为20×200=4 000(元)。

借:应付职工薪酬——非货币性福利　　6 780
　贷:主营业务收入　　6 000
　　应交税费——应交增值税(销项税额)　　780
借:主营业务成本　　4 000
　贷:库存商品　　4 000

5.5月28日,支付职工困难补助10 000元,应借记"应付职工薪酬——职工福利费"账户,贷记"库存现金"账户。

借:应付职工薪酬——职工福利费　　10 000
　贷:库存现金　　10 000

6.5月31日,分配职工工资547 200元,应根据受益原则,分别计入有关的成本费用账户,同时确认应付职工薪酬。应借记"生产成本""制造费用""管理费用"账户,贷记"应付职工薪酬——工资"账户。

借:生产成本　　478 800
　制造费用　　22 800
　管理费用　　45 600
　贷:应付职工薪酬——工资　　547 200

7.5月31日，计提工会经费547 200×2%＝10 944（元），职工教育经费547 200×1.5%＝8 208（元）。根据受益原则，应计入“生产成本”账户的金额为478 800×（2%＋1.5%）＝16 758（元），应计入“制造费用”账户的金额为22 800×（2%＋1.5%）＝798（元），应计入“管理费用”账户的金额为45 600×（2%＋1.5%）＝1 596（元），相关会计分录如下：

借：生产成本	16 758	
制造费用	798	
管理费用	1 596	
贷：应付职工薪酬——工会经费		10 944
——职工教育经费		8 208

【项目小结】

职工薪酬是指企业为获得职工提供的服务而给予各种形式的报酬以及其他相关支出，包括短期薪酬、离职后福利、辞退福利和其他长期职工福利，属于企业的流动负债。本项目主要介绍以下几个问题：职工薪酬的内容、职工薪酬的确认与计量、应付货币性短期薪酬和非货币性福利的核算等。本项目的主要业务核算如下表所示：

业务内容			会计分录
货币性短期薪酬	工资	确认	借：生产成本 　　制造费用 　　管理费用 　　销售费用等 　　贷：应付职工薪酬——工资
货币性职工薪酬	工资	发放	借：应付职工薪酬——工资 　　贷：银行存款（库存现金）
		代扣款项	借：应付职工薪酬——工资 　　贷：其他应收款（其他应付款） 　　　　应交税费——应交个人所得税
	职工福利费、社会保险费、住房公积金、工会经费、职工教育经费等	确认	借：生产成本 　　制造费用 　　管理费用 　　销售费用等 　　贷：应付职工薪酬——职工福利费等
		支付	借：应付职工薪酬——职工福利费等 　　贷：银行存款（库存现金）

（续表）

业务内容			会计分录
非货币性福利	将自产产品发放给职工作福利	确认	借:生产成本 制造费用 管理费用 销售费用等 贷:应付职工薪酬——非货币性福利
		发放	借:应付职工薪酬——非货币性福利 贷:主营业务收入 应交税费——应交增值税(销项税额) 借:主营业务成本 贷:库存商品
	将外购商品发放给职工作福利	确认	借:生产成本 制造费用 管理费用 销售费用等 贷:应付职工薪酬——非货币性福利
		购买商品	借:应付职工薪酬——非货币性福利 贷:银行存款
	将拥有的房屋等资产无偿提供给职工使用		借:生产成本 制造费用 管理费用 销售费用等 贷:应付职工薪酬——非货币性福利 借:应付职工薪酬——非货币性福利 贷:累计折旧
非货币性福利	租赁住房等资产供职工无偿使用		借:生产成本 制造费用 管理费用 销售费用等 贷:应付职工薪酬——非货币性福利 借:应付职工薪酬——非货币性福利 贷:银行存款(其他应付款)

【关键名词】

职工薪酬　短期薪酬　职工工资　职工福利费　社会保险费　住房公积金　工会经费　职工教育经费　非货币性福利　离职后福利　辞退福利　其他长期职工福利

【想一想】

1. 职工薪酬的内容包括哪些？如何进行职工薪酬的确认和计量？

2. 如何进行职工薪酬的核算？

【能力拓展】

一、职工的范围

《企业会计准则第9号——职工薪酬》所称的“职工”比较宽泛,与《劳动法》中的“劳动者”相比,既有重合,又有拓展,包括以下三类人员:

第一,与企业订立劳动合同的所有人员,含全职、兼职和临时职工。

第二,未与企业订立劳动合同,但由企业正式任命的人员,如董事会成员、监事会成员等。

第三,在企业的计划和控制下,虽未与企业订立劳动合同或未由其正式任命,但为其提供与职工类似服务的人员,如劳务用工合同人员,也视为企业职工。

二、辞退福利的确认与计量

(一)辞退福利的含义

辞退福利是指企业因解除与职工的劳动关系给予职工的补偿。它一般包括两方面的内容:一是职工劳动合同到期前,不论职工本人是否愿意,企业决定解除与职工的劳动关系而给予的补偿;二是职工劳动合同到期前,为鼓励职工自愿接受裁减而给予的补偿,职工有权选择继续在职或接受补偿离职。辞退福利通常采取在解除劳动关系时一次性支付补偿的方式,也可采用提高退休后养老金或其他离职后福利的标准或者将职工工资支付至辞退后未来某一期间的方式。

(二)辞退福利的确认

职工薪酬准则规定,企业在职工劳动合同到期之前解除与职工的劳动关系,或者为鼓励职工自愿接受裁减而提出给予补偿的建议时,同时满足下列条件的,应当确认因解除与职工的劳动关系给予补偿而产生的预计负债,同时计入当期管理费用:

1. 企业已经制定正式的解除劳动关系计划或提出自愿裁减协议,并即将实施。

2. 企业不能单方面撤回解除劳动关系计划或裁减建议。

(三)辞退福利的计量

企业应当根据职工薪酬准则和有关规定,合理预计并确认辞退福利产生的负债。辞退福利的计量因辞退计划中职工有无选择权而有所不同。

1. 对于职工没有选择权的辞退计划,应当根据计划条款规定的拟解除劳动合同的职工数量、每一位职工的辞退补偿等计提应付职工薪酬(预计负债)。

2. 对于自愿接受裁减的建议,因接受裁减的职工数量不确定,企业应当根据有关规定,预计将会接受裁减建议的职工数量,根据预计的职工数量和每一位职工的辞退补偿等计提应付职工薪酬(预计负债)。

3. 对于实质性辞退工作在一年内实施完毕、但补偿款项超过一年支付的辞退计划，企业应当选择恰当的折现率，以折现后的金额计量应计入当期管理费用的辞退福利金额。该项金额与实际应支付的辞退福利款项之间的差额，作为未确认融资费用，在以后实际支付辞退福利款项时，计入财务费用。

三、短期带薪缺勤的确认与计量

对于职工带薪缺勤，企业应当根据其性质及职工享有的权利，分为累积带薪缺勤和非累积带薪缺勤两类。企业应当对累积带薪缺勤和非累积带薪缺勤分别进行会计处理。如果带薪缺勤属于长期带薪缺勤的，企业应当作为其他长期职工福利处理。

（一）累积带薪缺勤，是指带薪权利可以结转下期的带薪缺勤，本期尚未用完的带薪缺勤权利可以在未来期间使用。企业应当在职工提供服务从而增加了其未来享有的带薪缺勤权利时，确认与累计带薪缺勤相关的职工薪酬，并以累积未行使权利而增加的预期支付金额计量。确认累计带薪缺勤时，借记"管理费用"等账户，贷记"应付职工薪酬—带薪缺勤—短期带薪缺勤—累积带薪缺勤"账户。

（二）非累积带薪缺勤，是指带薪权力不能结转下期的带薪缺勤，本期尚未用完的带薪缺勤权力将予以取消，并且职工离开企业时也无权获得现金支付。我国企业职工休婚假、产假、丧假、探亲假、病假期间的工资通常属于非累积带薪缺勤。由于职工提供服务本身不能增加其能够享受的福利金额，企业在职工未缺勤时不应当计提相关费用和负债。为此，企业应当在职工实际发生缺勤的会计期间确认与非累积带薪缺勤相关的职工薪酬。

企业确认职工享有的与非累积带薪缺勤权利相关的薪酬，视同职工出勤确认的当期损益或相关资本成本。通常情况下，与非累积带薪缺勤相关的职工薪酬已经包括在企业每期向职工发放的工资等薪酬中，因此，不必额外作相应的账务处理。

【技能训练】

一、职业判断能力训练

（一）单项选择题

1. 企业从职工工资中代扣代缴的职工个人所得税，应借记的会计科目是（　　）。
   A. 其他应付款　　B. 应付职工薪酬
   C. 银行存款　　D. 应交税费——应交所得税
2. 下列项目中，不属于职工薪酬的是（　　）。
   A. 职工工资　　B. 工会经费
   C. 医疗保险费　　D. 职工出差报销的车票
3. 应由生产产品负担的职工薪酬，应当（　　）。
   A. 计入管理费用　　B. 计入生产成本
   C. 确认为当期费用　　D. 计入销售费用

4. 企业作为福利为高管人员配备汽车。计提这些汽车折旧时，应编制的会计分录是(　　)。

A. 借记“累计折旧”科目，贷记“固定资产”科目

B. 借记“管理费用”科目，贷记“固定资产”科目

C. 借记“管理费用”科目，贷记“应付职工薪酬”科目；同时借记“应付职工薪酬”科目，贷记“累计折旧”科目

D. 借记“管理费用”科目，贷记“固定资产”科目；同时借记“应付职工薪酬”科目，贷记“累计折旧”科目

5. 下列关于职工的范围的表述正确的是(　　)。

A. 职工不包括兼职人员　　B. 职工不包括临时人员

C. 职工不包括劳务用工合同人员　　D. 职工包括董事会成员、监事会成员等

6. 下列说法错误的是(　　)。

A. 应由生产产品负担的职工薪酬，计入产品成本

B. 应由在建工程、无形资产负担的职工薪酬，计入固定资产或无形资产成本

C. 应由提供劳务负担的职工薪酬，计入劳务成本

D. 应由在建工程、无形资产负担的职工薪酬，计入当期损益

7. 下列说法正确的是(　　)。

A. 计量应付职工薪酬时，一般应按照企业历史经验数据和实际情况计提

B. 当期发生金额与预计金额有差额的，以预计金额为准

C. 企业将其自产产品作为非货币性职工福利发放给职工的，应计入相关资产成本或当期损益

D. 辞退福利全部计入当期营业外支出

8. 非货币性福利不包括(　　)。

A. 将自产产品作为福利发放给职工

B. 将企业拥有的资产无偿提供给职工使用

C. 为职工无偿提供医疗保健服务

D. 工会经费和职工教育经费

9. 下列各项中，不应通过“应付职工薪酬”科目核算的是(　　)。

A. 支付给兼职人员的工资　　B. 代扣的生产工人个人所得税

C. 支付给退休人员的退休费　　D. 支付给管理人员的奖金

10. 关于职工薪酬的表述正确的是(　　)。

A. 以购买商业保险形式提供给职工的各种保险待遇不属于职工薪酬

B. 根据企业年金计划缴纳的补充养老保险费不属于职工薪酬

C. 提供给职工配偶的福利不属于职工薪酬

D. 以购买商业保险形式提供给职工的各种保险待遇属于职工薪酬

（二）多项选择题

1. 下列各项中，应通过“应付职工薪酬”科目核算的项目有（　　）。

A. 职工工资　　B. 解除劳务关系给予的补偿

C. 职工的社会保险费　　D. 职工离职后提供给职工的非货币性福利

2. 下列项目中，属于职工薪酬的有（　　）。

A. 失业保险费　　B. 非货币性福利

C. 职工教育经费　　D. 辞退福利

3. 企业在无形资产研究阶段发生的职工薪酬，不应当（　　）。

A. 计入管理费用　　B. 计入在建工程成本

C. 计入无形资产成本　　D. 计入固定资产成本

4. 下列各项中，应作为应付职工薪酬核算的有（　　）。

A. 支付的工会经费　　B. 支付的职工教育经费

C. 为职工支付的住房公积金　　D. 为职工无偿提供的医疗保健服务

5. 下列说法正确的是（　　）。

A. 企业将其自产产品作为非货币性职工福利发放给职工的，应根据受益对象，按照产品的公允价值，计入相关资产成本或当期损益，同时确认应付职工薪酬

B. 将企业拥有的房屋等资产无偿提供给职工使用的，应根据受益对象，将该住房每期应计提的折旧，计入相关资产成本或当期损益，同时确认应付职工薪酬

C. 租赁住房等资产无偿提供给职工使用的，应根据受益对象，将每期应支付的租金，计入相关资产成本或当期损益，同时确认应付职工薪酬

D. 难以认定受益对象的非货币性职工福利，直接计入当期损益和应付职工薪酬

6. 以银行存款缴纳职工医疗保险费时，应借记的会计科目不是（　　）。

A. 管理费用　　B. 其他应付款

C. 应付职工薪酬　　D. 在建工程

7. 以下属于货币性职工薪酬的有（　　）。

A. 职工福利费　　B. 社会保险费

C. 工会经费　　D. 住房公积金

8. 下列职工薪酬中，应当根据职工提供服务的受益对象计入成本费用的是（　　）。

A. 构成工资总额的部分

B. 因解除与职工的劳动关系给予的补偿

C. 工会经费和职工教育经费

D. 社会保险费

9. 下列说法正确的是（　　）。

A. 职工薪酬包括医疗保险、生育保险、工伤保险等社会保险费

B. 职工薪酬包括工会经费和职工教育经费

C. 职工薪酬包括因解除与职工的劳动关系给予的补偿

D. 职工薪酬不包括因解除与职工的劳动关系给予的补偿

10. 下列属于职工薪酬的是(　　)。

A. 企业为职工在职期间和离职后提供的全部货币性薪酬

B. 企业为职工在职期间和离职后提供的全部非货币性薪酬

C. 提供给职工配偶的福利

D. 提供给职工子女的福利

(三)判断题

1. 职工离职后,企业提供给职工的全部货币性薪酬和非货币性福利,不应通过“应付职工薪酬”科目核算。(　　)

2. 企业为职工缴纳的基本养老保险金、补充养老保险费,以及为职工购买的商业养老保险,均属于企业提供的职工薪酬。(　　)

3. 将自产产品作为福利发放给职工的,应当按照该产品的成本计量应计入成本费用的职工薪酬金额。(　　)

4. 企业如将拥有的房屋等无偿提供给职工使用,应当根据受益对象的不同将该住房每期应计提的折旧记入相关资产成本或当期损益,同时确认应付职工薪酬。(　　)

5. 租赁住房等无偿提供给职工使用的,应根据受益对象,将每期应支付的租金计入相关资产成本或当期损益,同时确认应付职工薪酬。(　　)

6. 根据企业年金计划缴纳的补充养老保险费不属于职工薪酬。(　　)

7. 职工薪酬是指为获得职工提供的服务而给予各种形式的报酬和其他相关支出,包括提供给职工的全部货币性薪酬和非货币性福利。(　　)

8. 辞退福利全部计入当期产品成本。(　　)

9. 企业在职工劳动合同到期之前解除与职工的劳动关系时,一般应当确认因解除与职工的劳动关系给予补偿而产生的应付职工薪酬。(　　)

10. 难以认定受益对象的非货币性职工福利,直接计入当期损益和应付职工薪酬。(　　)

二、职业实践能力训练

1. 某企业计算本月应付职工工资总额231 000元。其中,生产工人的工资为160 000元,车间管理人员的工资为35 000元,厂部管理部门人员的工资为30 200元,销售人员的工资为5 800元。代扣代缴个人所得税3 000元,实发工资228 000元。

要求:编制该企业的相关会计处理的分录。

2. 金鑫上市公司为增值税一般纳税人,适用的增值税税率为13%。2019年5月发生的与职工薪酬有关的交易或事项如下:

(1)对行政管理部门使用的设备进行日常维修,应付企业内部维修人员工资1.2

万元。

（2）对以经营租赁方式租入的生产线进行改良，应付企业内部改良工程人员工资 3 万元。

（3）为公司总部下属 25 位部门经理每人配备汽车一辆免费使用，假定每辆汽车每月折旧 0.08 万元。

（4）将 50 台自产的 V 型厨房清洁器作为福利分配给本公司行政管理人员。该厨房清洁器每台的生产成本为 1.2 万元，市场售价为 1.5 万元（不含增值税）。

（5）月末，分配职工工资 150 万元。其中，直接生产产品人员的工资为 105 万元，车间管理人员的工资为 15 万元，企业行政管理人员的工资为 20 万元，专设销售机构人员的工资为 10 万元。

（6）以银行存款缴纳职工医疗保险费 5 万元。其中，单位负担 3.445 万元，职工个人负担 1.555 万元。

（7）按规定计算代扣代交职工个人所得税 0.8 万元。

（8）以现金支付职工张某生活困难补助 0.1 万元。

（9）从应付赵经理的工资中，扣回上月代垫的应由其本人负担的医疗费 0.8 万元。

要求：编制甲上市公司 2019 年 5 月上述交易或事项的会计分录。

CHAPTER 7 项目七

应交税费的核算

【学习目标】

通过学习，明确应交税费的内容，了解应交税费的计算，掌握应交增值税、应交消费税的核算，熟悉其他应交税费的核算。

【重点难点】

1. 应交增值税的核算。

2. 应交消费税的核算。

任务一　认知应交税费

【任务目标】

通过本任务的学习，能够了解企业应交税费的种类，能够准确地判断企业所承担的税费哪些属于应交税费核算的范畴。

【任务导入】

甲公司为增值税一般纳税人，生产并销售应税消费品。2019 年 9 月，购入原材料，增值税专用发票上注明的价款为 30 万元，增值税为 3.9 万元。因资金暂时困难，上述款项尚未支付。销售的应税消费品的不含税售价为 600 万元，出租设备的租金为 12 万元。

该企业适用的增值税率为 13%，消费税率为 10%，城市维护建设税率为 7%，教育费附加率为 3%。

请问：

1. 该企业存在哪些税费？

2. 该企业计提、缴纳这些税费是否会影响企业当期的损益？

【知识导航】

1. 应交税费的概念

应交税费是指企业在生产经营过程中，按照税法规定应交纳的各种税费，主要包括增值税、消费税、所得税、资源税、城市维护建设税、土地增值税、耕地占用税、房产税、城镇土地使用税、印花税、车船税、教育费附加、矿产资源补偿费等。

2. 应交税费的核算

为了核算应交纳的各种税费,企业应设置"应交税费"账户。该账户属于负债类账户,贷方登记应交纳的各种税费,借方登记已交纳的税费;期末余额一般在贷方,表示尚未交纳的税费;如果期末余额在借方,表示多交或尚未抵扣的税费。该账户可按应交的税费项目设置明细账进行明细核算,例如应交增值税、应交消费税等。

企业代扣代交的个人所得税等,也通过"应交税费"账户核算,而企业交纳的印花税、耕地占用税以及其他不需要预计应交数的税金,不通过"应交税费"账户核算。

【任务处理】

1. 甲公司存在的税费包括增值税、消费税、城市维护建设税、教育费附加等。

2. 甲公司计提、缴纳的消费税、城市维护建设税、教育费附加等税费应计入税金及附加,这样就会减少企业当期的损益。

任务二　应交增值税的核算

【任务目标】

通过对应交增值税的学习,能够学会应交增值税的计算,能够结合日常购销业务处理应交增值税的经济业务。

【任务导入】

烟台好利来果胶食品有限公司属增值税一般纳税人,纳税人登记号为37060219505928,法人代表为张俊杰,财务部长为李辉,出纳员为尹伟娜,制单员为王丽萍。开户银行为工商银行莱山支行,开户行地址为烟台市莱山区海港路987号,账号为140602007698。

该公司的存货收发采用实际成本核算。2019年5月1日,该公司"应交税费——应交增值税"账户的期初借方余额为3 500元,该借方余额可从本月的销项税额中抵扣;"应交税费——未交增值税"明细账户的期初贷方余额为5 000元。该企业2019年5月发生下列经济业务:

1. 从一般纳税企业购入一批酒精,增值税专用发票上注明的酒精价款为100 000元,增值税额为13 000元,运费2 000元,运费增值税180元,共计115 180元,货款以银行存款支付,酒精已经到达企业并验收入库。

2. 销售苹果果胶一批。增值税专用发票上注明的价款为200 000元,增值税额为26 000元。提货单和增值税专用发票已交购货方,并收到购货方开出并承兑的商业承兑汇票。

3. 由于管理不善,毁损库存酒精一批,其成本为10 000元,应由该批酒精负担的增值税额为1 300元。

4. 对外投资一批低脂果胶，投资双方协商的不含税价值为 100 000 元，该批产品的实际成本为 80 000 元。

5. 销售桃子浓缩果汁 500 箱，市场价格为 50 000 元，增值税额为 6 500 元，收到一张金额为 56 500 元的转账支票，并存入银行。

6. 收购免税农产品，收购凭证上注明的买价为 80 000 元，产品已验收入库。假定农产品准予抵扣的进项税额按买价的 10% 计算确定，其收购凭证如表 7－1 所示：

表 7－1　山东省免税农产品专用收购凭证

发票代码

购货单位：好利来果胶食品有限公司　税务登记证号：37060219505928　发票号码

<table>
<tr><th rowspan="2">购进免税农产品名称</th><th rowspan="2">计量单位</th><th rowspan="2">数量</th><th rowspan="2">单价</th><th colspan="8">金额</th><th rowspan="2">备注</th></tr>
<tr><th>十</th><th>万</th><th>千</th><th>百</th><th>十</th><th>元</th><th>角</th><th>分</th></tr>
<tr><td>苹果</td><td>公斤</td><td>10 000</td><td>8</td><td></td><td>8</td><td>0</td><td>0</td><td>0</td><td>0</td><td>0</td><td>0</td><td></td></tr>
<tr><td></td><td></td><td></td><td></td><td></td><td></td><td></td><td></td><td></td><td></td><td></td><td></td><td rowspan="6">增值税一般纳税人购进免税农产品时，可根据税法规定的扣除率计提进项税额。小规模纳税人购进免税农产品时，不得作为扣税凭证。</td></tr>
<tr><td></td><td></td><td></td><td></td><td></td><td></td><td></td><td></td><td></td><td></td><td></td><td></td></tr>
<tr><td>合计</td><td></td><td></td><td></td><td>¥</td><td>8</td><td>0</td><td>0</td><td>0</td><td>0</td><td>0</td><td>0</td></tr>
<tr><td colspan="12">人民币大写：捌万零仟零佰零拾零圆零角零分</td></tr>
<tr><td colspan="12">销货单位名称或个人签字：</td></tr>
<tr><td colspan="12"></td></tr>
<tr><td colspan="13">销货单位地址或个人地址：　　　　　　联系电话：</td></tr>
</table>

付款人：　　　开票日期：2019 年 5 月 28 日　　　购货单位（未盖章无效）

7. 用银行存款 25 000 元缴纳增值税，其中包括上月欠交增值税 5 000 元。

8. 计算并结转 5 月份的应交增值税。

要求：编制上述业务的会计分录并登记“应交税费——应交增值税”明细账户。

【知识导航】

一、应交增值税的计算

增值税是以商品（含应税劳务、应税行为）在流转过程中产生的增值税额作为计税依据而征收的一种流转税。我国增值税相关法规规定，在我国境内（以下称境内）销售货物、提供加工修理修配劳务、服务、无形资产和不动产以及进口货物的企业、单位和个人为增值税纳税人，应当按照本办法缴纳增值税。其中，“服务”是指提供交通运输服务、建筑服务、邮政服务、电信服务、金融服务、现代服务、生活服务。

按照纳税人的经营规模及会计核算的健全程度,增值税纳税人分为一般纳税人和小规模纳税人。小规模纳税人是指年销售额在规定的数额以下、会计核算不健全不能够提供准确税务资料的纳税义务人。计算增值税的方法分为一般计税方法和简易计税方法。

(一)一般纳税人增值税的计算

一般纳税人大多采用一般计税方法计算当期增值税应纳税额,即先按当期销售额和适用税率计算出销项税额,然后对当期购进项目向对方支付的税款进行抵扣,从而间接算出当期的应纳税额。其计算公式为:

当期应纳税额 = 当期销项税额 - 当期进项税额

当期销项税额 = 当期销售额 × 税率

当期进项税额 = 购进货物或接受应税劳务(和应税服务)价款 × 税率

需要注意的是,"当期销项税额"是指纳税人发生应税行为按照销售额和增值税税率计算并收取的增值税额。其中销售额是指纳税人发生应税行为取得的全部价款和价外费用,财政部和国家税务总局另有规定的除外。

"当期进项税额"是指纳税人购进货物、加工修理修配劳务、应税服务、无形资产或者不动产,支付或者负担的增值税额。通常包括:

①从销售方取得的增值税专用发票(含税控机动车销售统一发票,下同)上注明的增值税额。

②从海关取得的海关进口增值税专用缴款书上注明的增值税额。

③购进农产品,除取得增值税专用发票或者海关进口增值税专用缴款书外,按照农产品收购发票或者销售发票上注明的农产品买价和9%的扣除率计算的进项税额,如用于生产销售或委托加工13%税率货物的农产品,按照农产品收购发票或销售发票上注明的农产品买价和10%的扣除率计算的进项税额,计算公式为:

进项税额 = 买价 × 扣除率

买价,是指纳税人购进农产品在农产品收购发票或者销售发票上注明的价款和按照规定缴纳的烟叶税。购进农产品,按照《农产品增值税进项税额核定扣除试点实施办法》抵扣进项税额的除外。

④从境外单位或者个人购进服务、无形资产或者不动产,自税务机关或者扣缴义务人取得的解缴税款的完税凭证上注明的增值税额。

⑤一般纳税人支付的道路、桥、闸通行费,凭取得的通行费发票上注明的收费金额和规定的方法计算的可抵扣的增值税进项税额。

当期销项税额小于当期进项税额不足抵扣时,其不足部分可以结转下期继续抵扣。一般纳税人发生财政部和国家税务总局规定的特定应税销售行为,也可以选择简易计税方式计税,但是不得抵扣进项税额。

（二）小规模纳税人增值税的计算

小规模纳税人销售货物或者提供应税劳务时，只能开具普通发票，不能开具增值税专用发票，并不得抵扣进项税额；小规模纳税企业销售货物或提供应税劳务时，实行简易办法计算应纳税额，即按照销售额（不含税价格）和征收率（3%）计算。小规模纳税企业购入货物时无论是否取得增值税专用发票，其支付的增值税额均不计入进项税额，不得由销项税额抵扣，而应当计入购入货物的成本。

小规模纳税人应纳增值税的计算公式如下：

应纳增值税 = 不含税销售额 × 征收率

不含税销售额 = 含税销售额 ÷（1 + 征收率）

（三）增值税税率和征收率

一般纳税人采用的税率分为13%、9%、6%和零税率；采用简易计税方式的增值税征收率为3%，国家另有规定的除外。

1.13%。一般纳税人销售或者进口货物（税法另有规定除外），提供应税劳务（加工修理修配劳务等）以及提供有形动产租赁服务，税率为13%，即基本税率。

2.9%。一般纳税人提供交通运输、邮政、基础电信、建筑、不动产租赁服务，销售不动产，转让土地使用权，销售或者进口下列货物，适用9%的低税率：

（1）粮食等农产品、食用植物油、食用盐；（2）自来水、暖气、冷气、热水、煤气、石油液化气、天然气、沼气、居民用煤炭制品；（3）图书、报纸、杂志、音像制品、电子出版物；（4）饲料、化肥、农药、农机、农膜。

3.6%。一般纳税人发生应税行为，除上述规定外，适用6%的低税率，包括现代服务、金融服务、生活服务以及销售、租赁无形资产等。

4.零税率。一般纳税人出口货物，税率为零；但是，国务院另有规定的除外。一般纳税人境内单位和个人发生的跨境应税行为，税率为零。具体范围由财政部和国家税务总局另行规定。

5.3%。小规模纳税人增值税征收率为3%，财政部和国家税务总局另有规定的除外。

二、应交增值税的核算

（一）一般纳税人增值税的核算

1.明细科目的设置

为了详细核算一般纳税企业各月应交增值税发生、抵扣、交纳、退税及转出等情况，企业应当在“应交税费”科目下设置“应交增值税”“未交增值税”“预交增值税”“待抵扣进项税额”“待认证进项税额”“待转销项税额”“增值税留抵税额”“简易计税”“转让金融商品应交增值税”“代扣代交增值税”等明细科目。其中,一般纳税人“应交增值税”明细账还应设置“进项税额”“销项税额抵减”“已交税金”“转出未交增值税”“减免税款”“出口抵减内销产品应纳税额”“销项税额”“出口退税”“进项税额转出”“转出多交增值税”等专栏以进一步反映企业应交增值税的计提、扣减和结转等情况。其账户格式如表7－2所示。

表7－2　应交税费明细账

户名:应交增值税

年		凭证号数	摘要	借方					贷方					借或贷	余额
月	日			进项税额	已交税金	转出未交增值税	减免税款	合计	销项税额	出口退税	进项税额转出	转出多交增值税	合计		

(1)“进项税额”专栏,记录一般纳税人购进货物,加工修理修配劳务、服务、无形资产或不动产而支付或负担的准予从当期销项税额中抵扣的增值税税额。

(2)“销项税额抵减”专栏,记录一般纳税人按照现行增值税制度规定因扣减销售额而减少的销项税额。

(3)“已交税金”专栏,记录一般纳税人当月已缴纳的应交增值税税额。

(4)“转出未交增值税”和“转出多交增值税”专栏,分别记录一般纳税人月度终了转出当月应交未交或多交的增值税税额。

(5)“减免税款”专栏,记录一般纳税人按现行增值税制度规定准予减免的增值税税额。

(6)“出口抵减内销产品应纳税额”专栏,记录实行“免、抵、退”办法的一般纳税人按规定计算的出口货物的进项税抵减内销产品的应纳税额。

(7)“销项税额”专栏,记录一般纳税人销售货物、加工修理修配劳务、服务、无形资产或不动产应收取的增值税税额。

(8)“出口退税”专栏,记录一般纳税人出口货物、加工修理修配劳务、服务、无形资产按规定退回的增值税税额。

(9)“进项税额转出”专栏,记录一般纳税人购进货物,加工修理修配劳务、服务、无形资产或不动产等发生非正常损失以及其他原因而不应从销项税额中抵扣、按规定转出的进项税额。

通过上述专栏反映后,“应交增值税”明细账户在月末如有余额,只能在借方,表示尚未抵扣的增值税。

“未交增值税”明细科目,核算一般纳税人月度终了从“应交增值税”或“预交增值税”明细科目转入当月应交未交、多交或预缴的增值税额,以及当月缴纳以前期间未交的增值税税额。

“待认证进项税额”明细科目,核算一般纳税人由于未经税务机关认证而不得从当期销项税额中抵扣的进项税额。包括一般纳税人已取得增值税扣税凭证、按照现行增值税制度规定准予从销项税额中抵扣、但尚未经税务机关认证的进项税额以及一般纳税人已申请稽核但尚未取得稽核相符结果的海关缴款书进项税额。

“待抵扣进项税额”明细科目,核算一般纳税人已取得增值税扣税凭证并经税务机关认证,按照现行增值税制度规定,准予以后期间从销项税额中抵扣的进项税额。

“简易计税”明细科目,核算一般纳税人采用简易计税方法发生的增值税计提、扣减、预缴、缴纳等业务。

(注:其他明细科目将在后面加以介绍)

2. 应交增值税的核算

(1)进项税额。企业从国内采购商品或接受应税劳务和应税服务等,根据增值税专用发票上记载的应计入采购成本或应计入加工、修理修配等物资成本的金额,借记“固定资产”“材料采购”“在途物资”“原材料”“库存商品”或“生产成本”“制造费用”“委托加工物资”“管理费用”等科目,按当月已认证的可抵扣增值税额,借记“应交税费——应交增值税(进项税额)”科目,按当月未认证的可抵扣增值税额,借记“应交税费——待认证进项税额”科目,按应付或实际支付的金额,贷记“应付账款”“应付票据”“银行存款”等科目。发生退货的,如原增值税专用发票已做认证,应根据税务机关开具的红字增值税专用发票做相反的会计分录;如原增值税专用发票未做认证,应将发票退回并做相反的会计分录。

企业购入免税农产品,除取得增值税专用发票或者海关进口增值税专用缴款书外,按照买价和9%的扣除率计算进项税额,购进用于生产销售或委托加工13%税率货物的农产品,按照买价和10%的扣除率计算进项税额,借记“应交税费－应交增值税(进项税额)”科目,按买价扣除按规定计算的进项税额后的差额,借记“材料采购”“原材料”“商品采购”“库存商品”等科目。按照应付或实际支付的价款,贷记“应付账款”“银行存款”等科目。

(2)进项税额转出。企业已单独确认进项税额的购进货物、加工修理修配劳务或者服务、无形资产或者不动产但其事后改变用途(如用于简易计税方法计税项目、免征增值税项目、非增值税应税项目等),或发生非正常损失,原已计入进项税额、待抵扣进项税额或待认证进项税额,按照现行增值税制度规定不得从销项税额中抵扣。这里所说的“非正常损失”,根据现行增值税制度规定,是指因管理不善造成货物被盗、丢失、霉烂变质,以及因违反法律法规造成货物或者不动产被依法没收、销毁、拆除的情形。

进项税额转出的账务处理为,借记“待处理财产损溢”“应付职工薪酬”“固定资产”“无形资产”等账户,贷记“应交税费——应交增值税(进项税额转出)”“应交税费——待抵扣进项税额”或“应交税费——待认证进项税额”账户。属于转作待处理财产损失的进项税额,应与非正常损失的购进货物、在产品或库存商品、固定资产或无形资产的成本一并处理。

需要说明的是,一般纳税人购进货物、加工修理修配劳务、服务、无形资产或不动产,用于简易计税方法计税项目、免征增值税项目、集体福利或个人消费等,即使取得的增值税专用发票上已注明增值税进项税额,该税额按照现行增值税制度规定也不得从销售税额中抵扣的,取得增值税专用发票时,应将待认证的目前不可抵扣的增值税进项税额,借记“应交税费——待认证进项税额”账户,贷记“银行存款”“应付账款”等账户。经税务机关认证为不可抵扣的增值税进项税额时,借记“应交税费——应交增值税(进项税额)”账户,贷记“应交税费——待认证进项税额”账户;同时,将增值税进项税额转出,借记相关成本费用或资产账户,贷记“应交税费——应交增值税(进项税额转出)”账户。

(3)销项税额。企业销售货物或者提供应税劳务和应税服务,按照应收或已收的金额,借记“应收账款”“应收票据”“银行存款”等科目,按实现的营业收入,贷记“主营业务收入”“其他业务收入”等科目,按现行增值税制度规定计算的销项税额(或采用简易计税方法计算的应纳增值税额),贷记“应交税费——应交增值税(销项税额)”或“应交税费——简易计税”科目。

发生销售退回的,应根据按规定开具的红字增值税专用发票做相反的会计分录。

视同销售行为。视同销售行为是指企业在会计核算中未做销售处理而税法中要求按照销售行为缴纳增值税的行为。主要包括:将自产或委托加工的货物用于集体福利或个人消费、分配给股东或投资者、作为投资提供给其他单位或个体工商户、对外捐赠。视同销售行为,计算交纳增值税时,借记“应付职工薪酬”“长期股权投资”“利润分配”“营业外支出”等科目,贷记“应交税费——应交增值税(销项税额)”或“应交税费——简易计税”科目。

(4)缴纳增值税。企业按规定期限申报缴纳的当期增值税,应借记“应交税费——应交增值税(已交税金)”账户,贷记“银行存款”账户。

企业当月缴纳以前月份欠交的增值税,应借记“应交税费——未交增值税”账户,贷记“银行存款”账户。

月份终了,企业应将当月发生的应交未交的增值税,借记“应交税费——应交增值税(转出未交增值税)”账户,贷记“应交税费——未交增值税”账户。如果当月有多交的增值税,应借记“应交税费——未交增值税”,贷记“应交税费——应交增值税(转出多交增值税)”账户。

需要说明的是,企业购入材料、商品等不能取得增值税专用发票的,发生的增值税应计入材料采购成本、借记“材料采购”“在途物资”“库存商品”等账户,贷记“银行存款”等账户。

【例7-1】长江公司为一般纳税企业,材料按实际成本计价,增值税率为13%。该公司2019年6月1日“应交税费——应交增值税”账户的期初借方余额为20 000元,该借方余额可从本月的销项税额中抵扣,“应交税费——未交增值税”账户的期初贷方余额为 3 000 元。6 月份发生下列涉及增值税的经济业务:

(1)销售一批产品,销售价格为 800 000 元,增值税为 104 000 元,产品成本为 500 000 元。产品已发出,货款已收到并存入银行。

(2)购买一批材料,增值税专用发票上列示价款为 500 000 元,增值税额为 65 000 元,材料已验收入库,货款未付。

(3)收购免税农产品,收购凭证上注明的买价为 100 000 元,产品已验收入库。假定农产品准予抵扣的进项税额按买价的 10% 计算确定。

(4)用银行存款交纳前期未交的增值税 3 000 元。

(5)因管理不善造成所购原材料被盗,该批原材料的成本为 100 000 元,增值税额为 13 000 元。

(6)将公司自己生产的产品对外投资,该批产品的成本 245 000 元,计税价格为 300 000 元,应交纳的增值税额为 39 000 元。

(7)用银行存款交纳本月应交的增值税 50 000 元。

根据以上资料,长江公司应编制会计分录如下:

(1)借:银行存款　　904 000
　　贷:主营业务收入　　800 000
　　　　应交税费——应交增值税(销项税额)　　104 000
借:主营业务成本　　500 000
　　贷:库存商品　　500 000

(2)借:原材料　　500 000
　　应交税费——应交增值税(进项税额)　　65 000
　　贷:应付账款　　565 000

(3)借:原材料　　90 000
　　应交税费——应交增值税(进项税额)　　10 000
　　贷:银行存款　　100 000

(4)借:应交税费——未交增值税　　3 000
　　贷:银行存款　　3 000

(5)借:待处理财产损溢　　113 000
　　贷:原材料　　100 000
　　　　应交税费——应交增值税(进项税额转出)　　13 000

(6)对外投资转出计算的销项税额 = 300 000 × 17% = 51 000(元)
借:长期股权投资　　339 000
　　贷:主营业务收入　　300 000
　　　　应交税费——应交增值税(销项税额)　　39 000
借:主营业务成本　　245 000

贷:库存商品　245 000

(7)借:应交税费——应交增值税(已交税金)　50 000

贷:银行存款　50 000

(8)长江公司6月份应交增值税 =(104 000 + 39 000) -(20 000 + 65 000 + 10 000 - 13 000)

= 61 000(元)

6月份应交未交的增值税额 = 61 000 - 50 000 = 11 000(元)

借:应交税费——应交增值税(转出未交增值税)　11 000

贷:应交税费——未交增值税　11 000

(二)小规模纳税人增值税的核算

1.明细账户的设置

对于企业各月应交的增值税,小规模纳税人也应设置"应交税费——应交增值税"明细账户进行核算,但格式采用三栏式,不需要设置上述专栏及除"转让金融商品应交增值税""代扣代交增值税"外的明细账户。

2.应交增值税的核算

小规模纳税人采购货物或接受应税劳务时所支付的增值税,直接计入所购货物或劳务的成本,借记"材料采购""在途物资"等账户,贷记"应交税费——应交增值税"账户。

销售货物或提供应税劳务时,按照普通发票上的全部价款,借记"银行存款""应收账款"等账户;按不含增值税的销售额,贷记"主营业务收入"等账户;按征收率计算的增值税,贷记"应交税费——应交增值税"账户。

【例7-2】振华公司为小规模纳税企业,增值税征收率为3%。该公司某月销售产品时开具普通发票,发票上列示的售价(含增值税)为10 300元,产品已发出,货款未收到。该公司当月购入材料一批。取得的增值税专用发票上注明的价款为20 000元,增值税额为3 400元。材料尚未验收入库,公司开出并承兑无息商业汇票一张,材料按实际成本计价。编制会计分录如下:

(1)销售货物时:

借:应收账款　10 300

贷:主营业务收入　10 000

应交税费——应交增值税　300

(2)购进货物时:

借:在途物资　23 400

贷:应付票据　23 400

需注意的是,如果一般纳税企业购入材料时不能取得增值税专用发票,可比照小规模纳税企业进行处理。发生的增值税计入材料采购成本,借记"材料采购""在途物资"等账户,贷记"银行存款"等账户。

【任务处理】

烟台好利来果胶食品有限公司2019年5月的经济业务处理如下：

(1)购入原材料，款项支付，材料入库。材料采购成本为100 000 + 2 000 = 102 000(元)，应借记“原材料”账户；已认证可抵扣的增值税进项税额为13 000 + 180 = 13 180(元)，应记入“应交税费——应交增值税”账户的借方，贷记“银行存款”账户。

借：原材料　102 000
　　应交税费——应交增值税(进项税额)　13 180
　贷：银行存款　115 180

(2)销售产品一批，收到购方开具的商业承兑汇票226 000元。应借记“应收票据”账户，贷记“主营业务收入”“应交税费——应交增值税(销项税额)”账户。

借：应收票据　226 000
　贷：主营业务收入　200 000
　　应交税费——应交增值税(销项税额)　26 000

(3)由于管理不善毁损原材料10 000元，该批原材料的进项税额不得抵扣，按进项税转出处理，其增值税进项税额转出为10 000 × 13% = 1 300(元)，将原材料成本及增值税加计，借记“待处理财产损溢”账户，贷记“原材料”“应交税费——应交增值税(进项税额转出)”账户。

借：待处理财产损溢　11 300
　贷：原材料　10 000
　　应交税费——应交增值税(进项税额转出)　1 300

(4)对外投资一批产品，应借记“长期股权投资”账户，贷记“主营业务收入”“应交税费——应交增值税(销项税额)”账户；还应同时结转销售成本，借记“主营业务成本”账户，贷记“库存商品”账户。

借：长期股权投资　113 000
　贷：主营业务收入　100 000
　　应交税费——应交增值税(销项税额)　13 000

借：主营业务成本　80 000
　贷：库存商品　80 000

(5)销售一批产品，收到转账支票并存入银行。应借记“银行存款”账户，贷记“主营业务收入”“应交税费——应交增值税(销项税额)账户。

借：银行存款　56 500
　贷：主营业务收入　50 000
　　应交税费——应交增值税(销项税额)　6 500

(6)收购免税农产品，收购凭证上注明的买价80 000元，则增值税进项税额为80 000 × 10% = 8 000(元)，原材料成本为80 000 × (1 − 10%) = 72 000(元)，应借记“原材料”“应交税费——应交增值税(进项税额)”账户，贷记“银行存款”账户。

借:原材料　　72 000

　应交税费——应交增值税(进项税额)　　8 000

　贷:银行存款　　80 000

(7)用银行存款30 000元缴纳增值税,其中缴纳上月欠交增值税5 000元,应借记"应交税费——未交增值税"账户;缴纳当月增值税25 000元,应借记"应交税费——应交增值税(已交税金)"账户,贷记"银行存款"账户。

借:应交税费——未交增值税　　5 000

　　　——应交增值税(已交税金)　　20 000

　贷:银行存款　　25 000

(8)烟台好利来果胶食品有限公司5月份应交增值税

=(26 000+13 000+6 500)-(3 500+13 180-1 300+8 000)=22 120(元)

5月份应交未交的增值税额=22 120-20 000=2 120(元)

借:应交税费——应交增值税(转出未交增值税)　　2 120

　贷:应交税费——未交增值税　　2 120

根据上述经济业务处理,烟台好利来果胶食品有限公司2019年5月"应交增值税"明细账登记如下表7-3:

表7-3　应交税费明细账

户名:应交增值税

2019年		凭证号数	摘要	借方				贷方				借或贷	余额
月	日			进项税额	已交税金	转出未交增值税	合计	销项税额	出口退税	进项税额转出	合计		
5	1		月初余额									借	3 500
		略	购料	13 180								借	16 680
			销售产品					26 000				贷	9 320
			毁损酒精							1 300		贷	10 620
			对外投资产品					13 000				贷	23 620
			销售产品					6 500				贷	30 120
			购免税农产品	8 000								贷	22 120
			交纳本月增值税		20 000							贷	2 120
			结转未交增值税			2 120						平	0

任务三 应交消费税的核算

【任务目标】

通过应交消费税的学习，能够学会应交消费税的计算，能够结合日常购销业务处理应交消费税的经济业务。

【任务导入】

烟台好利来果胶食品有限公司属增值税一般纳税人。该公司于 2019 年 10 月发生下列与应交消费税有关的经济业务：

1. 6 日，销售一批果胶护肤品，价款为 200 000 元，增值税为 26 000 元，收到的款项存入银行。该产品的成本为 150 000 元，消费税适用税率为 30%。

2. 20 日，将自产的一批应税消费品（非金银首饰）用于在建工程。该批消费品的成本为 750 万元，计税价格为 1 250 万元，适用的增值税税率为 13%，消费税税率为 30%。

请问：上述经济业务如何进行账务处理？

【知识导航】

一、应交消费税的计算

国家在对货物普遍征收增值税的基础上，选择少数消费品（如烟、酒及酒精、鞭炮焰火、化妆品、贵重首饰及珠宝玉石、成品油、汽车轮胎、摩托车、小汽车、高尔夫球及球具、高档手表、游艇、木制一次性筷子、实木地板等特殊消费品）再征收一道消费税。其目的是调节消费结构，正确引导消费方向。消费税是指在我国境内生产、委托加工和进口应税消费品的单位和个人，按其流转额交纳的一种价内税。

消费税实行从价定率或从量定额的办法计算应纳税额。从价定率计税是按照应税消费品不含增值税的销售额和适用的税率计算应缴纳的消费税。从量定额计税是按照应税消费品的数量和单位税额计算应缴纳的消费税。应纳税额计算公式如下：

实行从价定率办法计算的应纳税额 = 销售额 × 税率

实行从量定额办法计算的应纳税额 = 销售数量 × 单位税额

应注意，公式中的销售额为不含增值税的销售额。如果企业应税消费品的销售额中含有增值税，应将其换算成不含税的销售额，换算公式如下：

应纳税的销售额 = 含增值税的销售额 ÷（1 + 增值税税率或征收率）

一般情形下，计算消费税的销售额与计算增值税的销售额是一致的。

二、应交消费税的核算

为了核算按规定应交的消费税，企业应在“应交税费”账户下设置“应交消费税”明细账户。“应交消费税”明细账户的借方登记企业实际缴纳的消费税和待扣的消费税；

贷方登记按规定应缴纳的消费税;期末余额在贷方,反映企业尚未缴纳的消费税;期末余额在借方,表示多交或待扣的消费税。

(一)销售应税消费品

企业销售产品应缴纳的消费税,应借记"税金及附加"账户,贷记"应交税费——应交消费税"账户。

【例7-3】大洋公司6月份销售30辆摩托车,每辆售价10 000元,货款尚未收到,每辆摩托车的成本为7 000元,摩托车的增值税税率为13%,消费税税率为10%。有关会计分录如下:

(1)销售产品时:

借:应收账款　　339 000

　贷:主营业务收入　　300 000

　　应交税费——应交增值税(销项税额)　　39 000

(2)计算应缴纳的消费税 = 10 000 × 30 × 10% = 30 000(元)

借:税金及附加　　30 000

　贷:应交税费——应交消费税　　30 000

(3)结转销售成本时:

借:主营业务成本　　210 000

　贷:库存商品　　210 000

(二)自产自用应税消费品

企业将自己生产的应税消费品用于在建工程、对外投资、非生产机构、集体福利、个人消费、对外捐赠、对外投资等方面时,按税法规定应视同销售,缴纳消费税。按规定应交纳的消费税,应计入有关项目的成本。借记"在建工程""管理费用""营业外支出"等账户,贷记"应交税费——应交消费税"账户。

【例7-4】长江公司将其生产的应纳消费税的B产品用于在建工程,该批消费品的成本为40 000元,计税价格为50 000元。适用消费税税率为10%,增值税税率为13%。编制会计分录如下:

应交纳的消费税 = 50 000 × 10% = 5 000(元)

应交纳的增值税 = 50 000 × 13% = 6 500(元)

借:在建工程　　51 500

　贷:库存商品　　40 000

　　应交税费——应交增值税(销项税额)　　6 500

　　　　——应交消费税　　5 000

(三)委托加工应税消费品

委托加工应税消费品需要缴纳消费税。委托方缴纳的消费税,于委托方提货时,由受托方代收代缴(不包括受托加工或翻新改制金银首饰时按规定由受托方缴纳消费税)。

委托加工的应税消费品收回后,直接用于销售的,委托方应将代收代缴的消费税计入委托加工的应税消费品成本,借记"委托加工物资"等账户,贷记"应付账款""银行存款"等账户。委托加工的应税消费品收回后用于连续生产应税消费品,按规定准予抵扣的,委托方应按代收代缴的消费税款,借记"应交税费——应交消费税"账户,贷记"应付账款""银行存款"等账户,待用委托加工的应税消费品生产出应纳消费税产品销售时,再交纳消费税。

【例7-5】长江公司委托乙企业加工应税消费品一批。按合同规定,长江公司拨付原材料40 000元,支付加工费10 000元、增值税1 300元,由乙企业代扣代缴的消费税为3 000元。长江公司委托加工应税消费品的两种不同的会计处理方法如表7-4所示:

表7-4　长江公司委托加工应税消费品的会计处理方法

业务内容	委托加工物资收回后直接用于销售	委托加工物资收回后继续加工
发出材料	借:委托加工物资　40 000 　贷:原材料　40 000	借:委托加工物资　40 000 　贷:原材料　40 000
支付加工费、增值税、消费税	借:委托加工物资　13 000 　应交税费——应交增值税(进项税额) 　1 300 　贷:银行存款　14 300 　消费税计入委托加工物资的成本	借:委托加工物资　10 000 　应交税费——应交增值税(进项税额) 　1 300 　——应交消费税 3 000 　贷:银行存款　14 300
收回委托加工物资	借:库存商品　53 000 　贷:委托加工物资　53 000	借:库存商品　50 000 　贷:委托加工物资　50 000

(四)进口应税消费品

企业进口应税物资在进口环节应交的消费税,计入该项物资的成本,借记"材料采购""固定资产"等账户,贷记"银行存款"账户。

【例7-6】丁企业从国外进口一批需要缴纳消费税的商品,商品价值1 000 000元,进口环节需要缴纳的消费税为200 000元(不考虑增值税)。采购的商品已经验收入库,货款、税款已经用银行存款支付。甲企业的有关会计分录如下:

借:库存商品　1 200 000

　贷:银行存款　1 200 000

(五)交纳消费税

企业按期缴纳消费税时,借记"应交税费——应交消费税"账户,贷记"银行存款"账户。企业缴纳消费税后,若因销售退回或折让而收到税务机关退税时,借记"银行存款"账户,贷记"应交税费——应交消费税"账户。

【任务处理】

烟台好利来果胶食品有限公司2019年10月发生的与应交消费税有关经济业务的账务处理如下:

1.(1)6日,销售一批果胶护肤品,款项存入银行:

借:银行存款　　226 000
　贷:主营业务收入　　200 000
　　应交税费——应交增值税(销项税额)　　26 000

(2)计算应缴纳的消费税 =200 000 ×30% =60 000(元):

借:税金及附加　　60 000
　贷:应交税费——应交消费税　　60 000

(3)结转销售成本时:

借:主营业务成本　　150 000
　贷:库存商品　　150 000

2.20日,将自产应税消费品用于在建工程,应视同销售,其中,应交的增值税为12 500 000 ×13% =1 625 000(元),应交的消费税为12 500 000 ×30% =3 750 000(元)。

借:在建工程　　12 875 000
　贷:库存商品　　7 500 000
　应交税费——应交增值税(销项税额)　　1 625 000
　　　——应交消费税　　3 750 000

任务四　其他应交税费的核算

【任务目标】

通过对其他应交税费的学习,能够学会应交城建税、应交教育费附加等税费的计算,能够进行其他应交税费的账务处理。

【任务导入】

大华公司2019年6月发生下列与其他应交税费有关的经济业务:

1.6月应交增值税5 000元,应交消费税2 000元,城市维护建设税适用税率为7%。

2.月末按规定计算出应交房产税30 000元、城镇土地使用税20 000元、车船税65 000元。

请问:对上述经济业务如何进行账务处理?

【知识导航】

其他应交税费是指除上述应交税费以外的应交税费，包括应交资源税、应交城市维护建设税、应交土地增值税、应交所得税、应交房产税、应交城镇土地使用税、应交车船税、应交教育费附加、应交矿产资源补偿费、应交个人所得税等。

企业应当在“应交税费”科目下设置相应的明细科目进行核算，贷方登记应缴纳的有关税费，借方登记已缴纳的有关税费，期末贷方余额表示尚未缴纳的有关税费。

一、应交城市维护建设税

城市维护建设税是以单位和个人缴纳的增值税、消费税为征收对象的一种税，是一种附加税。其计税依据是单位和个人缴纳的增值税税额和消费税税额之和。城市维护建设税的税率实行地区差别税率。按照纳税人所在地的不同，实行三档不同税率，分别是7%、5%、1%。城市维护建设税的计算公式如下：

应交城市维护建设税税额＝(实际缴纳增值税税额＋实际缴纳消费税税额)×适用税率

企业按规定计算应交的城市维护建设税，借记“税金及附加”等账户，贷记“应交税费——应交城市维护建设税”账户。

实际缴纳时，借记“应交税费——应交城市维护建设税”账户，贷记“银行存款”账户。

【例7－7】长江公司11月份实际缴纳增值税6 000元，实际缴纳消费税1 000元，城市维护建设税适用税率为7%。编制会计分录如下：

应交的城市维护建设税＝(6 000＋1 000)×7%＝490(元)

(1)计算应交的城市维护建设税时：

借：税金及附加　　490

　　贷：应交税费——应交城市维护建设税　　490

(2)用银行存款上交城市维护建设税时：

借：应交税费——应交城市维护建设税　　490

　　贷：银行存款　　490

二、应交教育费附加

教育费附加是为了发展教育事业而向企业征收的附加费用，企业按应交流转税的一定比例计算交纳。其计算公式如下：

应交教育费附加＝(实际缴纳增值税税额＋实际缴纳消费税税额)×附加率

企业应交的教育费附加，借记“税金及附加”等账户，贷记“应交税费——应交教育费附加”账户；实际缴纳时，借记“应交税费——应交教育费附加”账户，贷记“银行存款”账户。

【例7－8】某企业按税法规定计算，第四季度实际缴纳教育费附加300 000元。款项已经用银行存款支付。有关会计分录如下：

借:税金及附加　　300 000
　　贷:应交税费——应交教育费附加　　300 000
借:应交税费——应交教育费附加　　300 000
　　贷:银行存款　　300 000

三、应交房产税、城镇土地使用税、车船税、矿产资源补偿费和印花税

房产税是国家对在城市、县城、建制镇和工矿区征收的由产权所有人缴纳的一种税。

城镇土地使用税是国家为了合理利用城镇土地,调节土地级差收入,提高土地使用效益,加强土地管理而征收的一种税。

车船税由拥有并且使用车船的单位和个人缴纳,车船税按照适用税额计算缴纳。

矿产资源补偿费是对在中华人民共和国领域和其他管辖海域开采矿产资源而征收的一项费用。

企业按规定计算应交的房产税、城镇土地使用税、车船税和矿产资源补偿费,应借记"税金及附加"账户,贷记"应交税费"账户。

企业按规定交纳的印花税,应借记"税金及附加"账户,贷记"银行存款"账户。

【例7-9】长江公司月末按规定计算出应交房产税20 000元、城镇土地使用税25 000元、车船税55 000元,印花税1 000元。编制会计分录如下:

借:税金及附加　　101 000
　　贷:应交税费——应交房产税　　20 000
　　　　　　　　——应交城镇土地使用税　　25 000
　　　　　　　　——应交车船税　　55 000
　　　　银行存款　　1 000

【任务处理】

大华公司2019年6月发生的与其他应交税费有关的经济业务会计处理如下:

1. 根据应交增值税、消费税,计算应交的城市维护建设税为(5 000+2 000)×7%=490(元),应借记"税金及附加"账户,贷记"应交税费——应交城市维护建设税"账户。

借:税金及附加　　490
　　贷:应交税费——应交城市维护建设税　　490

2. 应交的房产税、城镇土地使用税以及车船税115 000元,应借记"税金及附加"账户,贷记"应交税费——应交房产税(应交城镇土地使用税、应交车船税)"账户。

借:税金及附加　　115 000
　　贷:应交税费——应交房产税　　30 000
　　　　　　　　——应交城镇土地使用税　　20 000
　　　　　　　　——应交车船税　　65 000

【项目小结】

应交税费是指企业由于取得营业收入或实现利润等按规定应向国家缴纳的各种

税金。应交的税金应按照权责发生制的要求,预提计入有关账户。这些应交的税金在尚未缴纳之前暂时停留在企业,形成一项负债。本项目主要介绍以下几个问题:应交增值税的核算、应交消费税的核算及其他应交税费的核算等。本项目的主要业务核算如下:

业务内容			会计处理
应交增值税	一般纳税人	进项税额	借:材料采购等 　应交税费——应交增值税(进项税额) 　贷:银行存款等
		进项税额转出	借:在建工程等 　贷:应交税费——应交增值税(进项税额转出) 　　原材料等
		销项税额	借:银行存款等 　贷:主营业务收入(其他业务收入) 　　应交税费——应交增值税(销项税额)
		视同销售	借:长期股权投资等 　贷:主营业务收入等 　　应交税费——应交增值税(销项税额)
		出口退税	借:其他应收款 　贷:应交税费——应交增值税(出口退税)
		缴纳增值税	借:应交税费——应交增值税(已交税金)(缴纳当月增值税) 　　——未交增值税(交纳以前月份增值税) 　贷:银行存款
		月末转出未交增值税或多交增值税	借:应交税费——应交增值税(转出未交增值税) 　贷:应交税费——未交增值税 借:应交税费——未交增值税 　贷:应交税费——应交增值税(转出多交增值税)
	小规模纳税人	购进物资或接受应税劳务	借:材料采购等 　贷:应交税费——应交增值税
		销售货物或提供应税劳务	借:银行存款等 　贷:主营业务收入等 　　应交税费——应交增值税
		缴纳增值税	借:应交税费——应交增值税 　贷:银行存款

（续表）

<table>
<tr><th colspan="3">业务内容</th><th>会计处理</th></tr>
<tr><td rowspan="5">应交消费税</td><td colspan="2">销售应税消费品</td><td>借:税金及附加
　贷:应交税费——应交消费税</td></tr>
<tr><td colspan="2">自产自用应税消费品</td><td>借:在建工程等
　贷:库存商品
　　应交税费——应交增值税(销项税额)
　　　　　——应交消费税</td></tr>
<tr><td rowspan="2">委托加工应税消费品</td><td>收回后直接用于销售</td><td>借:委托加工物资(消费税计入成本)
　应交税费——应交增值税(进项税额)
　贷:银行存款等</td></tr>
<tr><td>收回后用于连续生产应税消费品</td><td>借:委托加工物资
　应交税费——应交增值税(进项税额)
　　　　——应交消费税
　贷:银行存款(或应付账款)</td></tr>
<tr><td colspan="2">进口应税消费品</td><td>借:库存商品
　贷:银行存款等</td></tr>
</table>

【关键名词】

应交增值税　应交消费税　　应交城市维护建设税　　应交教育费附加

【想一想】

1. 应交税费都包括哪些内容？企业的哪些税费不通过应交税费核算？

2. 一般纳税人的应交增值税应设置哪些明细账户？它与小规模纳税人在应交增值税方面的核算有什么不同？

3. 如何进行应交消费税的核算？

【能力拓展】

一、应交增值税

（一）一般纳税人会计科目设置

增值税一般纳税人“应交税费”科目设置除了前面介绍的“应交增值税”“未交增值税”“待认证进项税额”“待抵扣进项税额”和“简易计税”五个明细科目以外，还包括以下五个明细科目：

1.“预交增值税”明细科目，核算一般纳税人转让不动产、提供不动产经营租赁服务、提供建筑服务、采用预收款方式销售自行开发的房地产项目等，以及其他按现行增值税制度规定应预缴的增值税税额。

2. “待转销项税额”明细科目，核算一般纳税人销售货物、加工修理修配劳务、服务、无形资产或不动产，已确认相关收入（或利得）但尚未发生增值税纳税义务而需要在以后期间确认为销项税额的增值税额。

3. “转让金融商品应交增值税”明细科目，核算增值税纳税人转让金融商品发生的增值税额。

4. “代扣代交增值税”明细科目，核算纳税人购进在境内未设经营机构的境外单位或个人在境内的应税行为代扣代交的增值税。

（二）一般纳税人增值税的账务处理

1. 货物等已验收入库但尚未取得增值税扣税凭证的账务处理

一般纳税人购进的货物等已到达并验收入库，但尚未收到增值税扣税凭证并未付款的，应在月末按货物清单或相关合同协议上的价格暂估入账，不需要将增值税的进项税额暂估入账。下月初，用红字冲销原暂估入账金额，待取得相关增值税扣税凭证并经认证后，按应计入相关成本费用或资产的金额，借记“原材料”“库存商品”“固定资产”“无形资产”等科目，按可抵扣的增值税额，借记“应交税费——应交增值税（进项税额）”科目，按应付金额，贷记“应付账款”等科目。

2. 购买方作为扣缴义务人的账务处理

按照现行增值税制度规定，境外单位或个人在境内发生应税行为，在境内未设有经营机构的，以购买方为增值税扣缴义务人。境内一般纳税人购进服务、无形资产或不动产，按应计入相关成本费用或资产的金额，借记“生产成本”“无形资产”“固定资产”“管理费用”等科目，按可抵扣的增值税额，借记“应交税费——进项税额”科目（小规模纳税人应借记相关成本费用或资产科目），按应付或实际支付的金额，贷记“应付账款”等科目，按应代扣代缴的增值税额，贷记“应交税费——代扣代缴增值税”科目。实际缴纳代扣代缴增值税时，按代扣代缴的增值税额，借记“应交税费——代扣代缴增值税”科目，贷记“银行存款”科目。

3. 出口退税的账务处理

为核算纳税人出口货物应收取的出口退税款，设置“应收出口退税款”科目，该科目借方反映销售出口货物按规定向税务机关申报应退回的增值税、消费税等，贷方反映实际收到的出口货物应退回的增值税、消费税等。期末借方余额，反映尚未收到的应退税额。

（1）未实行“免、抵、退”办法的一般纳税人出口货物按规定退税的，按规定计算的应收出口退税额，借记“应收出口退税款”科目，贷记“应交税费——应交增值税（出口退税）”科目，收到出口退税时，借记“银行存款”科目，贷记“应收出口退税款”科目；退税额低于购进时取得的增值税专用发票上的增值税额的差额，借记“主营业务成本”科目，贷记“应交税费——应交增值税（进项税额转出）”科目。

（2）实行“免、抵、退”办法的一般纳税人出口货物，在货物出口销售后结转产品销售成本时，按规定计算的退税额低于购进时取得的增值税专用发票上的增值税额的差额，借记"主营业务成本"科目,贷记"应交税费——应交增值税(进项税额转出)"科目;按规定计算的当期出口货物的进项税抵减内销产品的应纳税额,借记"应交税费——应交增值税(出口抵减内销产品应纳税额)"科目,贷记"应交税费——应交增值税(出口退税)"科目。在规定期限内,内销产品的应纳税额不足以抵减出口货物的进项税额,不足部分按有关税法规定给予退税的,应在实际收到退税款时,借记"银行存款"科目,贷记"应交税费——应交增值税(出口退税)"科目。

4. 预交增值税的账务处理

企业预缴增值税时,借记"应交税费——预交增值税"科目,贷记"银行存款"科目。月末,企业应将"预交增值税"明细科目余额转入"未交增值税"明细科目,借记"应交税费——未交增值税"科目,贷记"应交税费——预交增值税"科目。

房地产开发企业等在预缴增值税后,应直至纳税义务发生时方可从"应交税费——预交增值税"科目结转至"应交税费——未交增值税"科目。

5. 减免增值税的账务处理

对于当期直接减免的增值税,借记"应交税金——应交增值税(减免税款)"科目,贷记损益类相关科目。

6. 增值税税控系统专用设备和技术维护费用抵减增值税额的账务处理

按现行增值税制度规定,企业初次购买增值税税控系统专用设备支付的费用以及缴纳的技术维护费允许在增值税应纳税额中全额抵减的,按规定抵减的增值税应纳税额,借记"应交税费——应交增值税(减免税款)"科目,贷记"管理费用"等科目。

7. 差额征税的账务处理

(1)企业发生相关成本费用允许扣减销售额的账务处理

按现行增值税制度规定企业发生相关成本费用允许扣减销售额的,发生成本费用时,按应付或实际支付的金额,借记"主营业务成本"等科目,贷记"应付账款""应付票据""银行存款"等科目。待取得合规增值税扣税凭证且纳税义务发生时,按照允许抵扣的税额,借记"应交税费——应交增值税(销项税额抵减)"或"应交税费——简易计税"科目(小规模纳税人应借记"应交税费——应交增值税"科目),贷记"主营业务成本"等科目。

(2)金融商品转让按规定以盈亏相抵后的余额作为销售额的账务处理

金融商品实际转让月末,如产生转让收益,则按应纳税额借记"投资收益"等科目,贷记"应交税费——转让金融商品应交增值税"科目;如产生转让损失,则按可结转下月抵扣税额,借记"应交税费——转让金融商品应交增值税"科目,贷记"投资收益"等科目。缴纳增值税时,应借记"应交税费——转让金融商品应交增值税"科目,贷记"银行存款"科目。年末,本科目如有借方余额,则借记"投资收益"等科目,贷记"应交税费——转让金融商品应交增值税"科目。

二、应交资源税

资源税是对在我国境内开采矿产品(如原油、天然气、煤炭等)或者生产盐的单位和个人征收的税种。资源税按照应税产品的课税数量和规定的单位税额计算。开采或者生产应税产品销售的，以销售数量为课税数量；开采或者生产应税产品自用的，以自用数量为课税数量。单位税额按不同产区的产品分别规定差别税额。企业按规定应交的资源税，应通过“应交税费——应交资源税”账户核算。

企业销售应税产品的应交资源税，借记“税金及附加”账户，贷记“应交税费——应交资源税”账户；企业自产自用应税产品应交纳的资源税，借记“生产成本”“制造费用”等账户，贷记“应交税费——应交资源税”账户。

【例1】乐凯公司7月份销售煤炭9万吨，每吨应交的资源税为5元。公司编制会计分录如下：

销售煤炭应交资源税 = 90 000 × 5 = 450 000（元）

借：税金及附加　　450 000

　贷：应交税费——应交资源税　　450 000

【例2】甲企业将自产的煤炭2 000吨用于产品生产，每吨应交资源税5元。企业编制会计分录如下：

自产自用煤炭应交的资源税 = 2 000 × 5 = 10 000（元）

借：生产成本　　10 000

　贷：应交税费——应交资源税　　10 000

三、应交土地增值税

土地增值税是指对在我国境内有偿转让土地使用权及地上建筑物和其他附着物产权的单位和个人，就土地增值额征收的一种税。企业应缴的土地增值税视情况记入不同账户：

1. 企业转让的土地使用权连同地上建筑物及其附着物一并在“固定资产”等账户核算的，转让时应交的土地增值税，借记“固定资产清理”账户，贷记“应交税费——应交土地增值税”账户。

2. 土地使用权在“无形资产”账户核算的，按实际收到的金额，借记“银行存款”账户，按应交的土地增值税，贷记“应交税费——应交土地增值税”账户，同时冲减无形资产的账面价值；将其差额记入“资产处置损益”账户。

【例3】某企业对外转让一栋厂房，根据税法规定计算的应交土地增值税额为25 000元。有关会计分录如下：

（1）计算应缴纳的土地增值税时：

借：固定资产清理　　25 000

　贷：应交税费——应交土地增值税　　25 000

（2）企业用银行存款缴纳应交土地增值税税款时：

借：应交税费——应交土地增值税　　25 000

　贷：银行存款　　25 000

四、应交个人所得税

企业按规定计算的代扣代缴的职工个人所得税，借记"应付职工薪酬"账户，贷记"应交税费——应交个人所得税"账户；企业缴纳个人所得税时，借记"应交税费——应交个人所得税"账户，贷记"银行存款"等账户。

【例4】2019年11月30日，黄河商贸公司应付职工工资560 000元，代扣职工个人所得税4 000元，实发工资556 000元。会计分录如下：

借：应付职工薪酬——工资　　4 000
　贷：应交税费——应交个人所得税　　4 000

【例5】接上例，黄河商贸公司12月8日缴纳个人所得税4 000元，如表7－5如示：

表7－5　中国工商银行电子缴税付款凭证

填表日期　2019年12月8日

纳税人识别号：370856863658369		
付款人全称：烟台黄河商贸有限公司		
付款人账号：3705686526005056896	征收机关名称：烟台市地方税务局	
付款人开户银行：工商银行建设路分理处	收款国库名称：芝罘区支库直属征收分局	
小写（合计）金额：¥4 000.00		
大写（合计）金额：肆仟圆整		
税（费）种名称	所属时期	实缴金额
个人所得税	2019.11.01～2019.11.30	¥4 000.00

编制会计分录如下：

借：应交税费——应交个人所得税　　4 000
　贷：银行存款　　4 000

【技能训练】

一、职业判断能力训练

（一）单项选择题

1. 某企业为增值税一般纳税人，2019年实际已缴纳税金情况如下：增值税1 700万元，消费税1 300万元，耕地占用税160万元，车船税1万元，印花税3万元，所得税240万元。上述各项税金应计入"应交税费"账户借方的金额是（　　）万元。

A. 3 381　　B. 3 241　　C. 3 243　　D. 3 244

2. 对于委托加工的应税消费品收回后连续进行生产应税消费品的，由受托方代扣代缴的消费税，委托方应借记的会计科目是（　　）。

A. 委托加工物资　　B. 税金及附加

C. 应交税费——应交消费税　　D. 受托加工物资

3. 某企业本期实际应上交增值税 40 000 元、消费税 20 000 元、土地增值税 20 000 元。该企业适用的城市维护建设税税率为 7%，则该企业应交的城市维护建设税为(　　)元。

A. 4 200　　B. 5 600　　C. 7 000　　D. 8 400

4. 某企业将自产的一批应税消费品(非金银首饰)用于在建工程。该批消费品成本为750 万元，计税价格为 1 250 万元，适用的增值税税率为 13%，消费税税率为 10%。计入在建工程成本的金额为(　　)万元。

A. 875　　B. 962.5　　C. 1 037.5　　D. 1 587.5

5. 某企业转让一项专利技术，取得的转让收入应交纳的相关税费是(　　)。

A. 消费税　　B. 增值税　　C. 资源税　　D. 不用交税

6. 某企业为增值税一般纳税人。2016 年应交的各种税金为增值税 350 万元、消费税 150 万元、城市维护建设税 35 万元、房产税 10 万元、车船税 5 万元、所得税 250 万元。上述各项税金应计入"税金及附加"账户的金额为(　　)万元。

A. 200　　B. 15　　C. 50　　D. 185

7. 下列税金中，不应计入存货成本的有(　　)。

A. 由受托方代扣代缴的委托加工直接用于对外销售的商品负担的消费税

B. 一般纳税企业进口原材料缴纳的进口关税

C. 小规模纳税企业购进货物应缴纳的增值税

D. 由受托方代扣代缴的委托加工继续用于生产应纳消费税的商品负担的消费税

8. 企业按规定计算缴纳的下列税金，应当计入相关资产成本的是(　　)。

A. 房产税　　B. 城镇土地使用税

C. 城市维护建设税　　D. 消费税

9. A 公司建造办公楼领用外购原材料 10 000 元，原材料购入时支付的增值税为 1 300元；因自然灾害毁损库存商品一批，其实际成本 20 000 元，经确认损失外购材料的增值税 2 600 元。则 A 公司计入"应交税费—应交增值税(进项税额转出)"科目的金额为(　　)元。

A. 680　　B. 1 020　　C. 1 300　　D. 3 900

10. 某企业将自产的资源税应税矿产品用于企业的产品生产，计算出的应交资源税应计入(　　)。

A. 税金及附加　　B. 主营业务成本

C. 生产成本　　D. 管理费用

(二)多项选择题

1. 企业缴纳的下列税金，应通过"应交税费"科目核算的有(　　)。

A. 印花税　　B. 耕地占用税

C. 房产税　　D. 土地增值税

2. 下列各项中，增值税一般纳税企业需要转出进项税额的有(　　)。

A. 自制产成品用于职工福利

B. 自制产成品用于对外投资

C. 外购的生产用原材料由于管理不善发生非正常损失

D. 外购的生产用原材料改用于自建宿舍

3. 企业销售商品交纳的下列各项税费，计入"税金及附加"账户的有(　　)。

A. 消费税　　B. 增值税

C. 教育费附加　　D. 城市维护建设税

4. 企业在"应交税费——应交增值税"账户借方设置的专栏有(　　)。

A. 销项税额　　B. 进项税额

C. 进项税额转出　　D. 已交税金

5. 企业按规定缴纳增值税的项目有(　　)。

A. 销售商品取得收入　　B. 销售不动产取得收入

C. 出租无形资产取得收入　　D. 提供运输劳务取得收入

6. 企业缴纳的下列税费中，应通过"应交税费"账户核算的有(　　)。

A. 城市维护建设税　　B. 财产保险费

C. 车船税　　D. 耕地占用税

7. 下列税金中，企业应计入"税金及附加"账户的税费有(　　)。

A. 城镇土地使用税　　B. 印花税

C. 房产税　　D. 耕地占用税

8. 下列增值税中，应直接计入有关资产成本的有(　　)。

A. 小规模企业委托加工物资支付的增值税

B. 一般纳税企业接受劳务支付的增值税

C. 一般纳税企业购买原材料支付的增值税

D. 小规模纳税企业进口货物支付的增值税

9. 某增值税一般纳税企业发生的下列业务中，应确认为增值税"销项税额"的交易和事项的有(　　)。

A. 将购入的原材料用于在建工程

B. 将购入的原材料用于对外投资

C. 将自产产品用于对外投资

D. 将自产产品用于职工福利

10. 某企业本月缴纳增值税，应借记的科目是(　　)。

A. 应交税费——应交增值税(已交税金)

B. 应交税费——应交增值税(转出未交增值税)

C. 应交税费——未交增值税

D. 应交税费——应交增值税(转出多交增值税)

(三)判断题

1. 某企业为小规模纳税人,销售产品一批。含税价格为 41 200,增值税征收率为 3%,该批产品应交的增值税为 1 200 元。(　　)

2. 企业将自己生产的产品用于在建工程,由于会计核算时不做销售处理,因此不需缴纳增值税。(　　)

3. 小规模纳税企业购入货物时无论是否具有增值税专用发票,其支付的增值税额均不计入进项税额,不得由销项税额抵扣,而计入购入货物的成本。(　　)

4. 一般纳税人购入货物或接受劳务时在取得规定的凭证并经税务机关认证后均可以抵扣进项税额。(　　)

5. 企业提供运输劳务取得的收入,应该缴纳增值税。(　　)

6. 企业购入一项固定资产用于行政管理部门,支付价款 10 000 元。发生的增值税为 1 700元,印花税为 500 元,车船税为 100 元,则该项固定资产的入账价值为 12 300 元。(　　)

7. 企业只有在对外销售应税消费品时才计算应交消费税。(　　)

8. 企业按规定计算的代收代缴的职工个人所得税,借记"应付职工薪酬"账户,贷记"应交税费——应交个人所得税"账户。(　　)

9. 企业将自产产品或委托加工的货物用于职工福利时,在会计上按照货物成本转账,不用计税。(　　)

10. 一般纳税人购进货物时,即使未取得增值税专用发票,其进项税额也可以抵扣。(　　)

二、职业实践能力训练

1. 大华公司为增值税一般纳税人,原材料按实际成本核算,增值税税率为 13%,消费税税率为 10%。该公司 2019 年发生如下经济业务:

(1)从一般纳税企业购入一批原材料。增值税专用发票上注明的原材料价款为 100 万元,增值税 13 万元。货款已经支付。另在购入材料过程中支付运费 10 000 元,增值税 900 元,材料已经到达并验收入库。

(2)销售应交消费税的产品一批,价款 180 万元,产品成本 150 万元。同时领用单独计价的包装物一批,价款 7.5 万元,实际成本 5 万元,货款尚未收到。

(3)出售一项专利权,转让收入 2.25 万元,专利权的成本为 0.1 万元,累计摊销0.04 万元,已计提无形资产减值准备 0.02 万元,转让收入存入银行。

(4)购入一台不需安装设备,增值税专用发票上注明的价款 90 万元,增值税为 11.7 万元,价款及增值税均已银行存款支付,设备已交付使用。

(5)收购免税农产品,实际支付价款10万元,收购的农产品已经入库。

(6)将自产应税消费税产品用于行政管理部门,实际成本120万元,计税价格130万元。

(7)委托某企业(一般纳税人)加工原材料一批,应付加工费7万元,由受托方代收代交消费税0.7万元。材料加工收回后准备直接对外销售,加工费、增值税和消费税用银行存款支付。

(8)销售原材料一批,价格9万元,材料成本8万元,款未收到。

(9)销售商品一批,增值税专用发票上注明的价款为200 000元,增值税额为26 000元,其成本为180 000元。提货单和增值税专用发票已交购货方,并收到购货方开出并承兑的商业承兑汇票。

(10)因保管不善毁损库存原材料一批,有关增值税专用发票确认的成本为30 000元,应转出增值税3 900元。

(11)将自己生产的产品无偿捐赠给希望工程。该批产品的成本为30 000元,计税价格为40 000元,增值税税率为13%。

(12)用银行存款30 000元缴纳增值税,其中包括上月欠交增值税5 000元。

要求:根据上述资料,编制有关会计分录。

2. 甲公司为增值税一般纳税人,原材料按实际成本计价。该公司2019年5月31日“应交税费——应交增值税”账户的借方余额为25 000元,该借方余额可从下月的销项税额中抵扣。6月份发生下列涉及增值税的经济业务:

(1)购买一批原材料,增值税专用发票上列示的价款为400 000元,增值税额为52 000元。材料已验收入库,公司开出并承兑不带息商业汇票一张。

(2)销售一批产品,销售价格为700 000元,增值税91 000元,产品成本为400 000元,产品已发出,货款已收到并存入银行。

(3)由于管理不善被盗原材料一批,实际成本为80 000元,进项税额为10 400元。

(4)将自产产品用于对外投资,产品成本为200 000元,投资双方协商的不含税价值为250 000元。

(5)用银行存款交纳本月应交的增值税50 000元。

要求:根据以上资料,编制有关会计分录,并登记“应交税费——应交增值税”明细账户。

CHAPTER 8 项目八

财务成果核算

【学习目标】

通过学习,明确财务成果核算的内容和工作流程,理解收入确认与计量的原则,掌握商品销售收入、提供劳务收入的核算内容和账务处理,掌握应收款项和其减值的账务处理,掌握所得税费用核算方法和会计处理,掌握利润及利润分配的会计处理。

【重点难点】

1. 销售商品收入的核算。
2. 提供劳务收入核算。
3. 费用核算。
4. 利润以及利润分配的核算。
5. 应收账款减值的核算。

任务一 认知财务成果

【任务目标】

通过对财务成果内容的学习,能够明确财务成果的范围与内容,能够正确计算利润总额及净利润。

【任务导入】

烟台好利来果胶食品有限公司属增值税一般纳税人,纳税人登记号为37060219505928,法人代表为张俊杰,财务部长为李辉,出纳员为尹伟娜,制单员为王丽萍。开户银行为工商银行莱山支行,开户行地址为烟台市莱山区海港路987号,账号为140602007698。

该公司2019年5月的主营业务收入为1 000 000元,主营业务成本为800 000元,营业税金及附加为10 000元,管理费用为50 000元,销售费用为5 000元,资产减值损失为20 000元,财务费用为6 000元,投资收益为100 000元,营业外收入为10 000元。

请问:假定不考虑其他因素,该公司5月份的营业利润为多少万元?

【知识导航】

财务成果即利润,是企业一定会计期间的经营成果,它是一定期间的各项收支进行相抵后的盈亏总额,是综合反映企业经营成果和获利能力的一项重要指标。利润包括收入减去费用后的净额、直接计入当期利润的利得和损失等。

利得是指由企业非日常活动所发生的,会导致所有者权益增加的,与向所有者分配利润无关的经济利益的流入。损失是指由企业非日常活动所发生的,会导致所有者权益减少的,与向所有者分配利润无关的经济利益的流出。利得和损失发生时或直接计入当期利润或直接计入所有者权益,直接计入所有者权益的利得和损失被称为其他综合收益。净利润加上其他综合收益形成了综合收益总额。

一、营业利润

营业利润是企业利润的主要来源,它是企业通过自身的生产经营活动所取得的业务成果,能够比较恰当地反映企业管理者的经营业绩。

营业利润=营业收入-营业成本-税金及附加-销售费用-管理费用-研发费用-财务费用+其他收益+投资收益(-投资损失)+公允价值变动收益(-公允价值变动损失)-信用减值损失-资产减值损失+资产处置收益

其中,营业收入是指企业经营业务所确定的收入总额,包括主营业务收入和其他业务收入。

营业成本是指企业经营业务所发生的实际成本总额,包括主营业务成本和其他业务成本。

研发费用是指企业进行研究与开发过程中发生的费用化支出及无形资产摊销的费用。

其他收益主要指与企业日常活动相关,除冲减相关成本费用以外的政府补助。

资产减值损失是指企业计提各项资产减值准备所形成的损失

信用减值损失是指企业计提各项金融工具信用减值准备所确认的信用损失

公允价值变动收益(或损失)是指企业交易性金融资产等公允价值变动形成的应计入当期损益的利得(或损失)。

投资收益(或损失)是指企业以各种方式对外投资所取得的收益(或发生的损失)。

资产处置损益主要是指处置固定资产在建工程及无形资产等非流动资产产生的损益。

二、利润总额

利润总额=营业利润+营业外收入-营业外支出

其中,营业外收入(或支出)是指企业发生的与日常活动无直接关系的各项利得(或损失)。

(一)营业外收入

营业外收入是企业的利得。它的取得并不需要耗费企业的资金,与企业发生的日常活动无直接关系。它是一种净收益,与营业外支出没有配比关系。其主要包括非货币性资产交换利得、与企业非日常活动有关的政府补助、非流动性资产毁损报废收益、盘盈利得、捐赠利得等。

非货币性资产交换利得,指在非货币资产交换中,换出资产为固定资产、无形资产的,换入资产公允价值大于换出资产账面价值的差额,扣除相关费用后计入营业外收入的金额。

与企业非日常活动有关的政府补助,指企业从政府无偿取得的货币性资产或非货币性资产且与企业日常活动无关的利得。

非流动性资产毁损报废收益,指因已丧失使用功能和自然灾害等发生报废毁损的非流动资产产生的清理收益。

盘盈利得,指企业对于现金等清查盘点中盘盈的现金等,报经批准后计入营业外收入的金额。

捐赠利得,指企业接受捐赠产生的利得。

(二)营业外支出

营业外支出不属于企业的生产经营费用,但属于企业利润总额的扣除项目。其主要包括非流动性资产毁损报废损失、非货币性资产交换损失、债务重组损失、公益性捐赠支出、非常损失、盘亏损失、罚款支出等。

非流动性资产毁损报废损失,指因已丧失使用功能和自然灾害等发生报废毁损的非流动资产产生的清理损失。

非货币资产交换损失,指在非货币资产交换中换出资产为固定资产、无形资产的,换入资产公允价值小于换出资产账面价值的差额,扣除相关费用后计入营业外支出的金额。

公益性捐赠支出,指企业对外进行公益性捐赠发生的支出。

非常损失,指企业对于因客观因素(如自然灾害等)造成的损失,在扣除保险公司赔偿后计入营业外支出的净损失。

罚款支出,指企业支付的行政罚款、税务罚款,以及其他违反法律法规、合同协议等而支付的款项。

三、净利润

$$净利润 = 利润总额 - 所得税费用$$

所得税费用是指企业计入当期损益的所得税费用。

【任务处理】

烟台好利来果胶食品有限公司5月份的营业利润为209 000元,其计算过程如下:

营业利润 = 1 000 000 - 800 000 - 10 000 - 50 000 - 5 000 - 6 000 - 20 000 + 100 000

=209 000(元)

任务二 费用核算

【任务目标】

通过学习费用核算,能够辨别企业发生的费用,能够完成费用的账务处理。

【任务导入】

烟台好利来果胶食品有限公司属增值税一般纳税人,纳税人登记号为37060219505928,法人代表为张俊杰,财务部长为李辉,出纳员为尹伟娜,制单员为王丽萍。开户银行为工商银行莱山支行,开户行地址为烟台市莱山区海港路987号,账号为140602007698。

2019年6月,该公司发生的部分交易或事项如下:

1.6月5日,以银行存款支付产品广告费4 000元,增值税240元,原始凭证见表8-1、表8-2;以现金支付展览费500元(不考虑增值税)。

2.月末,计提行政管理部门的职工教育经费30 000元,计提管理部门使用的固定资产折旧费8 000元,摊销无形资产2 000元,分配管理人员的工资34 200元。

3.月末,预提本月负担的短期借款利息费用4 000元,以银行存款支付金融机构手续费600元,收到银行转来的活期存款利息500元(不考虑增值税),原始凭证见表8-3。

4.月末,分配专设销售机构的职工工资5 700元,计提销售部门办公设备折旧费2 300元。(其他原始凭证略)

请问:上述经济业务涉及的支出哪些是费用?如何进行账务处理?

表8-1 山东增值税专用发票 NO000128967

发票联

开票日期:2019年6月5日

购货单位	名 称:烟台好利来果胶食品有限公司 纳税人识别号:91370600ML6NYG1C26 地址、电话:5035-6929608 开户行及账号:工行760186588				密码区	6+-〈2〉6〉927+296+/ * 加密版本:01 446〈600375〈35〉〈4/ * 37009931410 2-2〈2051+24+2618〈7 07050445 /3-15〉〉09/5/-1〉〉〉+2		
货物或应税劳务名称	规格型号	单位	数量	单价	金额	税率	税额	
广告费		个	1		4 000.00	6%	240.00	
合计					¥4 000.00		¥240.00	
价税合计(大写)	肆仟贰佰肆拾圆整				(小写)¥4 240.00			
销货单位	名 称:烟台电视台 纳税人识别号:370602165005576 地址、电话:烟台市芝罘区环山路22号 05356745588 开户行及账号:中国工行烟台建行营业部199708654232				备注	烟台电视台 370602165005576 发票专用章		

第三联:发票联 购货方记账凭证

表 8－2

中国工商银行(鲁)
转账支票存根
No. 21756423
附加信息

出票日期:2019 年 6 月 5 日
收款人:烟台电视台
金　额:¥4 240.00
用　途:支付广告费

单位主管　　　会计

表 8－3　工商银行利息付出凭证(收款通知)

2019 年 6 月 30 日					
单位名称　烟台好利来果胶食品有限公司					
结算账号　140602007698			存款账号		
编号	计息类型	计息起讫时间	计息积数	利率	利息金额
	活期存款利息	2019.04.01～2019.06.30	36 000 000.00	0.5%	500.00
摘要:你单位上述活期存款利息已存入你单位账户				合计金额	¥500
合计金额(大写)　伍佰圆整					

【知识导航】

一、费用概述

(一)费用的分类及特征

费用是会计要素之一,是和收入相对应而存在的。费用是企业在日常活动中发生的、会导致所有者权益减少的、与所有者分配利润无关的经济利益的总流出。

为了便于对费用进行管理和核算,企业应按照不同的标准和不同的目的,对费用进行合理的分类。

1. 按费用的经济内容分类

费用的经济内容,是指生产经营过程中发生了哪些费用支出。费用按经济内容分类,可分为以下几类:

(1)外购材料费用。是指企业为进行生产经营而耗费的一切从外部购入的原材料、半成品、辅助材料、包装物、修理用配件和低值易耗品等。

(2)外购燃料费用。是指企业为进行生产经营而耗费的一切从外部购进的各种燃料。

(3)外购动力费用。是指企业为进行生产经营而耗费的一切从外部购进的各种动力。

(4)职工薪酬费用。是指企业计入生产经营费用的职工工资、职工福利费等。

(5)折旧费。是指企业按规定计提的固定资产折旧费。

(6)利息费用。是指企业在生产经营期间发生的利息净支出。

(7)税金。是指计入生产经营费用的各种税金。

(8)其他支出。是指不属于以上各项目的费用支出。

通过上述分类,可以了解企业在一定时期内耗用了哪些资源、耗用量是多少,便于分析各个时期各种费用的支出水平,为企业编制物资采购计划和工资计划提供资料。但是,这种分类不能反映各种费用的经济用途,因而不便于分析费用的支出是否合理。

2. 按照费用的经济用途进行分类

费用的经济用途是指费用在生产经营过程中所起的作用是什么。费用按照经济用途分类,可分为构成已销产品费用和期间费用两部分。

(1)构成已销产品的费用。构成已销产品的费用即营业成本,是指为销售产品、提供劳务等日常活动发生的费用。包括主营业务成本、其他业务成本、税金及附加。

(2)期间费用。期间费用是指当期发生的、不能直接或间接归入某种销售产品的成本、必须从当期收入中得到补偿的费用,包括管理费用、销售费用和财务费用。

(二)费用的确认与计量

企业在生产经营过程中,为了取得一定的收入,必然要发生各种费用。因此,企业在确认本期的费用时,应遵循权责发生制的核算基础,做到收入和费用相配比。具体有三种方式:

1. 按照与收入的因果关系确认。凡与本期发生的收入有直接联系的支出都应确定为本期的费用。例如,主营业务成本与主营业务收入有因果关系,所以二者均作为同一时期的费用、收入。

2. 采用系统而合理的分摊方式确认。一项资产所产生的收益体现在若干个会计期间,企业应采用一定的分配方式将该项资产的价值分摊计入这些期间。例如,固定资产是为多个会计期间服务的,其价值就应按照合理的方式分摊到其服务的会计期间中。

3. 直接作为当期费用确认。管理费用等期间费用,是为企业某个会计期间的整个活动服务的,因此在发生时直接计入当期损益。

费用的确认基本上明确了企业各项支出的归属问题。当费用发生时,必须按实际发生额计算、确认和结转。这体现了客观性的会计信息质量要求和历史成本计价的计量属性。

二、费用的核算

主营业务成本、其他业务成本、税金及附加的核算在本项目任务三及前述有关项目中已介绍,在此不再赘述。以下主要介绍期间费用的核算。

(一)管理费用的核算

1. 管理费用的内容

管理费用是指企业为组织和管理生产经营活动而发生的各项费用。具体包括以下内容:

(1)开办费。开办费是指企业在筹建期间实际发生的、不应计入相关财产物资的各项费用,包括筹建期间人员的工资、办公费、培训费、注册登记费、差旅费以及不计入固定资产、无形资产的借款费用等。

(2)董事会费。董事会费是指董事会机构及其成员为执行职能而发生的各项费用,它包括董事会成员津贴、会议费和差旅费等。

(3)公司经费,包括行政管理部门的职工薪酬、机物料消耗、办公费、差旅费、工会经费、职工教育经费等。

(4)研发费用。研发费用是指企业进行研究与开发过程中发生的费用化支出及无形资产摊销费用。

(5)其他管理费用。包括聘请中介机构费、咨询费(含顾问费)、业务招待费、技术转让费、研究费用、诉讼费、排污费、企业生产车间(部门)发生的固定资产修理费用等。

2. 管理费用的核算

企业应设置"管理费用"账户核算各项管理费用,该账户的借方登记发生的各项管理费用,贷方登记期末转入"本年利润"账户的数额。结转后,期末无余额。该账户按费用项目设置明细账。

企业发生各项费用时,应借记"管理费用"账户,贷记有关账户;期末结转时,借记"本年利润"账户,贷记"管理费用" 账户。

(二)财务费用的核算

财务费用是指企业为筹集生产经营所需要的资金而发生的各项费用,包括利息净支出、汇兑净损失以及金融机构手续费。为了核算企业发生的各项利息费用,应设置"财务费用"账户。该账户属于损益类账户,借方登记企业发生的各项财务费用,贷方登记企业发生的利息收入、汇兑收益以及期末结转到"本年利润"账户的数额;结转后,该账户无余额。该账户按费用项目设置明细账。

企业发生财务费用时,借记"财务费用"账户,贷记"应付利息""银行存款"等账户。发生利息收入时,借记"银行存款"等账户,贷记"财务费用"。

(三)销售费用的核算

销售费用是指企业在销售商品、提供劳务等日常经营活动过程中发生的各项销售费用。包括运输费、装卸费、包装费、保险费、广告费以及为销售本企业产品而专设的销售机构的职工工资、福利费、类似工资性质的费用、业务费等经营费用。

企业应设置"销售费用"账户核算上述费用。该账户属于损益类账户,借方登记发生的各项营业费用,贷方登记期末转入"本年利润"账户的数额;结转后,期末无余额。该账户按费用项目设置明细账。

企业发生各项销售费用时,应借记"销售费用"账户,贷记"现金""银行存款""应付职工薪酬"等账户。

【任务处理】

1. 烟台好利来果胶食品有限公司2019年6月份发生以下事项:计提行政管理部门的职工教育经费30 000元,计提管理部门使用的固定资产折旧费9 000元,摊销无形资产2 000元,分配管理人员的工资34 200元。以上属于管理费用的核算范畴,其会计分录编制如下:

(1)计提职工教育经费时:

借:管理费用——职工教育经费　　30 000
　　贷:应付职工薪酬——职工教育经费　　30 000

(2)计提折旧费时:

借:管理费用——折旧费　　9 000
　　贷:累计折旧　　9 000

(3)分配工资时:

借:管理费用——工资　　34 200
　　贷:应付职工薪酬——工资　　34 200

(4)摊销无形资产时:

借:管理费用——无形资产摊销　　2 000
　　贷:累计摊销　　2 000

(5)月末结转时:

借:本年利润　　75 200
　　贷:管理费用　　75 200

2. 烟台好利来果胶食品有限公司2019年6月份发生以下事项:预提本月负担的短期借款利息费用4 000元,以银行存款支付金融机构手续费600元,收到银行转来的存款利息500元。以上属于财务费用的核算范畴,有关会计分录如下:

(1)预提利息费用时:

借:财务费用　　4 000
　　贷:应付利息　　4 000

（2）支付手续费时：

借：财务费用　　600

　贷：银行存款　　600

（3）收到利息时：

借：银行存款　　500

　贷：财务费用　　500

（4）期末结转时：

借：本年利润　　4 100

　贷：财务费用　　4 100

3. 烟台好利来果胶食品有限公司2019年6月份发生以下事项：以银行存款支付产品广告费4 000元，以现金支付展览费500元，分配专设销售机构的职工工资5 700元，计提销售部门办公设备折旧费2 300元。以上属于销售费用的核算范畴，有关会计分录如下：

（1）支付广告费时：

借：销售费用——广告费　　4 000

　应交税费——应交增值税（进项税额）　　240

　贷：银行存款　　4 240

（2）支付展览费时：

借：销售费用——展览费　　500

　贷：库存现金　　500

（3）分配工资费用时：

借：销售费用——工资　　5 700

　贷：应付工资薪酬——工资　　5 700

（4）计提折旧费时：

借：销售费用——折旧费　　2 300

　贷：累计折旧　　2 300

（5）期末结转时：

借：本年利润　　12 500

　贷：销售费用　　12 500

任务三　销售商品收入核算

【任务目标】

通过本任务的学习，会完成销售商品收入的核算工作，能够进行销售折扣、销售退回业务的会计处理。

【任务导入】

2019 年 6 月，烟台好利来果胶食品有限公司发生的部分交易或事项如下：

1. 6 月 2 日，采用托收承付结算方式向上海鑫恒公司销售一批商品。该批商品的成本为 60 000 元，增值税专用发票上列示的售价为 80 000 元，增值税为 13 600 元。该商品已经发出，并已向银行办理了托收手续。原始凭证见表 8－4、表 8－5 和表 8－6：

表 8－4　山东增值税专用发票

发票联　　　　开票日期：2019 年 6 月 2 日

购货单位	名　　称：上海鑫恒公司 纳税人识别号：315307896 地址、电话：上海市河南路 16 号 52301355 开户行及账号：工行 13456789			密码区	6 + － <2 >6 >927 +296 +/ ＊ 加密版本：01 446 <600375 <35 > <4/ ＊ 37009931410 2 －2 <2051 +24 +2618 <7 07050445 /3 －15 > >09/5/ －1 > > > +2		
货物或应税劳务名称	规格型号	单位	数量	单价	金额	税率	税额
高脂果胶		箱	200	400	80 000.00	13%	10 400.00
合计					￥80 000.00		￥10 400.00
价税合计（大写）	⊗ 玖万零肆佰圆整			（小写）￥90 400.00			
销货单位	名　　称：好利来果胶食品有限公司 纳税人识别号：37060219505928 地址、电话：烟台市莱山区海港路 987 号 6230355 开户行及账号：工商银行莱山支行 140602007698			备注	好利来果胶食品有限公司 37060219505928 发票专用章		

第一联：记账联　销货方记账凭证

收款人　　　　复核　　　　开票人　林强　　　　销货单位：（章）

表 8－5　托收凭证（受理回单）

委托日期 2019 年 6 月 2 日

付款人	全称	上海鑫恒公司	收款人	全称	烟台好利来果胶食品有限公司	
	账号或住址	5678905		账号	760186588	
	开户银行	济南工行		开户银行	烟台工行	行号
托收金额	人民币（大写）　玖万零肆佰圆整				十 万 千 百 十 元 角 分	
					￥ 9 0 4 0 0 0 0	
附件		商品发运情况	合同名称号码			
附寄单证张数或册数		货运单 1 张				
备注　电划						

此联是收款人开户银行给收款人的受理回单

表 8－6　出库单

用途：销售　　　　2019 年 6 月 2 日　　　　产成品库 001

产品编号	产品名称	计量单位	数量	产品成本
01	高脂果胶口	箱	200	60 000.00

记账：　　　　保管：李萍　　　　经办：张明

2.6 月 5 日，收到受托方烟台百盛商厦的代销清单，原始凭证见表 8－7、表 8－8 和表 8－9、表 8－10：

表 8－7　山东增值税专用发票

发票联　　　　开票日期：2019 年 6 月 5 日

<table>
<tr><td>购货单位</td><td colspan="5">名　　称：上海鑫恒公司
纳税人识别号：315307896
地址、电话：上海市河南路 16 号 52301355
开户行及账号：工行 13456789</td><td>密码区</td><td colspan="3">6＋－<2>6>927＋296＋/＊ 加密版本：01
446<600375<35><4/＊ 37009931410
2－2<2051＋24＋2618<7 07050445
/3－15>>09/5/－1>>>＋2</td></tr>
<tr><td colspan="2">货物或应税劳务名称</td><td>规格型号</td><td>单位</td><td>数量</td><td>单价</td><td colspan="2">金额</td><td>税率</td><td>税额</td></tr>
<tr><td colspan="2">高脂果胶</td><td></td><td>箱</td><td>200</td><td>400</td><td colspan="2">80 000.00</td><td>13%</td><td>10 400.00</td></tr>
<tr><td colspan="2">低脂果胶</td><td></td><td></td><td></td><td></td><td colspan="2">40 000.00</td><td>13%</td><td>5 200.00</td></tr>
<tr><td colspan="2">合计</td><td></td><td>箱</td><td>100</td><td>400</td><td colspan="2">¥120 000.00</td><td></td><td>¥15 600.00</td></tr>
<tr><td colspan="2">价税合计（大写）</td><td colspan="8">⊗ 壹拾叁万伍仟陆佰零拾零圆整　　　　（小写）¥135 600.00</td></tr>
<tr><td>销货单位</td><td colspan="5">名　　称：烟台好利来果胶食品有限公司
纳税人识别号：37060219505928
地址、电话：烟台市莱山区海港路 987 号 6230355
开户行及账号：工商银行莱山支行 140602007698</td><td>备注</td><td colspan="3">好利来果胶食品有限公司
37060219505928
发票专用章</td></tr>
</table>

第一联：记账联　销货方记账凭证

收款人　　　　复核　　　　开票人　林强　　　　销货单位：（章）

表 8－8　销售单

购货单位：烟台百盛商厦　　　　地址和电话：烟台南大街 389 号 6087456
纳税识别号：37060272456846　　　　单据编号 09876
开户及账号：工商银行烟台分行营业部　　　　制单日期：2019 年 6 月 5 日

编码	产品名称	单位	单价	数量	金额	备注
01	高脂果胶	箱	400.00	200	80 000.00	
02	低脂果胶	箱	400.00	100	40 000.00	
合计	人民币（大写）伍万伍仟圆整					
总经理　王力	销售经理　宋子明	经手人　李欣	会计　王丽萍	签收人　蒋小涵		

好利来果胶食品有限公司　37060219505928　发票专用章

表 8－9　代销清单

编制单位:烟台百盛商厦　　　　　　　　　　　　　　　　单位:元

序号	产品名称	单价	数量	金额	税率	税额	委托单位
01	高脂果胶	400.00	200 箱	80 000.00	13%	10 400.00	好利来果胶
02	低脂果胶	400.00	100 箱	40 000.00	13%	5 200.00	好利来果胶
合计				120 000.00		15 600.00	

表 8－10　委托代销产品成本表

编制单位:烟台好利来果胶食品有限公司　　　　时间:2019 年 6 月 5 日　单位:元

产品名称	单位成本	数量	金额
高脂果胶	200.00	200 箱	40 000.00
低脂果胶	150.00	100 箱	15 000.00
合计			¥55 000.00

审核　李辉　　　　制单人　王丽萍

请问:如何进行上述交易或事项的账务处理?

【知识导航】

一、收入概述

(一)收入的定义

收入是指企业在日常活动中形成的、会导致所有者权益增加的、与所有者投入资本无关的经济利益的总流入。其中,日常活动是指企业为完成其经营目标所从事的经常性活动以及与之相关的其他活动。收入包括商品销售收入、劳务收入、利息收入、使用费收入、租金收入等。

《企业会计准则第 14 号——收入》(以下简称收入准则)主要规范了收入的确认、计量和相关信息的披露要求。长期股权投资、租赁、原保险合同、再保险合同等形成的收入的确认、计量和报告等问题不属于收入准则规范。

(二)收入的分类

为了便于对收入进行管理和核算,企业应按照不同的标准和不同的目的,对收入进行合理的分类。

1. 按照收入形成的原因分类

收入按照形成的原因,分为销售商品收入、提供劳务收入、让渡资产使用权收入等。

销售商品收入,是指企业通过销售商品实现的收入,如工业企业销售产品、商品流通企业销售商品等实现的收入。这里的商品既包括企业生产的产品和为出售而购进的商品,也包括企业销售的原材料、包装物等存货。

提供劳务收入,是指企业通过提供劳务实现的收入,如物流公司提供运输服务、安装公司提供安装服务、软件开发公司为客户开发软件、旅行社提供旅游服务等实现的收入。

让渡资产使用权收入,是指企业通过让渡资产使用权实现的收入,它主要包括利息收入和使用费收入等。利息收入主要指金融企业对外贷款形成的利息收入,以及同业之间发生往来形成的利息收入等。使用费收入主要指企业转让资产的使用权形成的收入,如企业对外出租固定资产、转让无形资产的使用权等实现的收入。企业进行债权投资取得的利息、进行股权投资取得的股利,也构成让渡资产使用权收入。

将企业的收入分为销售商品收入、提供劳务收入、让渡资产使用权收入,有利于收入的确认和计量。

2. 按照企业日常经营业务的主次分类

收入按照企业日常经营业务的主次,可以划分为主营业务收入和其他业务收入。

主营业务收入也称基本业务收入,是指企业通过经常性活动即主营业务所取得的收入。不同行业的企业具有不同的经常性活动,如工业企业的主营业务为销售商品、自制半成品、代制品和提供工业性劳务等,商品流通企业的主营业务为销售商品等,商业银行的主营业务为收取利息、手续费等,在实际工作中,可以根据企业营业执照上注明的主要业务范围来定。主营业务收入经常发生,是企业收入的主要部分,对企业的经济效益影响较大。

其他业务收入是指非经常性活动所产生的收入,如工业企业销售材料、提供非工业性劳务所取得的收入,在实际工作中,可以根据企业营业执照上注明的兼营业务范围来定。如果营业执照上注明的兼营业务量较大,且为经常性发生的收入,也可归为主营业务收入。

将企业的营业收入划分为主营业务收入和其他业务收入,便于加强企业营业收入的管理和核算,以反映和监督企业收入的实现,促进企业积极组织销售工作,加速资金周转。

二、收入的确认和计量

(一)收入的确认原则

《企业会计准则第 14 号——收入》规定,企业应当在履行了合同中的履约义务,即在客户取得相关商品控制权时确认收入。

合同是指双方或多方之间订立有法律约束力的权利义务的协议。合同有书面形式、口头形式以及其他形式。

客户是指与企业订立合同以向该企业购买其日常活动产出的商品并支付对价的一方;所称的商品包括商品和服务。

取得相关商品控制权，是指客户能够主导该商品的使用并从中获得几乎全部经济利益，也包括有能力阻止其他方主导该商品的使用并从中获得经济利益。

在判断客户是否取得控制权是时，企业应当综合考虑下列迹象：

(1)企业就该商品享有现时收款权利，即客户就该商品负有现时付款义务。例如，甲企业与客户签订销售商品合同，约定客户有权定价且在收到商品无误后10日内付款。在客户收到甲企业开具的发票、商品验收入库后，客户能够自主确定商品的销售价格或商品的使用情况，此时甲企业享有收款权利，客户负有现时付款义务。

(2)企业已将该商品的法定所有权转移给客户，即客户已拥有该商品的法定所有权。例如，房地产企业向客户销售商品房，在客户付款后取得房屋产权证时，表明企业已将该商品房的法定所有权转移给客户。

(3)企业已将该商品实物转移给客户，即客户已占有该商品实物。例如，企业与客户签订交款提货合同，在企业销售商品并送货到客户指定地点，客户验收合格并付款，表明企业已将该商品实物转移给客户，即客户已占有该商品实物。

(4)企业已将该商品所有权上的主要风险和报酬转移给客户，即客户已取得该商品所有权上的主要风险和报酬。例如，甲房地产公司向客户销售商品房办理产权转移手续后，该商品房价格上涨或下跌带来的利益或损失全部属于客户，表明客户已取得该商品房所有权上的主要风险和报酬。

(5)客户已接受该商品。例如，企业向客户销售为其定制生产的节能设备，客户收到并验收合格后办理入库手续，表明客户已接受该商品。

(6)其他表明客户已取得商品控制权的迹象。

另外需要说明的是，本项目所称的收入不涉及企业对外出租资产收取的租金、进行债权投资收取的利息、进行股权投资取得的现金股利以及保费收入等。

(二)收入确认和计量的步骤

在实务中，根据收入确认的原则，企业可以通过"五步法模型"确认和计量营业收入。

第一步，识别与客户订立的合同。

合同的存在是企业确认客户合同收入的前提，企业与客户之间的合同一经签订，企业即享有从客户取得与转移商品和服务对价的权利，同时负有向客户转移商品和服务的履约义务。

企业与客户之间的合同同时满足下列五项条件的，企业应当在客户取得相关商品控制权时确认收入：

(1)合同各方已批准该合同并承诺将履行各自义务；

(2)该合同明确了合同各方与所转让商品相关的权利和义务；

(3)该合同有明确的与所转让商品相关的支付条款；

(4)该合同具有商业实质，即履行该合同将改变企业未来现金流量的风险、时间分布或金额；

(5)企业因向客户转让商品而有权取得的对价很有可能收回。

在实际工作中，大多数企业在经营活动中均需与客户签订销售合同，例如施工企业与客户签订承接建造合同，生产企业与客户签订商品销售合同等，在这种情况下，应按照规定在履行了合同中的履约义务，即在客户取得相关商品控制权时确认营业收入；但是，商品零售企业的商品销售大多在客户付款后直接发货，不需要签订合同，在这种情况下，按照实质重于形式的要求，可以视为履行了合同中的履约义务，可以直接确认营业收入。

不满足上述条件的合同，收到的对价计入负债，或在特定条件下计入收入。

第二步，识别合同中的单项履约义务。

履约义务是指合同中企业向客户转让可明确区分商品或服务的承诺。企业应当将向客户转让可明确区分商品(或者商品的组合)的承诺以及向客户转让一系列实质相同且转让模式相同的、可明确区分商品的承诺作为单项履约义务。

【例8－1】企业与客户签订合同，向其销售一部电梯并提供安装服务，若该安装服务，除该企业外其他供应商也可以提供此类安装服务，该合同中销售商品和提供安装服务为两项单项履约义务。若该安装服务复杂且商品需要按客户定制要求修改，则合同中销售商品和提供安装服务合并为单项履约义务。

第三步，确定交易价格。

交易价格是指企业因向客户转让商品而预期有权收取的对价金额，不包括企业代第三方收取的款项(如增值税)以及企业预期将退还给客户的款项。合同条款所承诺的对价，可能是固定金额、可变金额或两者兼有。

【例8－2】甲公司与客户签订合同为其装修一栋办公大楼，约定的价款为500万元，6个月完工，交易价格就是固定金额500万元；假如合同中约定若提前1个月完工，客户将额外奖励甲公司10万元，甲公司对合同估计工程提前1个月完工的概率为95%，则甲公司预计有权收取的对价为510万元，因此交易价格包括固定金额500万元和可变金额10万元，总计为510万元。

第四步，将交易价格分摊至各单项履约义务。

当合同中包含两项或多项履约义务时需要将交易价格分摊至各单项履约义务，分摊的方法是在合同开始日，按照各单项履约义务所承诺商品的单独售价(企业向客户单独销售商品的价格)的相对比例，将交易价格分摊至各单项履约义务。通过分摊交易价格，使企业分摊至各单项履约义务的交易价格能够反映其因向客户转让已承诺的相关商品而有权收取的对价金额。

【例8－3】企业与客户签订合同，向其销售甲、乙、丙三件机械设备，不含增值税的合同总价款180万元。甲、乙、丙产品的不含增值税单独售价分别为70万元50万元和80万元，合计200万元。按照交易价格分摊原则，甲产品应当分摊的交易价格为63万元$(70\div200\times180)$，B产品应当分摊的交易价格为45万元$(50\div200\times180)$，C产品应当分摊的交易价格为72万元$(80\div200\times180)$。

第五步，履行各单项履约义务时确认收入。

当企业将商品转移给客户，客户取得了相关商品的控制权，意味着企业履行了合同履约义务，此时，企业应确认收入。企业将商品控制权转移给客户，可能是在某一时段内（即履行履约义务的过程中）发生，也可能在某一时点（即履约义务完成时）发生。企业应当根据实际情况，首先判断履约义务是否满足在某一时段内履行的条件，如不满足，则该履约义务属于在某一时点履行的履约义务。

收入确认和计量五个步骤中，第一步、第二步和第五步主要与收入的确认有关，第三步和第四步主要与收入的计量有关。

需要说明的是，一般而言，确认和计量任何一项合同收入应考虑全部的五个步骤。但履行某些合同义务确认收入不一定都经过五个步骤，如企业按照第二步确定某项合同仅为单项履约义务时，可以从第三步直接进入第五步确认收入，不需要第四步（分摊交易价格）。

三、收入核算应设置的会计科目

为了核算企业与客户之间的合同产生的收入及相关的成本费用，一般需要设置"主营业务收入""其他业务收入""主营业务成本""其他业务成本""合同取得成本""合同履约成本""合同资产""合同负债"等科目。其中：

1."主营业务收入"科目核算企业确认的销售商品、提供服务等主营业务的收入。该科目贷方登记企业主营业务活动实现的收入，借方登记期末转入"本年利润"科目的主营业务收入，结转后该科目应无余额。该科目可按主营业务的种类进行明细核算。

2."其他业务收入"科目核算企业确认的除主营业务活动以外的其他经营活动实现的收入，包括出租固定资产、出租无形资产、出租包装物和商品、销售材料等实现的收入。该科目贷方登记企业其他业务活动实现的收入，借方登记期末转入"本年利润"科目的其他业务收入，结转后该科目应无余额。该科目可按其他业务的种类进行明细核算。

3."主营业务成本"科目核算企业确认销售商品、提供服务等主营业务收入时应结转的成本。该科目借方登记企业应结转的主营业务成本，贷方登记期末转入"本年利润"科目的主营业务成本，结转后该科目应无余额。该科目可按主营业务的种类进行明细核算。

4."其他业务成本"科目核算企业确认的除主营业务活动以外的其他经营活动所形成的成本，包括出租固定资产的折旧额、出租无形资产的摊销额、出租包装物的成本或摊销额、销售材料的成本等。该科目借方登记企业应结转的其他业务成本，贷方登记期末转入"本年利润"科目的其他业务成本，结转后该科目应无余额。该科目可按其他业务的种类进行明细核算。

5."合同取得成本"科目，属于资产类科目，核算企业取得合同发生的、预计能够收回的增量成本。该科目借方登记发生的合同取得成本，贷方登记摊销的合同取得成本，期末借方余额，反映企业尚未结转的合同取得成本。该科目可按合同进行明细核算。

6.“合同履约成本”科目，属于资产类科目，核算企业为履行当前或预期取得的合同所发生的、不属于其他企业会计准则规范范围且按照收入准则应当确认为一项资产的成本。该科目借方登记发生的合同履约成本，贷方登记摊销的合同履约成本，期末借方余额，反映企业尚未结转的合同履约成本。该科目可按合同分别“服务成本”“工程施工”等进行明细核算。

7.“合同资产”科目，属于资产类科目。核算企业已向客户转让商品而有权收取对价的权利，且该权利取决于时间流逝之外的其他因素（如履行合同中的其他履约义务）。该科目借方登记因已转让商品而有权收取的对价金额，贷方登记取得无条件收款权的金额，期末借方余额，反映企业已向客户转让商品面有权收取的对价金额。该科目按合同进行明细核算。

8.“合同负债”科目属于负责类科目。核算企业已收或应收客户对价而应向客户转让商品的义务。该科目贷方登记企业在向客户转让商品之前，已经收到或已经取得无条件收取合同对价权利的金额；借方登记企业向客户转让商品时冲销的金额；期末贷方余额，反映企业在向客户转让商品之前，已经收到的合同对价或已经取得的无条件收取合同对价权利的金额，该科目按合同进行明细核算。

此外，企业发生减值的，还应当设置“合同履约成本减值准备”“合同取得成本减值准备”“合同资产减值准备”等科目进行核算。

四、销售商品收入的账务处理

（一）一般情况下销售商品收入的核算

一般情况下，企业销售商品，其对商品的控制权往往是在某个时点上转移给客户，因此需要按在某一时点履行的履约义务确认营业收入。企业应设置“主营业务收入”“主营业务成本”“其他业务收入”和“其他业务成本”等账户核算销售商品业务。

【例8－4】京华公司于2019年5月6日采用托收承付结算方式向新野公司销售一批B商品。该批商品的成本为50 000元，增值税发票上列示的售价为80 000元，增值税为10 400元。该商品已经发出，并已向银行办理了托收手续。有关账务处理如下：

（1）5月6日，销售商品时：

借：应收账款——新野公司　　　　90 400
　　贷：主营业务收入——B商品　　　　80 000
　　　　应交税费——应交增值税（销项税额）　　　　10 400

（2）同时结转已销商品的成本：

借：主营业务成本——B商品　　　　50 000
　　贷：库存商品——B商品　　　　50 000

对于不符合履行履约义务的收入，企业应增设“发出商品”账户进行核算，反映已经发出但尚未确认销售收入的商品成本。该账户属于资产类账户，借方登记已经发出、尚未确认销售收入的商品成本,贷方登记结转的商品销售成本;期末余额在借方,表示尚未结转的商品销售成本。

如果京华公司在办完托收手续后,得知新野公司的财务状况恶化,不能在近期支付货款,根据销售商品收入的确认条件,京华公司在销售商品时不能确认为收入。为此,京华公司应将已发出的商品成本转入“发出商品”账户,有关账务处理如下:

(1)5 月 6 日,发出商品时:

借:发出商品——B 商品　　50 000

　贷:库存商品——B 商品　　50 000

(2)同时将增值税发票上注明的增值税额转入应收账款:

借:应收账款——新野公司　　10400

　贷:应交税费——应交增值税(销项税额)　　10400

如果销售该商品时没有发生纳税义务,则不需做上述处理。

(二)商业折扣、现金折扣与销售折让的核算

在进行销售商品收入核算时,企业经常会遇到商业折扣、现金折扣和销售折让的问题。这些问题对销售商品收入的核算有不同程度的影响,企业应区别情况进行会计处理。

1. 商业折扣。商业折扣是企业为鼓励客户大量购买商品而在商品标价上给予的价格扣除。这种折扣是确定购销双方实际商品交易价格的一种手段,一般在交易发生时即已确定。它对销售商品收入没有影响。因此,在存在商业折扣的情况下,企业应按实际交易价格确认收入。

【例 8 -5】2019 年 5 月 12 日,京华公司向新野公司销售 A 产品 2 000 件,每件产品的标价为 50 元。由于新野公司购买的产品较多,京华公司给予 10% 的商业折扣,并开具增值税发票。发票上注明的售价为 90 000 元,增值税税额为 11 700 元。产品已发出,货款未收。该产品成本为每件 30 元。有关账务处理如下:① 5 月 12 日,销售商品时:

借:应收账款——新野公司　　101 700

　贷:主营业务收入——A 商品　　90 000

　　应交税费——应交增值税(销项税额)　　11 700

② 同时结转已销商品的成本:

借:主营业务成本——A 商品　　60 000

　贷:库存商品——A 商品　　60 000

2. 现金折扣。现金折扣是指企业为鼓励购货方早日付款而给予购货方在价格上的一定优惠。现金折扣的一般表示方法为折扣率/付款期。例如,1/10、n/30 表示如果 10 天内付款,客户可享受 1% 的折扣;如果 30 天内付款,客户不享受折扣。客户的信用期限为 30 天。

现金折扣有利于销售方尽快地收回货款,它是否发生取决于购货方付款的时间。因

此，在确认收入时不考虑可能发生的现金折扣，而是按未扣除现金折扣前的售价金额确定收入，即按总价法确定收入；现金折扣发生时，应作为理财费用计入当期损益。

【例8-6】京华公司2019年5月28日采用现金折扣方式向原野公司销售一批B商品。增值税发票上列示的售价为100 000元，增值税税额为13 000元。该商品已经发出，购货方未付款。销售折扣条件为2/10、1/20、n/30。假定计算现金折扣时不考虑增值税。

假定该销售商品收入符合确认条件，则企业应做如下账务处理：

① 5月28日，确认收入时：

借：应收账款——原野公司　　113 000

　　贷：主营业务收入——B商品　　100 000

　　　　应交税费——应交增值税（销项税额）　　13 000

② 假定6月3日收到上述货款，实际收到的金额100 000×98%＋13 000＝111 000（元）。

借：银行存款　　111 000

　　财务费用　　2 000

　　贷：应收账款——原野公司　　113 000

③ 假定6月25日收到款项，实际收到的金额为113 000元。

借：银行存款　　113 000

　　贷：应收账款——原野公司　　113 000

3. 销售折让。销售折让是指企业因销售的产品的质量不合格等原因而在售价上给予客户的减让。它发生在销售之后。对于销售折让，企业应区别不同的情况处理。

①尚未确认收入的售出商品发生销售折让的，企业应在确认收入时按直接扣除销售折让后的金额确认，其账务处理同商业折扣。

②已确认收入的售出商品发生销售折让，且不属于资产负债表日后事项的，企业应根据折让价款的有关协议，开出红字发票，并冲减当期销售收入。

【例8-7】2019年5月5日，京华公司向原野公司售出C商品5台，单价为1 200元，货款已收。10日，原野公司收货后发现有一台出现质量问题，要求给予300元的折让。15日，该公司经调查协商，同意购货单位要求，并办理了折让手续；25日退回货款。有关账务处理如下：

A. 5月5日，销售时：

借：银行存款　　6 780

　　贷：主营业务收入——C商品　　6 000

　　　　应交税费——应交增值税（销项税额）　　780

B. 15日，同意办理折让时：

借：主营业务收入——C商品　　300

　　应交税费——应交增值税（销项税额）　　39

　　贷：应收账款——原野公司　　339

C.25 日,退回货款时:

借:应收账款——原野公司　　339

　贷:银行存款　　339

3. 销售退回的核算

销售退回是指企业售出的商品由于质量、品种不符合要求等原因而发生的退货。销售退回应分别不同情况处理。

(1)对于未确认收入的已发出商品的退回,只需将已记入"发出商品"账户的商品成本转回"库存商品"账户。

(2)对于已确认收入的销售商品的退回,不论是当年销售的,还是以前年度销售的,企业应开出红字发票,并进行冲减退回当月的销售收入和销售成本的账务处理;如果该项销售已经发生现金折扣或销售折让,应在退回当月一并调整。该种情况的会计处理不包括资产负债表日后发生的销货退回事项。

【例8-8】京华公司2019年5月5日收到上月销售的A商品6件,该6件产品因质量不合格而退回。货款为3 000元,增值税为390元,以银行存款退回。该产品的生产成本为1 800元。京华公司收到退货后应做如下账务处理:

借:主营业务收入——A商品　　3 000

　应交税费——应交增值税(销项税额)　　390

　贷:银行存款　　3 390

同时转回商品成本:

借:库存商品——A商品　　1 800

　贷:主营业务成本——A商品　　1 800

【例8-9】阳光公司2019年5月12日采用现金折扣方式销售一批B商品。增值税发票上列示的售价为50 000元,增值税税额为6 500元。销售折扣条件为1/10、n/30。假定计算现金折扣时不考虑增值税。该商品已经发出,购货方同时支付货款。该产品的生产成本为38 000元。5月20日,因商品质量问题,购货方全部退货。阳光公司办理了退货手续,开具了红字增值税专用发票,同时退回货款。阳光公司收到退货后应做如下账务处理:

借:主营业务收入——B商品　　50 000

　应交税费——应交增值税(销项税额)　　6 500

　贷:银行存款　　56 000

　　财务费用　　500

同时转回商品成本:

借:库存商品——B商品　　38 000

　贷:主营业务成本——B商品　　38 000

4. 支付手续费方式代销商品的核算

支付手续费方式代销商品，是指委托方根据受托方代销的商品数量，向受托方支付手续费；受托方按照委托方规定的价格销售代销商品的销售方式。在这种销售方式下，委托方按合同发出商品；受托方虽然已经承担商品的实物保管责任，但仅为委托销售 W 商品，只有在售出产品取得价款后才支付货款。因此，委托方在向客户转让商品时不确认收入，当收到受托方交付的代销清单或支付的款项时确认收入，并按应支付的手续费确认销售费用。受托方在售出代销商品时，按应收取的代销手续费确认劳务收入。

为了核算支付手续费方式委托代销商品，委托方应增设“委托代销商品”账户，反映企业已经发出但尚未结转的商品成本。受托方应增设“受托代销商品”和“受托代销商品款”等账户，核算受托代销商品的价款。

【例 8 – 10】2019 年 5 月 3 日，大华公司和振华商场签订代销协议，委托振华商场代销 A 产品 2 000 件，协议价为每件 50 元，大华公司按售价的 10% 支付给振华商场手续费。该产品的成本为每件 30 元，适用增值税税率为 13%。产品已发出。7 月 10 日，振华商场全部售出代销商品。开具的增值税发票上注明的售价为 100 000 元，增值税税额为 13 000 元。7 月 12 日，大华公司收到振华商场开出的代销清单，并开具增值税专用发票。发票上注明的售价为 100 000 元，增值税税额为 13 000 元。7 月 28 日，收到振华商场按协议价支付的款项。

大华公司的账务处理如下：

(1)5 月 3 日，发出商品时：

借：委托代销商品——A 产品　　60 000

　贷：库存商品——A 产品　　60 000

(2)7 月 12 日，收到代销清单，开具增值税专用发票时：

借：应收账款——振华企业　　113 000

　贷：主营业务收入　　100 000

　　应交税费——应交增值税(销项税额)　　13 000

(3)同时结转已销商品的成本时：

借：主营业务成本——A 产品　　60 000

　贷：委托代销商品——A 产品　　60 000

(4)确认销售费用时：

借：销售费用　　10 000

　贷：应收账款——振华企业　　10 000

(5)7 月 28 日，收到货款时：

借：银行存款　　103 000

　贷：应收账款——振华商场　　103 000

振华商场的账务处理如下：

(1)5 月 3 日，收到商品时：

借:受托代销商品　　　　　　　　　　　100 000

　　贷:受托代销商品款　　　　　　　　　　　100 000

(2)7 月 10 日,实际销售时:

借:银行存款(应收账款)　　　　　　　　113000

　　贷:应付账款——大华公司　　　　　　　　100 000

　　　　应交税费——应交增值税(销项税额)　　13 000

　　借:应付账款——大华公司　　　　　　10 000

　　　　贷:主营业务收入(或其他业务收入)　　10 000

　　借:受托代销商品款　　　　　　　　　100 000

　　　　贷:受托代销商品　　　　　　　　　100 000

(3)7 月 12 日,收到大华公司开具的增值税发票时:

借:应交税费——应交增值税(进项税额)　　13 000

　　贷:应付账款——大华公司　　　　　　　　13 000

(4)7 月 28 日,支付货款时:

借:应付账款——大华公司　　　　　　　103 000

　　贷:银行存款　　　　　　　　　　　　　103 000

5. 预收货款销售商品的核算

预收货款销售商品,是指购买方在商品尚未收到前按合同或协议约定分期付款,销售方在收到最后一笔款项时才交货的销售方式。在这种方式下,销售方通常应在发出商品时确认收入;在此之前,预收的款项应确认为一项流动负债,计入"合同负债"账户。

【例 8-11】2019 年 4 月 12 日,通惠公司与振华商厦签订购销合同,向振华公司提供 100 台空调,每台售价 2 000 元。合同规定,通惠公司预先收取 150 000 元,余款在一个月后交付产品时收取。编制会计分录如下:

(1)4 月 12 日,预收货款时:

借:银行存款　　　　　　　　　　　　　150 000

　　贷:合同负债——振华商厦　　　　　　　　150 000

(2)一个月后交付产品结算时,开出增值税发票,售价为 200 000 元,增值税额为 26 000元:

借:合同负债——振华商厦　　　　　　　226 000

　　贷:主营业务收入　　　　　　　　　　　200 000

　　　　应交税费——应交增值税(销项税额)　　26 000

(3)收到余款时:

借:银行存款　　　　　　　　　　　　　76 000

　　贷:合同负债——振华商厦　　　　　　　　76 000

如果合同订立前企业收到客户预付的款项可以设置"预收账款"账户反映。

6. 合同资产核算

合同资产是指企业已向客户转让商品而有权收取对价的权利，该权利取决于时间流逝之外的其他因素。合同资产是一项有条件收款权，该权利除了时间流逝之外，还取决于其他条件才能收取相应的合同对价，比如履行合同中的履约风险。合同资产的减值计量，列报和披露，应当按照相关金融工具准则的要求进行会计处理。

一般情况下。合同资产产生时，客户已取得相关商品的控制权，企业应当确认收入。

【例 8 - 12】2019 年 3 月 1 日，甲公司与客户签订合同，向其销售 A、B 两个设备，A 设备的单独售价为 16 000 元，其成本为 12 000 元，B 设备的单独售价为 24 000 元，其成本为 20 000 元。合同约定，A 设备于合同开始日交付，B 设备在一个月之后交付。只有当两个设备全部交付之后，甲公司才有权收取合同对价 40 000 元。假定 A 设备和 B 设备分别构成单项履约义务，其控制权在交付时转移给客户。增值税纳税义务时间为收到款项时，增值税税率为 13%。编制会计分录如下：

(1) 交付 A 设备时：

借：合同资产	16 000	
贷：主营业务收入		16 000
借：主营业务成本	12 000	
贷：库存商品——A 设备		12 000

(2) 交付 B 设备时：

借：应收账款	45 200	
贷：合同资产		16 000
主营业务收入		40 000
应交税费——应交增值税（销项税额）		5 200
借：主营业务成本	20 000	
贷：库存商品——B 设备		20 000

需要说明的是，合同资产和应收款项相关的风险是不同的应收款项，应收款项只承担信用风险。应收款项是企业无条件收取合同对价的权利。企业仅仅随着时间的流逝即可收款，该权利应当作为应收款项单独列示。

【任务处理】

1. (1) 会计人员应根据“托收凭证回单”和“增值税专用发票”确认收入。会计分录如下：

借：应收账款——上海鑫恒公司	90 400	
贷：主营业务收入		80 000
应交税费——应交增值税（销项税额）		10 400

(2) 会计人员根据“出库单”结转已销产品的成本，会计分录如下：

借：主营业务成本	60 000	
贷：库存商品		60 000

2. (1) 会计人员应根据“代销清单”“销售单”“增值税专用发票”确认收入。会计分

录如下：

借：应收账款——烟台百盛商厦 135 600

贷：主营业务收入 120 000

应交税费——应交增值税（销项税额） 15 600

（2）根据“委托代销成本计算表”结转成本。会计分录如下：

借：主营业务成本——高脂果胶 40 000

——低脂果胶 15 000

贷：委托代销商品——高脂果胶 40 000

——低脂果胶 15 000

任务四 提供劳务收入的核算

【任务目标】

通过本任务的学习，能够处理属于在某一时点履行义务的劳务收入的核算工作，能够完成属于在某一段期间履行义务的劳务收入的核算工作，能够确定履约进度。

【任务导入】

2019 年 6 月 20 日，烟台好利来果胶食品有限公司收到本月完工的安装工程款 3 000 元。原始凭证见表 8－11、表 8－12：

表 8－11 山东增值税专用发票

发票联

开票日期：2019 年 6 月 20 日

购货单位 名　　称：烟台威利发食品有限公司 纳税人识别号：370602687231023 地址、电话：5035－6929608 开户行及账号：工行 7601865328				密码区 6＋－〈2〉6〉927＋296＋/ ＊ 加密版本：01 446〈600375〈35〉〈4/ ＊ 37009931410 2－2〈2051＋24＋2618〈7 07050445 /3－15〉〉09/5/－1〉〉〉＋2			
货物或应税劳务名称	规格型号	单位	数量	单价	金额	税率	税额
安装费		个	1		3 000.00	9%	270.00
合计					¥3 000.00		¥270.00
价税合计（大写）	⊗ 零叁仟贰佰柒拾圆整 （小写）¥3 270.00						
销货单位 名　　称：烟台好利来果胶食品有限公司 纳税人识别号：37060219505928 地址、电话：烟台市芝罘区海港路 22 号 05356745588 开户行及账号：中国工行烟台银河分理处 199708654232				备注	好利来果胶食品有限公司 37060219505928 发票专用章		

第一联：记账联 销货方记账凭证

表 8－12　中国工商银行信汇凭证(收账通知)

委托日期:2019 年 6 月 20 日

<table>
<tr><td rowspan="3">汇款人</td><td>全　称</td><td colspan="3">烟台威利发食品厂</td><td rowspan="3">收款人</td><td>全　称</td><td colspan="8">烟台好利来果胶食品有限公司</td></tr>
<tr><td>账号或住址</td><td colspan="3">1256020073621</td><td>账号或住址</td><td colspan="8">140602007698</td></tr>
<tr><td>汇出地点</td><td>烟台环翠区</td><td>汇出行名称</td><td>工商银行解放路支行</td><td>汇入地点</td><td>烟台莱山</td><td>汇入行名称</td><td colspan="6">工商银行莱山支行</td></tr>
<tr><td rowspan="2">金额</td><td colspan="6" rowspan="2">人民币(大写)　叁仟贰佰柒拾圆整</td><td>十</td><td>万</td><td>千</td><td>百</td><td>十</td><td>元</td><td>角</td><td>分</td></tr>
<tr><td></td><td>¥</td><td>3</td><td>2</td><td>7</td><td>0</td><td>0</td><td>0</td></tr>
<tr><td colspan="7" rowspan="2">款项已收入收款人账户
汇入</td><td colspan="8">支付密码</td></tr>
<tr><td colspan="8">附加信息及用途
复核　　记账</td></tr>
</table>

工商银行
莱山支行
2019.06.20
转讫

要求:根据以上交易或事项进行会计处理。

【知识导航】

一、提供劳务收入的核算

(一)提供劳务收入的确认与计量

劳务收入是营业收入的一种重要形式。企业提供的劳务收入有很多,如旅游、运输、饮食、广告、产品安装等。这些劳务有的能一次完成如餐饮服务行业等;有的需要花费一段较长的时间才能完成,如安装、远洋运输等。因此,对于为提供劳务取得的收入,何时确认为收入,必须考虑提供劳务的时间。

企业提供的服务,如果属于在某一时点履行履约的义务,企业应采用于前述商品销售相同的办法确认营业收入。如果属于在某一段期间履行的义务,企业应当在该段时间内按照履约进度确认收入,但是,履约进度不能合理确定的除外。企业应当考虑商品的性质,采用产出法或投入法确定恰当的履约进度。

产出法是根据已转移给客户的商品对于客户的价值确定履约进度。例如,甲公司与乙公司签订一项服务合同,合同总收入为 100 万元,合同总成本预计为 60 万元,期限为两年,采用产出法确定履约进度。资产负债表日,经专业测量师测量认定该项服务的价值。累计履约进度为 20%。乙公司接受该项测量结果。则甲公司应确认营业收入为 20 万元(100 × 20%)。

投入法是根据企业为履行履约义务的投入确定履约进度。实务中可以按已经提供的劳务量占提供总劳务量的百分比确定或按已经发生的成本占估计总成本的比例确定。对于类似情况下的类似履约义务,企业应当采用相同的方法确定履约进度。

例如,甲公司与乙公司签订一项服务合同,合同总收入为100万元,合同总成本预计为60万元,期限为两年,采用投入法确定履约进度。资产负债表日,已发生的成本为24万元,则履约进度为40%(24÷60)则甲公司应确认营业收入为40万元(100×40%)。

当履约进度不能合理确定时,企业已经发生的成本预计能够得到补偿的,应当按照已经发生的成本金额确认收入,直到履约进度能够合理确定为止。

(二)提供劳务收入的核算

1. 在某一时点履行履约义务的劳务收入的核算

对于一次就能完成的劳务,企业应在劳务完成时按确认的收入金额,借记"应收账款""银行存款"等账户,贷记"主营业务收入""其他业务收入"等账户。结转成本时,借记"主营业务成本""其他业务成本"等账户,贷记"银行存款"等账户。

对于持续一段时间完成的劳务,属于某一时点履行企业应在提供劳务完成时确认收入。对于有关支出,在确认为费用之前,企业可增设"合同履约成本"账户予以归集;待确认为费用时,再借记"主营业务成本" 或"其他业务成本"等账户,贷记"合同履约成本"账户。

【例8-13】2019年5月2日,利民公司接受一项锅炉安装任务,该安装任务20天完成,合同总价款为10 000元,实际发生成本为5 650元。5月22日完工,收到劳务款项,并已存入银行,该劳务收入为公司的其他业务收入,增值税税率为9%。该公司应做如下账务处理:

(1)劳务成本发生时:

借:合同履约成本	5 650	
贷:银行存款等科目		5 650

(2)安装完成时:

借:银行存款	10 900	
贷:其他业务收入		10 000
应交税费——应交增值税(销项)		900

(3)确认费用时:

借:其他业务成本	5 650	
贷:合同履约成本		5 650

2. 在某一时段履行履约义务的劳务收入的核算

对于需要花费一段较长的时间才能完成的劳务,在资产负债表日,应按履约进度确认劳务收入。

(1)收入和费用的确定。在采用履约进度确认收入和费用时,收入和相关费用应按以下公式计算:

本期确认的收入=劳务总收入×本期末止的履约进度-以前期间已确认的收入

本期确认的费用=劳务总成本×本期末止的履约进度-以前期间已确认的费用

由上述公式可知，在劳务总收入和总成本能够可靠计量的情况下，主要是确定履约进度。履约进度可以采用投入法和产出法方法确定。

(2)劳务收入的会计处理。企业根据履约进度确认本期的劳务收入时，按计算的收入金额借记“合同负债”“应收账款”“银行存款”等账户，贷记“主营业务收入”“其他业务收入”等账户。对于发生的成本，企业可增设“合同履约成本”账户予以归集；确认本期费用时，再借记“主营业务成本”或“其他业务成本”等账户，贷记“合同履约成本”账户。

【例 8－14】某公司于 2019 年 10 月 1 日接受一项电梯安装工作，安装期五个月，合同总收入 500 000 元，至年底已预收 350 000 元，实际发生成本 250 000 元(假定全部用银行存款支付)，估计还会发生 150 000 元的成本，增值税税率为 9%。按投入法确定履约进度。该公司应做如下账务处理：

(1)实际发生成本时：

借：合同履约成本　　250 000
　贷：银行存款　　250 000

(2)预收账款时：

借：银行存款　　350 000
　贷：合同负债　　350 000

(3)2019 年 12 月 31 日确认收入和确认费用时：

该劳务的履约进度 = 250 000 ÷ (250 000 + 150 000) × 100% = 62.5%，

2016 年确认的劳务收入 = 500 000 × 62.5% － 0 = 315 000(元)

借：合同负债　　343 350
　贷：主营业务收入　　315 000
　　应交税费——应交增值税(销项税额)　　28 350

借：主营业务成本　　250 000
　贷：合同履约成本　　250 000

【例 8－15】甲公司为一家网球俱乐部。2019 年 5 月 1 日，某客户与甲公司签订合同，成为甲公司的会员，并向甲公司支付会员费 5 088 元(其中增值税为 288 元)，可在未来的 12 个月内在该俱乐部打球，且没有次数的限制。该业务适用的增值税税率为 6%。

本例中，客户在会籍期间可随时来俱乐部打球，且没有次数限制，客户已使用俱乐部打球的次数不会影响其未来继续使用的次数，甲公司在该合同下的履约义务，是承诺随时准备在客户需要时为其提供服务，因此，该履约义务属于在某一时段内履行的履约义务，并且该履约义务在会员的会籍期间内随时间的流逝而被履行。因此，甲公司按照直线法确认收入，每月应当确认的收入 400 元(4 800 ÷ 12)甲公司应编制如下会计分录：

(1)2019 年 5 月 1 日收到会员费，开具增值税发票时：

借：银行存款　　5 088
　贷：合同负债　　4 800

应交税费——应交增值税(销项税额) 288

(2) 2019 年 5 月 31 日确认收入时:

借:合同负债 400

贷:主营业务收入 400

2019 年 6 月至 2020 年 4 月,每月确认收入同上。

3. 履约进度不能合理确定的核算

在资产负债表日,当履约进度不能合理确定时,企业已经发生的成本预计能够得到补偿的,应当按照已经发生的成本金额确认收入,直到履约进度能够合理确定为止。

企业应当正确预计已经发生的劳务成本能够获得补偿的金额,并将其金额确认为提供劳务收入,同时将已经发生的劳务成本计入当期损益(主营业务成本或其他业务成本)。若已经发生的成本预计全部不能得到补偿,则不确认收入。

【例 8-16】2019 年 5 月 27 日,甲公司接受乙公司的委托,为其培训一批技术员,培训期 3 个月,2019 年 6 月 1 日开始。协议约定,乙公司应向甲公司支付的培训费总额为 30 000 元,分两次等额支付,即在培训开始和结束时分别支付。增值税税率为 6%,2019 年 6 月 1 日,乙公司支付了 15 000 元的培训费,2019 年 6 月 28 日,甲公司得知乙公司财务状况恶化,剩余的培训费能否收回难以确定。至 2019 年 6 月 30 日,甲公司发生的培训成本为 18 000 元(假定全部为培训教师的薪酬)。京华公司的账务处理如下:

(1)6 月 1 日收到公司支付的培训费时:

借:银行存款 15 900

贷:合同负债 15 900

(2)6 月实际发生培训支出时:

借:合同履约成本 18 000

贷:应付职工薪酬 18 000

(3)6 月 30 日确认提供劳务收入并结转劳务成本时:

借:合同负债——乙公司 15 900

贷:主营业务收入 15 000

应交税费——应交增值税(销项税额) 900

借:主营业务成本 18 000

贷:合同履约成本 18 000

二、合同成本

企业在与客户之间建立合同关系过程中发生的成本主要有合同取得成本和合同履约成本。

(一)合同取得成本

企业为取得合同发生的增量成本预期能够收回的,应作为合同取得成本确认为一项资产。增量成本是指企业不取得合同就不会发生的成本,也就是企业发生的与合同直接相关,但又不是所签订合同的对象或内容(如建造商品或提供服务)本身所直接发生的费用,例如销售佣金等,如果销售佣金等预期可通过未来的相关服务收入予以补偿,该销售佣金(即增量成本)应在发生时确认为一项资产,即合同取得成本。

企业取得合同发生的增量成本已经确认为资产的,应当采用与该资产相关的商品收入确认相同的基础进行摊销,计入当期损益。为简化实务操作,该资产摊销期限不超过一年的,可以在发生时计入当期损益。

企业为取得合同发生的差旅费、投标费、律师咨询费及为准备投标资料发生的其他相关费用,不管合同是否取得均会发生,不属于增量成本,应当在发生时计入当期损益,除非这些支出明确由客户承担。

【例 8-17】甲公司是一家管理咨询公司,通过竞标赢得一个服务期为 5 年的客户,该客户每年末支付含税咨询费 254 400 元。为取得与该客户的合同,甲公司聘请外部律师进行尽职调查支付相关费用 15 000 元,为投标而发生的差旅费 6 000 元,支付销售人员佣金 20 000 元。甲公司预期这些支出未来均能够收回。此外,甲公司根据其年度销售目标、整体盈利情况及个人业绩等,向销售部门经理支付年度奖金 10 000 元。

在本例中,甲公司因签订合同而向销售人员支付的佣金属于取得合同发生的增量成本,应当将其作为合同取得成本,确认为一项资产;甲公司聘请外部律师进行尽职调查发生的支出、为投标发生的差旅费以及向销售部门经理支付的年度奖金(不能直接归属于可识别的合同)不属于增量成本,应当于发生时直接计入当期损益。甲公司应编制如下会计分录:

(1)支付相关费用:

借:合同取得成本	20 000	
管理费用		21 000
销售费用		10 000
贷:银行存款		51 000

(2)每月确认服务收入,摊销销售佣金:

服务收入 = 254 400 ÷ (1 + 6%) ÷ 12 = 20 000(元)

销售佣金摊销额 = 20 000 ÷ 5 ÷ 12 = 333.33 (元)

借:应收账款	254 400	
主营业务收入		240 000
应交税费——应交增值税(销项税额)		14 400
②借:销售费用	333.33	
贷:合同取得成本		333.03

(二)合同履约成本

合同履约成本是指企业为履行当前或预期取得的合同所发生的、属于《企业会计准则第 14 号——收入》规范范围并且按照该准则应当确认为一项资产的成本。

1. 确认合同履约成本的条件

企业为履行合同可能会发生各种成本，企业在确认收入的同时应当对这些成本进行分析属于《企业会计准则第14号——收入》准则规范范围且同时满足下列条件的，应当作为合同履约成本确认为一项资产：

（1）该成本与一份当前或预期取得的合同直接相关。包括：

①与合同直接相关的成本。包括：

A. 直接人工，是指支付给直接为客户提供所承诺服务的人员的工资、奖金等；

B. 直接材料，是指为履行合同耗用的原材料、辅助材料，构配件、零件，半成品的成本和周转材料的摊销及租赁费用等；

C. 制造费用或类似费用，是指组织和管理相关生产、施工、服务等活动发生的费用，包括管理人员的职工薪酬、劳动保护费、固定资产折旧费及修理费、物料消耗、取暖费、水电费、办公费、差旅费，财产保险费、工程保修费、临时设施摊销费等。

②明确由客户承担的成本以及仅因该合同而发生的其他成本，是指支付给分包商的成本、机械使用费、设计和技术援助费用、施工现场二次搬运费、生产工具和用具使用费、检验试验费、工程定位复测费、工程点交费用、场地清理费等。

（2）该成本增加了企业未来用于履行（包括持续履行）履约义务的资源。

（3）该成本预期能够收回。

2. 不属于合同履约成本的规定

企业应当在下列支出发生时，将其计入当期损益：

一是管理费用，除非这些费用明确由客户承担。

二是非正常消耗的直接材料、直接人工和制造费用（或类似费用），这些支出为履行合同发生，但未反映在合同价格中。

三是与履约义务中已履行（包括已全部履行或部分履行）部分相关的支出，即该支出与企业过去的履约活动相关。

四是无法在尚未履行的与已履行（或已部分履行）的履约业务之间区分的相关支出。

企业发生合同履约成本时，借记“合同履约成本”科目，贷记“银行存款”“应付职工薪酬”“原材料”等科目；对合同履约成本进行摊销时，借记“主营业务成本”“其他业务成本”等科目，贷记“合同履约成本”科目。涉及增值税的，还应进行相应的处理。

【例8－18】甲公司经营一家酒店，该酒店是甲公司的自有资产。2019年12月甲公司计提与酒店经营直接相关的酒店、客房以及客房内的设备家具等折旧120 000元、酒店土地使用权摊销费用65 000元。经计算，当月确认房费、餐饮等服务含税收入424 000元，全部存入银行。

本例中，甲公司经营酒店主要是通过提供客房服务赚取收入，而客房服务的提供直接依赖于酒店物业（包含土地）以及家具等相关资产，这些资产折旧和摊销属于甲公司为履行与客户的合同而发生的合同履约成本。已确认的合同履约成本在收入确认时予

以摊销,计入营业成本。甲公司应编制如下会计分录:

①确认资产的折旧费、摊销费:

借:合同履约成本　　185 000

　　贷:累计折旧　　120 000

　　　　累计摊销　　65 000

②12 月确认酒店服务收入并摊销合同履约成本:

借:银行存款　　424 000

　　贷:主营业务收入　　400 000

　　　　应交税费——应交增值税(销项税额)　　24 000

借:主营业务成本　　185 000

　　贷:合同履约成本　　185 000

【任务处理】

本次企业提供的安装劳务在本月完成,属于某一时点履行履约义务的收入。因此会计人员应根据增值税发票和收账通知确认本期的劳务收入。相关会计分录如下:

借:银行存款　　3 270

　　贷:其他业务收入　　3 000

　　　　应交税费——应交增值税(进项税额)　　270

任务五　营业外收入和营业外支出的核算

【任务目标】

通过对本任务的学习,会完成营业外收入、支出的核算工作。

【任务导入】

1. 2019 年 6 月 10 日,公司司机在执行公务时闯红灯被交警罚款 200 元,原始凭证见表 8 - 13。

表 8 - 13　山东省非税收入收款收据　4

山东省

(公安交通管理罚款专用)

No:119082160695

填制日期:2019 年 6 月 10 日　　　　执收单位名称:烟台市公安局

交款人:张明　　　　执收单位编码:

项目编码	06 - 12678
项目名称	公安交通安全违法罚款
金额	□10 元、□20 元、50 元、100 元、200 元　人民币(大写)　贰佰圆整

此联执收单位盖章有效。

校验码 026437　　　　制单:李俊

2. 2019 年 6 月 16 日收到罚款 300 元。原始凭证见表 8－14 和表 8－15。

表 8－14　收款收据

2016 年 6 月 16 日　　　　No:005823

今收到生产车间人员　李开福 交来罚款　　　　现金收讫 人民币(大写)　叁佰圆整　¥300.00 单位印章　单位负责人　会计主管　王林　出纳　陈君	第三联会计凭证

表 8－15

处罚通知 2019 年 6 月 5 日,本公司车间管理人员李开福因违反厂规厂纪,罚款 300 元,请财务科协助收款。 烟台好利来果胶食品有限公司　行政部

要求:根据以上交易或事项进行会计处理。

【知识导航】

一、营业外收入和营业外支出

营业外收支是指企业发生的与日常活动无直接关系的各项收支。营业外收支虽然与企业生产经营活动没有多大的关系,但从企业主体来考虑,同样带来收入或形成企业的支出,也是增加或减少利润的因素,对企业的利润总额及净利润产生较大的影响。因此,营业外收支的核算必须严格按照企业会计准则的规定进行。

(一)营业外收入的核算

企业应当设置"营业外收入"账户,核算各种营业外收入的取得和结转情况。该账户属于损益类账户,贷方登记营业外收入的增加数,借方登记期末转入"本年利润"账户的数额;结转后,期末无余额。该账户应按营业外收入的具体项目设置明细账。

【例 8－19】某企业 11 月末报废固定资产的净收益为 23 900 元,收到职工罚款2 000 元。有关账务处理如下:

(1)结转出售固定资产的净收益时:

借:固定资产清理　　　　23 900

　贷:营业外收入——非流动资产毁损报废损益　　　　23 900

(2)收到罚款时:

借:银行存款　　　　2 000

　贷:营业外收入——罚款收入　　　　2 000

(3)期末结转营业外收入:

借:营业外收入——非流动资产毁损报废损益　　23 900

　　　　　　——罚款收入　　2 000

　贷:本年利润　　25 900

(二)营业外支出核算

企业应设置"营业外支出"账户,核算各项营业外支出。该账户属于损益类账户,借方登记营业外支出的发生数,贷方登记期末转入到"本年利润"账户的数额;结转后,期末无余额。该账户按支出项目设置明细账,进行明细核算。

【例8-20】某企业9月份发生的营业外支出项目如下:

向灾区捐款10 000元,支付税收罚款2 000元;本期购入商品在运输途中发生的非正常损失5 000元,经批准转做营业外支出;对固定资产进行清查,盘亏车床一台。该车床的账面原值为30 000元,已提折旧为20 000元,经批准转做营业外支出。编制会计分录如下:

(1)捐款和支付罚款时:

借:营业外支出——公益性捐赠支出　　10 000

　　　　　　——罚款支出　　2 000

　贷:银行存款　　12 000

(2)结转非正常损失时:

借:营业外支出——非常损失　　5 000

　贷:待处理财产损溢　　5 000

(3)结转固定资产盘亏时:

借:营业外支出——盘亏损失　　10 000

　贷:待处理财产损溢　　10 000

(4)期末结转营业外支出:

借:本年利润　　27 000

　贷:营业外支出——公益性捐赠支出　　10 000

　　　　　　　——罚款支出　　2 000

　　　　　　　——非常损失　　5 000

　　　　　　　——盘亏损失　　10 000

【任务处理】

1.2019年6月10日,会计人员应根据"山东省非税收入收款收据"编制会计分录如下:

借:营业外支出　　200

　贷:库存现金　　200

2.2019年6月16日,会计人员应根据"收款收据"编制会计分录如下:

借:库存现金　　300

　贷:营业外收入　　300

任务六　所得税费用的核算

【任务目标】

通过对本任务的学习,能够辨别应纳税暂时性差异和可抵扣暂时性差异,会计算所得税费用,会进行所得税的核算工作。

【任务导入】

烟台好利来果胶食品有限公司2019年的税前会计利润为1 000万元,其中包括投资国债取得的利息收入100万元。当期按会计规定提取并计入损益的折旧超过税法允许扣除的折旧额80万元,甲公司适用的所得税税率为25%。

请问:该公司2019年应确认的所得税费用为多少?其会计处理如何进行?

【知识导航】

一、所得税费用的性质

企业所得税是国家对境内企业的生产、经营所得和其他所得依法征收的一种税,它是国家参与企业利润分配的手段。企业应交的所得税是根据应纳税所得额和所得税税率计算的。从会计核算上看,所得税是一项费用,是企业为取得净利润而发生的费用,应在利润总额中扣除。

二、所得税费用核算的方法

我国企业会计准则规定,企业应采用资产负债表债务法核算所得税。

资产负债表债务法,要求企业从资产负债表出发,通过比较资产负债表上列示的资产、负债,按照会计准则规定确定的账面价值与按照税法规定确定的计税基础,对于两者之间的差异分别应纳税暂时性差异与可抵扣暂时性差异,确认相关的递延所得税负债与递延所得税资产,并在此基础上确定每一会计期间利润表中的所得税费用。

这种方法表明了企业利润表中的所得税费用由企业当期所得税费用(当期应交所得税)和递延税款两部分构成。

三、所得税费用核算的程序

在资产负债表债务法下核算所得税时,企业一般应于每一资产负债表日进行所得税的核算。企业进行所得税核算一般应遵循以下程序:

第一,按照企业会计准则规定,确定资产负债表中除递延所得税资产和递延所得税负债以外的其他资产和负债项目的账面价值。

第二,按照企业会计准则中对于资产和负债计税基础的确定方法,以适用的税收法规为基础,确定资产负债表中有关资产、负债项目的计税基础。

第三,比较资产、负债的账面价值与其计税基础,确定期末暂时性差异余额,与期初余额对比确定暂时性差异的性质和变化数,确认递延所得税资产及负债。

第四,就企业当期发生的交易或事项,按照适用的税法规定计算确定当期应纳税所得额,将应纳税所得额与适用的所得税税率计算的结果确认为当期应交所得税。

第五,确定利润表中的所得税费用。通过计算当期所得税(当期应交所得税)和递延所得税确定利润表中的所得税费用。

四、暂时性差异

(一) 暂时性差异的定义

暂时性差异是指资产或负债的账面价值与其计税基础之间的差异,是从资产负债表角度分析税前会计利润与应纳税所得额之间的差异。资产的计税基础是指某一项资产在未来期间计税时按照税法规定可以税前扣除的金额。负债的计税基础是指某项负债在未来支付时不能抵扣的税额。

资产或负债的账面价值的确定依据是企业会计准则,其计税基础的确定依据是税法。由于依据不同资产或负债的账面价值与其计税基础之间会形成一定的差额,而这一差额是由某一会计期间,会计和税法在计算收益、费用或损失的不同引起的,因此必然导致税前会计利润与应纳税所得额之间的暂时性差异。该差异将随着时间的推移,逐渐消除或转回。

(二)暂时性差异的分类

根据暂时性差异对未来期间应纳税所得额的影响,分为可抵扣暂时性差异和应纳税暂时性差异。

1. 应纳税暂时性差异

应纳税暂时性差异,是指在确定未来收回资产或清偿负债期间的应纳税所得额时,将导致产生应税金额的暂时性差异。由于该暂时性差异的转回,会进一步增加转回期间的应纳税所得额和应缴所得税金额,在其产生当期,应当确认相关的递延所得税负债。

当资产的账面价值大于其计税基础和负债的账面价值小于其计税基础时会形成应纳税暂时性差异。

2. 可抵扣暂时性差异

可抵扣暂时性差异,是指在确定未来收回资产或清偿负债期间的应纳税所得额时,将导致产生可抵扣金额的暂时性差异。该差异在未来期间转回时会减少转回期间的应纳税所得额,减少未来期间的应缴所得税。在可抵扣暂时性差异产生当期,符合确认条件时,应当确认相关的递延所得税资产。

当资产的账面价值小于其计税基础和负债的账面价值大于其计税基础时会形成可

抵扣暂时性差异。

【例 8-21】2015 年 12 月 15 日,甲公司购入一台设备,其原值为 100 000 元,无净残值。会计上估计使用年限为 4 年,采用直线法计提折旧。税法上估计使用年限为 5 年,也采用直线法计提折旧。本例中,假定该公司各会计期间均未对固定资产计提减值准备;除该项固定资产产生的会计与税收之间的差异外,不存在其他会计与税收的差异。

甲公司每年因固定资产账面价值与计税基础不同产生的暂时性差异如表 8-16 所示:

表 8-16　固定资产暂时性差异计算表　　单位:元

项目	2015 年	2016 年	2017 年	2018 年	2019 年	2020 年
原值	100 000	100 000	100 000	100 000	100 000	0
累计折旧(会计)	0	25 000	50 000	75 000	100 000	0
账面价值	100 000	75 000	50 000	25 000	0	0
累计折旧(计税)	0	20 000	40 000	60 000	80 000	100 000
计税基础	100 000	80 000	60 000	40 000	20 000	0
可抵扣暂时性差异余额	0	5 000	10 000	15 000	20 000	0
本期可抵扣暂时性差异	0	5 000	5 000	5 000	5 000	-20 000

从表 8-16 可以看出,固定资产的初始确认价值(2015 年)与其计税基础相等。在持有期间后续计量时,会计标准与税法要求的固定资产折旧方法不一致,引起该资产的账面价值与其计税基础的差异。这个差额在第一年(2016 年)、第二年(2017 年)、第三年(2018 年)、第四年(2019 年)各为 5 000 元,第五年(2020 年)为 -20 000 元。5 年期满时,所有的差异全部消除。由于该项资产的账面价值小于其计税基础,二者差额属于可抵扣暂时性差异。

【例 8-22】承上例,假定会计的折旧年限为 5 年,税法的折旧年限为 4 年,其他条件不变,则甲公司每年因固定资产账面价值与计税基础不同产生的暂时性差异如表 8-17 所示:

表 8-17　固定资产暂时性差异计算表　　单位:元

项目	2015 年	2016 年	2017 年	2018 年	2019 年	2020 年
原值	100 000	100 000	100 000	100 000	100 000	0
累计折旧(会计)	0	20 000	40 000	60 000	80 000	100 000
账面价值	100 000	80 000	60 000	40 000	20 000	0
累计折旧(计税)	0	25 000	50 000	75 000	100 000	0
计税基础	100 000	75 000	50 000	25 000	0	0

（续表）

项目	2015 年	2016 年	2017 年	2018 年	2019 年	2020 年
应纳税暂时性差异余额	0	5 000	10 000	15 000	20 000	0
本期应纳税暂时性差异	0	5 000	5 000	5 000	5 000	-20 000

从表 8-17 可以看出，该案例同样说明了会计标准与税法要求的固定资产折旧方法不一致，引起该资产的账面价值与其计税基础的差异，将会随着时间的推移得到转回，此例中的差异也为暂时性差异。由于该项资产的账面价值大于其计税基础，这种差异属于应纳税暂时性差异。

五、所得税费用

（一）当期所得税

当期的所得税是企业本期应交的所得税，是根据应纳税所得额和所得税税率计算的。

应纳税所得额，是按照税法的有关规定，以一定期间应税收入总额减去税法允许扣除的项目后计算的应税所得。在实务中，应纳税所得额是在企业税前会计利润（利润总额）的基础上调整确定的，计算公式如下：

应纳税所得额 = 税前会计利润 + 税法不允许税前扣减项目的金额 - 税法允许扣减税前项目的金额

税法不允许税前扣减项目的金额主要包括企业已计入当期损失，但税法规定不允许扣除的项目金额，如税收滞纳金、罚款、罚金、未经核定的准备金支出等。

税法允许扣减税前项目的金额主要包括按税法规定允许税前弥补的亏损和国债利息收入等。

【例 8-23】华威公司 2019 年的税前会计利润为 3 000 000 元，当年计提的资产减值损失为 200 000 元，该损失未经税务部门核定。经查，该公司当年的营业外支出中有 10 000元为违反交通规则罚款，所得税税率为 25%。假设该公司当年无其他纳税调整事项。有关应纳税所得额计算如下：

税法不允许税前扣除的金额 = 200 000 + 10 000 = 210 000（元）

应纳税所得额 = 3 000 000 + 210 000 = 3 210 000（元）

当期所得税 = 3 210 000 × 25% = 802 500（元）

（二）递延所得税

如前所述，暂时性差异的存在必然会影响企业当期多交所得税或少交所得税，进而影响所得税费用。暂时性差异对所得税费用的影响被称为递延所得税，它包括递延所得税负债和递延所得税资产。

应纳税暂时性差异发生时,应当确认相关的递延所得税负债,并增加所得税费用;可抵扣暂时性差异发生时,应当确认相关的递延所得税资产,并减少所得税费用。其计算公式如下:

递延所得税资产 = 可抵扣暂时性差异 × 适用的所得税税率

递延所得税负债 = 应纳税暂时性差异 × 适用的所得税税率

递延税款 = 本期的递延所得税负债 - 本期的递延所得税资产

= (期末的递延所得税负债余额 - 期初的递延所得税负债余额) - (期末的递延所得税资产余额 - 期初的递延所得税资产余额)

(三)所得税费用的计算

企业的所得税费用由企业当期所得税费用(当期应交所得税)和递延所得税两部分构成。所得税费用的计算公式如下:

所得税费用 = 当期所得税 + 递延所得税

(四)所得税费用的核算

企业应设置"所得税费用""递延所得税资产"和"递延所得税负债"等账户,核算所得税费用。本书不重点介绍"递延所得税资产"和"递延所得税负债"账户。

"所得税费用"账户属于损益类账户,核算企业按规定从本期损益中扣除的所得税费用。其借方登记计入本期的所得税费用,贷方登记期末转入"本年利润"账户的数额。期末结转后,本账户无余额。

"递延所得税资产"账户用来核算企业确认的可抵扣暂时性差异产生的所得税资产,"递延所得税负债"账户用来核算企业确认的应纳税暂时性差异产生的所得税负债。

【例 8 - 24】乐凯公司 2019 年的税前会计利润为 2 000 000 元。当年核定的全年业务招待费为 170 000 元,当年实际发生的为 200 000 元。经查,该公司当年的营业外支出中有 10 000 元为违反交通规则罚款。会计上计提的折旧为 50 000 元,税法上允许计提的折旧为 20 000 元,所得税税率为 25%。乐凯公司 2019 年递延所得税负债年初数为 300 000 元,递延所得税负债年末数为 300 000 元;递延所得税资产年初数为 150 000 元,递延所得税资产年末数为 157 500 元。假设该公司当年无其他纳税调整事项。有关计算及账务处理如下:

1. 当期应交所得税的计算

税法不允许税前扣除的金额 = (200 000 - 170 000) + 10 000 + 30 000 = 70 000(元)

应纳税所得额 = 2 000 000 + 70 000 = 2 070 000(元)

应交所得税 = 2 070 000 × 25% = 517 500(元)

2. 递延所得税的计算

递延所得税 = (300 000 - 300 000) - (157 500 - 150 000) = -7 500(元)

3. 所得税费用的计算

所得税费用 = 517 500 − 7 500 = 510 000(元)

4. 账务处理

(1)确定所得税费用时:

借:所得税费用　　510 000
　　递延所得税资产　　7 500
　　贷:应交税费——应交所得税　　517 500

(2)实际上交所得税时:

借:应交税费——应交所得税　　517 500
　　贷:银行存款　　517 500

【例 8 − 25】联想公司 2019 年税前会计利润为 1 200 000 元,其中包括本年收到的国债利息收入 200 000 元。所得税税率为 25%。假设该公司当年无其他纳税调整事项。有关计算及账务处理如下:

1. 当期应交所得税的计算

税法允许税前扣除的金额 = 200 000(元)

应交所得税额 = (1 200 000 − 200 000) × 25% = 250 000(元)

由于该公司税前会计利润与应纳税所得额之间不存在暂时性差异,因此递延税款为零。2016 年,该公司的所得税费用与应交所得税额相等。

2. 账务处理

(1)确定所得税费用时:

借:所得税费用　　250 000
　　贷:应交税费——应交所得税　　250 000

(2)实际上交所得税时:

借:应交税费——应交所得税　　250 000
　　贷:银行存款　　250 000

【任务处理】

1. 编制"所得税费用计算表",见下表。

所得税费用计算表

2019 年度　　单位:元

税前会计利润	10 000 000
加:税法不允许扣除的金额	
折旧费	800 000
减:税法允许扣除的金额	
国债利息收入	1 000 000
应纳税所得额	9 800 000

（续表）

所得税税率	25%
应交所得税	2 450 000
加:递延所得税负债	
减:递延所得税资产	200 000
所得税费用	2 250 000

2. 根据上述计算表,编制会计分录。

借:所得税费用　　2 250 000
　递延所得税资产　　200 000
　贷:应交税费——应交所得税　　2 450 000

任务七　利润和利润分配的核算

【任务目标】

通过对本任务的学习,会进行利润的核算工作;会计算年末未分配利润,能够进行利润分配的会计处理。

【任务导入】

烟台好利来果胶食品有限公司 2019 年 6 月份各损益类账户的发生额如表 8－18 所示:

表 8－18　损益类账户发生额表

账户名称	金额(贷方)	账户名称	金额(借方)
主营业务收入	500 000	主营业务成本	200 000
其他业务收入	200 000	税金及附加	60 000
营业外收入	30 000	其他业务成本	100 000
投资收益	300 000	销售费用	30 000
		管理费用	50 000
		财务费用	10 000
		营业外支出	10 000
		所得税费用	112 500

请问:该公司如何进行利润的账务处理?

【知识导航】

一、利润的结转

为核算企业本年度实现的利润和发生的亏损,企业应设置"本年利润"账户。"本年利润"账户属于所有者权益账户,账户的贷方登记期末转入的各种收入、收益,借方登记期末转入的成本、费用和支出;期末余额在贷方,反映本年初至本期末累积实现的净利润;期末余额在借方,反映本年初至本期末累积发生的净亏损。年度终了,企业应将净利润从"本年利润"账户的借方转入"利润分配——未分配利润"账户的贷方;如果为亏损,做相反的会计处理。结转后,"本年利润"账户无余额。

结转利润的方法有账结法和表结法两种。账结法是指会计期末,将各项损益类账户的余额转入"本年利润"账户。表结法是指会计期末,不需要将各项损益类账户的余额转入"本年利润"账户,而是通过编制"利润表"计算出从年初到本月止的本年累积利润,然后减去上月止本表中的本年利润,就是本月份的利润或亏损。

账结法和表结法虽有不同,但二者在年终时都必须将本年实现的利润或亏损从"本年利润"账户转入"利润分配——未分配利润"账户。结转后,"本年利润"账户无余额。

我国企业会计准则规定,企业应当采用账结法进行利润的核算。

二、利润分配的顺序及内容

企业取得经营成果后,要进行适当的分配。这既关系到所有者的合法权益是否得到保护,还关系到企业能否长期、稳定地发展。企业本年实现的净利润加上年初未分配利润为可供分配的利润。

根据公司法等有关法规的规定,企业的净利润,除国家另有规定外,按照下列顺序分配:

(一)弥补以前年度亏损

对于企业出现的亏损,可用税前利润弥补;延续5年仍未弥补完的亏损,可用净利润或盈余公积补亏。

(二)提取法定公积金

公司制的企业法定公积按照净利润扣除弥补以前年度亏损后的10%提取(非公司制的企业也可按超过10%的比例提取)。当企业盈余公积达到注册资本的50%时,可不再提取。

(三)提取任意公积金

企业在提取法定公积金后,还可以根据需要和可能,提取任意公积金。

(四)向投资者分配利润

在利润分配中,需注意企业以前年度亏损未弥补完时,不得提取盈余公积金。在提取盈余公积金以前,不得向投资者分配利润。

如果是股份有限公司,提取法定公积后的利润分配顺序如下:支付优先股股利,提取任意公积金,支付普通股股利。

三、利润分配的核算

为了总括地反映企业净利润的分配(或亏损的弥补)和历年分配(或弥补)后的结存余额,企业应设置“利润分配”账户。该账户属于所有者权益类账户,借方登记利润分配的数额和发生的亏损数,贷方登记实现的净利润和弥补的亏损数额;期末余额在借方,表示历年积存的未弥补的亏损;期末余额在贷方,表示历年积存的未分配利润。由于企业实现的利润可用于多方面,“利润分配”账户应设置如下明细账户:

一是“提取法定盈余公积”。本明细账户核算企业按规定提取的法定公积金。

二是“提取任意盈余公积”。本明细账户核算企业提取的任意盈余公积。

三是“盈余公积补亏”。本明细账户核算企业用盈余公积弥补的亏损。

四是“应付现金股利或利润”。本明细账户核算企业分配给普通股股东的现金股利。

五是“转作股本的股利”。本明细账户核算企业分配给股东的股票股利。

六是“未分配利润”。本明细账户核算企业全年实现的净利润(或净亏损)、利润分配和尚未分配的利润(或尚未弥补的亏损)。年度终了,企业应将全年实现的净利润(或净亏损)自“本年利润”账户转入本明细账户,同时将“利润分配”账户下的其他明细账户的余额也转入本明细账户。结转后,除该明细账户外,“利润分配”账户的其他明细账户应无余额。

(一)弥补亏损

企业用净利润弥补亏损时,不需进行账务处理。企业用盈余公积弥补亏损时,应借记“盈余公积”账户,贷记“利润分配——盈余公积补亏”账户。

(二)提取法定公积金

用净利润弥补完亏损后,如有余额,才能提取法定公积金。提取时,借记“利润分配——提取法定盈余公积”账户,贷记“盈余公积”账户。

(三)向投资者分配利润

企业实现的净利润扣除弥补的亏损、提取的法定公积金后剩余的部分加上年初的未分配利润,为可供分配的利润。企业向投资者分配利润时,借记“利润分配——应付现金股利或利润”等账户，贷记“应付股利”账户。

（四）利润分配的年终结转

年终，企业应将全年实现的净利润，自“本年利润”账户借方转入“利润分配——未分配利润”的贷方；如果为净亏损，做相反的会计分录。同时，将“利润分配”账户下的其他明细账户的余额转入该账户的“未分配利润”明细账户，借记“利润分配——未分配利润”账户，贷记“利润分配——提取法定盈余公积”等账户。结转后，除“未分配利润”明细账户外，“利润分配”账户的其他明细账户应无余额。“利润分配”账户的年末余额，反映企业历年积存的未分配利润或未弥补的亏损。

【例8-26】甲股份有限公司2019年实现的净利润为3 000 000元，年初未分配利润为1 500 000元。年末，该公司董事会提出的分配方案如下：按10%计提法定盈余公积；按5%提取任意盈余公积；按每股0.1元发放现金股利，该公司股本为10 000 000元，每股面值为1元；按每10股送2股的比例派发股票股利。2020年1月9日，股东大会审议并批准了该方案。2020年1月16日，公司以银行存款支付了全部的现金股利，新增股本也已经办理完股权登记和相关的增资手续。该公司的会计处理如下：

（1）2019年年末，结转本年实现的净利润时：

借：本年利润　　3 000 000

　贷：利润分配——未分配利润　　3 000 000

（2）提取法定公积金和任意盈余公积时：

借：利润分配——提取的法定盈余公积　　300 000

　　　　　——提取的任意盈余公积　　150 000

　贷：盈余公积　　450 000

（3）结转未分配利润时：

借：利润分配——未分配利润　　450 000

　贷：利润分配——提取的法定盈余公积　　300 000

　　　　　　——提取的任意盈余公积　　150 000

甲公司2019年末未分配利润=1 500 000+3 000 000-300 000-150 000=4 050 000（元）

（4）2020年1月9日，利润分配方案通过时：

现金股利=10 000 000×0.1=1 000 000（元）

借：利润分配——应付现金股利　　1 000 000

　贷：应付股利　　1 000 000

（5）2020年1月16日，支付现金股利时：

借：应付股利　　1 000 000

　贷：银行存款　　1 000 000

（6）2020年1月16日，发放股票股利时：

借：利润分配——转作股本的股利　　2 000 000

贷:股本　　2 000 000

【任务处理】

烟台好利来果胶食品有限公司采用账结法进行利润结转。有关账务处理如下:

1. 期末将本期实现的收入、利得转入“本年利润”账户:

借:主营业务收入　　500 000
　其他业务收入　　200 000
　营业外收入　　30 000
　投资收益　　300 000
　贷:本年利润　　1 030 000

2. 期末将本期发生的损失、费用转入“本年利润”账户:

借:本年利润　　562 500
　贷:主营业务成本　　200 000
　　其他业务成本　　100 000
　　税金及附加　　60 000
　　销售费用　　30 000
　　管理费用　　50 000
　　财务费用　　10 000
　　营业外支出　　10 000
　　所得税费用　　112 500

【项目小结】

财务成果即利润,是企业一定会计期间的经营成果,它是一定期间的各项收支进行相抵后的盈亏总额,是综合反映企业经营成果和获利能力的一项重要指标。利润包括收入减去费用后的净额、直接计入当期利润的利得和损失等。本项目的主要业务核算如下表所示:

业务内容		会计分录
销售商品收入	一般商品销售	确认收入时: 借:银行存款、应收账款等账户 贷:主营业务收入 　应交税费——应交增值税(销项税额) 结转已销产品成本时: 借:主营业务成本 　贷:库存商品
	商业折扣销售商品	确认收入时: 借:银行存款、应收账款等账户(实际交易金额) 　贷:主营业务收入 　　应交税费——应交增值税(销项税额) 结转已销产品成本时: 借:主营业务成本 　贷:库存商品

（续表）

<table>
<tr><th colspan="2">业务内容</th><th>会计分录</th></tr>
<tr><td rowspan="3">销售商品收入</td><td>现金折扣销售商品</td><td>销售商品时，按未扣除折扣的应收金额入账
借：应收账款（未扣除折扣的应收金额）
　　贷：主营业务收入
　　　　应交税费——应交增值税（销项税额）
结转已销产品成本时：
借：主营业务成本
　　贷：库存商品
收到款项时：
借：银行存款
　　财务费用
　　贷：应收账款</td></tr>
<tr><td>委托代销商品（支付手续费）</td><td>发出商品时：
借：委托代销商品
　　贷：库存商品
收到代销清单时：
借：应收账款
　　贷：主营业务收入
　　　　应交税费——应交增值税（销项税额）
结转已销产品成本时：
借：主营业务成本
　　贷：委托代销商品
确认手续费时
借：销售费用
　　贷：应收账款
收到款项时：
借：银行存款
　　贷：应收账款</td></tr>
<tr><td>销售退回</td><td>商品退回时：
借：主营业务收入
　　应交税费——应交增值税（销项税额）
　　贷：银行存款、应收账款等账户
借：库存商品
　　贷：主营业务成本</td></tr>
<tr><td rowspan="2">提供劳务收入核算</td><td>某一时段履行履约义务确认收入时</td><td>借：银行存款、应收账款、合同负债等账户
　　贷：主营业务收入
　　　　其他业务收入</td></tr>
<tr><td>某一时段履行履约义务结转劳务成本</td><td>借：主营业务成本、其他业务成本
　　贷：履约劳务成本</td></tr>
</table>

（续表）

业务内容		会计分录
期间费用	管理费用	借:管理费用 　贷:银行存款 　　累计折旧 　　应付职工薪酬 　　应交税费 　　研发支出等账户
	财务费用	借:财务费用 　贷:银行存款 　　应付利息 　　应付债券——应计利息等
	销售费用	借:销售费用 　贷:银行存款 　　累计折旧 　　应付职工薪酬等账户
营业外收入	收到捐款、罚款时	借:银行存款 　贷:营业外收入
	盘盈现金、处置毁损报废的非流动资产	借:库存现金 　固定资产清理等账户 　贷:营业外收入
营业外支出	支付罚款	借:营业外支出 　贷:银行存款
	固定资产盘亏、毁损	借:营业外支出 　贷:待处理财产损溢 　　固定资产清理等账户
所得税费用	计算应交的所得税	借:所得税费用 　递延所得税资产 　贷:应交税费——应交所得税 　　递延所得税负债
	缴纳所得税	借:应交税费——应交所得税 　贷:银行存款
本年利润	结转收入	借:主营业务收入 　其他业务收入 　投资收益 　营业外收入等账户 　贷:本年利润

（续表）

业务内容		会计分录
本年利润	结转费用	借:本年利润 　贷:主营业务成本 　　税金及附加 　　其他业务成本 　　管理费用 　　销售费用 　　财务费用 　　营业外支出 　　所得税费用
	年末结转	盈利时: 借:本年利润 　贷:利润分配——未分配利润 亏损时: 借:利润分配——未分配利润 　贷:本年利润
利润分配	提取盈余公积、分派现金股利	借:利润分配——提取法定/任意盈余公积 　　　　　——应付现金股利 　贷:盈余公积 　　应付股利
	分配股票股利	借:利润分配——转作股本的股利 　贷:股本 　　资本公积——股本溢价
	盈余公积补亏	借:盈余公积 　贷:利润分配——盈余公积补亏
	结转利润分配明细账	借:利润分配——未分配利润 　利润分配——盈余公积补亏 　贷:利润分配——提取法定/任意盈余公积 　　　　　——应付现金股利 　　　　　——转作股本的股利

【关键名词】

财务成果 利润 净利润 营业外收入 营业外支出 所得税费用 利润分配 费用 期间费用 收入 利得 现金折扣 销售折让 其他业务收入

【想一想】

1. 什么是费用？费用具备哪些特征？

2. 期间费用包括哪些内容？如何进行相关的账务处理？

3. 在不同的交易方式下，如何确定收入的实现？

4. 企业采用现金折扣销售商品时，如何进行账务处理？

5. 企业发生销售退回时,如何进行账务处理?
6. 利润总额构成的内容是什么?
7. 营业外收入和营业外支出包括哪些内容?其账务处理如何进行?
8. 利润分配的顺序及内容是什么?其会计处理如何进行?
9. 利润总额和应税所得额之间有何差异?
10. 怎样进行所得税费用的核算?

【能力拓展】

一、应收票据

(一)应收票据的定义

应收票据指企业因销售商品、提供劳务等而收到的商业汇票。商业汇票按承兑人不同,分为商业承兑汇票和银行承兑汇票。商业汇票按是否计息,可以分为带息商业汇票和不带息商业汇票。带息商业汇票是指商业汇票到期时,承兑人必须按照票面金额加上应计利息向收款人或被背书人支付票款的票据。不带息商业汇票,是指商业汇票到期时,承兑人只按照票面金额(即面值)向收款人或被背书人支付票款的票据。

(二)应收票据的计价

商业汇票是一种远期票据。从理论上讲,在会计核算时应考虑其时间价值因素,即在应收票据入账时,将未来应收金额的现值作为入账价值。这样所提供的会计信息更具真实性。但我国商业汇票的期限一般较短,用现值记账时不但计算麻烦,而且其折价还要逐期摊销,过于烦琐。因此,应收票据一般按其面值计价,即企业收到应收票据时,按照票据的票面价值入账。但对于带息的应收票据,按现行制度的规定,应于期末(指中期期末和年度终了)按应收票据的票面价值和确定的利率计提利息,计提的利息应增加应收票据的账面价值。

(三)应收票据的核算

企业应设置"应收票据"账户来核算应收票据的取得和回收情况。该账户借方登记取得的应收票据的面值和计提的票据利息,贷方登记到期收回票款或到期前向银行贴现的应收票据的票面余额;期末余额在借方,反映企业尚未收回且未申请贴现的应收票据的面值和应计利息。本账户可按开出、承兑商业汇票的单位进行明细核算。企业还应设置"应收票据备查簿",逐笔登记商业汇票的种类、号数和出票日、票面金额、交易合同号和付款人、承兑人、背书人的姓名或单位名称、到期日、背书转让日、贴现日、贴现率和贴现净额以及收款日和收回金额、退票情况等资料。商业汇票到期,结清票款或退票后,在备查簿中应予以注销。

1. 取得应收票据的核算

企业因销售商品、提供劳务等而收到承兑的商业汇票时，借记“应收票据”账户，贷记“主营业务收入”“应交税费——应交增值税（销项税额）”等账户。因债务人抵偿前欠货款而取得的应收票据时，借记“应收票据”账户，贷记“应收账款”账户。

如果是带息应收票据，应于期末计提利息时，根据应收票据的面值和确定的利率计提利息，并增加应收票据的账面价值，借记“应收票据”账户，贷记“财务费用”账户。

2. 收回到期票款的核算

（1）不带息票据的核算。不带息票据的到期值就是应收票据的面值，因此应收票据到期收回时，企业应按票面金额借记“银行存款”账户，贷记“应收票据”账户。商业承兑汇票到期，承兑人违约拒付或无力偿还票款时，收款企业应将到期票据的票面金额转入“应收账款”账户，借记“应收账款”账户，贷记“应收票据”账户。

【例1】甲企业向乙企业销售产品一批，货款为100 000元，增值税为13 000元，收到乙企业送来的3个月期不带息商业承兑汇票。编制会计分录如下：

① 销售实现，取得商业汇票时：

借：应收票据	11 3000	
贷：主营业务收入		100 000
应交税费——应交增值税（销项税额）		13 000

② 票据到期，收到票款时：

借：银行存款	113 000	
贷：应收票据		113 000

③ 如果该票据到期，乙企业无力偿还票款，甲企业应将到期票据的票面金额转入“应收账款”账户。

借：应收账款	113 000	
贷：应收票据		113 000

（2）带息票据的核算。带息应收票据的到期值，是应收票据的面值加上按票据面值和确定利率计算的利息。

应收票据的到期值 = 应收票据的面值 + 应收票据的利息

应收票据的利息 = 应收票据的面值 × 票面利率 × 票据期限

上式中，“票面利率”一般指年利率，“期限”指签发日至到期日的时间间隔。票据的期限，有按月表示和按日表示两种。

票据期限按月表示时，应以到期月份中与出票日相同的那一天为到期日。对于月末签发的票据，不论月份大小，以到期月份的月末那一天为到期日。如3月31日签发3个月期票据，到期日应为6月30日。与此同时，计算利息使用的利率要换算成月利率（年利率 ÷ 12）。

票据期限按日表示时，应从出票日起按实际经历天数计算到期日。票据签发日与到期日只能计算其中一天，即“算头不算尾”或“算尾不算头”。同时，计算利息使用的利率要换算成日利率(年利率÷360)。

例如,一张3月8日签发、面值为50 000元、利率为8%、90天到期的商业汇票,其到期日为6月6日。

到期值=50 000×(1+8%×90÷360)=51 000(元)

带息应收票据到期收回款项时,应按收到的本息,借记"银行存款"账户;按应收票据的账面余额,贷记"应收票据"账户;按其差额(未计提利息部分),贷记"财务费用"账户。如果到期不能收回票款,企业应将其金额从"应收票据"账户转入"应收账款"账户,并不再计提利息,将其所包含的利息在有关备查簿中进行登记;待实际收到时再冲减收到当期的财务费用,这体现了谨慎性原则。

【例2】某企业2019年9月1日销售产品一批,价款为100 000元,增值税额为13 000元。收到对方开来的商业承兑汇票一张,期限为6个月,票面利率为10%。

①9月1日,收到票据时:

借:应收票据　　113 000

　贷:主营业务收入　　100 000

　　应交税费——应交增值税(销项税额)　　13 000

②12月31日,计提票据利息时:

票据利息=113 000×10%÷12×4=3 767(元)

借:应收票据　　3 767

　贷:财务费用　　3 767

①2020年3月1日,票据到期,收回票款时:

2017年计提的票据利息=113 000×10%÷12×2=1 883(元)

借:银行存款　　118 650

　贷:应收票据　　116 767

　　财务费用　　1 883

(四)应收票据背书转让

企业可以将持有的商业汇票背书转让。企业将持有的应收票据背书转让,以取得所需物资时,按应计入取得物资成本的价值,借记"材料采购""原材料""库存商品"等账户;按专用发票上注明的增值税额,借记"应交税费——应交增值税(进项税额)"账户;按应收票据的账面余额,贷记"应收票据"账户;如有差额,借记或贷记"银行存款"等账户。

如果为带息应收票据,企业将持有的应收票据背书转让,以取得所需物资时,按应计入取得物资成本的价值,借记"材料采购""原材料""库存商品"等账户;按专用发票上注明的增值税额,借记"应交税费——应交增值税(进项税额)"账户;按应收票据的账面余额,贷记"应收票据"账户;按尚未计提的利息,贷记"财务费用"账户;按应收或应付的金额,借记或贷记"银行存款"等账户。

【例3】A公司将持有的一张期限为3个月、面值为50 000元的商业承兑汇票转让给乙企业,购买一批原材料。专用发票上注明的货款为48 000元,增值税为6 240元。差额用银行存款支付,材料已验收入库。公司根据有关单据,编制会计分录如下:

借:原材料	48 000	
应交税费——应交增值税(进项税额)	6240	
贷:应收票据		50 000
银行存款		4 240

(五)应收票据贴现

应收票据贴现是指持票人将未到期商业汇票背书后转让给银行,银行扣除按贴现率计算的贴现息后,将余额付给贴现企业的业务。在贴现中,企业付给银行的利息称为贴现利息,银行计算贴现利息的利率称为贴现率。企业从银行获得的票据到期值扣除贴现利息后的货币收入,称为贴现所得。其计算步骤如下:

到期价值 = 应收票据面值(不带息票据)

= 应收票据面值 + 利息(带息票据)

贴现期 = 票据期限 - 企业已持有票据期限

贴现利息 = 票据到期值 × 贴现率 × 贴现期

贴现所得 = 票据到期值 - 贴现利息

应收票据的贴现根据票据的风险是否转移,分为两种情形:一是带追索权贴现,贴现企业在法律上负连带责任;二是不带追索权贴现,企业将应收票据上的风险和未来经济利益全部转让给银行。不带追索权贴现时,票据一经贴现,企业将应收票据上的风险(不可收回账款的可能性)和未来经济利益全部转让给银行,企业贴现所得收入与票据账面价值之间的差额计入当期损益。带追索权的票据贴现时,企业并未将应收票据上的风险和未来经济利益全部转让给银行,应按照以应收债权为质押取得借款的规定进行会计处理。

银行承兑汇票的贴现一般是不带追索权贴现。企业持未到期商业汇票向银行贴现时,按实际收到的金额,借记"银行存款"账户;按应收票据的账面余额,贷记"应收票据"账户;按其差额,借记或贷记"财务费用"账户。

商业承兑汇票的贴现一般是带追索权贴现。企业将带追索权的票据贴现后,应根据是否符合金融资产终止确认条件,进行不同的账务处理。如果不符合金融资产终止确认条件,不冲销应收票据账户,应按实际收到的金额,借记"银行存款"账户;按应收票据的账面余额,贷记"短期借款——成本"账户;按实际收到的金额与应收票据账面余额的差额,借记或贷记"短期借款——利息调整"账户。

【例4】2019年5月2日,甲公司将一张出票日期为3月23日、期限为6个月、面值为30 000元、票面利率为9%的银行承兑汇票向银行贴现,贴现率为10%。

票据到期值 = 30 000 × (1 + 9% ÷ 12 × 6) = 31 350(元)

票据贴现天数 =29 +30 +31 +31 +23 =144(天)

贴现利息 =31 350 ×10% ÷360 ×144 =1 254(元)

贴现所得 =31 350 -1 254 =30 096(元)

公司收到贴现款时,根据进账单,编制会计分录如下:

借:银行存款	30 096	
贷:应收票据		30 000
财务费用		96

二、坏账及其核算

(一)坏账损失及其确认

坏账是指企业无法收回或收回可能性极小的应收款。由于发生坏账而造成的损失,称为坏账损失。

企业应当在资产负债表日对应收款项的账面价值进行检查。有客观证据表明该应收款项发生减值的,应当将该应收款项的账面价值减记至预计未来现金流量现值;减记的金额确认减值损失,计提坏账准备。

企业确认坏账时,应遵循财务报告的目标和会计核算的信息质量要求,具体分析各应收账款的特性、金额的大小、信用期限、债务人的信誉和当时的经营情况等因素。一般来讲,企业的应收款项符合下列条件之一的,应确认为坏账:一是债务人死亡,以其遗产清偿后仍然无法收回;二是债务人破产,以其破产财产清偿后仍然无法收回;三是债务人较长时期内未履行其偿债义务,并有足够的证据表明无法收回或收回的可能性极小。

企业在计提坏账准备时,应注意除有确凿证据表明应收款项不能收回外(包括债务单位已撤销、破产、资不抵债、现金流量严重不足、发生严重灾害导致停产并在短期内无法偿付,以及三年以上的应收款项),下列情况不能全额计提坏账准备:

1. 当年发生的应收款项。
2. 计划对应收款项进行重组。
3. 与关联方发生的应收款项。
4. 其他已逾期,但无确凿证据表明不能收回的应收款项。

(二)坏账损失的核算

我国企业会计准则规定,坏账损失核算的方法只能采用备抵法。

备抵法是企业采用一定的方法按期估计坏账损失,形成坏账准备,当某一应收款项全部或部分被确认为坏账时,应根据其金额冲减坏账准备,同时转销相应的应收款项金额。用这种方法时,坏账损失计入同一期间的损益,体现了谨慎性核算要求,避免企业虚增利润、高估资产;同时,在报表上列示应收账款净额,从而有利于为投资者提供真实的财务信息。

为了核算应收款项发生的坏账损失，企业应设置“资产减值损失”“坏账准备”等账户进行核算。

“信用减值损失”账户核算企业计提各项资产减值准备所形成的损失。该账户属于损益类账户，借方登记各项资产减值的提取数，贷方登记已减值资产价值转回数和减值损失转销数，该账户可按资产减值损失的项目进行明细核算。期末，应将本账户余额转至“本年利润”账户。结转后，本账户无余额。

“坏账准备”账户核算坏账准备的增减变动，该账户属于资产类账户，是应收款项类账户的备抵调整账户。贷方登记每期提取的坏账准备数额，借方登记实际发生的坏账损失数额和冲减的坏账准备数额；期末调整后，余额在贷方，反映企业已经提取尚未转销的坏账准备数额。

当期提取的坏账准备可按以下公式计算：

当期应计提的坏账准备 = 当期按应收款项计算的应提取坏账准备金额 - 计提前“坏账准备”账户的贷方余额 + 计提前“坏账准备”账户的借方余额

如果当期按应收款项计算的应提坏账准备金额大于“坏账准备”账户的贷方余额，应按其差额提取坏账准备；如果当期按应收款项计算的应提坏账准备金额小于“坏账准备”账户的贷方余额，应按其差额冲减已提取的坏账准备。

企业提取坏账准备时，借记“资产减值损失”账户，贷记“坏账准备”。冲减已计提的坏账准备时，要借记“坏账准备”账户，贷记“资产减值损失”账户。实际发生坏账损失时，转销坏账准备，借记“坏账准备”账户，贷记“应收账款”“其他应收款”等账户。已确认并转销的坏账损失以后又收回时，借记“应收账款”或“其他应收款”账户，贷记“坏账准备”账户；同时，借记“银行存款”账户，贷记“应收账款”“其他应收款”等账户。

企业采用备抵法进行坏账核算时，首先应按期估计坏账损失。在实务中，按期估计坏账损失的方法主要有余额百分比法、账龄分析法、销售百分比法三种。

企业无论采用何种方法，或者根据情况分别采用不同的方法，一经确定后不得随意变更。如需变更，应按会计政策、会计估计变更的程序和方法进行处理，并在会计报表附注中予以说明。

【例5】甲公司2019 年开始计提坏账准备，坏账提取比率为6‰。公司2019 年12 月31 日的应收账款余额为1 000 000 元。2020 年6 月9 日，公司发生坏账5 200 元，2020 年12 月31 日的应收账款余额为1 200 000 元，2021 年8 月8 日，上年已冲销的坏账又收回，2021 年12 月31 日的应收账款余额为1 250 000 元。公司应做如下会计处理：

(1)2019 年12 月31 日，应提取的坏账准备 = 1 000 000 × 6‰ = 6 000(元)。

借：信用减值损失——计提的坏账准备　　6 000

　贷：坏账准备　　6 000

(2)2020 年6 月9 日，发生坏账时：

借：坏账准备　　5 200

　贷：应收账款　　5 200

(3)2020 年 12 月 31 日,应提取的坏账准备 = 1 200 000 × 6‰ − (6 000 − 52 00) = 6 400(元)。

借:信用减值损失——计提的坏账准备 6 400

贷:坏账准备 6 400

(4)2021 年 8 月 8 日,已核销的坏账又收回时:

借:应收账款 5 200

贷:坏账准备 5 200

借:银行存款 5 200

贷:应收账款 5 200

(5)2021 年 12 月 31 日,应提取的坏账准备 = 1 250 000 × 6‰ − (7 200 + 5 200) = −4 900(元)。

借:坏账准备 4 900

贷:信用减值损失——计提的坏账准备 4 900

【技能训练】

一、职业判断能力训练

(一)单项选择题

1. 根据收入确认的条件,企业应在发出商品并办妥托收手续时即按时点履约义务确认收入的销售方式是(　　)。

A. 委托代销　B. 预收货款　C. 交款提货　D. 托收承付

2. 下列各项中,属于工业企业主营业务收入的是(　　)。

A. 固定资产租金收入　B. 出售无形资产收益

C. 销售产品收入　D. 债券利息收入

3. 企业对外销售需要安装的商品时,若安装和检验属于销售合同的重要组成部分,则确认该商品销售收入的时间是(　　)。

A. 发出商品时　B. 收到商品销售货款时

C. 商品运抵并开始安装时　D. 商品安装完毕并检验合格时

4. 下列项目中,属于工业企业其他业务收入的是(　　)。

A. 罚款收入　B. 出售固定资产收入

C. 转让无形资产使用权收入　D. 保险赔偿收入

5. 银行承兑手续费应计入(　　)。

A. 管理费用　B. 销售费用

C. 财务费用　D. 其他业务成本

6. 企业为扩大销售市场发生的业务招待费应计入(　　)。

A. 管理费用　B. 销售费用

C. 财务费用　　　　　　　　　　D. 其他业务成本

7. 工业企业发生的下列支出中,应直接计入当期损益的是(　　)。

A. 购买工程物资支付的增值说

B. 购买进口设备支付的关税

C. 用设备对外投资发生的资产评估费

D. 购买存货中发生的运输途中的合理损耗

8. 下列各项中,应计入管理费用的是(　　)。

A. 筹建期内发生的开办费

B. 企业销售部门计提的设备折旧费用

C. 自然灾害造成的存货净损失

D. 计提的固定资产减值损失

9. 下列税金中,可以在"税金及附加"科目列支的是(　　)。

A. 增值税　　B. 耕地占用税　　C. 所得税　　D. 消费税

10. 联想公司 2019 年应交所得税 200 万元,递延所得税负债年初数为 50 万元,递延所得税负债年末数为 60 元,递延所得税资产年初数为 100 万元,递延所得税资产年末数为 90 万元。假定递延所得税的发生额影响所得税费用,该公司 2019 年应确认的所得税费用为(　　)万元。

A. 180　　B. 210　　C. 220　　D. 200

11. 下列项目中,通过营业外收入核算的是(　　)。

A. 提供劳务收入　　　　　　　　B. 销售材料收入

C. 出租无形资产的租金　　　　　D. 确实无法支付的应付款项

12. 某企业销售商品一批,增值税专用发票上标明的价款为 60 万元,适用的增值税税率为 17%。该企业为购买方代垫运杂费为 2 万元,款项尚未收回。该企业确认的应收账款为(　　)万元。

A. 60　　B. 69.8　　C. 70.2　　D. 72.2

13. 某企业 2019 年 1 月 1 日所有者权益的构成情况如下:实收资本 1 500 万元,资本公积 100 万元,盈余公积 300 万元,未分配利润 200 万元。2019 年度实现利润总额 600 万元,所得税税率为 25%。假定不存在纳税调整事项及其他因素,该企业 2019 年 12 月 31 日可供分配的利润为(　　)万元。

A. 600　　B. 650　　C. 800　　D. 1 100

14. 企业已向客户转让商品而有权收取对价的权利,且该权利取决于时间流逝之外的其他因素(如履行合同中的其他履约义务)。则应将该权利计入(　　)科目。

A. 应收账款　　B. 预收账款　　C. 合同资产　　D. 合同负债

(二) 多项选择题

1. 企业取得的下列款项中,符合"收入"会计要素定义的有(　　)。

A. 出租固定资产的租金　　B. 出售固定资产收取的价款
C. 出售原材料收取的价款　　D. 出售包装物收取的价款

2. 工业企业中与"营业税金及附加"账户不发生对应关系的账户有(　　)账户。
A. 应交税费　　B. 预收账款
C. 利润分配　　D. 应付账款

3. 下列交易和事项中,不能确认收入的有(　　)。
A. 预收的货款　　B. 收到的订货款
C. 发出的委托代销商品　　D. 收到退回的已销售商品

4. 下列各项中属于"税金及附加"科目核算范围的是(　　)。
A. 耕地占用税　　B. 印花税　　C. 房产税　　D. 企业所得税

5. 下列项目中,不属于营业外支出的有(　　)。
A. 非流动资产处置损失　　B. 水灾损失
C. 债务重组损失　　D. 现金的盘亏损失

6. 下列项目中,增加所得税费用的有(　　)。
A. 本期递延所得税负债贷方发生额
B. 本期递延所得税资产借方发生额
C. 本期应交的所得税
D. 本期递延所得税资产贷方发生额

7. 下列项目中,应计入财务费用的有(　　)。
A. 银行承兑汇票的手续费　　B. 利息支出
C. 诉讼费　　D. 购货单位享受的现金折扣

8. 下列税金中,不计入管理费用的是(　　)。
A. 增值税　　B. 消费税　　C. 印花税　　D. 房产税

9. 下列项目中,应计入期间费用的有(　　)。
A. 管理人员的工资　　B. 广告费支出
C. 生产工人的工资　　D. 业务招待费

10. 下列项目中,影响营业利润的项目有(　　)。
A. 主营业务成本　　B. 营业外支出
C. 销售费用　　D. 资产减值损失

11. 下列各项中,会引起应收账款账面价值发生变化的有(　　)。
A. 计提坏账准备　　B. 收回应收账款
C. 转销坏账准备　　D. 收回已转销的坏账

12. 下列各项中,应在"其他应收款"科目核算的有(　　)。
A. 租入包装物支付的押金
B. 应收出租包装物的租金
C. 应收保险赔款

D. 应向职工收取的各种垫付款项

13. 企业在采用备抵法对坏账损失核算时,按期估计坏账损失的方法有(　　)。

A. 应收款项余额百分比法　　B. 账龄分析法

C. 销货百分比法　　D. 直接转销法

14. 下列各项中,应确认为营业外收入的有(　　)。

A. 存货盘盈

B. 固定资产盘盈

C. 与企业日常活动无关的政府补助

D. 无法查明原因的现金溢余

15. 下列各项中不应计入期间费用的有(　　)。

A. 销售商品发生的销售退回

B. 销售商品发生的售后服务费

C. 销售商品发生的商业折扣

D. 委托代销商品支付的手续费

(三)判断题

1. 企业为客户提供的现金折扣应在实际发生时冲减当期收入。(　　)

2. 企业在确认销售商品收入后发生的销售折让应在实际发生时计入财务费用。(　　)

3. 企业对于跨年度且期末能对交易结果做出可靠估计的劳务,应采用完工百分比法确认收入。(　　)

4. 企业向银行或金融机构借入的各种款项所发生的利息均应计入财务费用。(　　)

5. 根据履约义务的时间,营业收入分为在某一时段内分期确认和在某一时点确认。(　　)

6. 所得税费用与本期应交所得税一定相等。(　　)

7. 采用预收货款销售商品,应在收到第一笔款项时,确认收入。(　　)

8. 在采用完工百分比法确认劳务收入时,其相关的销售成本应以实际发生的全部成本确认。(　　)

9. 收入可能与投入资本有关,也可能与投入资本无关。(　　)

10. 固定资产盘盈应当作为营业外收入处理。(　　)

11. 商业承兑汇票到期,承兑人无力偿还票款时,收款人或被背书人应将到期票据按票据面值转入“应收账款”科目。(　　)

12. 企业根据合同预收的货款,可以设置“预收账款”科目核算。(　　)

二、职业操作能力训练

1. 惠成有限责任公司为增值税一般纳税人,增值税税率为13%。2019年8月份发生下列销售业务:

(1)2日,向长江工厂出售甲产品1 000件,并开出增值税专用发票。货款为100 000元,增值税额为13 000元。用银行存款支付代垫运杂费2 000元。根据销售发票和货运单据,已向银行办理妥收手续。甲产品的单位成本为80元。

(2)5日,发出2 000件甲产品委托大洋实业代销。合同规定,大洋实业按售价的10%收取手续费,产品的单位售价为100元。

(3)7日,接到银行收账通知,长江工厂已承付了货款和代垫运杂费,共计115 000元。

(4)8日,出售原材料2吨,价款为1 500元,增值税为195元,合计1 695元。所得价款已存入银行。原材料的成本为1 000元。

(5)10日,收到出租包装物的租金585元,其中增值税为65元,并存入银行。

(6)12日,向利仁公司销售乙产品1 000件,开出增值税专用发票,价款为20 000元,增值税为26 00元,共计22 600元。对方采用银行汇票结算方式,公司将收到的银行汇票联同进账单送交银行办理转账。乙产品的单位成本为15元。

(7)20日,收到大洋实业交来的代销清单,销售数量为1 500件。公司给大洋实业开出增值税专用发票,价款为150 000元,增值税额为19 500元。

(8)23日,收到利仁公司因质量问题退回的100件乙产品。商品已入库,货款未返还。

(9)29日,收到大洋实业支付的代销商品款。

要求:根据上述经济交易或事项编制会计分录,确认收入时并同时结转销售成本。

2. 甲、乙两企业均为增值税一般纳税人,增值税税率均为13%。2019年3月6日,甲企业与乙企业签订代销协议,甲企业委托乙企业销售A商品500件,A商品的单位成本为每件350元。代销协议规定,乙企业应按每件A商品565元(含增值税)的价格售给顾客,甲企业按不含增值税的售价的10%向乙企业支付手续费。4月1日,甲企业收到乙企业交来的代销清单。代销清单中注明,实际销售A商品400件,商品售价为200 000元,增值税额为26 000元。当日,甲企业向乙企业开具金额相同的增值税专用发票。4月6日,甲企业收到乙企业支付的已扣除手续费的商品代销款。

要求:根据上述资料,编制甲企业如下会计分录:

(1)发出商品的会计分录。

(2)收到代销清单时确认销售收入、增值税、手续费支出,以及结转销售成本的会计分录。

(3)收到商品代销款的会计分录。

3. 甲、乙两公司签订了一份600万元的劳务合同,甲公司为乙公司开发一套系统软件(以下简称项目)。2019 年 4 月 1 日,项目开发工作开始,预计至 2021 年 2 月 26 日完工。预计开发完成该项目的总成本为 420 万元。其他有关资料如下:

(1)2019 年 4 月 1 日,甲公司预收乙公司支付的项目款 200 万元并存入银行。

(2)2019 年,甲公司为该项目实际发生劳务成本 168 万元。

(3)至 2020 年 12 月 31 日,甲公司为该项目累计实际发生劳务成本 357 万元。

(4)甲公司在 2019 年、2020 年末均能对该项目的结果予以可靠估计。

要求:

(1)计算甲公司 2019 年、2020 年该项目的完成程度。

(2)计算甲公司 2019 年、2020 年该项目确认的收入和费用。

(3)编制甲公司 2019 年收到项目款、确认收入和费用的会计分录。

4. 新潮有限责任公司 2019 年 12 月 1 日的"本年利润"账户期初贷方余额为 200 000 元,"利润分配——未分配利润"账户期初借方余额为 15 000 元(未弥补的亏损已超过 5 年)。12 月份发生有关交易或事项如下:

(1)1 日,以转账支票向广告公司支付广告费 10 000 元。

(2)3 日,将一张面值为 10 000 元、不带息、未到期的银行承兑汇票向银行申请贴现,贴现收入为 9 500 元。

(3)3 日,上月赊购材料一批,应付账款 40 000 元。本月因在折扣期内付款而获得 2% 的现金折扣,款项已通过银行支付。

(4)4 日,销售产品一批,价款为 40 000 元,增值税为 5200 元,货款未收。该批产品的成本为 20 000 元。

(5)8 日,销售多余材料,价款为 30 000 元,增值税为 3900 元。收到客户交来的转账支票一张,当即送存银行。材料的实际成本为 12 000 元。

(6)9 日,以现金支付管理部门的办公用品购置费 200 元,增值税为 26 元。

(7)10 日,生产车间的一台机床报废,原价为 200 000 元,已提折旧 180 000 元。清理费用为 1 000 元,已用银行存款支付。该固定资产已清理完毕。

(8)15 日,采购一批材料,价款为 10 000 元,增值税为 1 300 元。材料已验收入库,货款未付。

(9)16 日,转让无形资产(商标权)的使用权。所得价款为 3 000 元,增值税为 180 元,已存入银行。

(10)31 日,用现金支付产品展览费 3 000 元,增值税为 390 元。

(11)31 日,计提固定资产折旧 5 000 元。其中,生产车间为 3 000 元,管理部门为 2 000元。

(12)31 日,预提短期借款利息 2 000 元。

(13)31 日,分配工资费用。本月应分配的工资为 30 000 元。其中,生产工人的工资为 20 000 元,行政管理人员的工资为 10 000 元。

(14)31 日,按工资总额 14% 的比例计提职工福利费,并以银行存款发放。

(15)31 日,计算并结转城市维护建设税及教育附加(城市维护建设税税率为5%,教育附加为3%)。

(16)31 日,期末将损益类账户的发生额转入"本年利润"账户。

(17)31 日,计算并结转所得税(所得税税率为25%)。

(18)31 日,按净利润的10%提取法定盈余公积,按可供向投资者分配利润的50%向投资人分配利润。

(19)年终结转本年实现的净利润。

(20)年终结转利润分配各明细账的发生额。

要求:根据上述交易或事项编制会计分录。

5. 某企业的固定资产原价为56 000 元(不考虑净残值),采用直线法计提折旧。税法规定折旧年限为5 年,企业规定的折旧年限为4 年。每年的税前会计利润为200 000 元,第一年的营业外支出中含有税法规定不能列支的捐赠支出10 000 元,所得税税率为25%。假定以后年度无其他纳税调整事项。

要求:

(1)计算第一年到第五年的暂时性差异。

(2)计算各年应交的所得税额,并编制相应地会计分录。

6. 甲企业2020 年度的利润总额为200 万元,其中包括本年收到的国债利息收入50 万元。该企业适用的所得税税率为25%。当年的营业外支出中,有10 万元为税款滞纳金支出。除上述事项外,甲企业无其他纳税调整事项。

要求:

(1)计算甲企业2020 年度应纳税所得额。

(2)计算甲企业2020 年度应交所得税额。

(3)编制甲企业应交所得税的会计分录。

(4)计算甲企业2020 年度实现的净利润。

(5)编制甲企业年末结平"所得税"科目的会计分录。

7. 惠成有限责任公司为增值税一般纳税人,增值税税率为13%。2020 年7 月份发生的有关期间费用业务如下:

(1)2 日,以银行存款支付因销售产品而负担的运杂费,运费为2 000 元,增值税为180 元。

(2)2 日,行政管理部门用现金购买办公用品,买价为700 元,增值税91 元。

(3)3 日,财务部门用现金50 元购买银行结算凭证。

(4)10 日,以银行存款支付企业发生的业务招待费4 200 元。

(5)11 日,行政管理部门领用修理用的材料,共计600 元。

(6)21 日,以银行存款支付信达会计师事务所咨询费1 000 元,增值税为60 元。

(7)25 日,以银行存款支付金融机构手续费500 元,增值税30 元。

(8)31 日,月末分配工资费用40 000 元。其中,行政管理部门为28 000 元,销售部门为12 000元。

(9)31日,月末计提折旧费67 000元,其中,行政管理部门为45 000元,销售部门为22 000元。

(10) 31日,月末计提短期借款利息费用2 000元。

(11)月末结转期间费用。

要求:

(1)建立“管理费用”明细账。

(2)根据所给资料编制记账凭证。

(3)根据记账凭证及原始凭证逐笔登记管理费用明细账。

(4)月末结账。

8. 珠江股份有限公司2019年9月份发生下列有关交易或事项:

(1)3日,以转账支票向希望工程捐款100 000元。

(2)4日,转让一项商标权所有权,收入200 000元已存入银行,该项无形资产的账面余额150 000元,累计摊销额为30 000元,增值税税率为6%。

(3)5日,公司设备发生故障,导致产品不能按期发出。根据合同规定,企业以银行存款支付赔偿金7 000元。

(4)7日,接银行收账通知,教育费附加返还款4 000元已收到。

(5)12日,财产清查中查明,盘亏一项固定资产5 000元,转出的进项税额为650元。

(6)18日,收到大华公司支付的违约金50 000元。

要求:

(1)建立“营业外收入”和“营业外支出”总账及明细账户。

(2)根据所给资料编制记账凭证。

(3)根据记账凭证及原始凭证逐笔登记“营业外收入”和“营业外支出”明细账户。

(4)月末编制科目汇总表,并登记总账。

(5)核对“营业外收入”和“营业外支出”总账及明细账户,并进行结账工作。

9. 甲公司为生产经营企业,属于增值税一般纳税人,适用的增值税税率为13%,商品售价中不含增值税。假定销售商品符合收入确认条件,销售商品成本采用一次加权平均法计算,月末一次结转。该公司生产A、B两种产品,“库存商品”账户的期初余额为530 000元。其中,A产品的数量为1 000件,金额为80 000元;B产品的数量为1 500件,金额为450 000元。入库商品成本月末计算结转。不考虑其他因素。2020年4月,甲公司发生如下交易或事项:

(1)4月1日,采用支票结算方式售出A产品300件,每件售价为100元。货款共计30 000元,增值税为3 900元。产品已发出,并开具了增值税专用发票。

(2)4月3日,采用托收承付结算方式发出A产品200件给昌乐公司,每件售价为100元。货款共计2 000元,增值税为260元,以银行存款代垫运杂费800元。根据发票、运单等已向银行办理托收,取得相应凭证。

(3)4 月 3 日,完工 A 产品验收入库,数量为 500 件。

(4)4 月 5 日,采用商业汇票结算方式售给应大公司 B 产品 500 件,每件售价为 400 元。货款共计 200 000 元,增值税为 26 000 元。产品已发出,并开具了增值税专用发票。收到应大公司商业承兑汇票一张,承兑期限为 3 个月。

(5)4 月 6 日,本公司将自己生产的 A 产品作为节日福利发放给每名职工。公司共有职工 180 名。其中,160 名为直接参加生产的职工,20 名为厂部管理人员。A 产品的市价为 100 元,发放产品的数量为 180 件。

(6)4 月 8 日,完工产品验收入库。其中,A 产品为 400 件,B 产品为 600 件。

(7)4 月 10 日,采用委托收款结算方式售给长江公司 B 产品 200 件,每件售价为 400 元。货款共计 80 000 元,增值税为 10 400 元。代垫运费 600 元。根据销货发票和运费单据,已向银行办理委托收款手续。

(8)4 月 14 日,收到银行转来的收账通知单,昌乐公司的货款、增值税等共计3 060 元已收妥。

(9)4 月 15 日,完工产品验收入库。其中,A 产品为 600 件,B 产品为 600 件。

(10)4 月 18 日,采用银行汇票结算方式向新潮公司销售 A 产品 400 件,开具增值税专用发票。发票列示的价款为 40 000 元,增值税为 5 200 元,产品已发出,收到银行汇票,并已送存银行。

(11)4 月 20 日,向华融公司赊销 B 产品 500 件,每件售价为 420 元。货款共计 210 000元,增值税为 27 300 元。为早日收回现金,同意按 2/10、1/20、n/30 给予现金折扣。产品已发出。

(12)4 月 23 日,收到长江公司支付的 195 件产品的价税款,另外 5 件产品因质量不合格已退回本公司。

(13)4 月 27 日,收到银行转来的收账通知,长丰公司预付购买 A 产品的货款 10 000元。

(14)4 月 30 日,结转入库产品的生产成本,A 产品的单位成本为 82 元,B 产品的单位成本为 340 元。

(15)4 月 30 日,结转已销 A、B 产品的销售成本。

(16)4 月 30 日,将损益类"主营业务收入"和"主营业务成本"账户的发生额转入"本年利润"账户。

要求:

(1)建立"主营业务收入""主营业务成本""库存商品"总账。

(2)建立"主营业务收入""主营业务成本"和"库存商品"明细账户。

(3)根据所给资料编制记账凭证。

(4)根据记账凭证及原始凭证逐笔登记"主营业务收入""主营业务成本"和"库存商品"明细账户。

(5)月末编制科目汇总表,并登记总账

(6)核对“主营业外收入”“主营业成本”“库存商品”总账及明细账户,并进行结账工作。

10. 华达公司采用账龄分析法计提坏账损失,其坏账计提比例如下:未到期的为0.5%,过期1个月的为1%,过期2个月的为2%,过期3个月的为3%,过期3个月以上的为4%。2019年该公司应收账款账龄如下表所示:

应收账款账龄	应收账款金额
未到期	40 000
过期1个月	30 000
过期2个月	20 000
过期3个月	15 000
过期3个月以上	10 000

要求:

(1)计算华达公司2019年的坏账损失。

(2)编制计提坏账损失的会计分录,假如2019年华达公司计提坏账准备前的贷方余额为300元。

项目九 CHAPTER 9 投资的核算

【学习目标】

通过学习，了解投资的分类，能够办理投资相关手续；熟悉金融资产的内容、长期股权投资的核算范围及投资性房地产范围；掌握交易性金融资产、长期股权投资的账务处理；熟悉长期股权投资减值的确认和投资性房地产的会计处理。

【重点难点】

1. 交易性金融资产的核算。
2. 不同方式下取得长期股权投资的初始计量。
3. 长期股权投资成本法的核算。
4. 长期股权投资权益法的核算。
5. 长期股权投资减值及处置的核算。
6. 投资性房地产的后续计量。

任务一　认知投资

【任务目标】

通过对投资及其分类的学习，能够理解交易性金融资产、长期股权投资和投资性房地产的含义，准确划分企业投资的类型，明确长期股权投资核算的范围。

【任务导入】

2016 年 1 月 30 日，兰生股份公告：公司与翃熵投资签订产权交易合同，将兰生国健 34.65% 股权、中信国健 0.73% 股权合计 93 441.95 万元转让给翃熵投资。2016 年 1 月 29 日，公司全额收到翃熵投资支付的交易款项。

（消息来源：中国财经信息网 http://quote.cfi.cn/zdsj/1528/600826.html）

请问，什么是投资？企业投资如何进行分类？

【知识导航】

一、投资的概念

投资是企业为了获得收益或实现资本增值向被投资单位投放资金的经济行为。企业的投资分为广义的投资和狭义的投资。广义的投资包括债权性投资、权益性投资、期货投资、房地产投资和固定资产投资等。狭义的投资从性质上划分，可以分为债权性投资与权益性投资。从管理层持有的意图划分，可以分为交易性金融资产、长期股权投资、持有至到期投资、可供出售金融资产等。其中，金融资产属于企业资产的重要组成部分，主要包括库存现金、银行存款、应收账款、应收票据、其他应收款、股权投资、债权投资、衍生工具形成的资产等。

交易性金融资产主要是指企业为了近期内出售而持有的金融资产，比如企业以赚取差价为目的从二级市场购入的股票、债券、基金等。

二、长期股权投资

（一）长期股权投资

长期股权投资是指企业通过直接投入资产或购买各种股票以取得被投资单位股权的一种投资方式，包括长期股票投资和其他长期股权投资。长期股票投资是指企业以购买其他单位发行的股票所进行的投资；其他股权投资是指企业以现金、银行存款等货币资金，或以实物资产、无形资产等对其他单位进行的投资，其目的是控制被投资单位，或对被投资单位施加重大影响，或要与被投资单位建立密切关系，以分散经营风险等，其特点是投资数额大，风险大，收益率高。

（二）长期股权投资核算的范围

《企业会计准则第 2 号——长期股权投资》规范的长期股权投资，主要有以下几个方面的内容：

1. 投资企业能够对被投资单位实施控制的权益性投资，即对子公司投资；

2. 投资企业与其他合营方一同对被投资单位实施共同控制，且对被投资单位净资产享有权利的权益性投资，即对合营企业投资；

3. 投资企业对被投资单位具有重大影响的权益性投资，即对联营企业投资。

（三）长期股权投资的分类

1. 按投资企业对被投资企业产生的影响分类

长期股权投资形成后，根据投资企业对被投资企业产生的影响，可以将投资企业与被投资企业的关系分为以下三种类型：

（1）能够实施控制的权益性投资

控制，是指投资方拥有对被投资方的权利，通过参与被投资方的相关活动而享有可变回报，并且有能力运用对被投资方的权利影响其回报金额。企业能对被投资单位实施控制的，被投资单位为本企业的子公司。

(2)具有重大影响的权益性投资

企业能够对被投资单位施加重大影响的，被投资单位为本企业的联营企业。重大影响，是指投资企业对被投资单位的财务和经营政策有参与决策的权力，但并不能够控制或者与其他方一起共同控制这些政策的制定。在确定能否对被投资单位施加重大影响时，应当考虑投资企业和其他持有的被投资单位当期可转换公司债券、当期可执行认股权证等潜在表决权因素。

在实务中，较为常见的重大影响体现为在被投资单位的董事会或类似权力机构中派有代表，通过在被投资单位财务和经营政策制定过程中的发言权实施重大影响。投资方直接或通过子公司间接持有被投资单位20%以上但不高于50%的表决权时，一般认为对被投资单位具有重大影响，除非有明确的证据表明该种情况下不能参与被投资单位的生产经营决策，不形成重大影响。

投资企业能够对被投资企业施加重大影响，被投资企业为联营企业。

(3)对合营企业的权益投资

合营安排，是指一项由两个或两个以上的参与方共同控制的安排。合营安排具有下列特征：

第一，各参与方均受到该安排的约束；

第二，两个或两个以上的参与方对该安排实施共同控制。任何一个参与方都不能够单独控制该安排，对该安排具有共同控制的任何一个参与方均能够阻止其他参与方或参与方组合单独控制该安排。

在判断是否存在共同控制时，应当首先判断所有参与方或参与方组合是否集体控制该安排，其次再判断该安排相关活动的决策是否必须经过这些集体控制该安排的参与方一致同意。但是，合营安排并不要求所有参与方都对该安排实施共同控制。合营安排参与方既包括对合营安排享有共同控制的参与方(即合营方)，也包括对合营安排不享有共同控制的参与方。

合营安排分为共同经营和合营企业。共同经营，是指合营方享有该安排相关资产且承担该安排相关负债的合营安排。合营企业，是指合营方仅对该安排的净资产享有权利的合营安排。

长期股权投资仅指对合营安排享有共同控制的参与方(即合营方)对合营企业的权益投资，不包括对合营安排不享有共同控制的参与方的权益投资。

2. 按长期股权投资形成方式分类

长期股权投资可通过不同的方式取得，按照其形成方式不同分为以下几类：

(1)企业合并形成的长期股权投资。

企业合并可分为吸收合并、新设合并和控股合并，只有控股合并才会形成长期股权投资。

(2)非企业合并形成的长期股权投资。

企业合并以外的其他方式形成的长期股权投资包括以支付现金取得的长期股权投资、以发行权益性证券方式取得的长期股权投资、投资者投入的长期股权投资以及债务重组等方式取得的长期股权投资。

三、投资性房地产

(一)投资性房地产

投资性房地产,是指为赚取租金或资本增值,或两者兼有而持有的房地产。

房地产是土地和房屋及其权属的总称。在我国,土地归国家或集体所有,企业只能取得土地使用权。因此,房地产中的土地是指土地使用权,房屋是指土地上的房屋等建筑物及构筑物。投资性房地产产生的现金流量在很大程度上独立于企业的其他资产,因此应单独核算。

(二)投资性房地产的范围

1.属于投资性房地产的项目

(1)已出租的土地使用权。已出租的土地使用权,是指企业通过出让或转让方式取得,并以经营租赁方式出租的土地使用权。但是,企业以经营租赁方式租入土地使用权再转租给其他单位的,不能确认为投资性房地产。企业计划出租或尚未出租的土地使用权,也不属于此类。

(2)持有并准备增值后转让的土地使用权。持有并准备增值后转让的土地使用权,是指企业通过出让或转让方式取得并准备增值后转让的土地使用权。但是,按照国家有关规定认定的闲置土地,不属于持有并准备增值的土地使用权,不属于投资性房地产。

(3)已出租的建筑物。已出租的建筑物,是指企业持有产权并以经营租赁方式出租的房屋等建筑物,包括自行建造或开发活动完成后用于出租的建筑物。计划用于出租但尚未出租的建筑物,不属于此类。

企业在判断和确认已出租的建筑物时,应把握以下要点:

①用于出租的建筑物是指企业拥有产权的建筑物。企业以经营租赁方式租入再转租的建筑物不属于投资性房地产。②已出租的建筑物是企业已经与其他方签订了租赁协议,约定以经营租赁方式出租的建筑物。自租赁协议规定的租赁期开始日起,经营租出的建筑物才属于已出租的建筑物。对于企业持有的以备经营出租的空置建筑物,只有企业管理当局(董事会或类似机构)作出正式书面决议,明确表明将其用于经营出租且持有意图短期内不再发生变化的,可视为投资性房地产。③企业将建筑物出租,按租赁协议向承租人提供的相关辅助服务在整个协议中不重大的,应当将该建筑物确认为投资性房地产。

2. 不属于投资性房地产的项目

(1)自用房地产。自用房地产,是指生产商品、提供劳务或者经营管理而持有的房地产,包括自用建筑物(固定资产)和自用土地使用权(无形资产)。

(2)作为存货的房地产。作为存货的房地产,通常是指房地产开发企业在正常经营过程中销售的或为销售而正在开发的商品房和土地。这部分房地产属于房地产开发企业的存货,其生产、销售构成企业的主要业务活动,因此具有存货性质的房地产不属于投资性房地产。

实务中,对于部分用于赚取租金或资本增值、部分自用(即用于生产商品、提供劳务或经营管理)的某项房地产,能够单独计量和出售的,用于赚取租金或资本增值的部分,应当确认为投资性房地产;不能够单独计量和出售的,用于赚取租金或资本增值的部分,不确认为投资性房地产。该项房地产自用的部分,以及不能够单独计量和出售的,用于赚取租金或资本增值的部分,应当确认为固定资产或无形资产。

【任务处理】

投资是企业为了获得收益或实现资本增值向被投资单位投放资金的经济行为。企业的投资分为广义的投资和狭义的投资。广义的投资包括债权性投资、权益性投资、期货投资、房地产投资和固定资产投资等。狭义的投资从性质上划分,可以分为债权性投资与权益性投资;从管理层持有的意图划分,可以分为交易性金融资产、长期股权投资、持有至到期投资、可供出售金融资产等。

任务二　交易性金融资产的核算

【任务目标】

通过对本任务的学习,能够办理开立投资账户手续,进行投资交易;熟悉交易性金融资产的初始计量、后续计量,运用"交易性金融资产"科目进行交易性金融资产核算。

【任务导入】

2020 年 2 月 1 日,烟台好利来果胶食品有限公司委托深圳证券交易所购买甲公司股票 10 万股,将其划分为交易性金融资产,见表 9-1。该股票购买日的公允价值为 200 万元,交易费用为 0.5 万元。4 月 30 日,甲公司宣告派发现金股利,每股 0.3 元。5 月 10 日,公司收到该股利。6 月 30 日,该股票的公允价值为 192 万元;12 月 31 日,该股票的公允价值为 185 万元。2021 年 1 月 20 日,出售该股票,实际收款 180 万元。

请问:假设不考虑处置环节的增值税,公司会计应如何进行会计处理?

表 9－1　上海证券中央登记结算公司

日期:2020 年 2 月 1 日	过户交割单		
股东编号	×××××	成交证券	青岛海尔
电脑编号	×××××	成交数量	100 000
公司名称	烟台好利来果胶食品有限公司	成交价格	20
申报编号	1234	成交金额	2 000 000
申报时间	14:32:10	佣金	2 000
成交时间	14:32:12	过户费	略
上次余额		印花税	
本次成交	1 000(手)	应付金额	2 002 000
本次余额		附加费用	
本次库存		实收金额	

经办单位:上海证券有限责任公司　　客户签章:烟台好利来果胶食品有限公司

【知识导航】

一、交易性金融资产的计量

(一)初始计量

交易性金融资产应按公允价值计量,相关交易费用应当直接计入当期损益。其中,交易费用是指可直接归属于购买、发行或处置金融工具新增的外部费用。所谓新增的外部费用,是指企业不购买、发行或处置金融工具就不会发生的费用。交易费用包括支付给代理机构、咨询公司、券商等的手续费和佣金及其他必要支出,不包括债券溢价、折价、融资费用、内部管理成本及其他与交易不直接相关的费用。企业为发行金融工具所发生的差旅费等,不属于此处所讲的交易费用。

企业取得的交易性金融资产所支付的价款中,包含已宣告但尚未发放的现金股利或已到付息期但尚未领取的债券利息的,应当单独确认为应收项目。在持有期间取得的利息或现金股利,应当确认为投资收益。

(二)后续计量

在资产负债表日,企业应将交易性金融资产的公允价值变动计入当期损益。处置该金融资产时,其公允价值与初始入账金额之间的差额应确认为投资收益,同时调整公允价值变动损益。

二、交易性金融资产的核算

为了核算交易性金融资产的取得、收取现金股利或利息和处置等情况，企业应当设置“交易性金融资产”“公允价值变动损益”“投资收益”等科目。

“交易性金融资产”科目属于资产类科目，用来核算企业为交易目的所持有的债券投资、股票投资和基金投资等交易性金融资产的公允价值。该科目借方登记交易性金融资产的取得成本、资产负债表日其公允价值高于账面价值的差额等；贷方登记资产负债表日公允价值低于账面余额的差额，以及企业出售交易性金融资产时结转的成本和公允价值变动损益。期末借方余额，反映企业持有的交易性金融资产的公允价值。企业应按照交易性金融资产的类别和品种，分别设置“成本” 和“公允价值变动”等明细科目进行核算。

“公允价值变动损益”科目属于损益类科目，用来核算企业交易性金融资产等公允价值变动而形成的应计入当期损益的利得和损失。该科目贷方登记资产负债表日企业持有的交易性金融资产等的公允价值高于账面价值的差额，借方登记资产负债表日企业持有的交易性金融资产等的公允价值低于账面价值的差额。会计期末，应将本科目余额转入“本年利润”科目。结转后，本科目无余额。

“投资收益”科目属于损益类科目，用来核算企业的投资收益或投资损失。本任务中，该科目用来核算企业持有交易性金融资产期间取得的投资收益以及处置交易性金融资产等实现的投资收益或投资损失。贷方登记企业出售交易性金融资产等实现的投资收益，借方登记企业出售交易性金融资产等发生的投资损失。期末，应将本科目余额转入“本年利润”科目。结转后，本科目无余额。

(一)交易性金融资产取得的核算

取得交易性金融资产时，应当按照该金融资产取得时的公允价值作为其初始确认金额，记入“交易性金融资产——成本”科目。取得交易性金融资产所支付的价款中，包含已宣告但尚未发放的现金股利或已到付息期但尚未领取的债券利息的，应当单独确认为应收项目，记入“应收股利”或“应收利息”科目。取得交易性金融资产所发生的相关交易费用应当在发生时计入投资收益。

【例9-1】2020年2月1日，长城公司委托深圳证券交易所购买甲上市公司股票10万股，将其视为交易性金融资产。该股票购买日的公允价值为300万元，交易费用为0.6万元，取得增值税专用发票。长城公司应做如下会计处理：

2020年2月1日，购入股票时：

借：交易性金融资产——成本	3 000 000	
投资收益	6 000	
应交税费——应交增值税(进项税额)	360	
贷：其他货币资金——存出投资款		3 006 360

（二）交易性金融资产持有期间取得现金股利和利息的核算

企业持有交易性金融资产期间，对于被投资单位宣告发放的现金股利或企业在资产负债表日按分期付息、一次还本债券投资的票面利率计算的利息，应当确认为应收项目，记入"应收股利"或"应收利息"科目，并计入当期投资收益。

【例9－2】2020年1月1日，烟台好利来果胶食品有限公司购入大江公司发行的公司债券。该债券是于2019年7月1日发行的，面值为500万元，票面利率为4%，每半年支付利息见表9－2、表9－3。烟台好利来果胶食品有限公司将其划分为交易性金融资产，支付价款520万元（其中包含已到付息期的债券利息10万元），另支付手续费用1.5万元。2020年2月8日，公司收到该笔债券利息10万元。

表9－2　公司债券交易协议

经洽谈达成以下协议：烟台好利来果胶食品有限公司以520万元购入大江公司发行的公司债券。该债券是大江公司2019年7月1日发行的，面值为500万元，票面利率为4%。债券每半年付息一次，到期一次还本。 其他法律事宜略。 甲企业（公章）：烟台好利来果胶食品有限公司　　　　大江公司（公章） 法人代表（签章）：孙峰　　　　法人代表（签章）：王力 2020年1月1日　　　　2020年1月1日

表9－3　应收利息计算表

2020年12月31日　　　　单位：元

投资项目	债券面值①	票面利率②	应收利息③＝①×②÷2
大江公司	5 000 000	4%	100 000
合计	5 000 000		100 000

制单：李晖

根据相关原始凭证，烟台好利来果胶食品有限公司做如下会计处理：

（1）2020年1月1日，购入债券时：

借：交易性金融资产——成本　　5 100 000
　　应收利息　　100 000
　　应交税费——应交增值税（进项税额）　　900
　　投资收益　　15 000
　　贷：其他货币资金——存出投资款　　5 215 900

（2）2020年2月8日，收到已到付息期的债券利息时：

借：其他货币资金——存出投资款　　100 000

贷:应收利息　　　　　　　　　　　　　　　　　　100 000

(三)交易性金融资产的期末计量

资产负债表日,交易性金融资产应当按照公允价值计量,公允价值与账面余额之间的差额计入当期损益。企业应当在资产负债表日,按照交易性金融资产的公允价值与其账面余额的差额,借记或贷记"交易性金融资产——公允价值变动"科目,贷记或借记"公允价值变动损益"科目。

【例9-3】承上例,2020年6月30日,该笔债券的市价为560万元;2020年7月8日,收到债券利息10万元。2020年12月31日,该笔债券的市价为540万元;2021年1月7日,收到债券利息10万元。

烟台好利来果胶食品有限公司做如下会计处理:

(1)2020年6月30日,确认债券利息收入:

借:应收利息　　　　　　　　　　　　　　100 000

　贷:投资收益　　　　　　　　　　　　　　　　100 000

(2)2020年6月30日,确认该笔债券的公允价值变动损益:

借:交易性金融资产——公允价值变动　　　　500 000

　贷:公允价值变动损益　　　　　　　　　　　　500 000

(3)2020年7月8日,公司收到债券利息:

借:其他货币资金——存出投资款　　　　　　100 000

　贷:应收利息　　　　　　　　　　　　　　　　100 000

(4)2020年12月31日,确认债券利息收入:

借:应收利息　　　　　　　　　　　　　　100 000

　贷:投资收益　　　　　　　　　　　　　　　　100 000

(5)2020年12月31日,确认该笔债券的公允价值变动损益:

借:公允价值变动损益　　　　　　　　　　200 000

　贷:交易性金融资产——公允价值变动　　　　　　200 000

(6)2021年1月7日,收到债券利息:

借:其他货币资金——存出投资款　　　　　　100 000

　贷:应收利息　　　　　　　　　　　　　　　　100 000

(四)交易性金融资产处置的核算

出售交易性金融资产时,应当将该金融资产出售时的公允价值与其初始入账金额之间的差额确认为投资收益,同时调整公允价值变动损益。涉及增值税的还应反映应缴纳的增值税。

企业应按实际收到的金额,借记"银行存款"等科目;按该金融资产的账面余额,贷记"交易性金融资产"科目;按其差额,贷记或借记"投资收益"科目。同时,将原计入该金融资产的公允价值变动转出,借记或贷记“公允价值变动损益”科目,贷记或借记“投资收益”科目。

【例9-4】承上例,2021年1月31日,出售其所持有的大江公司的债券,售价为545万元。假设不考虑增值税,烟台好利来果胶食品有限公司做如下会计处理:

借:其他货币资金——存出投资款　5 450 000
　贷:交易性金融资产——成本　5 100 000
　　　　　　　　——公允价值变动　300 000
　　投资收益　50 000

同时,结转公允价值变动损益:

借:公允价值变动损益　300 000
　贷:投资收益　300 000

【任务处理】

烟台好利来果胶食品有限公司做如下会计处理:

(1)2020年2月1日,购入股票时,根据“过户交割单”等原始凭证,编制会计分录如下:

借:交易性金融资产——成本　2 000 000
　投资收益　2 000
　应交税费——应交增值税(进项税额)　120
　贷:其他货币资金——存出投资款　2 002 120

(2)2020年4月30日,青岛海尔股份有限公司宣告派发现金股利时:

借:应收股利　30 000
　贷:投资收益　30 000

(3)2020年5月10日,收到股利时:

借:其他货币资金——存出投资款　30 000
　贷:应收股利　30 000

(4)2020年6月30日,确认该股票公允价值变动损益时:

表9-4　交易性金融资产公允价值变动计算表

2020年6月30日　　单位:元

投资项目	账面价值	公允价值	公允价值变动
青岛海尔公司股票	2 000 000	1 920 000	80 000
合计			80 000

制单:李晖

根据“公允价值变动计算表”(表9-4)等,编制会计分录如下:

借:公允价值变动损益　　80 000
　贷:交易性金融资产——公允价值变动　　80 000

(5)2020 年 12 月 31 日,确认该股票公允价值变动损益时:

借:公允价值变动损益　　70 000
　贷:交易性金融资产——公允价值变动　　70 000

(6)2021 年 1 月 20 日,出售该股票时:

借:其他货币资金——存出投资款　　1 800 000
　交易性金融资产——公允价值变动　　150 000
　投资收益　　50 000
　贷:交易性金融资产——成本　　2 000 000

同时,结转公允价值变动损益:

借:投资收益　　150 000
　贷:公允价值变动损益　　150 000

任务三　长期股权投资的核算

【任务目标】

通过对本任务的学习,掌握长期股权投资的初始计量、后续计量,熟练掌握长期股权投资在取得投资、投资收益确认和处置投资时的核算,熟悉长期股权投资减值的核算。

【任务导入】

1. 烟台好利来果胶食品有限公司发生与投资有关的业务如下:

(1)2020 年 1 月 1 日,烟台好利来果胶食品有限公司以货币资金向远洋公司投资 4 192 000元,占远洋公司表决权资本的 40%,另支付手续费等相关费用 80 000 元,取得增值税专用发票。当日远洋公司净资产账面价值为 110 000 000 元(假定远洋公司可辨认净资产的公允价值与其账面价值相同)。

(2)2020 年远洋公司实现净利润 8 000 000 元;2021 年 3 月 20 日,远洋公司宣告分派上年度现金股利 5 000 000 元;2021 年 4 月 10 日收到该股利。

(3)2022 年,远洋公司发生净亏损 2 400 000 元; 2022 年,远洋公司可供出售金融资产的公允价值增加了 400 000 元。2022 年 2 月 20 日,东方股份有限公司将该股份全部转让,实际收到转让价款 46 000 000 元。

请问:烟台好利来果胶食品有限公司的会计人员应如何进行账务处理?

2. (1)2020 年 1 月 2 日,东方股份有限公司以 11 980 000 元从宏昌股份有限购入翔发有限公司股份,占翔发公司有表决权资本的 10%,并准备长期持有,另支付手续费等相关费用 20 000 元,增值税为 1 200 元,见表 9-5、表 9-6 和表 9-7。

(2)2020 年 4 月 18 日,翔发有限公司宣告分派 2016 年度的现金股利 1 000 000 元;2020 年翔发有限公司实现净利润 1 500 000 元;2020 年 12 月 31 日该股权的可收回金额为 11 00 000 元。

(3)2021 年 4 月 10 日,翔发公司宣告分派上年度现金股利 800 000 元;4 月 28 日收到该股利;6 月 26 日转让该股份,收到转让价款 11 800 000 元。

表 9－5　东方股份有限公司第一届董事会第五次会议决议(节选)

本公司董事会于 2020 年 1 月 2 日在公司会议室召开了第一届董事会第九次会议。会议由董事长李军主持。会议应到董事 7 人,实到董事 7 人。 会议的召开符合法律及《公司章程》的规定。会议审议并通过了《关于购买翔发有限公司股份的议案》。该议案 7 票赞成,0 票反对,0 票弃权。董事会决定: 1. 在遵循公司对外投资内部控制有关制度的前提下,经投资部门予以充分论证之后,同意从宏昌股份有限公司购入其所持翔发有限责任公司 10% 的股份。 2. 本公司购买翔发有限责任公司股份符合公司发展战略,并将长期持有。 董事会成员签字:李军等 董事签章:×××(共 7 人) 东方股份有限公司 2020 年 1 月 2 日

表 9－6　股权转让协议(节选)

受让方:东方股份有限公司 转让方:宏昌股份有限公司 转让方与受让方经过充分协商,在平等自愿的基础上,就转让方翔发有限责任公司的股权转让给受让方事宜,达成以下协议: 一、转让方宏昌股份有限公司将其持有的翔发有限责任公司的 10% 股权,以人民币 1 198 万元价格转让给受让方东方股份有限公司。 二、受让方东方股份有限公司以其持有的股份,按照公司章程的规定,享有相应地责、权、利。 三、本协议自双方签字盖章后生效。本协议生效后,公司尽快完成相关的工商登记变更手续。 四、本协议一式三份,转让方、受让方各持一份,并报工商登记相关备案一份。	
受让方:东方股份有限公司 法人代表:孙峰 账号:工行江城市滨海 3301180903259 电话:8464772 地址:江城市 签约日期:2020 年 1 月 2 日	转让方:宏昌股份有限公司 法人代表:孙晓 账号:建设银行新蓝支行 45655669567136 电话:6733683 地址:新泰市阳光路 62 号 签约日期:2020 年 1 月 2 日

表 9－7　股东持股证明书

东方股份有限公司: 截至 2020 年 1 月 2 日,根据股东名册记载,贵公司持有本公司股份总额的 10%。 翔发有限责任公司 2020 年 1 月 3 日

请问:东方股份有限公司的会计人员应如何进行账务处理?

【知识导航】

长期股权投资的取得应分别企业合并和非企业合并两种情况确定,本任务只涉及非企业合并形成的长期股权投资。

一、长期股权投资的初始计量

长期股权投资在取得时,应按初始投资成本入账。

(一)以支付现金取得的长期股权投资

以支付现金取得的长期股权投资,应当按照实际支付的购买价款作为长期股权投资的初始投资成本,包括购买过程中支付的手续费等必要支出,但所支付价款中包含的被投资单位已宣告但尚未发放的现金股利或利润应作为应收项目核算,不构成取得长期股权投资的成本。

(二)以发行权益性证券方式取得的长期股权投资

其成本为所发行权益性证券的公允价值,但不包括自被投资单位收取的已宣告但尚未发放的现金股利或利润。

为了发行权益性证券而支付给有关证券承销机构等的手续费、佣金等与权益性证券发行直接相关的费用,不构成取得长期股权投资的成本。该部分费用应自权益性证券溢价发行收入中扣除;权益性证券溢价收入不足冲减的,应冲减盈余公积和未分配利润。

(三)投资者投入的长期股权投资

投资者投入的长期股权投资,是指投资者以其持有的对第三方的投资作为出资投入企业。接受投资的企业原则上应当按照投资各方在投资合同或协议中约定的价值,作为取得投资的初始投资成本,但有明确证据表明合同或协议中约定的价值不公允的除外。

二、长期股权投资取得的核算

为了核算企业取得的各种长期股权性投资,应设置"长期股权投资"科目。该科目属于资产类科目。借方登记取得的各种长期股权性投资的初始投资成本,贷方登记收回长期股权投资的价值;期末余额在借方,表示企业持有的长期股权投资价值。该科目可按照投资单位设置明细科目。

(一)以支付现金取得的长期股权投资

以支付现金取得的长期股权投资,应当按照实际支付的购买价款作为取得长期股权投资的成本,借记“长期股权投资”科目,贷记“银行存款”等科目;如果实际支付的价款中包含已宣告而尚未发放的现金股利或利润,应作为一种债权单独列示,借记“应收股利”科目,贷记“银行存款”科目。

【例9-5】2020年2月10日,烟台好利来果胶公司从公开市场买入新华公司15%的股份,实际支付价款8 000 000元,另支付手续费等相关费用24 000元,取得增值税专用发票。

2020年2月10日,烟台好利来果胶公司购买新华公司股份时:

借:长期股权投资　　8024 000

　应交税费——应交增值税(进项税额)　　1 440

　贷:银行存款　　8025 440

【例9-6】2020年3月16日,烟台好利来果胶公司购入乙公司股票100 000股,每股5元,占乙公司有表决权资本的10%,买价中每股含有0.2元的现金股利,支付税费2 000元,取得增值税专用发票;2017年4月1日,收到现金股利20 000元,作为债权的收回。

(1)2020年3月16日,购入乙公司股票时:

借:长期股权投资　　482 000

　应交税费——应交增值税(进项税额)　　1 200

　应收股利　　20 000

　贷:银行存款　　503 200

(2)2020年4月1日,收到现金股利时:

借:银行存款　　20 000

　贷:应收股利　　20 000

(二)以发行权益性证券方式取得的长期股权投资

以发行权益性证券方式取得的长期股权投资,应当按照所发行股份的公允价值,作为取得长期股权投资的成本,借记“长期股权投资”科目,按照所发行股份的面值,贷记“股本”科目。公允价值超过面值的部分称为股本溢价,通过“资本公积——股本溢价”科目核算。发行权益性证券过程中支付的佣金和手续费,应冲减权益性证券的溢价发行收入。

【例9-7】2020年3月,海远公司通过增发6 000 000普通股(每股面值1元)取得B公司20%的股权。按照增发后的平均股价计算,该股份的公允价值为10 400 000元。为了增发该部分股份,海远公司向证券承销机构等支付了120 000元的佣金和手续费,取得增值税专用发票。假定海远公司取得该部分股权后,能够对B公司的生产经营决策施加重大影响。

海远公司应当以所发行股份的公允价值作为取得长期股权投资的成本,账务处理如下:

借:长期股权投资——B 公司　　10 400 000
　　贷:股本　　6 000 000
　　　　资本公积——股本溢价　　4 400 000

发行权益性证券过程中支付的佣金和手续费,应冲减权益性证券的溢价发行收入。账务处理如下:

借:资本公积——股本溢价　　120 000
　　应交税费—应交增值税(进项税额)　　7 200
　　贷:银行存款　　127 200

(三)投资者投入的长期股权投资

投资者投入的长期股权投资,一般应当按照投资合同或协议中约定的价值,借记"长期股权投资"科目,贷记"实收资本"科目。

【例 9-8】海远公司设立时,甲公司以其持有的对 C 公司的长期股权投资作为出资投入海远公司。投资各方在投资合同中约定,该项长期股权投资作价 5 800 000 元(公允价值同)。

海远公司应进行的账务处理如下:

借:长期股权投资——C 公司　　5 800 000
　　贷:实收资本——甲公司　　5 800 000

三、长期股权投资的后续计量

长期股权投资在持有期间,根据投资企业对被投资单位的影响程度及是否存在活跃市场、公允价值能否可靠取得等进行划分,分别采用成本法及权益法进行核算。

(一)长期股权投资核算的成本法

1. 成本法的概念及适用范围

成本法是指投资按成本计价的方法。长期股权投资的成本法适用于企业持有的能够对被投资单位实施控制的长期股权投资,即投资企业持有的对子公司的投资应当采用成本法核算。

2. 成本法下的核算程序

长期股权投资采用成本法核算的一般程序如下:

(1)初始投资或追加投资时,按照初始投资或追加投资时的投资成本增加长期股权投资的账面价值。

(2)对于采用成本法核算的长期股权投资,除取得投资时实际支付的价款或对价中包含的已宣告但尚未发放的现金股利或利润外,投资企业应当按照享有被投资单位宣告发放的现金股利或利润确认投资收益。

3. 长期股权投资成本法的核算

(1)投资企业接受被投资单位投资时,按实际的投资成本作为长期股权投资的账面价值,借记“长期股权投资”科目,贷记“银行存款”等科目;如果实际支付的价款中包含已宣告但尚未发放的现金股利或利润,借记“应收股利”科目,贷记“银行存款”科目。

【例9-9】东方公司于2020年1月1日购入甲公司发行的股票50 000股,准备长期持有,每股买入价8元,支付税费1 200元,占甲公司有表决权资本的10%,取得增值税专用发票,款项已由银行存款支付。该企业应做如下核算:

借:长期股权投资——甲公司　　401 200
　应交税费——应交增值税(进项税额)　　72
　贷:银行存款　　401 272

【例9-10】东方公司于2020年3月16日购入乙公司股票100 000股,每股5元,占乙公司有表决权资本的10%,买价中每股含有0.2元的现金股利,支付税费1 500元,取得增值税专用发票。编制会计分录如下:

借:长期股权投资——乙公司　　481 500
　应交税费——应交增值税(进项税额)　　90
　应收股利　　20 000
　贷:银行存款　　501 590

东方公司于2020年4月1日收到已垫支的20 000元现金股利,作为债权的收回。编制会计分录如下:

借:银行存款　　20 000
　贷:应收股利　　20 000

(2)长期股权投资持有期间被投资单位宣告分派现金股利或利润,投资企业应当按照享有被投资单位宣告发放的现金股利或利润,确认投资收益,借记“应收股利(或利润)”科目,贷记“投资收益”科目;收到被投资单位发放的现金股利时,借记“银行存款”科目,贷记“应收股利”科目。

【例9-11】2020年2月1日,东方公司购入丙公司股票50 000股,每股10元,占该公司有表决权资本的10%,并准备长期持有;另发生交易费用1 200元,增值税为72元;丙公司于2020年4月25日宣告分派2016年度的现金股利,每股0.20元。编制会计分录如下:

①购入股票时:

借:长期股权投资——丙公司　　501 200
　应交税费——应交增值税(进项税额)　　72
　贷:银行存款　　501 272

②宣告分派现金股利时:

借:应收股利　　10 000
　贷:投资收益　　10 000

(二)长期股权投资核算的权益法

1. 权益法的概念及适用范围

权益法,是指投资最初以初始投资成本计量后,在投资持有期间根据投资企业享有被投资单位所有者权益份额的变动,对长期股权投资的账面价值进行调整的方法。

长期股权投资准则规定,应当采用权益法核算的长期股权投资包括两类:一是企业对被投资单位具有共同控制的长期股权投资,即企业对合营企业的长期股权投资。二是企业对被投资单位具有重大影响的长期股权投资,即企业对联营企业的长期股权投资。

2. 权益法下的核算程序

长期股权投资采用权益法核算的情况下,其会计核算的一般程序为:

(1)初始投资或追加投资时,按照初始投资或追加投资时的投资成本,增加长期股权投资的账面价值。

(2)比较初始投资成本与投资时应享有被投资单位可辨认净资产公允价值的份额。对于初始投资成本小于应享有被投资单位可辨认净资产公允价值份额的,应对长期股权投资的账面价值进行调整,计入取得投资当期的损益。

(3)持有投资期间,随着被投资单位所有者权益的变动相应调整增加或减少长期股权投资的账面价值,并分别情况处理:对属于因被投资单位实现净损益产生的所有者权益的变动,投资企业按照持股比例计算应享有的份额,增加或减少长期股权投资的账面价值,同时确认为当期投资损益;对被投资单位因其他综合收益变动产生的所有者权益的变动,投资企业按照持股比例计算应享有的份额,增加或减少长期股权投资的账面价值,同时确认为其他综合收益;除净损益、其他综合收益和利润分配以外的所有者权益的其他变动,应按照持股比例与被投资单位所有者权益其他变动计算的归属于本企业的部分,相应调整长期股权投资的账面价值,同时,增加或减少资本公积(其他资本公积)。

(4)持有期间被投资单位宣告分配利润或现金股利时,投资企业按照持股比例计算应分得的部分,一般应冲减长期股权投资的账面价值。

3. 长期股权投资权益法的核算

采用权益法核算时,应在"长期股权投资"账户下设置"成本""损益调整""其他综合收益"和"其他权益变动"等明细账户,分别反映长期股权投资的初始投资成本以及其他各种因素引起长期股权投资账面价值发生增减变动的情况。"投资成本"明细账户反映长期股权投资的初始投资成本;"损益调整"明细账户反映投资企业应享有或应分担的被投资单位净利润或净亏损的份额,以及被投资单位分派现金股利或利润时,投资企业应获得的份额;"其他综合收益"明细账户反映被投资单位各交易事项引起的其他综合收益变动;"其他权益变动"明细账户反映除净损益、其他综合收益和利润分配以外的所有者权益的其他变动。

(1)初始投资成本的调整。投资企业取得对联营企业或合营企业的投资以后,对于取得投资时初始投资成本与应享有被投资单位可辨认净资产公允价值份额之间的差额，应区别情况分别处理：

①初始投资成本大于取得投资时应享有被投资单位可辨认净资产公允价值份额的，该部分差额本质上是投资企业在取得投资过程中，通过购买作价体现出的与所取得股权份额相对应的商誉及不符合确认条件的资产价值。初始投资成本大于投资时应享有被投资单位可辨认净资产公允价值份额的，两者之间的差额不要求对长期股权投资的成本进行调整。

②初始投资成本小于取得投资时应享有被投资单位可辨认净资产公允价值份额的，两者之间的差额体现为双方在交易作价过程中转让方的让步。该部分经济利益的流入应作为收益处理，计入取得投资当期的营业外收入，同时调整增加长期股权投资的账面价值。

【例9-12】2020年1月，东方公司取得A公司30%的股权，支付价款6 985 000元。取得增值税专用发票注明的手续费等15 000元，增值税900元。取得投资时被投资单位净资产账面价值为22 500 000元（假定被投资单位各项可辨认资产、负债的公允价值与其账面价值相同）。

在A公司生产经营决策过程中，所有股东均按持股比例行使表决权。东方公司在取得A公司的股权后，派人参与了A公司的生产经营决策。因能够对A公司施加重大影响，A企业对该投资应当采用权益法核算。取得投资时，东方公司应进行如下账务处理：

借：长期股权投资——A公司（成本）	7 000 000	
应交税费——应交增值税（进项税额）	900	
贷：银行存款		7 000 900

长期股权投资的初始投资成本7 000 000元大于取得投资时，应享有被投资单位可辨认净资产公允价值的份额6 750 000元（22 500 000×30%），两者之间的差额不调整长期股权投资的账面价值。

如果本例中取得投资时被投资单位可辨认净资产的公允价值为28 000 000元，东方公司按持股比例30%计算确定应享有8 400 000元，则初始投资成本与应享有被投资单位可辨认净资产公允价值份额之间的差额1 400 000元，应计入取得投资当期的营业外收入。账务处理如下：

借：长期股权投资——A公司（成本）	8 400 000	
应交税费—应交增值税（进项税额）	900	
贷：银行存款		7 000 900
营业外收入		1 400 000

（2）持有投资期间被投资单位实现净利润或发生净亏损。在权益法下，被投资单位当年实现净利润或发生净亏损，均引起所有者权益的变动。因此，投资企业长期股权投资的账面价值需要做相应地调整。具体处理如下：

①属于被投资单位当年实现的净利润而影响的所有者权益的变动时，投资企业应按持股比例计算应享有的份额，确认当期投资收益，并增加长期股权投资的账面价值。计算公式如下：

应确认的投资收益 = 被投资单位实现的净利润 × 投资持股比例

②属于被投资单位当年发生的净亏损而影响的所有者权益的变动时，投资企业应按持股比例计算应分担的份额，确认当期投资收益，并减少长期股权投资的账面价值，但以长期股权投资的账面价值减记至零为限。

在确认应享有或应分担被投资单位的净利润或净亏损时，在被投资单位账面净利润的基础上，应考虑以下因素的影响进行适当调整：

一是被投资单位采用的会计政策及会计期间与投资企业不一致的，应按投资企业的会计政策及会计期间对被投资单位的财务报表进行调整。

二是以取得投资时被投资单位固定资产、无形资产的公允价值为基础计提的折旧额或摊销额，以及投资企业取得投资时的公允价值为基础计算确定的资产减值准备金额等对被投资单位净利润的影响。

被投资单位宣告分派利润或现金股利时，由于投资企业的长期股权投资已包含应享有被投资单位净资产的份额，而被投资单位分派利润或现金股利必然使净资产减少，因此投资企业应按持股比例计算应分得的利润或现金股利，借记“应收股利”科目，贷记“长期股权投资——损益调整”科目。

收到被投资单位宣告发放的股票股利时，不进行账务处理，但应在备查簿登记。

【例9－13】2020年1月1日，东方公司以货币59 920 000元向远洋公司投资，占远洋公司有表决权资本的50%。假定其投资成本与应享有的远洋公司可辨认净资产的公允价值份额相等，取得增值税专用发票注明的手续费等80 000元，增值税4 800元。2020年，远洋公司全年实现净利润8 000 000元；2021年3月20日，远洋公司宣告分派现金股利5 000 000元；2021年4月10日，收到现金股利并存入银行；2021年，远洋公司全年发生净亏损2 400 000元。根据上述材料，编制会计分录如下：

①2020年1月1日，投资时：

借：长期股权投资——远洋公司（成本）　　60 000 000
　　应交税费——应交增值税（进项税额）　　4 800
　　贷：银行存款　　60 004 800

②2020年12月31日，确认投资收益时：

借：长期股权投资——远洋公司（损益调整）　　4 000 000
　　贷：投资收益　　4 000 000

2020年末“长期股权投资——远洋公司”账户余额为64 000 000元。

③2021年3月20日，远洋公司宣告分派现金股利时：

借：应收股利——远洋公司　　2 500 000
　　贷：长期股权投资——远洋公司（损益调整）　　2 500 000

宣告分派现金股利后，“长期股权投资——远洋公司”账户余额为 61 500 000 元。

④2021 年 4 月 10 日，收到远洋公司现金股利时：

借：银行存款　　2 500 000

　贷：应收股利——远洋公司　　2 500 000

⑤2021 年 12 月 31 日，确认投资损失时：

东方公司应分担的亏损额 = 2 400 000 × 50% = 1 200 000（元）

借：投资收益　　1 200 000

　贷：长期股权投资——远洋公司（损益调整）　　1 200 000

东方公司分担亏损后，“长期股权投资——远洋公司”账户余额为 60 300 000 元。

（3）持有投资期间被投资单位其他综合收益变动的处理

在权益法核算下，被投资单位确认的其他综合收益及其变动，也会影响被投资单位所有者权益总额，进而影响投资单位享有被投资单位所有者权益的份额。因此，当被投资单位其他综合收益发生变动时，投资企业应当按照归属于本企业的部分，相应调整长期股权投资账面价值，同时增加或减少其他综合收益。

【例 9 - 14】承上例，远洋公司 2021 年可供出售金融资产的公允价值增加了 400 000 元。东方公司按照持股比例确认相应的“其他综合收益”200 000 元。东方公司应做如下处理：

借：长期股权投资——远洋公司（其他综合收益）　　200 000

　贷：其他综合收益　　200 000

（4）被投资单位所有者权益其他变动的处理

被投资单位除净损益、其他综合收益以及利润分配以外的所有者权益的其他变动，企业按持股比例计算应享有的份额，借记“长期股权投资——其他权益变动”科目，贷记“资本公积——其他资本公积”科目；或分录相反。

四、长期股权投资的减值

企业应当在资产负债表日对长期股权投资账面价值进行检查，判断长期股权投资是否存在减值迹象。如果长期股权投资存在减值迹象的，应当进行减值测试，估计长期股权投资的可收回金额。可收回金额低于账面价值的，应当按照可收回金额低于账面价值的金额计提减值准备。

（一）长期股权投资减值损失的确定

企业对子公司、联营企业及合营企业的长期股权投资，在资产负债表日存在可能发生减值的迹象时，其可收回金额低于账面价值的，应当将该长期股权投资的账面价值减记至可收回金额，减记的金额确认为减值损失，记入当期损益，同时计提相应的资产减值准备。

(二)长期股权投资减值的核算

为了反映企业计提的长期股权投资减值准备,应当设置"长期股权投资减值准备"科目。该科目属于资产类科目,是"长期股权投资"科目的备抵科目,贷方登记计提的长期股权投资减值准备,借方登记处置时转销的长期股权投资减值准备;余额在贷方,反映企业已计提但尚未转销的长期股权投资减值准备。

企业按照应减记的金额,借记"资产减值损失——计提的长期股权投资减值准备"科目,贷记"长期股权投资减值准备"科目。

长期股权投资减值损失一经确认,在以后会计期间不得转回。

【例 9-15】2020 年 11 月 1 日,东方公司以 10 000 000 元取得 C 公司 10% 的股权。2020 年 12 月 31 日,该项股权的可收回金额为 9 000 000 元。

根据上述资料,东方公司编制会计分录如下:

(1)2020 年 11 月 1 日,投资时:

借:长期股权投资——C 公司　　10 000 000

　贷:银行存款　　10 000 000

(2)2020 年 12 月 31 日,应计提减值准备 = 10 000 000 - 9 000 000 = 1 000 000 元。

借:资产减值损失——计提的长期股权投资减值准备　　1 000 000

　贷:长期股权投资减值准备　　1 000 000

五、长期股权投资的处置

企业处置长期股权投资时,按所收到的处置收入与长期股权投资账面价值的差额,确认为当期处置收益。

处置长期股权投资时,按实际收到的金额,借记"银行存款"等科目;按原已计提的减值准备,借记"长期股权投资减值准备"科目;按长期股权投资的账面余额,贷记"长期股权投资"科目;按尚未领取的现金股利或利润,贷记"应收股利"科目;按其差额,借记或贷记"投资收益"科目。

采用权益法核算的长期股权投资,原记入"其他综合收益""资本公积"中的金额,在处置时亦应进行结转,借记或贷记"其他综合收益""资本公积——其他资本公积"科目,贷记或借记"投资收益"科目。

【例 9-16】承【例 9-13】、【例 9-14】。2023 年 12 月 20 日,东方公司将持有的远洋公司的股份全部转让,实际收到转让价款 59 000 000 元。

东方公司确认处置损益时:

借:银行存款　　59 000 000

　投资收益　　1 500 000

　贷:长期股权投资——远洋公司(成本)　　60 000 000

　　　　　　　　——远洋公司(其他综合收益)　　200 000

——远洋公司(损益调整)　　300 000

同时,应将原计入其他综合收益的部分转入当期损益。

借:其他综合收益　　200 000

　贷:投资收益　　200 000

【任务处理】

1. 烟台好利来果胶食品有限公司对远洋公司的投资应采用权益法核算,编制会计分录如下:

(1)2020 年 1 月 1 日,投资时:

借:长期股权投资——远洋公司(成本)　　42 000 000

　应交税费——应交增值税(进项税额)　　4 800

　贷:银行存款　　42 004 800

长期股权投资的初始投资成本 42 000 000 元小于取得投资时应享有被投资单位可辨认净资产公允价值的份额 44 000 000 元(110 000 000 ×40%),两者之间的差额 2 000 000 元调整长期股权投资账面价值。

借:长期股权投资——远洋公司(成本)　　2 000 000

　贷:营业外收入　　2 000 000

(2)2020 年 12 月 31 日,确认投资收益时:

借:长期股权投资——远洋公司(损益调整)　　3 200 000

　贷:投资收益　　3 200 000

2020 年末,“长期股权投资——远洋公司”科目余额为 47 200 000 元。

(3)2021 年 3 月 20 日,远洋公司宣告分派现金股利时:

借:应收股利——远洋公司　　2 000 000

　贷:长期股权投资——远洋公司(损益调整)　　2 000 000

宣告分派现金股利后,“长期股权投资——远洋公司”科目余额为 45 200 000 元。

(4)2021 年 4 月 10 日,收到远洋公司现金股利时:

借:银行存款　　2 000 000

　贷:应收股利——远洋公司　　2 000 000

(5)2021 年 12 月 31 日,确认投资损失时:

公司应分担的亏损额 = 2 400 000 ×40% = 960 000(元)

借:投资收益　　960 000

　贷:长期股权投资——远洋公司(损益调整)　　960 000

公司分担亏损后,“长期股权投资——远洋公司”科目余额为 44 240 000 元。

(6)2022 年 12 月 31 日,按照持股比例确认相应的其他综合收益时:

借:长期股权投资——远洋公司(其他综合收益)　　160 000

　贷:其他综合收益　　160 000

(7)2023 年 2 月 20 日,转让远洋公司的股份,确认处置损益时:

借:银行存款　　46 000 000

　贷:长期股权投资——远洋公司(成本)　　44 000 000

　　——远洋公司(损益调整)　　240 000

　　——远洋公司(其他综合收益)　　160 000

　　投资收益　　1 600 000

(8) 同时,应将原计入其他综合收益的部分转入当期损益:

借:其他综合收益　　160 000

　贷:投资收益　　160 000

2. 东方股份有限公司的账务处理如下:

东方股份公司购入翔发有限责任公司股份,占有表决权资本的 10%,并准备长期持有。应采用成本法核算,账务处理如下:

(1)2020 年 1 月 2 日,购入股票时:

借:长期股权投资——宏昌股份公司　　12 000 000

　应交税费——应交增值税(进项税额)　　1 200

　贷:银行存款　　12 001 200

(2)2020 年 4 月 18 日,宣告发放现金股利时:

表 9-8　长期股权投资应收现金股利计算表

2020 年 4 月 20 日

项目	购入日期	持股数量	持股比例	派发现金股利	应收现金股利	股利发放时间
翔发公司	2018.01.02		10%	1 000 000	100 000	2020.05.10
合计					100 000	

投资经理:李俊　　财务经理:刘一　　记账:马平　　制表:李兰

借:应收股利　　100 000

　贷:投资收益　　100 000

(3)2020 年 5 月 10 日,收到股利时:

借:银行存款　　100 000

　贷:应收股利　　100 000

(4) 2020 年 12 月 31 日,该项股权的可收回金额为 11 000 000 元,账面价值为 12 000 000元。应计提减值准备 = 12 000 000 - 11 000 000 = 1 000 000(元)。

借:资产减值损失——计提的长期股权投资减值准备　　1 000 000

　贷:长期股权投资减值准备　　1 000 000

(5)2021 年 4 月 18 日,宣告发放现金股利时:

应确认投资收益 = 800 000 × 10% = 80 000(元)

借:应收股利　　80 000

　贷:投资收益　　80 000

(6)2021 年 4 月 28 日,收到股利时:

借:银行存款　　80 000

　贷:应收股利　　80 000

(7)2021 年 6 月 26 日,转让该股份时:

借:银行存款　　11 800 000

　长期股权投资减值准备　　1 000 000

　贷:长期股权投资——翔发公司　　12 000 000

　　投资收益　　800 000

任务四　投资性房地产的核算

【任务目标】

通过对本任务的学习,能够确认投资性房地产,掌握投资性房地产的初始和后续计量,掌握成本模式和公允价值模式下投资性房地产的核算。

【任务导入】

1. 烟台好利来果胶食品有限公司对投资性房地产采用成本模式计量。

(1)2020 年 5 月,公司计划购入一栋写字楼用于对外出租。6 月 15 日,与远洋公司签订了经营租赁合同,约定自写字楼购买日起将这栋写字楼出租给远洋公司,租期为 5 年。7 月 1 日,实际购入写字楼,支付价款共计 12 000 000 元,取得增值税专用发票,增值税额 1 080 000。该写字楼按照直线法计提折旧,使用寿命为 20 年,预计净残值为零。按照经营租赁合同,远洋公司每月末支付租金 80 000 元。

(2)2020 年 12 月,该栋办公楼发生减值迹象。经减值测试,其可收回金额为 10 200 000元,2021 年 6 月出售,实际收款 9600 000 元。

要求:假设不考虑其他因素,请做出烟台好利来果胶食品有限公司相关的会计处理。

2. 东方股份有限公司对投资性房地产采用公允价值模式计量。

(1)2020 年 5 月,计划购入一栋写字楼用于对外出租。5 月 15 日,与龙湖公司签订了经营租赁合同,约定自写字楼购买日起将这栋写字楼出租给龙湖公司,租期为 5 年。6 月 1 日,实际购入写字楼,支付价款共计 21 000 000 元,取得增值税专用发票,增值税额 1 890 000。按照经营租赁合同,龙湖公司每月末支付租金 96 000 元。

(2)2020 年 12 月 31 日,该写字楼的公允价值为 21 600 000 元。

(3)2021 年 12 月,这栋办公楼的公允价值为 22 400 000 元。2022 年 2 月出售,售价 22 600 000 元。

要求:假设不考虑其他因素,请做出东方股份有限公司相关的会计处理。

【知识导航】

投资性房地产,是指为赚取租金或资本增值,或两者兼有而持有的房地产。

一、投资性房地产的确认

将某个项目确认为投资性房地产,首先应当符合投资性房地产的概念,其次要同时满足投资性房地产的两个确认条件:

1. 与该投资性房地产相关的经济利益很可能流入企业。
2. 该投资性房地产的成本能够可靠地计量。

对于已出租的土地使用权、已出租的建筑物,其作为投资性房地产的确认时点为租赁开始日,即土地使用权、建筑物进入出租状态,开始赚取租金的日期。对于持有并准备增值后转让的土地使用权,其作为投资性房地产的确认时点为企业将土地使用权停止使用、准备增值后转让的日期。

二、投资性房地产的初始计量

投资性房地产通常按实际成本计价,即以取得投资性房地产而发生的全部支出为投资性房地产的初始成本。对于不同来源取得的投资性房地产,其初始成本构成也不尽相同。

(一)外购的投资性房地产

外购的房地产只有在购入的同时开始出租,才能作为投资性房地产加以确认。外购投资性房地产的成本,包括购买价款、相关税费和直接归属于该资产的其他支出。

(二)自行建造的投资性房地产确认和入账价值

企业自行建造或开发活动完成后用于出租的房地产,只有在自行建造或开发活动完成的同时开始出租,才能将自行建造或开发完成的房地产确认为投资性房地产。

自行建造投资性房地产的成本,由建造该项资产达到预定可使用状态前发生的必要支出构成,包括土地开发费、建筑成本、安装成本、应予以资本化的借款费用、支付的其他费用和分摊的间接费用等。建造过程中发生的非正常性损失直接计入当期损益,不计入建造成本。

企业购入或自行建造的房地产,在自用或达到预定可使用状态后一段时间后才对外出租或用于资本增值的,应将取得的房地产确认为固定资产、无形资产或存货;自租赁期开始日或用于资本增值之日起,从固定资产、无形资产或存货转换为投资性房地产。

三、投资性房地产的核算

根据投资性房地产准则的规定,投资性房地产应当按照成本进行初始确认和计量。

在后续计量时，通常应当采用成本模式，满足特定条件的情况下也可以采用公允价值模式。但是，同一企业只能采用一种模式对所有投资性房地产进行后续计量，不得同时采用两种计量模式。

（一）采用成本计量模式的投资性房地产

1. 投资性房地产取得的核算

为了反映企业投资性房地产的成本，应设置"投资性房地产"科目。该科目属于资产类科目，借方登记取得投资性房地产的成本，贷方登记出售投资性房地产转出的投资性房地产的账面余额；期末余额在借方，反映投资性房地产的成本。该科目按投资性房地产的类别和项目设置明细科目。

外购的投资性房地产按照取得时的实际成本进行初始计量，借记"投资性房地产"科目，贷记"银行存款"等科目；取得时自行建造的投资性房地产应按照确定的成本，借记"投资性房地产"科目，贷记"在建工程"或"开发产品"科目。

【例 9－17】2020 年 6 月，东方公司计划购入一栋写字楼用于对外出租。6 月 15 日，东方企业与远洋公司签订了经营租赁合同，约定自写字楼购买日起将这栋写字楼出租给远洋公司，租期为 5 年。7 月 1 日，东方企业实际购入写字楼，支付价款共计 20 000 000 元。假设不考虑其他因素，东方公司采用成本模式进行初始计量。

7 月 1 日，东方公司的账务处理如下：

借：投资性房地产——写字楼	20 000 000	
应交税费—应交增值税（进项税额）	1 800 000	
贷：银行存款		21 800 000

2. 投资性房地产的后续计量

采用成本计量模式进行后续计量的投资性房地产，应当按照《企业会计准则第 4 号——固定资产》或《企业会计准则第 6 号——无形资产》的有关规定，按期（月）计提折旧或摊销，借记"其他业务成本"等科目，贷记"投资性房地产累计折旧（摊销）"科目。取得的租金收入，借记"银行存款"等科目，贷记"其他业务收入"等科目。

投资性房地产存在减值迹象的，适用《企业会计准则第 8 号——资产减值》的有关规定。企业在进行减值测试后，如果可收回金额低于其账面价值的，应当将资产的账面价值减记至可收回金额；减记的金额确认为资产减值损失，计入当期损益；同时，计提相应的减值准备，借记"资产减值损失"科目，贷记"投资性房地产减值准备"科目。已经计提减值准备的投资性房地产，其减值损失在以后的会计期间不得转回。

【例 9－18】东方公司的一栋办公楼出租给远洋公司使用，已确认为投资性房地产，采用成本模式进行后续计量。假设这栋办公楼的成本为 18 000 000 元，按照直线法计提折旧，使用寿命为 20 年，预计净残值为零。按照经营租赁合同，远洋公司每月支付东方公司租金 80 000 元。当年 12 月，这栋办公楼发生减值迹象。经减值测试，其可收回金额为 14 200 000 元。此时，办公楼的账面价值为 15 000 000 元，以前未计提减值准备。

东方公司的账务处理如下：

(1)每月计提折旧：18 000 000 ÷ 20 ÷ 12 = 75 000(元)。

借：其他业务成本　　75 000

　贷：投资性房地产累计折旧(摊销)　　75 000

(2)确认租金时：

借：银行存款　　87 200

　贷：其他业务收入　　80 000

　　应交税费——应交增值税(销项税额)　　7 200

(3)计提减值准备时：

该办公楼减值余额 = 15 000 000 - 14 200 000 = 80 000(元)

借：资产减值损失　　800 000

　贷：投资性房地产减值准备　　800 000

3. 投资性房地产处置的核算

当投资性房地产被处置，或者永久退出使用且预计不能从其处置中取得经济利益时，应当终止确认该项投资性房地产。

企业可以通过对外出售或转让的方式处置投资性房地产，取得的处置收入计入其他业务收入。对于那些由于使用而不断磨损直到最终报废，或者由于遭受自然灾害等非正常损失发生毁损的投资性房地产，应当及时进行清理。企业出售、转让、报废投资性房地产或者发生投资性房地产毁损时，应当将处置收入扣除其账面价值和相关税费后的金额计入当期损益。

出售、转让按成本模式进行后续计量的投资性房地产时，应当按实际收到的金额，借记"银行存款"等科目，贷记"其他业务收入"科目；按该项投资性房地产的账面价值，借记"其他业务成本"科目；按其账面余额，贷记"投资性房地产"科目；按照已计提的折旧或摊销，借记"投资性房地产累计折旧(摊销)"科目；原已计提减值准备的，借记"投资性房地产减值准备"科目。

【例9-19】东方公司将其出租的一栋写字楼确认为投资性房地产，采用成本模式计量。租赁期届满后，东方公司将该栋写字楼出售给乙公司，合同价款为30 000 000元，乙公司已用银行存款付清。出售时，该栋写字楼的成本为28 000 000元，已计提折旧4 000 000元。为便于核算，不考虑相关税费。东方公司的账务处理如下：

借：银行存款　　3 270 000

　贷：其他业务收入　　30 000 000

　　应交税费——应交增值税(销项税额)　　270 000

借：其他业务成本　　24 000 000

　投资性房地产累计折旧(摊销)　　4 000 000

　贷：投资性房地产——写字楼　　28 000 000

（二）采用公允价值计量模式的投资性房地产的核算

1. 采用公允价值计量模式的前提条件

企业只有存在确凿证据表明投资性房地产的公允价值能够持续可靠取得时，才可以采用公允价值模式对投资性房地产进行后续计量。企业一旦选择采用公允价值计量模式，就应当对其所有投资性房地产均采用公允价值模式进行后续计量。采用公允价值模式进行后续计量的投资性房地产，应当同时满足下列条件：

（1）投资性房地产所在地有活跃的房地产交易市场。所在地，通常是指投资性房地产所在的城市。对于大中城市，应当为投资性房地产所在地城区。

（2）企业能够从活跃的房地产交易市场上取得同类或类似房地产的市场价格及其他相关信息，从而对投资性房地产的公允价值做出合理的估计。

同类或类似的房地产，对建筑物而言，是指所处地理位置和地理环境相同、性质相同、结构类型相同或相近、新旧程度相同或相近、可使用状况相同或相近的建筑物；对土地使用权而言，是指同一地区、同一位置区域、所处地理环境相同或相近、可使用状况相同或相近的土地。

2. 投资性房地产取得的核算

为了反映企业投资性房地产的成本，应设置"投资性房地产"科目。借方登记取得投资性房地产的成本和公允价值变动情况，贷方登记出售投资性房地产转出的投资性房地产的账面余额；期末余额在借方，反映投资性房地产的公允价值。该科目应当设置"成本"和"公允价值变动"两个明细科目进行明细核算。

外购的投资性房地产，按照外购的土地使用权和建筑物发生的实际成本，计入"投资性房地产——成本"科目；自行建造的投资性房地产，应按照确定的成本，借记"投资性房地产——成本"科目，贷记"在建工程"或"开发产品"科目。

【例9-20】2020年6月，东方公司计划购入一栋写字楼用于对外出租。6月15日，东方企业与远洋公司签订了经营租赁合同，约定自写字楼购买日起将这栋写字楼出租给远洋公司，租期为5年。7月1日，东方企业实际购入写字楼，支付价款共计20 000 000元。假设不考虑其他因素，东方公司拥有的投资性房地产符合采用公允价值计量模式的条件，采用公允价值模式进行初始计量。

7月1日，东方公司的账务处理如下：

借：投资性房地产——写字楼（成本）	20 000 000	
应交税费——应交增值税（进项税额）	1 800 000	
贷：银行存款		21 800 000

3. 投资性房地产的后续计量

投资性房地产采用公允价值模式进行后续计量的，不计提折旧或摊销。企业应当以资产负债表日投资性房地产的公允价值为基础调整其账面价值，公允价值与原账面价值之间的差额计入当期损益。

资产负债表日，投资性房地产的公允价值高于原账面价值的差额，借记"投资性房地产——公允价值变动"科目，贷记"公允价值变动损益"科目；公允价值低于原账面价值的差额，做相反的会计分录。取得的租金收入，借记"银行存款"等科目，贷记"其他业务收入"等科目。

【例9－21】接上例，东方公司与远洋公司签订的合同中，约定每月租金60 000元，每年年末收取。2020年12月31日，该建筑物的公允价值为20 800 000元。为便于核算，不考虑相关税费。东方企业的账务处理如下：

(1)2020年12月31日，收取租金时：

借：银行存款　　392 400

　贷：其他业务收入　　360 000

　　应交税费——应交增值税（销项税额）　　32 400

(2)2020年12月31日，公允价值变动＝20 800 000－20 000 000 ＝ 800 000元。

借：投资性房地产——公允价值变动　　800 000

　贷：公允价值变动损益　　800 000

4. 投资性房地产处置的核算

出售、转让采用公允价值模式计量的投资性房地产时，应当按实际收到的金额，借记"银行存款"等科目，贷记"其他业务收入"科目；按该项投资性房地产的账面余额，借记"其他业务成本"科目；按其成本，贷记"投资性房地产——成本"科目；按其累计公允价值变动，贷记或借记"投资性房地产——公允价值变动"科目。同时，将投资性房地产累计公允价值变动转入其他业务成本，借记或贷记"公允价值变动"科目，贷记或借记"其他业务成本"科目。若存在原转换日计入资本公积的金额，则也需一并转入其他业务成本，借记"资本公积——其他资本公积"科目，贷记"其他业务成本"科目。

【例9－22】东方公司将其出租的一栋写字楼确认为投资性房地产，采用公允价值模式计量。租赁期届满后，东方公司将该栋写字楼出售给乙公司，合同价款为30 000 000元，开出增值税专用发票，乙公司已用银行存款付清。出售时，该栋写字楼的成本为21 000 000元，公允价值变动为借方余额4 000 000元。为便于核算，不考虑相关税费，东方公司的账务处理如下：

借：银行存款　　32 700 000

　贷：其他业务收入　　30 000 000

　　应交税费——应交增值税（销项税额）　　2 700 000

借：其他业务成本　　25 000 000

　贷：投资性房地产——写字楼（成本）　　21 000 000

　　　　——写字楼（公允价值变动）　　4 000 000

同时，将投资性房地产累计公允价值变动转入其他业务成本：

借：公允价值变动损益　　4 000 000

　贷：其他业务成本　　4 000 000

【任务处理】

1. 烟台好利来果胶有限公司的账务处理如下：

(1)2020 年 7 月 1 日，购入写字楼时：

借:投资性房地产——写字楼　　12 000 000
　应交税费——应交增值税(进项税额)　　1 080 000
　贷:银行存款　　13 080 000

(2)2020 年 7 月,开始收租金,每月收取租金时：

借:银行存款　　87 200
　贷:其他业务收入　　80 000
　　应交税费——应交增值税(销项税额)　　7 200

(3)2020 年 7 月开始计提折旧,每月末计提折旧时：

每月应计提折旧额 = 12 000 000 ÷ 20 ÷ 12 = 50 000(元)

借:其他业务成本　　50 000
　贷:投资性房地产累计折旧(摊销)　　50 000

(4)2020 年 12 月 31 日,进行减值测试时：

该办公楼的账面价值 = 12 000 000 − 6 × 50 000 = 117 00 000(元)

该办公楼的减值金额 = 117 00 000 − 10 900 000 = 800 000(元)

借:资产减值损失　　800 000
　贷:投资性房地产减值准备　　800 000

2. 东方股份有限公司的账务处理如下：

(1)2020 年 6 月 1 日购入写字楼时：

借:投资性房地产——写字楼（成本）　　21 000 000
　应交税费——应交增值税(进项税额)　　1 890 000
　贷:银行存款　　22 890 000

(2)2020 年 6 月末收取租金时：

借:银行存款　　104 640
　贷:其他业务收入　　96 000
　　应交税费——应交增值税(销项税额)　　8 640

每月收取租金时,会计处理同上。

(3)2020 年 12 月 31 日,该写字楼公允价值变动时：

该写字楼公允价值变动:21 600 000 − 21 000 000 = 600 000(元)

借:投资性房地产——写字楼（公允价值变动）　　600 000
　贷:公允价值变动损益　　600 000

(4)2021 年 12 月 31 日,该写字楼公允价值发生变动：

该写字楼公允价值变动:22 400 000 − 21 600 000 = 800 000(元)

借:投资性房地产——写字楼（公允价值变动）　　800 000

贷:公允价值变动损益　　　　800 000

(5)2022 年 6 月,出售时:

借:银行存款　　　　24 634 000

　贷:其他业务收入　　　　22 600 000

　　应交税费——应交增值税(销项税额)　　　　2 034 000

借:其他业务成本　　　　22 400 000

　投资性房地产——写字楼(成本)　　　　21 000 000

　　　　——写字楼(公允价值变动)　　　　1 400 000

(6)同时,将投资性房地产累计公允价值变动转入其他业务成本:

借:公允价值变动损益　　　　1 400 000

　贷:其他业务成本　　　　1 400 000

【项目小结】

投资是以让渡其他资产而换取的另一项资产,是一种具有财务风险的资产。本项目的主要业务核算如下:

1. 交易性金融资产的核算

业务内容		会计分录
交易性金融资产的核算——股票	取得的核算	借:交易性金融资产——成本 　投资收益 　应交税费——应交增值税(进项税额) 　贷:其他货币资金等账户
	持有期间取得现金股利和利息的核算	(1)对于股票,被投资企业宣告派发现金股利时: 　借:应收股利 　　贷:投资收益 (2)对于债券,每期末计算利息时: 　借:应收利息 　　贷:投资收益
	期末公允价值变动	(1)若公允价值 > 账面价值: 　借:交易性金融资产——公允价值变动 　　贷:公允价值变动损益 (2)若公允价值 < 账面价值: 　借:公允价值变动损益 　　贷:交易性金融资产——公允价值变动
	处置的核算	借:其他货币资金等账户 　贷:交易性金融资产——成本 　　　　——公允价值变动(或借记) 　　投资收益(或借记) 同时,将"公允价值变动损益"科目余额转入"投资收益"

2. 长期股权投资的核算

业务内容		会计分录
长期股权投资成本法的核算	取得的核算	借:长期股权投资 （应收股利） 应交税费——应交增值税(进项税额) 贷:银行存款等账户
	持有期间取得现金股利或利润的核算	(1)宣告时: 借:应收股利 贷:投资收益 (2)收到时: 借:银行存款 贷:应收股利
	处置的核算	借:银行存款等账户 贷:长期股权投资 投资收益(或借记)
长期股权投资权益法的核算	取得的核算	借:长期股权投资——成本 应交税费——应交增值税(进项税额) 贷:银行存款等账户 若初始投资成本小于取得投资时应享有被投资单位可辨认净资产公允价值份额的,调整增加长期股权投资账面价值: 借:长期股权投资——成本 贷:营业外收入
	持有投资期间被投资单位所有者权益变动的处理	(1)实现净利润或发生净亏损: 借:长期股权投资——损益调整 贷:投资收益 若发生净亏损,则做相反的处理。 (2)其他综合收益变动: 借:长期股权投资——其他综合收益 贷:其他综合收益 (3)除净损益、其他综合收益和利润分配外其他权益变动: 借:长期股权投资——其他权益变动 贷:资本公积——其他资本公积
	持有期间取得现金股利或利润的核算	借:应收股利 贷:长期股权投资——损益调整 借:银行存款 贷:应收股利

（续表）

<table>
<tr><th colspan="2">业务内容</th><th>会计分录</th></tr>
<tr><td>长期股权投资权益法的核算</td><td>处置的核算</td><td>借:银行存款
　投资收益(或贷记)
　贷:长期股权投资——成本
　　　　　　　　——损益调整
　　　　　　　　——其他综合收益
　　　　　　　　——其他权益变动
同时,将原计入其他综合收益、资本公积的部分转入当期损益:
借:资本公积——其他资本公积
　其他综合收益
　贷:投资收益
或做相反的分录。</td></tr>
</table>

3. 投资性房地产的核算

<table>
<tr><th colspan="2">业务内容</th><th>会计分录</th></tr>
<tr><td rowspan="4">成本模式下投资性房地产的核算</td><td>取得的核算</td><td>借:投资性房地产
　应交税费——应交增值税(进项税额)
　贷:银行存款等账户</td></tr>
<tr><td>每期收取租金</td><td>借:银行存款等账户
　贷:其他业务收入
　　应交税费——应交增值税(销项税额)</td></tr>
<tr><td>期末计提折旧</td><td>借:其他业务成本
　贷:投资性房地产累计折旧(摊销)</td></tr>
<tr><td>处置的核算</td><td>借:银行存款等账户
　贷:其他业务收入
　　应交税费——应交增值税(销项税额)
借:其他业务成本
　投资性房地产减值准备
　贷:投资性房地产
　　投资性房地产累计折旧(摊销)</td></tr>
</table>

（续表）

业务内容		会计分录
公允价值模式下投资性房地产的核算	取得的核算	借:投资性房地产——成本 应交税费——应交增值税(进项税额) 贷:银行存款等账户
	每期收取租金	借:银行存款等账户 贷:其他业务收入 应交税费——应交增值税(销项税额)
	期末公允价值变动	借:投资性房地产——公允价值变动 贷:公允价值变动损益
	处置的核算	(1)借:银行存款等账户 贷:其他业务收入 应交税费——应交增值税(销项税额) (2)借:其他业务成本 投资性房地产减值准备 贷:投资性房地产——成本 ——公允价值变动(或借记) (3)同时,将公允价值变动转入其他业务成本: 借:公允价值变动损益 贷:其他业务成本(或作相反会计分录) (4)若存在原转换日计入其他综合收益的金额: 借:其他综合收益 贷:其他业务成本

【能力拓展】

一、金融资产的定义及分类

(一)金融资产的定义

金融资产属于企业资产的重要组成部分,主要包括库存现金、银行存款、应收账款、应收票据,其他应收款项、股权投资、债权投资和衍生金融工具形成的资产等。本项目不涉及金融资产中货币资金的会计处理。

(二)金融资产的分类

企业应当结合自身业务特点、投资策略和风险管理要求,将取得的金融资产在初始确认时划分为以下几类:一是以公允价值计量且其变动计入当期损益的金融资产,二是持有至到期投资,三是贷款和应收款项,四是可供出售的金融资产。

其中,以公允价值计量且其变动计入当期损益的金融资产,可以进一步划分为交易性金融资产和指定以公允价值计量且其变动计入当期损益的金融资产。同时,某项金融资产划分为以公允价值计量且其变动计入当期损益的金融资产后,不能再重分类为其他类别的金融资产;其他类别的金融资产也不能再重分类为以公允价值计量且其变动计入当期损益的金融资产。

金融资产分类与金融资产计量密切相关。对于不同类别的金融资产,其初始计量和后续计量采用的基础也不完全相同。因此,上述分类一经确定,不应随意变更。

二、投资性房地产的转换

房地产的转换,实质上是因房地产用途发生改变而对房地产进行的重新分类。

(一)投资性房地产的转换形式及转换日

1. 房地产转换形式

企业必须有确凿证据表明房地产用途发生改变时,才能将投资性房地产转换为非投资性房地产或者将非投资性房地产转换为投资性房地产。房地产的转换形式主要包括以下几种:

(1)投资性房地产开始自用时,相应地由投资性房地产转换为固定资产或无形资产。投资性房地产开始自用是指企业将原来用于赚取租金或资本增值的房地产改用于生产商品、提供劳务或者经营管理。例如,企业将出租的厂房收回,并用于生产本企业的产品。

(2)作为存货的房地产改为出租,通常指房地产开发企业将其持有的开发产品以经营租赁的方式出租,相应地由存货转换为投资性房地产。

(3)自用土地使用权停止自用,用于赚取租金或资本增值时,相应地由无形资产转换为投资性房地产。

(4)自用建筑物停止自用,改为出租时,相应地由固定资产转换为投资性房地产。

2. 投资性房地产转换日的确定

转换日的确定关系到资产的确认时点和入账价值。转换日是指房地产的用途发生改变、状态相应发生改变的日期。转换日的确定标准主要包括以下方面:

(1)投资性房地产开始自用时,转换日是指房地产达到自用状态,企业开始将房地产用于生产商品、提供劳务或者经营管理的日期。

(2)作为存货的房地产改为出租,或者自用建筑物或土地使用权停止自用改为出租时,转换日为租赁期开始日。租赁期开始日是指承租人有权行使其使用租赁资产权利的日期。

(3)自用土地使用权停止自用,改用于资本增值时,转换日为自用土地使用权停止自用后,确定用于资本增值的日期。

(4)自用建筑物停止自用,改为出租时,相应地,转换日为租赁开始日。

(二)投资性房地产转换的核算

1. 成本模式下的转换

(1)采用成本模式计量的投资性房地产转为自用房地产。企业将采用成本模式计量的投资性房地产转为自用房地产时,应当按将投资性房地产转换日的账面余额、累计折旧或摊销、减值准备等,分别转入“固定资产”“累计折旧”“固定资产减值准备”等账户;按投资性房地产的账面余额,借记“固定资产”或“无形资产”账户,贷记“投资性房地产”账户;按已计提的折旧或摊销,借记“投资性房地产累计折旧(摊销)”账户,贷记“累计折旧”或“累计摊销”账户;原已计提减值准备的,借记“投资性房地产减值准备”账户,贷记“固定资产减值准备”或“无形资产减值准备”账户。

【例1】2020年1月1日,东方公司将出租在外的厂房收回;1月1日开始用于本企业的商品生产,该厂房相应地由投资性房地产转换为自用房地产。该项房地产在转换前采用成本模式计量,其账面价值为29 000 000元。其中,原值48 000 000元,累计折旧19 000 000元。东方公司2020年1月1日的账务处理如下:

借:固定资产	48 000 000	
投资性房地产累计折旧	19 000 000	
贷:投资性房地产——厂房		48 000 000
累计折旧		19 000 000

(2)作为存货的房地产转换为采用成本模式计量的投资性房地产。

企业将作为存货的房地产转换为采用成本模式计量的投资性房地产时,应当按该项存货转换日的账面价值,借记“投资性房地产”账户。原已计提跌价准备的,借记“存货跌价准备”账户;按其账面余额,贷记“开发产品”等账户。

【例2】天成公司是从事房地产开发业务的公司。2020年1月12日,天成公司与远洋公司签订了租赁协议,将其开发的一栋写字楼整体出租给远洋公司使用,租赁开始日为5月1日。2020年2月1日,该写字楼的账面余额为78 000 000元,未计提存货跌价准备,转换后采用成本模式计量。

天成公司2020年2月1日的账务处理如下:

借:投资性房地产——写字楼	78 000 000	
贷:开发产品		78 000 000

(3)自用土地使用权或建筑物转换为以成本模式计量的投资性房地产。

企业将自用土地使用权或建筑物转换为以成本模式计量的投资性房地产时,应当将该项建筑物或土地使用权转换日的原价、累计折旧、减值准备等,转入“投资性房地产”“投资性房地产累计折旧(摊销)”“投资性房地产减值准备”账户;按其账面余额,借记“投资性房地产”账户,贷记“固定资产”或“无形资产”账户;按已计提的折旧或摊销,借记“累计摊销”或“累计折旧”账户,贷记“投资性房地产累计折旧(摊销)”账户;原已计提减值准备的,借记“固定资产减值准备”或“无形资产减值准备”账户,贷记“投资性房地产减值准备"账户。

【例3】东方公司拥有一栋办公楼,用于本企业总部办公。2020 年 1 月 10 日,东方公司与乙企业签订了经营租赁协议,将这栋办公楼整体出租给乙企业使用。租赁期开始日为 2020 年 1 月 15 日,租期为 5 年。2020 年 2 月 1 日,这栋办公楼的账面余额为 90 000 000元,已计提折旧 3 000 000 元。假设东方公司采用成本计量模式。

丙企业 2020 年 2 月 1 日的账务处理如下:

借:投资性房地产——写字楼　　90 000 000
　累计折旧　　3 000 000
　贷:固定资产　　90 000 000
　　投资性房地产累计折旧(摊销)　　3 000 000

2. 公允价值模式下的转换

(1)采用公允价值模式计量下投资性房地产转为自用房地产。

企业将采用公允价值模式计量的投资性房地产转换为自用房地产时,应当以其转换当日的公允价值为自用房地产的账面价值,公允价值与原账面价值的差额计入当期损益。

在转换日,按该项投资性房地产的公允价值,借记"固定资产"或"无形资产"账户;按该项投资性房地产的成本,贷记"投资性房地产——成本"账户;按该项投资性房地产的累计公允价值变动,贷记或借记"投资性房地产——公允价值变动"账户;按其差额,贷记或借记"公允价值变动损益"账户。

【例4】2020 年 11 月 30 日,东方公司因租赁期满,将出租的写字楼收回,准备作为办公楼用于本企业的行政管理。2021 年 1 月 1 日,该写字楼正式开始自用,相应由投资性房地产转换为自用房地产。当日的公允价值为 56 000 000 元。该项房地产在转换前采用公允价值模式计量,原账面价值为 54 500 000 元,其中,成本为 50 000 000 元,公允价值变动为增值 4 500 000 元。

东方公司 2021 年 1 月 1 日的账务处理如下:

借:固定资产　　56 000 000
　贷:投资性房地产——写字楼(成本)　　50 000 000
　　　　　　　　——写字楼(公允价值变动)　　4 500 000
　　公允价值变动损益　　1 500 000

(2)作为存货的房地产转换为采用公允价值模式计量的投资性房地产。

企业将作为存货的房地产转换为采用公允价值模式计量的投资性房地产时,应当按该项房地产在转换日的公允价值入账,借记"投资性房地产——成本"账户;原已计提跌价准备的,借记"存货跌价准备"账户;按其账面余额,贷记"开发产品"等账户。同时,转换日公允价值小于账面价值的,按其差额,借记"公允价值变动损益"账户;转换日公允价值大于账面价值的,按其差额,贷记"其他综合收益"账户。

【例5】天成公司是从事房地产开发业务的公司。2020 年 4 月 12 日,天成公司与南方公司签订了租赁协议，将其开发的一栋办公楼整体出租给南方公司使用。租赁开始日为5月1日。2020年5月1日，该写字楼的账面余额为45 000 000元，公允价值为43 000 000元，未计提存货跌价准备，转换后采用公允价值模式计量。

天成公司2020年5月1日的账务处理如下：

借：投资性房地产——写字楼（成本）	43 000 000	
公允价值变动损益	2 000 000	
贷：开发产品		45 000 000

（3）自用土地使用权或建筑物转换为采用公允价值模式计量的投资性房地产。

企业将自用房地产转换为采用公允价值模式计量的投资性房地产时，应当按该项土地使用权或建筑物转换日的公允价值，借记“投资性房地产——成本”账户；按已计提的累计摊销或累计折旧，借记“累计摊销”或“累计折旧”账户；原已计提减值准备的，借记“无形资产减值准备”“固定资产减值准备”账户；按其账面余额，贷记“固定资产”或“无形资产”账户。同时，转换日公允价值小于账面价值的，按其差额，借记“公允价值变动损益”账户；转换日公允价值大于账面价值的，按其差额，贷记“其他综合收益”账户。

【例6】2020年10月1日，东方公司打算搬迁至新建办公楼。由于原办公楼处于商业繁华地段，东方公司准备将其出租，以赚取租金收入。2020年12月2日，东方公司完成了搬迁工作，原办公楼停止自用。2020年12月20日，东方公司与乙企业签订了租赁协议，将其原办公楼租赁给乙企业使用。租赁开始日为2021年1月1日，租赁期限为3年。2021年1月1日，该办公楼原价为90 000 000元，已计提折旧42 500 000元，公允价值为52 000 000元。东方公司采用公允价值模式计量。

东方公司2020年1月1日的账务处理如下：

借：投资性房地产——办公楼（成本）	52 000 000	
累计折旧	42 500 000	
贷：固定资产		90 000 000
其他综合收益		4 500 000

【关键名词】

金融资产　公允价值　交易性金融资产　可供出售金融资产　持有至到期投资　资产减值损失

【想一想】

1. 交易性金融资产的处置收益和累计收益有怎样的关系？

2. 如何确定投资的初始成本？

3. 企业取得长期股权投资时，如果支付的价款中包括已宣告发放但尚未领取的现金股利，应如何进行账务处理？

4. 成本法与权益法各自的适用范围是什么？

5. 成本法与权益法核算的主要区别有哪些？

6. 如何计提长期投资减值准备？

【技能训练】

一、职业判断能力训练

(一)单项选择题

1. 下列说法中,不正确的是(　　)。

A. 交易性金融资产主要是指企业为了近期内出售而持有的金融资产

B. 以公允价值计量且其变动计入当期损益的金融资产包括交易性金融资产

C. 以公允价值计量且其变动计入当期损益的金融资产和交易性金融资产是同一概念

D. 直接指定为以公允价值计量且其变动计入当期损益的金融资产,主要是指企业基于风险管理、战略投资需要等所做的指定

2. 甲公司于2019年6月5日从证券市场上购入乙公司发行在外的股票200万股作为交易性金融资产,每股支付价款4元(含已宣告但尚未发行的现金股利0.5元),另支付相关费用0.3万元,取得增值税专用发票。甲公司交易性金融资产取得时的入账价值为(　　)万元。

A. 800　　B. 700　　C. 803　　D. 703

3. 丙公司于2020年6月8日从证券市场上购入乙公司发行在外的股票100万股作为交易性金融资产,每股支付价款10元,另支付相关费用2万元,取得增值税专用发票。2020年12月31日,这部分股票的公允价值为1030万元。甲公司2020年12月31日应确认的公允价值变动损益为(　　)万元。

A. 损失10　　B. 收益10　　C. 收益30　　D. 损失30

4. 下列各项中,应当确认为投资损益的是(　　)。(2017年初级会计资格考试题)

A. 长期股权投资减值损失

B. 长期股权投资处置净损益

C. 期末交易性金融资产公允价值变动的金额

D. 支付与取得长期股权投资直接相关的费用

5. 某企业采用成本模式对投资性房地产进行后续计量,2020年9月20日达到预定可使用状态的自行建造的办公楼对外出租,该办公楼建造成本为26 000 000元,预计使用年限为25年,预计净残值为1 000 000元。在采用年限平均法计提折旧的情况下,2020年该办公楼应计提的折旧额为(　　)万元。

A. 0　　B. 25　　C. 100　　D. 50

6. 2020年1月2日,甲公司以货币资金取得乙公司30%的股权,初始投资成本为2 000万元。投资时,乙公司各项可辨认资产、负债的公允价值与其账面价值相同,可辨认净资产的公允价值及账面价值的总额均为7 000万元。甲公司取得投资后即派人参与乙公司的生产经营决策,但无法对乙公司实施控制。乙公司2020年实现净利润500

万元。假定不考虑所得税因素,该项投资对甲公司 2020 年度损益的影响金额为(　　)万元。

A. 50　　B. 100　　C. 150　　D. 250

7. 甲公司于 2020 年 1 月 5 日支付价款 2 998 万元购入乙公司 30% 的股份,准备长期持有;另支付相关税费 2 万元,取得增值税专用发票。购入时,乙公司可辨认净资产的公允价值为 12 000 万元。甲公司取得投资后对乙公司具有重大影响。假定不考虑其他因素,甲公司因确认投资而影响利润的金额为(　　)万元。

A. -20　　B. 0　　C. 580　　D. 600

8. 采用权益法核算长期股权投资时,被投资企业因增加资本公积而引起所有者权益的增加。投资企业应按所拥有的表决权资本比例计算应享有的份额,将其计入的账户是(　　)。

A. 资本公积　　B. 投资收益
C. 盈余公积　　D. 利润分配

9. 下列关于投资性房地产核算的表述中,正确的是(　　)。

A. 采有成本模式计量的投资性房地产不需要确认减值损失
B. 采用公允价值模式计量的投资性房地产可转换为成本模式计量
C. 对于采用公允价值模式计量的投资性房地产,公允价值的变动金额应计入资本公积
D. 采用成本模式计量的投资性房地产,符合条件时可转换为公允价值模式计量

10. 若企业采用成本模式对投资性房地产进行后续计量,下列说法中,正确的是(　　)。

A. 企业应对已出租的建筑物计提折旧
B. 企业不应对已出租的建筑物计提折旧
C. 企业不应对已出租的土地使用权进行摊销
D. 企业不应对投资性房地产计提减值准备

11. 企业外购、自行建造等取得的投资性房地产,应当按照投资性房地产准则确定的成本,借记(　　)。

A. 投资性房地产　　B. 固定资产
C. 在建工程　　D. 无形资产

12. 长期股权投资持有期间被投资单位宣告分配现金股利时,该企业正确的会计处理是(　　)。

A. 借记“长期股权投资”科目,贷记“投资收益”科目
B. 借记“应收股利”科目,贷记“长期股权投资”科目
C. 借记“应收股利”科目,贷记“投资收益”科目
D. 借记“长期股权投资”科目,贷记“其他综合收益”科目

（二）多项选择题

1. 下列各项中，属于金融资产的有（　　）。

A. 库存现金　　B. 持有的其他单位的权益工具

C. 应收利息　　D. 贷款

2. 交易性金融资产科目借方登记的内容有（　　）。

A. 交易性金融资产的取得成本

B. 资产负债表日其公允价值高于账面余额的差额

C. 取得交易性金融资产所发生的相关交易费用

D. 资产负债表日其公允价值低于账面余额的差额

E. 处置交易性金融资产时转出的公允价值变动贷方余额

3. 在金融资产的初始计量中，关于交易费用处理的叙述中，正确的有（　　）。

A. 交易性金融资产发生的相关交易费用直接计入当期损益

B. 可供出售金融资产发生的相关交易费用应当计入初始确认金额

C. 持有至到期投资发生的相关交易费用应当计入初始确认金额

D. 交易性金融资产发生的相关交易费用应当计入初始确认金额

E. 可供出售金融资产发生的相关交易费用直接计入当期损益

4. 采用成本法核算长期股权投资时，下列各项中会导致长期股权投资账面价值发生增减变动的有（　　）。

A. 长期股权投资发生减值损失

B. 持有长期股权投资期间，被投资企业实现净利润

C. 被投资企业宣告分派属于投资企业投资前实现的净利润

D. 被投资企业宣告分派属于投资企业投资后实现的净利润

5. 2020 年 1 月 2 日，甲公司以货币资金取得乙公司 30% 的股权，初始投资成本为 4 000万元，取得增值税专用发票；当日，乙公司可辨认净资产的公允价值为 14 000 万元，与其账面价值相同。甲公司取得投资后即派人参与乙公司的生产经营决策，但未能对乙公司形成控制。乙公司 2020 年实现的净利润为 1 000 万元。假定不考虑所得税等其他因素，2020 年甲公司下列各项与该项投资相关的会计处理中，正确的有（　　）。

A. 确认商誉 200 万元　　B. 确认营业外收入 200 万元

C. 确认投资收益 300 万元　　D. 确认资本公积 200 万元

6. 下列各项中，能引起权益法核算的长期股权投资账面价值发生变动的有（　　）。

A. 被投资单位实现净利润

B. 被投资单位宣告发放股票股利

C. 被投资单位宣告发放现金股利

D. 被投资单位除净损益外的其他所有者权益变动

7. 下列关于长期股权投资会计处理的表述中，正确的有（　　）。

A. 对子公司长期股权投资应采用成本法核算

B. 处置长期股权投资时应结转其已计提的减值准备

C. 成本法下，按被投资方实现净利润应享有的份额确认投资收益

D. 成本法下，按被投资方宣告发放现金股利应享有的份额确认投资收益

8. 对于以支付现金取得的长期股权投资，下列应该计入初始投资成本的包括（　　）。

A. 实际支付的购买价款

B. 与取得长期股权投资直接相关的手续费等必要支出

C. 支付价款中包含的被投资单位已宣告但尚未发放的现金股利或利润

D. 持有期间被投资单位宣告分派的现金股利

9. 在成本模式下，下列关于投资性房地产的转换的说法中正确的有（　　）。

A. 应当将房地产转换日的账面价值作为转换后的入账价值

B. 应当将房地产转换日的公允价值作为转换后的入账价值

C. 自用房地产转为投资性房地产时，应当将房地产转换日的账面价值作为转换后的入账价值

D. 投资性房地产转为自用房地产时，应当将房地产转换日的公允价值作为转换后的入账价值

10. 下列关于投资性房地产的后续计量的说法中，不正确的有（　　）。

A. 企业只能采用公允价值模式计量

B. 在有确凿证据表明投资性房地产的公允价值能够持续可靠计量的情况下，可以对投资性房地产采用公允价值模式进行计量

C. 企业只能采用成本价值模式计量

D. 当投资性房地产所在地有活跃的房地产交易市场时，就应当采用公允价值模式计量

11. 下列关于投资性房地产的后续计量的说法中，正确的有（　　）。

A. 采用公允价值模式计量的，不对投资性房地产计提折旧或进行摊销

B. 采用公允价值模式计量的，应对投资性房地产计提折旧或进行摊销

C. 已采用公允价值模式计量的投资性房地产，不得从公允价值模式转为成本模式

D. 已采用成本价值模式计量的投资性房地产，不得从成本模式转为公允价值模式

12. 下列各项中，属于投资性房地产的有（　　）。

A. 企业拥有并自行经营的饭店

B. 企业以经营租赁方式租出的写字楼

C. 房地产开发企业正在开发的商品房

D. 企业持有拟增值后转让的土地使用权

（三）判断题

1. 长期股权投资权益法下，被投资企业宣告派发现金股利时，借记"应收股利"，贷记"长期股权投资—损益调整"。（　）

2. 企业对长期股权投资计提的减值准备，在该长期股权投资价值回升期间应当转回，但转回的金额不应超过原计提的减值准备。（　）

3. 采用权益法核算的长期股权投资，其初始投资成本大于投资时应享有被投资单位可辨认净资产公允价值份额的，应调整已确认的初始投资成本。（　）

4. 企业持有的长期股权投资发生减值的，减值损失一经确认，即使以后期间价值得以回升，也不得转回。（　）

5. 企业董事会或类似机构通过的利润分配方案中拟分配的现金股利或利润，应确认为应付股利。（　）

6. 企业出售、转让、报废投资性房地产或者发生投资性房地产毁损时，应当将处置收入扣除其账面价值和相关税费后的金额计入当期损益。（　）

7. 采用公允价值模式进行后续计量的投资性房地产，应根据其预计使用寿命计提折旧或进行摊销。（　）

8. 企业将自用房地产转换为采用公允价值模式计量的投资性房地产时，转换日的公允价值与账面价值的差额，通过"公允价值变动损益"账户核算。（　）

9. 自行建造投资性房地产的成本，由建造该项资产达到预定可使用状态前发生的必要支出构成。（　）

10. 投资性房地产采用公允价值模式进行后续计量的，应按资产负债表日该资产的公允价值调整其账面价值。（　）

二、职业实践能力训练

（一）交易性金融资产核算的训练

1. 企业开出转账支票 700 000 元并存入证券公司以备进行短期投资。在证券二级市场购入 A 种股票 100 000 股，每股价格 6.28 元；同时支付手续费 1 500 元，取得增值税专用发票。

2. 甲公司 2021 年 3 月 25 日购入乙公司股票 20 万股，作为交易性金融资产，每股 8.8 元，购买价款中包含已宣告尚未发放的现金股利 0.2 元，另支付手续费 0.35 万元，取得增值税专用发票。4 月 10 日，甲公司收到乙公司现金股利 4 万元。2021 年 6 月 30 日乙股票的收盘价为每股 8.25 元。2022 年 12 月 31 日乙股票的收盘价为每股 8 元。2022 年 1 月 3 日甲公司将乙公司的股票全部出售，收款 162.80 万元。假设不考虑处置环节的增值税。要求：

（1）根据上述资料，编制甲公司的相关会计分录。

（2）计算甲公司对乙公司投资应确认的投资收益。

(二)长期股权投资成本法核算的训练

1. 东方股份有限公司2020年1月3日购入乙公司股票1 000 000股,每股5元,买价中每股含有0.2元的现金股利,占乙公司有表决权资本的60%,另支付手续费10 000元,取得增值税专用发票。4月1日收到已垫支的200 000元现金股利,2020年乙公司实现净利8 000 000元,2021年4月30日宣告派发现金股利3 000 000元。

2. 东方股份有限公司于2020年10月1日以10 000 000元取得C公司15%的股权,支付手续费20 000元,取得增值税专用发票。2020年12月31日,该项股权的可收回金额为9 000 000元。

要求:根据上述资料,编制东方股份有限公司的会计分录。

(三)长期股权投资权益法核算的训练

1. 2021年1月1日,光明公司以银行存款2 498 000元取得丙公司30%的股份,当日丙公司可辨认净资产的公允价值是8 000 000元,在购买过程中,另支付手续费等2 000元,2021年度丙公司实现净利润4 000 000元。2022年4月1日,丙公司宣告分派2017年现金股利2 000 000元,2022年4月23日收到该股利,2022年度丙公司发生净亏损3 000 000元,2022年12月31日,光明公司对丙公司的投资进行减值测试,预计可收回金额为2 100 000元。

要求:编制光明公司上述业务的有关会计分录。

2. 2021年1月1日,明珠公司以银行存款13 480 000元取得宏昌股份公司40%的股份,另支付手续费20 000元,取得增值税专用发票。同日,宏昌股份公司可辨认净资产的公允价值是37 500 000元。2021年度实现净利润7 500 000元。2022年5月1日,宏昌股份公司宣告分派现金股利4 000 000元。2022年5月18日,明珠公司收到该股利。2022年10月2日,宏昌股份公司的资本公积增加1 000 000元。2022年12月20日,明珠公司将其持有的宏昌股份公司股份全部对外转让,实际收款17 600 000元。款项已经存入银行。

要求:编制明珠公司上述业务的有关会计分录。

3. 甲上市公司发生下列长期股权投资业务:

(1)2020年1月3日,购入乙公司股票580万股,占乙公司有表决权股份的25%,对乙公司的财务和经营决策具有重大影响。甲公司将其作为长期股权投资核算。每股购入价为8元,每股购入价格中包含已宣告但尚未发放的现金股利0.25元,另外支付相关税费7万元,取得增值税专用发票,款项均以银行存款支付。当日,乙公司所有者权益的账面价值(与其公允价值不存在差异)为18 000万元。

(2)2020年3月16日,收到乙公司宣告分派的现金股利。

(3)2020年度,乙公司实现净利润3 000万元。

(4)2021年2月16日,乙公司宣告分派2007年度股利,每股分派现金股利0.20元。

(5)2021 年 3 月 12 日,甲上市公司收到乙公司分派的 2017 年度的现金股利。

(6)2022 年 1 月 4 日,甲上市公司出售所持有的全部乙公司的股票,共取得价款 5 200万元(不考虑长期股权投资减值及相关税费)。

要求:根据上述资料,编制甲上市公司长期股权投资的会计分录。

(四)投资性房地产核算的训练

1. 明珠公司对投资性房地产采用成本模式计量。2022 年 12 月 31 日将一建筑物(固定资产)对外出租,租期为 3 年。合同约定每年 12 月 31 日收取租金 15 000 000 元。出租时,该建筑物的成本为 28 000 000 元,已提折旧 5 000 000 元,已计提减值准备 3 000 000元。该建筑物尚可使用 20 年,公允价值为 20 100 000 万元。公司对该建筑物采用直线法计提折旧,无残值。

要求:

(1)编制明珠公司 2022 年 12 月 31 日将自用建筑物转换为投资性房地产的会计分录。

(2)编制明珠公司 2021 年 12 月 31 日收取租金的会计分录。

(3)计算明珠公司 2021 年计提的折旧额并编制会计分录。

2. 华美有限公司对投资性房地产采用公允价值模式计量。2020 年 6 月,计划购入一栋写字楼用于对外出租。7 月 18 日,与光明公司签订了经营租赁合同;约定自写字楼购买日起将其出租给光明公司,租期为 5 年。8 月 1 日,实际购入写字楼,支付价款共计 18 000 000 元。按照经营租赁合同,每月末收取租金 82 000 元。2020 年 12 月 31 日,该写字楼的公允价值为 18 500 000 元。2021 年 12 月,这栋办公楼的公允价值为 19 800 000 元。2022 年 2 月出售,实际收款 20 000 000 元。

要求:假设不考虑其他因素,请做出华美有限公司的相关会计处理。

CHAPTER 10 项目十

财务报告

【学习目标】

通过学习，能够了解财务报告的概念、作用、种类，掌握财务报告的编制要求，熟悉资产负债表、利润表、现金流量表等报表的概念，了解资产负债表、利润表、现金流量表等报表的作用，掌握资产负债表、利润表等报表的内容、结构及编制方法，熟悉现金流量表的编制方法。

【重点难点】

1. 财务报告的基本内容。
2. 资产负债表的编制。
3. 利润表的编制。
4. 现金流量表的编制。

任务一　认知财务报告

【任务目标】

通过学习，能够了解财务报告的概念、分类及作用，熟悉财务报告的组成内容及编制要求。

【任务导入】

王某做生意发了财，想到股市上试试身手，于是拜炒股高手为师。有道是“师父领进门，修行在个人”，王某跟着师傅学了不少本领，自己也慢慢摸出了一些门道，并了解了一些股民炒股赚钱的经验：有的人通过报纸等媒介，研究国家的经济政策形势；有些人信息比较灵通；有的人不贪心，见好就收等。

一次偶然的机会让王某大开眼界，一位股民告诉他：如果学会分析上市公司的财务报表和审计报告，那将对选择股票非常重要。譬如，看每股收益高的同时还要看现金流量情况才能判断是否有派发现金股利的可能性，资本公积占股东权益的比例高有转增红股的可能,还可以利用比较报表进行趋势分析等。王某以前从未学过财务知识,对有些名词术语很是陌生,于是到书店买了一些有关财务会计和财务报表分析方面的书籍自学,并且向专业人士请教,其求学精神令人佩服。

请问:王某买股票时为什么还要学习财务报告方面的知识?

【知识导航】

一、财务报告的定义及构成

财务报告是指企业对外提供的反映企业某一特定日期的财务状况和某一会计期间的经营成果、现金流量等会计信息的文件。财务报告包括财务报表和其他应当在财务报告中披露的相关信息和资料。

财务报表是对企业财务状况、经营成果和现金流量的结构性描述。一套完整的财务报表至少应当包括"四表一注",即:资产负债表、利润表、现金流量表、所有者权益变动表、附注。

资产负债表、利润表和现金流量表分别从不同角度反映企业的财务状况、经营成果和现金流量;所有者权益变动表反映构成所有者权益的各组成部分当期的增减变动情况;附注是财务报表不可或缺的组成部分,是对在资产负债表、利润表、现金流量表和所有者权益变动表等报表中列示项目的文字描述或明细资料,以及对未能在这些报表中列示项目的说明等。

二、财务报表的分类

财务报表可以按照不同的标准进行分类。

(一)按照财务报表反映的内容,可以分为静态报表和动态报表

静态报表是指反映企业一定时点企业财务状况的财务报表,如资产负债表;动态报表是指反映企业一定时期内经营成果和现金流量的财务报表,如利润表和现金流量表。

(二)按财务报表编报期间的不同,可以分为中期财务报表和年度财务报表

中期财务报表是以短于一个完整会计年度的报告期间为基础编制的财务报表,包括月报、季报和半年报等。中期财务报表至少应当包括资产负债表、利润表、现金流量表和附注。其中,中期资产负债表、利润表和现金流量表应当是完整报表,其格式和内容应当与年度财务报表相一致。与年度财务报表相比,中期财务报表中的附注披露可适当简略。年度财务报表是指按日历年度所涵盖的会计期间所编报的报表,即从每年的 1 月 1 日至 12 月 31 日的报表,包括资产负债表、利润表、现金流量表、所有者权益(或股东权益)变动表和附注。

（三）按财务报表编报主体的不同，可以分为个别财务报表和合并财务报表

个别财务报表是由企业在自身会计核算基础上对账簿记录进行加工而编制的财务报表，它主要用以反映企业自身的财务状况、经营成果和现金流量情况。合并财务报表是以母公司和子公司组成的企业集团为会计主体，根据母公司和所属子公司的财务报表，由母公司编制的综合反映企业集团财务状况、经营成果及现金流量的财务报表。

（四）按照财务报表的服务对象，可以分为内部报表和外部报表

内部报表是指为满足企业内部经营管理需要而编制的不对外公开的财务报表。内部报表一般不需要统一规定的格式，也没有统一的指标体系。这类报表主要包括成本报表和有关的附表，以及企业预算、计划、业绩考评等方面的报表。外部报表是指企业向外提供的，供政府部门、投资者、债权人等使用的财务报表。这类报表主要包括资产负债表、利润表、现金流量表等。

三、编制财务报表的要求

（一）便于理解

财务报表提供的财务信息应能够为使用者所理解，从而为投资者、债权人等进行决策提供依据，为此，编制的财务报表应清晰易懂。这一要求建立在财务报表使用者具有一定阅读财务报表能力的基础之上。

（二）真实可靠

编制财务报表应以实际发生的经济业务为依据，如实反映企业的财务状况和经营成果，以利于使用者根据财务报表所提供的信息做出判断。

（三）相关可比

相关可比是指财务报表提供的财务信息必须与使用者的决策需要相关联并具有可比性。如果财务报表提供的信息资料能够使使用者了解过去、现在，并有利于预测对未来事项的影响及其变化趋势，为使用者提供有关的可比信息，则可认为财务报表提供的财务信息相关可比。

（四）全面完整

财务报表应当全面反映企业的财务状况和经营成果，反映企业经营活动的全貌。只有全面反映企业的财务情况，提供完整的会计信息资料，才能满足各方面对财务信息资料的需要。为了保证会计报告的全面完整，企业在编制财务报表时，应当按照规定的格式和内容进行填列。凡是国家要求提供的财务报表，必须按照国家规定的要求编报，不得漏编、漏报。企业某些重要的会计事项,应在财务报表附注中进行说明。

(五)编报及时

为了使财务报表使用者及时了解企业的财务信息,企业必须按规定的时间和程序,及时编制和报送财务报表,以保证财务信息的时效性。

【任务处理】

财务报告是会计主体单位会计核算工作的结果,是提供会计信息的一种重要手段。财务报告的目标是向财务报告使用者提供与企业财务状况、经营成果和现金流量等有关的会计信息,反映企业管理层受托责任的履行情况,有助于财务报告使用者做出经济决策。因此,王某买股票还要学习财务报告方面的知识。

任务二 资产负债表

【任务目标】

通过学习,能够熟悉资产负债表的概念,了解资产负债表的作用,掌握资产负债表的内容、结构及编制方法,能够根据科目余额表及相关的账簿资料编制资产负债表。

【任务导入】

甲企业 2019 年 5 月 31 日的有关总账和明细账的余额如表 10－1 所示:

表 10－1 总账和明细账余额表

2019 年 5 月 31 日　　单位:元

资产账户	借或贷	余额	负债或所有者权益账户	借或贷	余额
库存现金	借	2 770	短期借款	贷	288 400
银行存款	借	843 770	应付票据	贷	19 600
其他货币资金	借	91 560	应付账款	贷	71 400
交易性金融资产	借	124 140	——丙企业	贷	73 000
应收票据	借	17 360	——丁企业	借	1 600
应收账款	借	77 000	预收账款	贷	14 700
——甲公司	借	80 000	——C 公司	贷	14 700
——乙公司	贷	3 000	其他应付款	贷	5 670
坏账准备	贷	10 385	应付职工薪酬	贷	7 000
预付账款	借	35 840	应交税费	贷	28 000
——A 公司	借	36 000	应付股利	贷	22 274
——B 公司	贷	160	应付利息	贷	700
其他应收款	借	6 895	其他应付款	贷	1 400

（续表）

资产账户	借或贷	余额	负债或所有者权益账户	借或贷	余额
材料采购	借	3 500	长期借款	贷	338 240
原材料	借	813 127	应付债券	贷	63 700
低值易耗品	借	115 500	其中:一年内到期的企业债券	贷	30 800
材料成本差异	贷	32 277	长期应付款	贷	165 900
生产成本	借	279 235	实收资本	贷	3 518 830
库存商品	借	77 700	资本公积	贷	140 000
长期股权投资	借	174 200	盈余公积	贷	58 100
固定资产	借	2 887 800	利润分配——未分配利润	贷	2 961
固定资产减值准备	贷	51 000			
在建工程	借	256 760			
无形资产	借	17 300			
累计折旧	贷	983 920			
合计		4 746 875	合计		4 746 875

要求:根据以上资料编制资产负债表。

【知识导航】

一、资产负债表概述

(一)资产负债表的定义和作用

资产负债表是反映企业某一特定日期的财务状况的会计报表。它主要反映资产、负债和所有者权益三方面的内容,并满足"资产 = 负债 + 所有者权益"平衡式。

资产负债表主要提供有关企业财务状况方面的信息,即某一特定日期的企业的资产、负债、所有者权益及其相互关系。资产负债表的作用包括以下三点:

1. 可以提供某一日期资产的总额及其结构,表明企业拥有或控制的资源及其分布情况,使用者可以一目了然地从资产负债表上了解企业在某一特定日期所拥有的资产总量及其结构。

2. 可以提供某一日期的负债总额及其结构,表明企业未来需要用多少资产或劳务清偿债务以及清偿时间。

3. 可以反映所有者所拥有的权益,据以判断资本保值、增值的情况以及对负债的保障程度。

此外,资产负债表还可以提供进行财务分析的基本资料,如将流动资产与流动负债进行比较,计算出流动比率;将速动资产与流动负债进行比较,计算出速动比率等。这些可以表明企业的变现能力、偿债能力和资金周转能力，从而有助于报表使用者进行经营决策。

（二）资产负债表的结构

在我国，资产负债表采用账户式结构，报表分为左右两方。左方列示资产各项目，反映全部资产的分布及存在形态，按资产的流动性大小排列，流动性大的资产如“货币资金”“交易性金融资产”等排在前面，流动性小的资产如“长期股权投资”“固定资产”等排在后面；右方列示负债和所有者权益各项目，反映全部负债和所有者权益的内容及构成情况，一般按要求清偿时间的先后顺序排列，“短期借款”“应付票据”“应付账款”等需要在一年内或者长于一年的一个正常营业周期内偿还的流动负债排在前面，“长期借款”等在一年以上才需偿还的非流动负债排在中间，在企业清算之前不需要偿还的所有者权益项目排在后面。

企业衍生金融工具业务具有重要性的，应当在资产负债表资产项下“交易性金融资产”项目和“应收票据”项目之间增设“衍生金融资产”项目，在资产负债表负债项下“交易性金融负债”项目和“应付票据”项目之间增设“衍生金融负债”项目，分别反映企业衍生工具形成资产和负债的期末余额。

资产负债表左右双方平衡，资产总计等于负债和所有者权益总计，即“资产 = 负债 + 所有者权益”。此外，为了使使用者通过比较不同时点资产负债表的数据，掌握企业财务状况的变动情况及发展趋势，企业需要提供比较资产负债表。资产负债表还就各项目再分为“上年年末余额”和“期末余额”两栏分别填列。

二、资产负债表的编制

（一）资产负债表“年初余额”栏数字的填列

对于资产负债表的“上年年末余额”栏各项目数字，应根据上年末资产负债表中“期末余额”栏内所列数字填列。如果本年度资产负债表规定的各个项目的名称和内容同上年度不一致，应对上年末资产负债表各项目的名称和数字按照本年度的规定进行调整后填入本表“上年年末余额”栏内。

（二）资产负债表“期末余额”栏数字的填列

资产负债表的“期末余额”栏各项目数据主要通过以下几种方式取得：

1. 根据总账账户期末余额直接填列的项目

“交易性金融资产”“工程物资”“固定资产清理”（如为贷方余额，应以“—”号填列）、“递延所得税资产”“短期借款”“交易性金融负债”“应付票据”“应付职工薪酬”“应交税费”“应付利息”“应付股利”“其他应付款”“递延所得税负债”“实收资本”“资本公积”“库存股”“盈余公积”等。

2. 根据几个总账账户期末余额计算填列的项目

“货币资金”项目，应根据“库存现金”“银行存款”“其他货币资金”三个总账账户的期末余额的合计数填列。

3. 根据明细账户的期末余额计算填列的项目

(1)“开发支出”项目，应根据“研发支出”账户中所属的“资本化支出”明细账户期末余额填列。

(2)“一年内到期的非流动资产”“一年内到期的非流动负债”项目，应根据有关非流动资产或负债项目的明细账户余额分析填列。

(3)“应付账款”项目，应根据“应付账款”“预付账款”账户所属各有关明细账户的期末贷方余额合计填列。

(4)“预收款项”项目，应根据“预收账款”“应收账款”账户所属各有关明细账户的期末贷方余额合计填列。

(5)“应付职工薪酬”项目，应根据“应付职工薪酬”账户的明细账户期末余额分析填列。

(6)“预付款项”项目，应根据“应付账款”账户和“预付账款”账户所属的相关明细账户的期末借方余额减去“预付账款”有关的坏账准备贷方余额计算填列。

(7)“未分配利润”项目，应根据“利润分配”账户中所属的“未分配利润”明细账户期末余额填列。

4. 根据总账账户和明细账户期末余额分析计算填列的项目

(1)“长期待摊费用”项目，应根据“长期待摊费用”账户的期末余额，减去一年内(含一年)摊销的数额后的金额填列。

(2)“长期借款”项目，应根据“长期借款”总账账户余额扣除“长期借款”账户所属的明细账户中将在资产负债表日起一年内到期、且企业不能自主地将清偿义务展期的长期借款后的金额计算填列。

(3)“其他非流动资产”项目，应根据有关账户的期末余额减去将于一年内(含一年)收回数后的金额填列。

(4)“其他非流动负债”项目，应根据有关账户的期末余额减去将于一年内(含一年)到期偿还数后的金额填列。

5. 根据有关账户的余额减去其备抵项目后的净额填列的项目

(1)“应收账款”“长期股权投资”“在建工程”等项目，应当根据“应收账款”“长期股权投资”“在建工程”等账户的期末余额减去“坏账准备”“长期股权投资减值准备”“在建工程减值准备”等账户余额后的净额填列。

(2)“投资性房地产”“固定资产”项目，应根据“投资性房地产”“固定资产”账户的期末余额减去“投资性房地产累计折旧”“投资性房地产减值准备”“累计折旧”“固定资产减值准备”等账户余额后的净额填列。

(3)“无形资产”项目，应当根据“无形资产”账户的期末余额，减去“累计摊销”“无形资产减值准备"等账户余额后的净额填列。

6. 综合运用上述填列方法分析填列的项目

如:资产负债表中的"存货"项目,应根据"材料采购""原材料""周转材料""自制半成品""库存商品""委托加工物资""在途物资""发出商品""生产成本"等账户的期末借方余额合计,减去"存货跌价准备"等账户余额后的金额填列。对材料以及库存商品采用计划成本核算的企业,还应按加上"材料成本差异""商品进销差价"的期末借方余额后的金额填列,若有贷方余额则应扣减。

三、资产负债表编制举例

【例 10-1】W 公司 2019 年 12 月 31 日的科目余额表见表 10-2:

表 10-2 科目余额表

2019 年 12 月 31 日 单位:万元

账户	金额	账户	金额
库存现金	6	短期借款	300
银行存款	1 340.58	应付票据	160
其他货币资金	4	应付账款	1 470
交易金融资产	34	预收账款	4
应收票据	24	其他应付款	12
应收账款	61.06	应付职工薪酬	4
坏账准备	-18	应交税费	238.06
预付账款	2	应付利息	30
其他应收款	4	长期借款	460
原材料	974.8	应付债券	2 100
周转材料	30	递延所得税负债	12.5
库存商品	315.72	实收资本	2 000
材料成本差异	-21.4	资本公积	40
长期股权投资	274	盈余公积	241.01
持有至到期投资	235.4	利润分配(未分配利润)	1 008.87
固定资产	4 940		
累计折旧	-300		
在建工程	153.68		
无形资产	20		
累计摊销	-14		

（续表）

账户	金额	账户	金额
应收股利	0.6		
长期待摊费用	12		
递延所得税资产	2		
合计	8 080.44	合计	8 080.44

根据上述资料编制W公司2019年12月31日的资产负债表，如表10－3所示：

表10－3 资产负债表

会企01表

编制单位：W公司　　2019年12月31日　　单位：万元

资产	期末余额	年初余额	负债和所有者权益	期末余额	年初余额
流动资产：			流动负债：		
货币资金	1 350.58		短期借款	300	
交易性金融资产	34		交易性金融负债	0	
衍生金融资产			衍生金融负债	0	
应收票据	24		应付票据	160	
应收账款	43.06		应付账款	1 470	
应收款项融资	0		预收款项	4	
预付款项	2		应付职工薪酬	4	
其他应收款	4.6		应交税费	238.06	
存货	1 299.12		应付利息	30	
合同资产	0		应付股利	0	
一年内到期的非流动资产	0		其他应付款	12	
其他流动资产	0		一年内到期的非流动负债	0	
流动资产合计	2 757.36		其他流动负债	0	
非流动资产			流动负债合计	2 218.06	
债权投资	0		非流动负债		
其他债权投资	235.4		长期借款	460	
长期应收款	0		应付债券	2 100	
长期股权投资	274		长期应付款	0	

（续表）

资产	期末余额	年初余额	负债和所有者权益	期末余额	年初余额
投资性房地产	0		预计负债	0	
固定资产	4 640		递延收益	0	
在建工程	153.68		递延所得税负债	12.5	
生产性生物资产	0		其他非流动负债	0	
油气资产	0		非流动负债合计	2 572.5	
无形资产	6		负债合计	4 790.56	
开发支出	0		所有者权益(或股东权益)		
商誉	0		实收资本(或股本)	2 000	
长期待摊费用	12		资本公积	40	
递延所得税资产	2		减:库存股	0	
其他非流动资产	0		其他综合收益	0	
非流动资产合计	5 323.08		盈余公积	241.01	
			未分配利润	1 008.87	
			所有者权益(或股东权益)合计	3 289.88	
资产总计	8 080.44		负债和所有者权益(或股东权益)总计	8 080.44	

【任务处理】

根据科目余额表编制甲企业 2019 年 5 月 31 日的资产负债表简表，如表 10－4 所示：

表 10－4　资产负债表简表

会企 01 表

编制单位:甲企业　　　　2019 年 5 月 31 日　　　　单位:元

资产	期末余额	年初余额	负债和所有者权益	期末余额	年初余额
流动资产:			流动负债:		
货币资金	938 100		短期借款	288 400	
交易性金融资产	124 140		交易性金融负债		
衍生金融资产			衍生金融负债		
应收票据	17 360		应付票据	19 600	
应收账款	69 615		应付账款	73 160	

（续表）

资产	期末余额	年初余额	负债和所有者权益	期末余额	年初余额
预付款项	37 600		预收款项	17 700	
其他应收款	6 895		应付职工薪酬	7 000	
存货	1 256 785		应交税费	28 000	
一年内到期的非流动资产			应付利息	700	
其他流动资产			应付股利	22 274	
流动资产合计	2 450 495		其他应付款	7 070	
非流动资产			一年内到期的非流动负债	30 800	
债权投资			其他流动负债		
其他债权投资			流动负债合计	494 704	
长期应收款			非流动负债		
长期股权投资	174 200		长期借款	338 240	
投资性房地产			应付债券	32 900	
固定资产	1 852 880		长期应付款	165 900	
在建工程	256 760		预计负债		
生产性生物资产			递延所得税负债		
油气资产			其他非流动负债		
无形资产	17 300		非流动负债合计	537 040	
开发支出			负债合计	1 031 744	
商誉			所有者权益（或股东权益）		
长期待摊费用			实收资本（或股本）	3 518 830	
递延所得税资产			资本公积	140 000	
其他非流动资产			减：库存股		
非流动资产合计	2 301 140		盈余公积	58 100	
			未分配利润	2 961	
			所有者权益（或股东权益）合计	3 719 891	
资产总计	4 751 635		负债和所有者权益（或股东权益）总计	4 751 635	

任务三　利润表

【任务目标】

通过学习，能够熟悉利润表的概念，了解利润表的作用，掌握利润表的内容、结构及编制方法。

【任务导入】

乙企业的 2019 年损益类账户年末累计余额如表 10－5 所示：

表 10－5　2019 年损益类账户年末累计余额　　单位：元

账户名称	借贷方向	年末累计余额
主营业务收入	贷	2 605 900
税金及附加	借	130 000
主营业务成本	借	2 120 000
投资收益	贷	8 100
销售费用	借	42 000
管理费用	借	31 650
财务费用	借	11 000
其他业务收入	贷	30 000
其他业务成本	借	18 000
营业外收入	贷	15 000
营业外支出	借	8 350
所得税费用	借	98 340

要求：根据上述资料编制利润表。

【知识导航】

一、利润表概述

（一）利润表的定义和作用

利润表是反映企业一定会计期间的经营成果的报表。它属于动态报表，是主要用来反映企业经营业绩尤其是获利水平的报表。

利润表的作用主要表现在以下几个方面：

1. 为企业外部投资者以及债权人进行投资决策及贷款决策提供依据

通过利润表,可以计算利润的绝对值指标,也可以计算投资报酬率以及资金利润率等相对值指标,并通过前后两个时期以及同一时期不同行业或企业的同类指标的比较分析,了解企业的获利水平及未来的盈利趋势,据此决定是否投资、是否追加投资以及是否改变投资方向。

2. 为企业经营决策提供依据

通过利润表,对利润构成情况、形成原因进行比较和分析,可以发现各方面存在的问题,指出提高经济效益的途径和方向,以便做出正确的决策。

3. 为企业内部业绩考核提供依据

企业一定时期的利润总额综合反映了各部门工作的结果,它既是制订各部门工作计划的参考,又是考核各部门计划执行结果的依据。利润表所提供的有关数据可以评价各部门工作的业绩,并进行相关的考核。

(二)利润表的结构

常见的利润表结构主要有单步式和多步式两种。在我国,企业利润表采用的基本上是多步式结构。

1. 单步式利润表是将本期所有收入和所有费用分别加以汇总,用收入合计减去费用合计从而计算出本期净损益。

2. 多步式利润表是将收入与费用按同类属性分别加以归集,按利润形成的主要环节列示一些中间性利润指标,分步计算当期净损益。

第一步,以营业收入为基础,减去营业成本、税金及附加、管理费用、财务费用、研发费用、销售费用、资产减值损失,加上其他收益公允价值变动收益(减去公允价值变动损失)和投资收益(减去投资损失),减去资产减值损失、信用减值损失,加上资产处置收益(减去资产处置损失),计算出营业利润。

营业收入 = 主营业务收入 + 其他业务收入

营业成本 = 主营业务成本 + 其他业务成本

第二步,以营业利润为基础,加上营业外收入,减去营业外支出,计算出利润总额。

第三步,以利润总额为基础,减去所得税费用,计算出净利润(或净亏损)。

第四步,以净利润(或净亏损)为基础,计算每股收益。

第五步,以净利润(或净亏损)和其他综合收益为基础,计算综合收益总额。

普通股或潜在普通股已公开交易的企业,以及正处于公开发行普通股或潜在普通股过程中的企业,还应当在利润表中列示每股收益信息。

此外,为了使报表使用者通过比较不同期间利润的实现情况,判断企业经营成果的未来发展趋势,企业需要提供比较利润表,利润表还就各项目再分为“本期金额”和“上期金额”两栏分别填列。利润表的具体格式如表 10－7 所示。

二、利润表的编制

利润表设有“本期金额”和“上期金额”两栏。

对于“上期金额”栏内各项数字,应根据上年该期利润表“本期金额”栏内的所列数字填列。如果上年该期利润表规定的各个项目的名称和内容同本期不一致,应对上年该期利润表各个项目的名称和数字按本期的规定进行调整,填入利润表“上期金额”栏内。

“本期金额”栏内的各项数字,除“基本每股收益”和“稀释每股收益”项目外,应当按照相关账户的发生额分析填列。如“营业收入”项目,根据“主营业务收入”“其他业务收入”账户的发生额分析计算填列;“营业成本”项目,根据“主营业务成本”“其他业务成本”账户的发生额分析计算填列。

【例 10-2】W 公司 2019 年度有关损益类账户的本年累计发生净额如表 10-6 所示。

表 10-6　W 公司损益类账户 2019 年度累计发生净额　　单位:万元

科目名称	借方发生额	贷方发生额
主营业务收入		1678
主营业务成本	445.8	
税金及附加	14	
销售费用	20	
管理费用	57.4	
财务费用	188.2	
资产减值损失	8	
投资收益		101.4
营业外收入		80
营业外支出	45.86	
所得税费用	270.04	

根据上述资料,编制 W 公司 2019 年度利润表简表,如表 10-7 所示。

表 10-7　利润表简表

会企 02 表

编制单位:W 公司　　2019 年度　　单位:万元

项目	本期金额	上期金额
一、营业收入	1 678	(略)
减:营业成本	445.8	
税金及附加	14	

（续表）

项目	本期金额	上期金额
销售费用	20	
管理费用	65.4	
研发费用	0	
财务费用	188.2	
其中:利息费用	188.2	
利息收入	0	
加:其他收益	0	
投资收益(损失以“－”号填列)	101.4	
其中:对联营企业和合营企业的投资收益	101.4	
以摊余成本计量的金融资产终止确认收益(损失以“－”号填列)	0	
净敞口套期收益(损失以“－”号填列)	0	
公允价值变动收益(损失以“－”号填列)	0	
信用减值损失(损失以“－”号填列)	0	
资产减值损失(损失以“－”号填列)	0	
资产处置收益(损失以“－”号填列)	0	
二、营业利润(亏损以“－”号填列)	1046	
加:营业外收入	80	
减:营业外支出	45.86	
三、利润总额(亏损总额以“－”号填列)	1 080.14	
减:所得税费用	270.04	
四、净利润(净亏损以“－”号填列)	810.1	
五、其他综合收益的税后净额(略)	(略)	
六、综合收益总额		
七、每股收益		
(一)基本每股收益		
(二)稀释每股收益		

【任务处理】

乙企业2019年根据损益类账户2019年的发生额,按照一定的方法编制2019年利润表。如表10－8所示:

表 10-8 利润表简表

会企 02 表

编制单位：乙企业　　2019 年度　　单位:元

项目	本期金额	上期金额
一、营业收入	2 635 900	
减:营业成本	2 138 000	
税金及附加	130 000	
销售费用	42 000	
管理费用	31 650	
财务费用	11 000	
资产减值损失		
加:公允价值变动收益(损失以"-"号填列)		
投资收益(损失以"-"号填列)	8 100	
二、营业利润(亏损以"-"号填列)	291 350	
加:营业外收入	15 000	
减:营业外支出	8 350	
三、利润总额(亏损总额以"-"号填列)	298 000	
减:所得税费用	98 340	
四、净利润(净亏损以"-"号填列)	199 660	
五、其他综合收益的税后净额	(略)	
(一)以后不能重分类进损益的其他综合收益		
(二)以后将重分类进损益的其他综合收益		
权益法下在被投资单位以后将重分类进损益的其他综合收益中享有的份额		
六、综合收益总额		
七、每股收益	(略)	
(一)基本每股收益		
(二)稀释每股收益		

任务四 现金流量表

【任务目标】

通过学习，能够熟悉现金流量表的概念，了解现金流量表的作用，掌握现金流量表的内容、结构及编制方法。

【任务导入】

长虹公司2019年的有关资料如下：

(1)本年购买商品时支付现金600万元,支付以前年度购买商品的未付款项80万元,预付款项50万元,发生购货退回时收到现金20万元。

(2)本年销售商品时收到现金1 200万元。以前年度销售商品,本年收到现金100万元。本年预收款项200万元,销售本年退回商品支付现金60万元,以前年度销售本年退回商品支付的现金50万元。

(3)本年分配的生产经营人员的职工薪酬为300万元。"应付职工薪酬"的年初余额和年末余额分别为30万元和20万元,假定应付职工薪酬的本期减少数均为本年支付的现金。

(4)本年利润表中的所得税费用为70万元(均为当期应交所得税产生的所得税费用)。"应交税费——应交所得税"科目的年初数为5万元,年末数为2万元。假定不考虑其他税费。

要求：

(1)计算购买商品时支付的现金。

(2)计算销售商品时收到的现金。

(3)计算支付给职工以及为职工支付的现金。

(4)计算支付的各项税费。

【知识导航】

一、现金流量表概述

(一)现金流量表的定义

现金流量表是反映企业一定会计期间内现金和现金等价物流入和流出信息的会计报表。它属于动态报表,主要用来反映企业的经营活动、投资活动和筹资活动对现金及现金等价物的影响,反映企业的偿债能力和支付企业所有者投资报酬的能力。

(二)现金流量表的作用

现金流量表的作用主要表现在以下几个方面：

1.现金流量表有助于评价企业的支付能力、偿债能力和周转能力。实务中通常通过现金流量表将现金与流动负债进行比较,并配合资产负债表和利润表计算出现金比率;将现金流量净额与发行在外的普通股加权平均股数进行比较,计算出每股现金流量;将经营活动现金流量净额与净利润进行比较,计算出盈利现金比率。这些措施可以了解企业的现金能否偿还到期债务、支付股利和进行必要的固定资产投资,了解企业现金周转的能力等,从而便于投资者做出投资决策,也便于债权人做出信贷决策。

2. 现金流量表有助于预测企业未来的现金流量。通过现金流量表反映的企业过去一定期间的现金流量,并参考未来企业的发展前景及各项生产经营计划,可以预测企业未来的现金流量。比如,根据上一期间销售商品和提供劳务产生的现金,参考下一期间的销售前景和收账政策、客户信用等因素,就可以预测下一期间销售商品、提供劳务产生的现金。

3. 现金流量表有助于分析企业收益质量及影响现金净流量的因素。利润表中的净利润这一指标,反映了一个企业的经营成果,是体现企业经营业绩的重要指标。但是,利润表是按照权责发生制原则编制的,它不能反映企业经营活动产生了多少现金,并且没有反映投资活动和筹资活动对企业财务状况的影响。通过编制现金流量表,可以了解企业的经营活动、投资活动和筹资活动的现金流量,将经营活动产生的现金流量与净利润相比较,就可以从现金流量的角度分析净利润的质量。

(三)现金流量表的编制基础

现金流量表是以现金及现金等价物为基础编制的,划分为经营活动、投资活动和筹资活动;按照收付实现制原则编制,将权责发生制下的盈利信息调整为收付实现制下的现金流量信息。这里的现金是广义的,它是指现金及现金等价物。

1. 现金

现金是指企业库存现金以及可以随时用于支付的存款。不能随时用于支付的存款不属于现金。现金主要包括以下三种:

(1)库存现金。库存现金是指企业持有的、可随时用于支付的现金限额,与"库存现金"账户的核算内容一致。

(2)银行存款。银行存款是指企业存在金融机构、随时可以用于支付的存款。它与"银行存款"账户的核算内容基本一致,主要的区别是编制现金流量表所指的银行存款是可以随时用于支付的银行存款。如果存在金融企业中不能随时用于支付的银行存款,如定期存款等,不能作为现金,而应列为投资。提前通知金融企业便可支取的定期存款,应包括在现金范围内。

(3)其他货币资金。其他货币资金是指企业存放在金融机构的外埠存款、银行汇票存款、银行本票存款、信用卡存款、信用证保证金存款和存出投资款等,与"其他货币资金"的账户核算内容一致。

2. 现金等价物

现金等价物是指企业持有的期限短、流动性强、易于转换为已知金额的现金,价值变动风险很小的投资,通常包括 3 个月或更短时间内到期短期债券投资。

（四）现金流量的分类

按照企业经营业务发生的性质，可以将企业一定期间内产生的现金流量分为以下三类：

1. 经营活动产生的现金流量。经营活动是指企业的投资活动和筹资活动以外的所有交易和事项，包括销售商品或提供劳务、经营性租赁、购买商品、接受劳务、支付税费等。

2. 投资活动产生的现金流量。投资活动是指企业长期资产的购建和不包括在现金等价物范围内的投资及其处置活动。这里的长期资产是指固定资产、在建工程、无形资产、其他资产等持有期限在一年或一个营业周期以上的资产。这里所讲的投资活动，既包括实物资产投资，也包括金融资产投资。

3. 筹资活动产生的现金流量。筹资活动是指导致企业资本及债务规模和构成发生变化的活动，包括吸收投资、发行股票、发行债券、分配利润、借入款项、偿还借款（或债券）的本金和利息等。

（五）现金流量表的结构

我国企业现金流量表采用报告式结构，分类反映经营活动产生的现金流量、投资活动产生的现金流量和筹资活动产生的现金流量，最后汇总反映企业某一期间现金及现金等价物的净增加额。现金流量表的具体格式见表10－9。

表10－9　现金流量表　　会企03表

编制单位：W公司　　2019年　　单位：元

项目	本期金额	上期金额
一、经营活动产生的现金流量		
销售商品、提供劳务收到的现金		
收到的税费返还		
收到的其他与经营活动有关的现金		
经营活动现金流入小计		
购买商品、接受劳务支付的现金		
支付给职工以及为职工支付的现金		
支付的各项税费		
支付的其他与经营活动有关的现金		
经营活动现金流出小计		
经营活动产生的现金流量净额		

（续表）

项目	本期金额	上期金额
二、投资活动产生的现金流量		
收回投资所收到的现金		
取得投资收益所收到的现金		
处置固定资产、无形资产和其他长期资产而收回的现金净额		
处置子公司及其他营业单位收到的现金净额		
收到的其他与投资活动有关的现金		
投资活动现金流入小计		
购建固定资产、无形资产和其他长期资产所支付的现金		
投资所支付的现金		
取得子公司及其他营业单位支付的现金净额		
支付的其他与投资活动有关的现金		
投资活动现金流出小计		
投资活动产生的现金流量净额		
三、筹资活动产生的现金流量		
吸收投资所收到的现金		
取得借款所收到的现金		
收到的其他与筹资活动有关的现金		
筹资活动现金流入小计		
偿还债务所支付的现金		
分配股利、利润或偿付利息所支付的现金		
支付的其他与筹资活动有关的现金		
筹资活动现金流出小计		
筹资活动产生的现金流量净额		
四、汇率变动对现金及现金等价物的影响额		
五、现金及现金等价物净增加额		
加：期初现金及现金等价物余额		
六、期末现金及现金等价物余额		

二、现金流量表的编制

现金流量表各项目均需填列“本期金额”和“上期金额”两栏。现金流量表“上期金额”栏内各项数字，应根据上一期间现金流量表“本期金额”栏内所列数字填列。

(一)经营活动产生的现金流量

经营活动产生的现金流量应当采用直接法填列。

直接法,是指通过现金收入和现金支出的主要类别直接反映来自企业经营活动的现金流量。

1."销售商品、提供劳务收到的现金"项目,反映企业销售商品、提供劳务实际收到的现金,包括销售收入和应向购买者收取的增值税销项税额,具体包括本期销售商品、提供劳务收到的现金,以及前期销售商品、提供劳务本期收到的现金和本期预收的款项,减去本期销售本期退回的商品和前期销售本期退回的商品支付的现金。本项目可根据"库存现金""银行存款""应收账款""应收票据""预收账款""主营业务收入""其他业务收入"等账户的记录分析填列。企业销售材料和代购代销业务收到的现金,也在本项目反映。

2."收到的税费返还"项目,反映企业收到返还的各种税费,如收到的增值税、消费税、所得税、关税、教育费附加返还等。本项目可以根据"库存现金""银行存款""税金及附加""营业外收入"等账户的记录分析填列。

3."收到的其他与经营活动有关的现金"项目,反映企业除上述各项目外收到的其他与经营活动有关的现金,如罚款收入、经营租赁固定资产收到的现金、流动资产损失中由个人赔偿的现金收入、除税费返还外的其他政府补助收入等。对于其他与经营活动有关的现金,如果价值较大的,应单列项目反映。本项目可根据"库存现金""银行存款""销售费用""管理费用""营业外收入"等账户的记录分析填列。

4."购买商品、接受劳务支付的现金"项目,反映企业购买材料、商品及接受劳务实际支付的现金;包括本期购入材料、商品及接受劳务支付的现金(包括增值税进项税额),以及本期支付前期购入商品、接受劳务的未付款项和本期预付款项。本期发生的购货退回收到的现金应从本项目中扣除。本项目可以根据"库存现金""银行存款""应付账款""应付票据""预付账款""主营业务成本""其他业务成本"等账户的记录分析填列。

5."支付给职工以及为职工支付的现金"项目,反映企业实际支付给职工,以及为职工支付的现金;包括本期实际支付给职工的工资、奖金、各种津贴和补贴等,以及为职工支付的其他费用;不包括支付给在建工程人员的工资等。支付的在建工程人员的工资,在"购建固定资产、无形资产和其他长期资产所支付的现金"项目中反映。本项目可根据"库存现金""银行存款""应付职工薪酬"等账户的记录分析填列。

企业为职工支付的医疗、养老、失业、工伤、生育等社会保险基金、补充养老保险、住房公积金,企业为职工缴纳的商业保险金,因解除与职工的劳动关系给予的补偿,现金结算的股份支付,以及企业支付给职工或为职工支付的其他福利费用等,应按职工的工作性质和服务对象,分别在本项目和"购建固定资产、无形资产和其他长期资产所支付的现金"项目中反映。

6."支付的各项税费"项目,反映企业按规定支付的各种税费,包括本期发生并支付的税费,以及本期支付以前各期发生的税费和预交的税金,如支付的教育费附加、矿产资源补偿费、印花税、房产税、土地增值税、车船税、增值税、所得税等。该项目不包括计入固定资产价值、实际支付的耕地占用税等,也不包括本期退回的增值税、所得税。本期退回的增值税、所得税在"收到的税费返还"项目中反映。本项目可根据"库存现金""银行存款""应交税费"等账户的记录分析填列。

7."支付的其他与经营活动有关的现金"项目,反映企业除上述各项目外支付的其他与经营活动有关的现金,如罚款支出、支付的差旅费、业务招待费、保险费等。对于其他与经营活动有关的现金,如果价值较大,应单列项目反映。本项目可根据有关账户的记录分析填列。

(二)投资活动产生的现金流量

1."收回投资所收到的现金"项目,反映企业出售、转让或到期收回除现金等价物以外的交易性金融资产、持有至到期投资、可供出售金融资产、长期股权投资、投资性房地产而收到的现金;不包括债权性投资收回的利息、收回的非现金资产,以及处置子公司及其他营业单位收到的现金净额。债权性投资收回的本金,在本项目中反映;债权性投资收回的利息,不在本项目反映,而在"取得投资收益所收到的现金"项目中反映。处置子公司及其他营业单位收到的现金净额单设项目反映。本项目可根据"交易性金融资产""持有至到期投资""可供出售金融资产""长期股权投资""投资性房地产""库存现金""银行存款"等账户的记录分析填列。

2."取得投资收益所收到的现金"项目,反映企业因股权性投资而取得的现金股利以及从子公司、联营企业和合营企业分回利润收到的现金,因债权性投资而取得的现金利息收入,不包括股票股利。对于包括在现金等价物范围内的债权性投资,其利息收入在本项目中反映。本项目可根据"应收股利""应收利息""投资收益""库存现金""银行存款"等账户的记录分析填列。

3."处置固定资产、无形资产和其他长期资产所收回的现金净额"项目,反映企业处置固定资产、无形资产和其他长期资产所取得的现金,减去为处置这些资产而支付的有关费用后的净额。由于自然灾害所造成的固定资产等长期资产损失而收到的保险赔偿收入,也在本项目中反映。本项目可根据"库存现金""银行存款""固定资产清理"等账户的记录分析填列。

4."处置子公司及其他营业单位收到的现金净额"项目,反映企业处置子公司及其他营业单位所取得的现金减去子公司或其他营业单位持有的现金和现金等价物以及相关处置费用后的净额。本项目可以根据有关账户的记录分析填列。

5."收到的其他与投资活动有关的现金"项目,反映企业除了上述各项以外收到的其他与投资活动有关的现金流入。对于其他与投资活动有关的现金,如果价值较大,应单列项目反映。本项目可根据有关账户的记录分析填列。

6.“购建固定资产、无形资产和其他长期资产所支付的现金”项目，反映企业购买、建造固定资产，取得无形资产和其他长期资产所支付的现金；包括购买机器设备所支付的现金及增值税款、建造工程支付的现金、支付在建工程人员的工资等现金支出；不包括为购建固定资产、无形资产和其他长期资产而发生的借款利息资本化的部分，以及融资租入固定资产支付的租赁费。借款利息和融资租入固定资产支付的租赁费，在筹资活动产生的现金流量中反映。本项目可根据“固定资产”“在建工程”“工程物资”“无形资产”“库存现金”“银行存款”等账户的记录分析填列。

7.“投资所支付的现金”项目，反映企业进行权益性投资和债权性投资支付的现金，包括企业取得的除现金等价物以外的交易性金融资产、持有至到期投资、可供出售金融资产而支付的现金，以及支付的佣金、手续费等交易费用。本项目可根据“交易性金融资产”“持有至到期投资”“可供出售金融资产”“投资性房地产”“长期股权投资”“库存现金”“银行存款”等账户的记录分析填列。

企业购买股票和债券时，实际支付的价款中包含的已宣告但尚未领取的现金股利或已到付息期但尚未领取债券利息，应在投资活动的“支付的其他与投资活动有关的现金”项目中反映；收回购买股票和债券时支付的已宣告但尚未领取的现金股利或已到付息期但尚未领取的债券利息，在投资活动的“收到的其他与投资活动有关的现金”项目中反映。

8.“取得子公司及其他营业单位支付的现金净额”项目，反映企业取得子公司及其他营业单位购买出价中以现金支付的部分，减去子公司或其他营业单位持有的现金和现金等价物后的净额。本项目可以根据有关账户的记录分析填列。

9.“支付的其他与投资活动有关的现金”项目，反映企业除了上述各项外支付的其他与投资活动有关的现金流出。对于其他与投资活动有关的现金，如果价值较大，应单列项目中反映。本项目可根据有关账户的记录分析填列。

（三）筹资活动产生的现金流量

1.“吸收投资所收到的现金”项目，反映企业收到的投资者投入的现金，包括以发行股票、债券等方式筹集的资金实际收到款项净额（发行收入减去支付的佣金等发行费用后的净额）。以发行股票、债券等方式筹集资金而由企业直接支付的审计、咨询等费用，在“支付的其他与筹资活动有关的现金”项目中反映，不从本项目内扣除。本项目可根据“实收资本（或股本）”“库存现金”“银行存款”等账户的记录分析填列。

2.“借款所收到的现金”项目，反映企业举借各种短期、长期借款所收到的现金。本项目可根据“短期借款”“长期借款”“交易性金融负债”“应付债券”“库存现金”“银行存款”等账户的记录分析填列。

3.“收到的其他与筹资活动有关的现金”项目，反映企业除上述各项目外，收到的其他与筹资活动有关的现金流入。对于其他现金流入，如果价值较大，应单列项目反映。本项目可根据有关账户的记录分析填列。

4.“偿还债务所支付的现金”项目，反映企业以现金偿还债务的本金，包括偿还金融企业的借款本金、偿还企业到期的债券本金等。企业偿还的借款利息、债券利息，在"分配股利、利润或偿付利息所支付的现金"项目中反映，不包括在本项目内。本项目可根据"短期借款""长期借款""交易性金融负债""应付债券""库存现金""银行存款"等账户的记录分析填列。

5."分配股利、利润或偿付利息所支付的现金"项目，反映企业实际支付的现金股利、支付给其他投资单位的利润以及支付的借款利息、债券利息等。本项目可根据"应付股利""应付利息""利润分配""财务费用""在建工程""制造费用""研发支出""库存现金""银行存款"等账户的记录分析填列。

6."支付的其他与筹资活动有关的现金"项目，反映企业除了上述各项外支付的其他与筹资活动有关的现金流出，如以发行股票、债券等方式筹集资金而由企业直接支付的审计、咨询等费用，融资租入固定资产支付的租赁费等。对于其他现金流出，如果价值较大，应单列项目反映。本项目可根据有关账户的记录分析填列。

（四）汇率变动对现金的影响

该项目反映企业外币现金流量及境外子公司的现金流量折算为人民币时，所采用的现金流量发生日的汇率或按照系统合理的方法确定的、与现金流量发生日即期汇率近似的汇率折算。"现金及现金等价物净增加额"项目中的外币现金净增加额是按资产负债表日的即期汇率折算的人民币金额之间的差额。

【任务处理】

长虹公司2019年现金流量表中的有关项目金额计算如下：

(1)购买商品支付的现金 = 600 + 80 + 50 − 20 = 710(万元)

(2)销售商品收到的现金 = 1 200 + 100 + 200 − 60 − 50 = 1 390(万元)

(3)支付给职工以及为职工支付的现金 = 300 + (30 − 20) = 310(万元)

(4)支付的各项税费 = 70 + (5 − 2) = 73(万元)

【项目小结】

财务报告是指企业对外提供的反映企业某一特定日期的财务状况和某一会计期间的经营成果、现金流量等会计信息的文件。财务报告包括财务报表和其他应当在财务报告中披露的相关信息和资料。财务报表至少应当包括资产负债表、利润表、现金流量表、所有者权益变动表及附注等。本项目主要介绍资产负债表、利润表、现金流量表。本项目的主要业务核算如下：

1.资产负债表

业务内容	会计处理
表首	单位名称全称、报表所属期间、计量单位名称
上年年末余额	"上年年末余额"栏的各项数字，应根据上年末资产负债表"期末余额"栏内的所列数字填列

（续表）

业务内容		会计处理
期末余额	1. 根据有关总账账户的期末余额直接填列的项目	“交易性金融资产”“工程物资”“固定资产清理”（如为贷方余额，应以“－”号填列）、“递延所得税资产”“短期借款”“交易性金融负债”“应付票据”“应付职工薪酬”“应交税费”“应付利息”“应付股利”“其他应付款”“递延所得税负债”“实收资本”“资本公积”“库存股”“盈余公积”等
	2. 根据几个总账账户的期末余额分析计算填列的项目	“货币资金”项目，应根据“库存现金”“银行存款”“其他货币资金”账户的期末余额的合计数填列。“存货”项目，应根据“材料采购”“材料成本差异”“原材料”“周转材料”“自制半成品”“库存商品”“委托加工物资”“在途物资”“发出商品”“生产成本”等账户的期末借方余额的合计数，减去“存货跌价准备”账户的期末余额后的金额填列
	3. 根据总账及所属明细账户的期末余额计算填列的项目	“应收账款”项目，应根据“应收账款”“预收账款”账户的所属明细账户的期末借方余额的合计数，减去“坏账准备”账户的期末余额中有关应收账款部分后的金额填列；“预付款项”项目，应根据“预付账款”“应付账款”账户所属各明细账户的期末借方余额的合计数，减去“坏账准备”账户的期末余额中有关预付款项部分后的金额填列；“应付账款”项目，应根据“应付账款”“预付账款”账户所属各有关明细账户的期末贷方余额的合计数填列；“预收款项”项目，应根据“预收账款”“应收账款”账户所属各有关明细账户的期末贷方余额的合计数填列
	4. 根据总账账户和明细账户的期末余额分析计算填列的项目	“长期待摊费用”项目，应根据“长期待摊费用”账户的期末余额，减去一年内（含一年）摊销的数额后的金额填列
	5. 根据有关账户的余额减去其备抵项目后的净额填列的项目	“固定资产”项目，应当根据“固定资产”账户的期末余额，减去“累计折旧”“固定资产减值准备”备抵账户余额后的净额填列；“无形资产”项目，应当根据“无形资产”账户的期末余额，减去“累计摊销”“无形资产减值准备”备抵账户余额后的净额填列

2. 利润表

业务内容	会计处理
表首	单位名称全称、报表所属期间、计量单位名称
上年金额	根据上年该期利润表“本期金额”栏内的所列数字填列

（续表）

业务内容		会计处理
本期金额	1. 根据损益类账户的发生额分析填列	"主营业务收入""主营业务成本""其他业务收入""其他业务成本""税金及附加""销售费用""财务费用""资产减值损失""管理费用""公允价值变动损益""投资收益""营业外收入""营业外支出""所得税费用"等
	2. 根据计算公式计算填列	"营业利润""利润总额""净利润"应根据表中的计算公式计算填列，若亏损应以"－"号填列。"每股收益"应根据有关公式和表中的数据计算填列

3. 现金流量表

业务内容		会计处理
表首		单位名称全称、报表所属期间、计量单位名称
上期金额		根据上年该期现金流量表"本期金额"栏内的所列数字填列
本期金额	1. 经营活动产生的现金流量	根据每一项目涉及的会计科目发生额分析填列
	2. 投资活动产生的现金流量	根据每一项目涉及的会计科目发生额分析填列
	3. 筹资活动产生的现金流量	根据每一项目涉及的会计科目发生额分析填列
	4. 汇率变动对现金及现金等价物的影响	该项目反映企业的外币现金流量及境外子公司的现金流量折算为人民币时，按照现金流量发生日的汇率或以系统合理的方法确定的、与现金流量发生日即期汇率近似的汇率折算。"现金及现金等价物净增加额"项目中的外币现金净增加额是按资产负债表日的即期汇率折算的人民币金额之间的差额
	5. 现金及现金等价物净增加额	上述四项之和

【关键名词】

财务报告　资产负债表　利润表　现金流量　现金流量表　现金等价物

【想一想】

1. 什么是财务报告？它包括哪些内容？
2. 财务报表有哪些分类方法？
3. 编制财务报表的基本要求有哪些？
4. 何谓资产负债表？简述其结构及编制方法。
5. 何谓利润表？简述其结构及编制方法。
6. 何谓现金流量表？简述其结构及编制方法。

【能力拓展】

一、所有者权益变动表

(一)所有者权益变动表概述

所有者权益变动表是指反映构成所有者权益各组成部分当期增减变动情况的报表。

通过所有者权益变动表,既可以为报表使用者提供所有者权益总量增减变动的信息,也能为其提供所有者权益增减变动的结构性信息,特别是能够让报表使用者理解所有者权益增减变动的根源。

(二)所有者权益变动表的结构

在所有者权益变动表上,企业至少应当单独列示反映下列信息的项目:净利润,其他综合收益,会计政策变更和差错更正的累积影响金额,所有者投入资本和向所有者分配利润等,提取的盈余公积,实收资本或资本公积、盈余公积、未分配利润的期初和期末余额及其调节情况。

所有者权益变动表以矩阵的形式列示。一方面,列示导致所有者权益变动的交易或事项,即所有者权益变动的来源,对一定时期所有者权益的变动情况进行全面反映;另一方面,按照所有者权益各组成部分(即实收资本、资本公积、盈余公积、未分配利润和库存股)列示交易或事项对所有者权益各部分的影响。

我国企业所有者权益变动表的格式如表 10-10 所示:

表 10-10 所有者权益变动表　　会企 04 表

编制单位:　　______年度　　单位:元

项目	本年金额							上年金额						
	实收资本(或股本)	资本公积	减:库存股	其他综合收益	盈余公积	未分配利润	所有者权益合计	实收资本(或股本)	资本公积	减:库存股	其他综合收益	盈余公积	未分配利润	所有者权益合计
一、上年年末余额														
加:会计政策变更														
前期差错更正														
二、本年年初余额														
三、本年增减变动金额(减少以"-"号填列)														

（续表）

项目	本年金额							上年金额						
	实收资本（或股本）	资本公积	减:库存股	其他综合收益	盈余公积	未分配利润	所有者权益合计	实收资本（或股本）	资本公积	减:库存股	其他综合收益	盈余公积	未分配利润	所有者权益合计
（一）综合收益总额														
（二）所有者投入和减少资本														
1. 所有者投入资本														
2. 股份支付计入所有者权益的金额														
3. 其他														
（三）利润分配														
1. 提取盈余公积														
2. 对所有者（或股东）的分配														
3. 其他														
（四）所有者权益内部结转														
1. 资本公积转增资本（或股本）														
2. 盈余公积转增资本（或股本）														
3. 盈余公积弥补亏损														
4. 其他														
四、本年年末余额														

（三）所有者权益变动表的编制

1. 所有者权益变动表项目的填列方法

所有者权益变动表的各项目均需填列“本年金额”和“上年金额”两栏。

所有者权益变动表“上年金额”栏内的各项数字，应根据上年度所有者权益变动表

“本年金额”栏内的所列数字填列。上年度所有者权益变动表规定的各个项目的名称和内容同本年度不一致的，应对上年度所有者权益变动表各项目的名称和数字按照本年度的规定进行调整，填入所有者权益变动表的“上年金额”栏内。

所有者权益变动表“本年金额”栏内的各项数字一般应根据“实收资本（或股本）”“资本公积”“盈余公积”“利润分配”“库存股”“以前年度损益调整”科目的发生额分析填列。

企业的净利润及其分配情况作为所有者权益变动的组成部分，不需要单独编制利润分配表列示。

2. 所有者权益变动表的主要项目说明

（1）“上年年末余额”项目，反映企业上年资产负债表中实收资本（或股本）、资本公积、库存股、盈余公积、未分配利润的年末余额。

（2）“会计政策变更”和“前期差错更正”项目，分别反映企业采用追溯调整法处理的会计政策变更的累积影响金额和采用追溯重述法处理的会计差错更正的累积影响金额。

（3）“本年增减变动金额”项目下相关项目反映的内容：

“净利润”项目，反映企业当年实现的净利润（或净亏损）金额。

“其他综合收益”项目，反映企业当年发生的其他综合收益的增减变动金额。

“所有者投入和减少资本”项目，反映企业当年所有者投入的资本和减少的资本。

“所有者投入资本”项目，反映企业接受投资人投入形成的实收资本（或股本）和资本溢价或股本溢价。

“股份支付计入所有者权益的金额”项目，反映企业处于等待期中的权益结算的股份支付当年计入资本公积的金额。

“利润分配”下各项目，反映企业当年的利润分配金额。

“所有者权益内部结转”下的各项目，反映企业构成所有者权益的各组成部分之间当年的增减变动，包括资本公积转增资本（或股本）、盈余公积转增资本（或股本）、盈余公积弥补亏损等项金额。

二、附注

（一）附注概述

附注是对资产负债表、利润表、现金流量表和所有者权益变动表等报表中列示的项目的文字描述或明细资料，以及对未能在这些报表中列示的项目的说明等。附注应当披露财务报表的编制基础，相关信息应当与资产负债表、利润表、现金流量表和所有者权益变动表等报表中列示的项目相互参照。

（二）附注的主要内容

附注是财务报表的重要组成部分，企业应当按照如下顺序披露附注的内容：

1. 企业的基本情况

(1)企业注册地、组织形式和总部地址。

(2)企业的业务性质和主要经营活动。

(3)母公司以及集团最终母公司的名称。

(4)财务报告的批准报出者和财务报告批准报出日。

2. 财务报表的编制基础

财务报表的编制基础是指财务报表是在持续经营基础上还是非持续经营基础上编制的。企业一般是在持续经营基础上编制财务报表,清算、破产属于非持续经营基础。

3. 遵循企业会计准则的声明

企业应当声明编制的财务报表符合企业会计准则的要求,真实、完整地反映了企业的财务状况、经营成果和现金流量等有关信息,以此明确企业编制财务报表所依据的制度基础。

4. 重要会计政策和会计估计

企业应当披露采用的重要会计政策和会计估计,不重要的会计政策和会计估计可以不披露。在披露重要会计政策和会计估计时,应当披露重要会计政策的确定依据和财务报表项目的计量基础,以及会计估计中所采用的关键假设和不确定因素。

5. 会计政策和会计估计变更以及差错更正的说明

企业应当按照会计政策、会计估计变更和差错更正会计准则的规定,披露会计政策和会计估计变更以及差错更正的有关情况。

6. 报表重要项目的说明

企业对报表重要项目的说明,应当按照资产负债表、利润表、现金流量表、所有者权益变动表及其项目列示的顺序,采用文字和数字描述相结合的方式进行披露。报表重要项目的明细金额合计,应当与报表项目的金额相衔接,主要包括以下重要项目:

(1)交易性金融资产。企业应当披露交易性金融资产的构成及期初、期末公允价值等信息。

(2)应收款项。企业应当披露应收款项的账龄结构和客户类别以及期初、期末账面余额等信息。

(3)存货。企业应当披露下列信息:

①各类存货的期初和期末账面价值。

②确定发出存货成本所采用的方法。

③存货可变现净值的确定依据、存货跌价准备的计提方法、当期计提的存货跌价准备的金额、当期转回的存货跌价准备的金额,以及计提和转回的有关情况。

④用于担保的存货账面价值。

(4)长期股权投资。企业应当披露下列信息:

①子公司、合营企业和联营企业清单,包括企业名称、注册地、业务性质、投资企业的

持股比例和表决权比例。

②合营企业和联营企业当期的主要财务信息，包括资产、负债、收入、费用等合计金额。

③被投资单位向投资企业转移资金的能力受到严格限制的情况。

④当期及累计未确认的投资损失金额。

⑤与对子公司、合营企业及联营企业投资相关的或有负债。

(5)投资性房地产。企业应当披露下列信息：

①投资性房地产的种类、金额和计量模式。

②采用成本模式的，投资性房地产的折旧或摊销，以及减值准备的计提情况。

③采用公允价值模式的，公允价值的确定依据和方法，以及公允价值变动对损益的影响。

④房地产转换情况、理由，以及对损益或所有者权益的影响。

⑤当期处置的投资性房地产及其对损益的影响。

(6)固定资产。企业应当披露下列信息：

①固定资产的确认条件、分类、计量基础和折旧方法。

②各类固定资产的使用寿命、预计净残值和折旧率。

③各类固定资产的期初和期末原价、累计折旧额及固定资产减值准备累计金额。

④当期确认的折旧费用。

⑤对固定资产所有权的限制及其金额和用于担保的固定资产账面价值。

⑥准备处置的固定资产名称、账面价值、公允价值、预计处置费用和预计处置时间等。

(7)无形资产。企业应当披露下列信息：

①无形资产的期初和期末账面余额、累计摊销额及减值准备累计金额。

②使用寿命有限的无形资产的使用寿命的估计情况、使用寿命不确定的无形资产的使用寿命不确定的判断依据。

③无形资产的摊销方法。

④用于担保的无形资产的账面价值、当期摊销额等情况。

⑤计入当期损益和确认为无形资产的研究开发支出金额。

(8)职工薪酬。企业应当披露下列信息：

①应当支付给职工的工资、奖金、津贴和补贴，及其期末应付未付金额。

②应当为职工缴纳的医疗保险费、养老保险费、失业保险费、工伤保险费和生育保险费等社会保险费，及其期末应付未付金额。

③应当为职工缴存的住房公积金，及其期末应付未付金额。

④为职工提供的非货币性福利，及其计算依据。

⑤应当支付的因解除劳动关系给予的补偿，及其期末应付未付金额。

⑥其他职工薪酬。

(9)应交税费。企业应当披露应交税费的构成及期初、期末账面余额等信息。

(10)短期借款和长期借款。企业应当披露短期借款、长期借款的构成及期初、期末账面余额等信息。对于期末逾期借款,应分别贷款单位、借款金额、逾期时间、年利率、逾期未偿还原因和预期还款期等进行披露。

(11)应付债券。企业应当披露应付债券的构成及期初、期末账面余额等信息。

(12)长期应付款。企业应当披露长期应付款的构成及期初、期末账面余额等信息。

(13)营业收入。企业应当披露营业收入的构成及本期、上期发生额等信息。

(14)公允价值变动收益。企业应当披露公允价值变动收益的来源及本期、上期发生额等信息。

(15)投资收益。企业应当披露投资收益的来源及本期、上期发生额等信息。

(16)资产减值损失。企业应当披露各项资产的减值损失及本期、上期发生额等信息。

(17)营业外收入。企业应当披露营业外收入的构成及本期、上期发生额等信息。

(18)营业外支出。企业应当披露营业外支出的构成及本期、上期发生额等信息。

(19)所得税。企业应当披露下列信息:

①所得税费用(收益)的主要组成部分。

②所得税费用(收益)与会计利润关系的说明。

(20)其他综合收益。企业应当披露下列信息:

①可供出售金融资产产生的利得(损失)金额。

②按照权益法核算的在被投资单位其他综合收益中所享有的份额。

③现金流量套期工具产生的利得(损失)金额。

④外币财务报表折算差额。

⑤其他。

(21)政府补助。企业应当披露下列信息:

①政府补助的种类及金额。

②计入当期损益的政府补助金额。

③本期返还的政府补助金额及原因。

(22)借款费用。企业应当披露下列信息:

①当期资本化的借款费用金额。

②当期用于计算确定借款费用资本化金额的资本化率。

7. 其他需要说明的重要事项

这些重要事项主要包括或有事项、资产负债表日后非调整事项、关联方关系及其交易等。

【技能训练】

一、职业判断能力训练

(一)单项选择题

1. 某企业2019年12月31日结账后的“固定资产”账户余额为10 000万元,“累计折旧”账户余额为300万元,“固定资产减值准备”账户余额为200万元。则该企业2019年12月31日资产负债表中的“固定资产”项目的金额为(　　)。

A. 9 500　　B. 9 700　　C. 9 800　　D. 10 000

2. “预收账款”账户明细账中若有借方余额,应将其计入资产负债表中的(　　)项目。

A. 应收账款　　B. 预收款项
C. 应付账款　　D. 其他应付款

3. 在下列各项税金中,应在利润表中的“税金及附加”项目反映的是(　　)。

A. 耕地占用税　　B. 城市维护建设税
C. 印花税　　D. 增值税

4. 支付的在建工程人员的工资属于(　　)产生的现金流量。

A. 筹资活动　　B. 经营活动　　C. 汇率变动　　D. 投资活动

5. 资产负债表中的货币资金中包含的项目是(　　)。

A. 银行本票存款　　B. 银行承兑汇票
C. 商业承兑汇票　　D. 交易性金融资产

6. 资产负债表中的“未分配利润”项目,应根据(　　)填列。

A. “利润分配”科目余额
B. “本年利润”科目余额
C. “本年利润”和“利润分配”科目的余额计算后
D. “盈余公积”科目余额

7. 某企业2019年发生的营业收入为1 000万元,营业成本为600万元,销售费用为20万元,管理费用为50万元,财务费用为10万元,投资收益为40万元,资产减值损失为70万元(损失),公允价值变动损益为80万元(收益),营业外收入为25万元,营业外支出为15万元。该企业2019年的营业利润为(　　)万元。

A. 370　　B. 330　　C. 320　　D. 390

8. 甲公司为增值税一般纳税企业。2019年度,甲公司的主营业务收入为1 000万元,增值税销项税额为170万元;应收账款期初余额为100万元,期末余额为150万元;预收账款期初余额为50万元,期末余额为10万元。假定不考虑其他因素,甲公司2019年度现金流量表中的“销售商品、提供劳务收到的现金”项目的金额为(　　)万元。

A. 1 080　　B. 1 160　　C. 1 180　　D. 1 260

9. 某企业期末“工程物资”科目的余额为100万元,“发出商品”科目的余额为80万元,“原材料”科目的余额为100万元,“材料成本差异”科目的借方余额为10万元。假定不考虑其他因素,该企业资产负债表中的“存货”项目的金额为(　　)万元。

A. 190　　B. 180　　C. 170　　D. 290

10. 某企业2019年4月1日从银行借入期限为3年的长期借款400万元。编制2019年12月31日的资产负债表时,此项借款应填入的报表项目是(　　)。

A. 短期借款　　B. 长期借款

C. 其他长期负债　　D. 一年内到期的非流动负债

(二)多项选择题

1. 下列各资产负债表项目中,应根据明细账户余额计算填列的有(　　)。

A. 应收票据　　B. 预收款项

C. 应收账款　　D. 应付账款

2. 下列各项中,应包括在资产负债表的“存货”项目的有(　　)。

A. 委托代销商品　　B. 委托加工物资

C. 正在加工中的在产品　　D. 发出商品

3. 下列各项中,影响企业营业利润的项目有(　　)。

A. 销售费用　　B. 管理费用

C. 投资收益　　D. 所得税费用

4. 下列交易和事项中,不影响当期经营活动产生的现金流量的有(　　)。

A. 支付各项税费　　B. 支付管理人员工资

C. 收到被投资单位利润　　D. 用产成品偿还短期借款

5. 资产负债表中的“一年内到期的非流动负债”项目应当根据下列科目贷方余额分析填列(　　)。

A. 长期借款　　B. 应付账款

C. 应付债券　　D. 长期应付款

6. 资产负债表中的应付账款项目应根据(　　)填列。

A. 应付账款所属明细账的借方余额合计数

B. 应付账款总账余额

C. 预付账款所属明细账的贷方余额合计数

D. 应付账款所属明细账的贷方余额合计数

7. 下列各项中,属于现金流量表中现金及现金等价物的有(　　)。

A. 库存现金　　B. 其他货币资金

C. 3个月内到期的债券投资　　D. 随时用于支付的银行存款

8. 下列各项中,影响当期利润表中的利润总额的有(　　)

A. 固定资产盘盈　　B. 确认所得税费用

C. 对外捐赠固定资产　　　　　　　　D. 无形资产出售利得

9. 下列各项中,应列入利润表的“营业成本”项目的有(　　)。

A. 销售材料成本　　　　　　　　　　B. 无形资产处置净损失

C. 固定资产盘亏净损失　　　　　　　D. 经营出租固定资产折旧费

10. 下列各项中,应列入利润表的“资产减值损失”项目的有(　　)。

A. 原材料盘亏损失　　　　　　　　　B. 固定资产减值损失

C. 应收账款减值损失　　　　　　　　D. 无形资产处置净损失

(三)判断题

1. 资产负债表中的应收账款项目应根据“应收账款”所属明细账的借方余额合计数、“预收账款”所属明细账的借方余额合计数和“坏账准备”总账的贷方余额计算填列。(　　)

2. “应付职工薪酬”项目,反映企业根据有关规定应付给职工的工资、职工福利、社会保险费、住房公积金、工会经费、职工教育经费,但不包括非货币性福利、辞退福利等薪酬。(　　)

3. 资产负债表中的“应付账款”项目应根据“应付账款”和“预收账款”所属明细账的贷方余额合计填列。(　　)

4. “利润分配”总账的年末余额一定与相应的资产负债表中的未分配项目的数额一致。(　　)

5. 资产负债表中确认的资产都是企业拥有的。(　　)

6. 利润表是指反映企业在一定会计期间的经营成果的报表。(　　)

7. 资产负债表是指反映企业在某一时期财务状况的财务报表。(　　)

8. 如果固定资产清理科目出现借方余额,应在资产负债表“固定资产清理”项目中的以负数填列。(　　)

9. “预付账款”科目所属各明细科目期末有贷方余额的,应在资产负债表的“应收账款”项目内填列。(　　)

10. 利润表的“本期金额”栏内的各项数字一般应根据损益类账户的发生额分析填列。(　　)

二、职业实践能力训练

1. 甲上市公司为增值税一般纳税人,适用的增值税税率为13%,原材料和库存商品均按实际成本核算,商品售价不含增值税,其销售成本随销售同时结转。2019 年 12 月 31 日总账账户余额表如表 10 - 11 所示。

表 10－11　甲股份有限公司科目余额表

2019 年 12 月 31 日　　　　金额单位:万元

账户名称	借方余额	账户名称	贷方余额
库存现金	0.4	短期借款	200
银行存款	200	应付账款	84
其他货币资金	120	应付票据	40
应收票据	24	预收账款	60
应收账款	159.2	应付职工薪酬	4
预付账款	0.16	应交税费	9.6
原材料	368	应付利息	40
长期股权投资	480	长期借款	1 008
固定资产	1 442	实收资本	1 600
在建工程	100	盈余公积	96
无形资产	254	利润分配—未分配利润	6.16
合计	3 147.76	合计	3 147.76

2020 年甲上市公司发生如下交易或事项:

(1)以商业承兑汇票支付方式购入材料一批,发票账单已经收到。增值税专用发票上注明的货款为 30 万元,增值税额为 3.9 万元。材料已验收入库。

(2)委托证券公司购入公允价值为 100 万元的股票,作为交易性金融资产核算。

(3)计算并确认短期贷款利息 5 万元。

(4)计算并确认坏账准备 8 万元。

(5)计提行政管理部门用固定资产折旧 20 万元,摊销管理用无形资产成本 10 万元。

(6)销售库存商品一批。该批商品的售价为 100 万元,增值税为 13 万元,实际成本为 65 万元,商品已发出。甲公司已于上年预收货款 60 万元,其余款项尚未结清。

(7)分配工资费用 20 万元,其中车间生产工人工资 10 万元,车间管理人员工资 4 万元,行政管理人员工资 6 万元。

(8)计提应计入在建工程成本的长期借款利息 20 万元。

(9)年末上述乙公司股票公允价值为 150 万元。

(10)计算并确认应交城市维护建设税 3 万元(教育费附加略)。

(11)转销无法支付的应付账款 30 万元。

(12)本年度实现利润总额 63 万元,所得税费用和应交所得税均为 15.75 万元(不考虑其他因素),提取盈余公积 4.725 万元。

要求:

(1)编制甲上市公司 2019 年度上述交易或事项的会计分录(不需编制各损益类账户结转本年利润以及利润分配的有关会计分录)。

(2)填列甲上市公司2019年12月31日的资产负债表(不需列出计算过程)。

("应交税费"账户要求写出明细账户和专栏名称,答案中的金额单位用万元表示)。

2. Y公司为增值税一般纳税人,适用的增值税税率为13%,所得税税率为25%,所得税采用债务法核算。原材料按计划成本计价。2019年1月1日的有关账户的余额如表10-12所示:

表10-12　Y公司科目余额表

2019年1月1日　　单位:万元

账户名称	借方余额	账户名称	贷方余额
库存现金	0.35	短期借款	15
银行存款	200	应付票据	26.45
其他货币资金	36.85	应付账款	84
交易性金融资产	10	应付职工薪酬	20.26
应收票据	28.5	应交税费	1.5
应收账款	30	应付利息	8.75
坏账准备	-0.15	其他应付款	8.1
预付账款	4	长期借款	102
其他应收款	1.18	实收资本	428.61
原材料	15.95	盈余公积	65.86
周转材料	7.4	利润分配	
库存商品	60	(未分配利润)	15.05
长期股权投资	20		
固定资产	108.5		
累计折旧	-30		
在建工程	210		
工程物资	50		
无形资产	33		
累计摊销	-10		
合计	775.58	合计	775.58

2019年该公司发生如下交易或事项:

(1)购入原材料一批,收到的增值税专用发票上注明的价款为25万元,应支付的增值税额为3.25元,款项已通过银行转账支付,材料尚未验收入库。

(2)销售产品一批,开出的增值税专用发票上注明的价款为50万元,增值税额为6.5万元,货款尚未收到。该批产品实际成本30万元,产品已发出。

(3)出售交易性金融资产(股票投资),取得价款6万元,该笔交易性金融资产的账面余额为5.6万元,该交易性金融资产原来没有公允价值变动。

(4)将一张即将到期的面值为10万元的无息银行承兑汇票(不含增值税),连同托收凭证交银行办理转账,款项银行已收妥。

(5)签发转账支票支付本年度工资30万元。

(6)收到银行通知,用银行存款支付到期的商业承兑汇票10万元。

(7)购入不需安装的设备一台,增值税专用发票上注明的价款为30万元,增值税进项税额为3.9万元,价款以银行存款支付。设备已交付使用。

(8)从银行借入三年期借款50万元,款项已存入银行账户。

(9)销售产品一批,开出的增值税专用发票上注明的价款为70万元,增值税额为9.1万元,款项已存入银行,该批产品实际成本为42万元。

(10)用银行本票支付采购材料价款,购入材料及运杂费15万元,支付的增值税额为1.95万元,原材料已验收入库。

(11)购入工程物资一批用于建造厂房,收到的增值税专用发票上注明的价款和增值税额合计为15万元,款项已通过银行转账支付。

(12)基本生产领用原材料30万元。

(13)签发现金支票提取现金0.5万元备用。

(14)王平出差预借差旅费0.5万元,以现金支付。

(15)分配应支付的职工工资30万元,其中生产人员工资19.5万元,车间管理人员工资6万元,行政管理部门人员工资4.5万元。

(16)计提固定资产折旧10万元,其中计入制造费用8万元,计入管理费用2万元。计提固定资产减值准备3万元。

(17)用银行存款支付广告费5万元。

(18)王平出差归来报销差旅费0.48万元,结清原借款。

(19)提取应计入本期损益的长期借款利息费用12万元,长期借款为分期付息。

(20)归还短期借款本金15万元,利息0.75万元(已计提)。

(21)摊销无形资产2万元。

(22)计算并结转制造费用14万元。

(23)计算并结转本期完工产品成本63.5万元。期初、期末无在产品,本期生产的产品全部完工入库。

(24)本期产品销售应交纳的教育费附加为0.17万元。

(25)用银行存款交纳当年增值税8.5万元,教育费附加0.17万元。

(26)年末计提应收账款的坏账准备为0.25万元。

(27)将各损益类账户结转本年利润。

(28)假设本例中,除计提固定资产减值准备3万元造成固定资产账面价值与其计税基础存在差异外,不考虑其他项目的所得税影响。企业按照税法规定计算确定的应交所得税为5.5万元,递延所得税资产为0.75万元。

(29)结转所得税费用4.75万元。

(30)结转本年净利润,并按照净利润的10%提取法定盈余公积金。

(31)将利润分配各明细账户的余额转入"未分配利润"账户。

(32)用银行存款交纳当年应交所得税。

要求：

(1)根据上述经济业务填制收款凭证、付款凭证及转账凭证。

(2)根据收、付款记账凭证逐笔登记“现金日记账”和“银行存款日记账”。

(3)根据记账凭证登记有关明细账。

(4)根据记账凭证编制“科目汇总表”,并据以登记总账。

(5)根据有关资料编制本年的“资产负债表”和“利润表”。

3. 某企业 2019 年的有关资料如下:利润表中,营业收入为 300 000 元,营业成本为 200 000 元。资产负债表中,“应收账款”项目的年初余额为 80 000 元,年末余额为 30 000 元。“应付账款”项目的年初余额为 8 000 元,年末余额为 6 000 元。“预付款项”项目的年初余额为零,年末余额为 2 000 元。“存货”项目的年初余额为 150 000 元,年末余额为 190 000 元。本年发生坏账 3 000 元,已予以核销。本年度,债务人用存货抵偿应收账款 10 000 元。本年收到以前年度核销的坏账 16 000 元。当年接受投资人投入存货 18 000 元。

要求:根据上述资料,计算现金流量表中的“销售商品、提供劳务收到的现金”项目和“购买商品、接受劳务支付的现金”项目的金额。